Paul Michael Lützeler
Hermann Broch und die Menschenrechte

Paul Michael Lützeler

Hermann Broch und die Menschenrechte

Anti-Versklavung als Ethos der Welt

DE GRUYTER

Gefördert durch die Alexander von Humboldt-Stiftung

ISBN 978-3-11-073899-5
e-ISBN (PDF) 978-3-11-073468-3
e-ISBN (EPUB) 978-3-11-073473-7

Library of Congress Control Number: 2021935488

Bibliografische Information der Deutschen Nationalbibliothek
Die Deutsche Nationalbibliothek verzeichnet diese Publikation in der Deutschen
Nationalbibliografie; detaillierte bibliografische Angaben sind im Internet über
http://dnb.dnb.de abrufbar.

© 2021 Walter de Gruyter GmbH, Berlin/Boston
Coverabbildung: Hermann Broch (1933). Aufnahme: Trude Geiringer (Privatbesitz Paul Michael
Lützeler)
Satz: Integra Software Services Pvt. Ltd.
Druck und Bindung: CPI books GmbH, Leck

www.degruyter.com

Friedrich Vollhardt
zum 65. Geburtstag
mit besten Wünschen

Alles war bedroht,
alles unsicher geworden,
sogar die Bedrohung selber,
da die Gefahr sich gewandelt hatte,
übersetzt aus der Zone des Geschehens
in die des Verharrens.

     Hermann Broch, *Der Tod des Vergil* (KW4, 148)

Vorwort

Vor einem halben Jahrhundert verbrachte ich mein erstes Doktorandenjahr 1970/71 in Wien. Wo anders hätte man über Hermann Brochs frühe zeitkritisch-literarische Entwicklung so gut forschen können wie in der dortigen Nationalbibliothek? 1971 würde man des 20. Todestages von Hermann Broch gedenken. Bei einem Gespräch im Herbst 1970 mit Jeannie Ebner, der österreichischen Schriftstellerin, die damals die Kulturzeitschrift *Literatur und Kritik* in Wien als Herausgeberin betreute, regte ich deswegen einen Doppelband zu Broch an, der im folgenden Jahr erschien. Mein eigener Beitrag handelte von den politischen, besonders den menschenrechtlichen Essays des Autors. Der Verlag, in dem die Zeitschrift seit ihrer Begründung im Jahr 1966 erscheint, ist der Otto Müller Verlag in Salzburg. Der kontaktierte mich bald nach Erscheinen des Broch-Heftes und wollte wissen, ob ich nicht die „Völkerbund-Resolution" des Autors von 1936/37 für den Verlag edieren könne. Eine Anfrage beim Suhrkamp Verlag, der die Rechte besaß, ergab, dass dagegen keine Einwände bestünden. Nach Abschluss meiner Dissertation im Frühjahr 1972 edierte ich diese Studie; sie erschien 1973. Im gleichen Jahr publizierte ich meine Dissertation als Buch unter dem Titel *Ethik und Politik*. Siegfried Unseld, Leiter des Suhrkamp Verlags, gab mir – ebenfalls 1973 – den Auftrag, die *Kommentierte Werkausgabe Hermann Broch* zu edieren, die dann in den sieben Jahren zwischen 1974 und 1981 erschien. 1978/79 wurden darin die Bände *Politische Schriften* und *Massenwahntheorie* veröffentlicht. Ich nahm die Gelegenheit wahr, dem Verlag vorzuschlagen, jene sechs großen essayistischen Arbeiten Brochs, die sich dem Thema „Menschenrecht und Demokratie" widmeten, zusätzlich in einem eigenen Band außerhalb der Werkausgabe zu publizieren. Das geschah 1978 in der Bibliothek Suhrkamp.

Sowohl während meiner editorischen wie auch interpretatorischen Arbeiten habe ich über die menschenrechtlichen Studien Brochs in einer Reihe von interdisziplinären Symposien referiert und in Aufsätzen geschrieben. Auch in meinem Buch *Bürgerkrieg Global* von 2009, das den Untertitel „Menschenrechtsethos und deutschsprachiger Gegenwartsroman" trägt, habe ich profitiert von Brochs Einsichten in die Funktion der Menschenrechte in Demokratien und – bei ihrer Demontage – in die Versklavungsgefahr in Diktaturen. Innerhalb der Germanistik standen diese Aspekte im Werk des Autors nie im Vordergrund, da man sich vor allem auf das Romanwerk des Modernisten Broch, des österreichischen Joyce, wie man ihn zuweilen nannte, einlassen wollte. Auch bei Politologen, Philosophen und Theologen galt Broch als Romancier, um dessen Essays man sich nicht eigens kümmern müsse. Das Besondere bei Broch aber ist, dass seine dichterischen und essayistischen Arbeiten in einem engen zeitkritischen Zusammenhang stehen. Die Essays sind zum Teil von seinen Romanen und sein Erzählwerk nicht

https://doi.org/10.1515/9783110734683-202

selten von seinen Studien inspiriert. Zudem aber haben Brochs Human-Rights-Arbeiten ihren eigenen Stellenwert im Menschenrechtsdiskurs. Angesichts der weltweiten politischen Entwicklungen ist die Auseinandersetzung mit Fragen des Menschenrechts eine vordringliche Aufgabe in den akademischen Fächern, die dieser Diskurs tangiert. Zu ihnen gehört auch die Literaturwissenschaft.

In den letzten beiden Jahrzehnten hat eine neue Generation von interdisziplinär arbeitenden Menschenrechtsforschern die Diskussion um die Human Rights aufgemischt. Nicht nur durch die aktuelle politische Situation, sondern auch durch ihre Arbeiten – man denke an jene von Lynn Hunt, Hans Joas, Samuel Moyn und Samantha Power – fühlte ich mich veranlasst, dieses Buch zu schreiben. Bei der Lektüre ihrer vorzüglichen Beiträge wurde mir klar, dass Brochs Essays – wären ihnen diese Studien bekannt gewesen – immer wieder als Bezugsgrößen hätten fungieren können. Während andere Menschenrechtskenner aus Brochs Zeit (wie Jacques Maritain oder Hannah Arendt, mit denen Broch in Verbindung stand) mit ihren Thesen und Einsichten oft zitiert werden, kommt der Name Hermann Broch nicht vor. In mancher Hinsicht sind Brochs Studien aber weitsichtiger als die anderer Teilnehmer*innen am Menschenrechtsdiskurs.

Paul Michael Lützeler,
St. Louis im Herbst 2020

Inhaltsverzeichnis

1 Einleitung

1.1 Ebenbildhaftigkeit und Versklavungsverbot

Kein historisches Ereignis hat Hermann Broch derart irritiert und empört wie die Ernennung Hitlers zum Reichskanzler durch Präsident Hindenburg am 30. Januar 1933. Der Machtantritt liegt noch keinen Monat zurück, als er dem Schriftsteller-kollegen Frank Thiess gesteht, dass die neue Situation „in Deutschland", die *„für das ganze europäische Schicksal bedeutungsvoll sein"* werde, ihn „völlig aus der Fassung" gebracht habe. „Das Erschreckendste", so fährt er fort, sei „die Enge der Bewegung", denn „was halbwegs nach geistiger Produktion" ausschaue, werde „zweifelsohne als Kulturbolschewismus behandelt werden." Er fügt hinzu: "Man kann doch nicht bloßer ästhetischer Zuschauer bleiben; Menschen wie Sie, wie ich, müssen schließlich eine feste Stellung beziehen" (HBT, 203–204). Zwei Wochen später klagt er in einem Brief an Edwin und Willa Muir, die seine *Schlafwandler*-Trilogie übersetzt hatten: „[...] der Zustand in Deutschland, der aber nur Exponent des Weltzustandes ist, bedrückt mich unsäglich und lähmt meine ganze Arbeitsfähigkeit. Ich bin an einem neuen Roman, mit dem ich angesichts der Welt-sinnlosigkeit einfach nicht weiter komme" (KW13/1, 231). Broch bricht damals das *Filsmann*-Projekt (KW6, 287–325) ab, das in engem Zusammenhang mit seinem Drama *Die Entsühnung* steht. Hier wäre die Geschichte einer Unternehmerfamilie erzählt worden, die mit der Weltwirtschaftskrise nicht fertig wird. Der radikale politische Wechsel veranlasst Broch, dieses Projekt aufzugeben. Er versteht aus der Perspektive seiner Theorie vom „Zerfall der Werte" (wie er sie in den letzten Band der *Schlafwandler*-Trilogie eingebaut hat), dass es jetzt weniger das ökonomische Subsystem ist, das alle anderen konkurrierenden Partialsysteme zu dominieren trachtet, sondern dass eine politische Bewegung an die Macht gekommen ist, die den totalen Herrschaftsanspruch anmeldet und alle Gesellschaftssegmente unterwerfen bzw. – in der Sprache der neuen Herrscher – „gleichschalten" will. Dazu gehört auch der Bereich der Religion als geistiger Basis der Kultur. Auf dieses Bestreben kommt Broch in seinem Essay „Das Böse im Wertsystem der Kunst" zu sprechen, wo er das „Imitationssystem" erwähnt, mit dem der „Antichrist" den „Christ" (KW9/2, 145) zu verdrängen und zu ersetzen sucht. Der Aufsatz konnte 1933 noch in der *Neuen Rundschau* erscheinen. Schon in den *Schlafwandlern* ist in den Anspielungen auf Grünewalds *Isenheimer Altar* von diesem Antichrist als Gegenspieler des religiösen Heilsbringers die Rede (Lützeler 2001). Überhaupt sind Broch Religionsfragen in seiner Kulturkritik zentral und werden hier wiederholt angeschnitten. Der Religionsersatz durch politische Ideologie ist das Thema des Romans *Die Verzauberung* (KW3). Die erste Fassung des Buches schließt Broch Ende 1935 ab. Zu der Zeit begreift der Autor, dass das politische Geschehen in Deutschland in seiner Barbarei nicht

https://doi.org/10.1515/9783110734683-001

mehr durch das Romanmodell, das er gewählt hat, angemessen erfasst werden kann. Diese Dorf- und Alpengeschichte mit dem stadtflüchtigen Landarzt als Erzähler ist als Aussteiger- und Antiheimatroman sowie als Gegenpart zu den agrarromantischen Büchern der 1930er Jahre nach wie vor lesenswert. Sie hätte auch als Parabel auf die inhumane Durchsetzung faschistischer Ideologie noch überzeugen können, wäre sie vor dem Herbst 1935 erschienen. Aber im September 1935 wird mit der Verabschiedung der Nürnberger Rassengesetze klar, dass der Antisemitismus nicht nur ein sich in Zukunft vielleicht abschwächendes Begleitphänomen des Umsturzes von 1933 ist, sondern den Kern der ganzen Hitler-Bewegung ausmacht. Von der „arischen" Rassentheorie aus soll alles in Politik, Religion, Kultur, Militär, Wirtschaft, Erziehung radikal verändert werden. Aus dem staatsideologischen Rassismus soll die Legitimation bezogen werden zur Vernichtung des Judentums, der Sinti und Roma und der Afro-Deutschen, zur Tötung der geistig Behinderten, zur Ausschaltung des Einflusses der christlichen Kirchen, zur Beseitigung politischer Gegner, zur rechtswidrigen „Arisierung" im wirtschaftlichen Bereich, zu den expansionistisch-imperialen Kriegen in Osteuropa (Essner 2002). In vielen Briefen hat Broch nach Bekanntwerden der Nürnberger Rassengesetze über die Schwierigkeiten berichtet, die er mit der Fertigstellung der *Verzauberung* habe. Er beginnt sogar am Sinn der Literatur überhaupt zu zweifeln, weil er von ihrer zeitkritischen Wirkungskraft nicht mehr überzeugt ist. Noch während er eine zweite Fassung des Romans beginnt, überlegt er, ob er als unabhängiger, parteipolitisch nicht gebundener Intellektueller eine Aktion starten könne, die einen Beitrag zur Eindämmung der Macht totalitärer Staaten leisten könnte.

In Gesprächen und Briefen – unter anderem mit Thomas Mann – (TMB) und angeregt durch die Wiederlektüre der Rede, die Fridtjof Nansen 1922 bei der Entgegennahme des Friedens-Nobelpreises gehalten hatte, entwickelt sich seit der Mitte des Jahres 1936 sein Projekt der „Völkerbund-Resolution" (KW11, 195–231). Zwischen Dezember 1936 und Juli 1937 schreibt er zwei Fassungen der Denkschrift. Es soll ein Manifest gegen die innenpolitische Verfolgung von Minoritäten und das außenpolitische Kriegstreiben werden. Zur Unterzeichnung der Resolution sucht er einflussreiche Vertreter*innen aus Kultur und Politik in den demokratischen Ländern und in übernationalen Friedensorganisationen zu gewinnen. Gleichzeitig aber will er auch eine ethische Basis finden, von der aus man das legalisierte Unrecht in der Innenpolitik und die friedensfeindliche Aggression in den Außenbeziehungen der Diktaturen angreifen kann. Broch bringt hier die Begriffe der „Menschenwürde" und die des „Menschenrechts" in einen Argumentations- und Sinnzusammenhang, um ein „Ethos der Welt" (KW11, 202) zu definieren, von dem aus die Machtpolitik der Totalitärstaaten als illegal und inhuman angegriffen werden kann. Heute wird in vielen Studien über die „Human Rights" diese Verzahnung von Menschenrecht und Menschenwürde betont – am nachdrücklichsten in dem Buch von Hans Joas (Joas 2013) –, aber dass Broch die Verbindung im Januar 1937 hergestellt hat, ist in Vergessenheit geraten. In dem halben Jahr zwischen August 1937 und Februar 1938 schwillt seine internationale Korrespondenz bei der Werbung für die Resolution an, ohne dass er sein Ziel erreicht. Mit dem ‚Anschluss' Österreichs, seiner dreiwöchigen Haft im März und April 1938, der Flucht nach Schottland drei Monate später und dem Beginn des Exils in den USA im Oktober des gleichen Jahres hört seine Aktivität in dieser Sache auf. Der gedanklich-ethische Teil findet aber seine Fortsetzung durch die *Massenwahntheorie* (KW12) und in seinen Aufsätzen zum Thema einer „International Bill of Rights" (KW11, 243–276) in den 1940er Jahren.

Kein historisches Ereignis hat Broch im Exil stärker deprimiert als Hitlers Sieg über Frankreich im Mai 1940. Schon zwei Jahre zuvor hatte der Autor an Albert Einstein geschrieben, dass er sich in Amerika im Kampf gegen „die psychische Epidemie" der nationalsozialistischen Hasspropaganda engagieren werde. Er wisse, so gibt er zu, „wie schwach die Kräfte des Menschen und im besonderen die meinen sind", und dass „man mit Papier und Tinte" keine „Tanks [...] aufzuhalten vermag". Wenn aber die Kriegstreiber in der Lage seien, „das Böse zu entfesseln", bestehe für ihn selbst die Aufgabe darin, „das Gute zu mobiliseren" (KW13/2, 26–27). Statt im Frühjahr 1940 zu verzagen, schreibt er mit gleichgesinnten amerikanischen und exilierten Intellektuellen (Agar et al. 1940) an dem Buch *The City of Man. A Declaration on World Democracy*, das 1940 erscheint (KW11, 81–108). Hier wird ein Reformprogramm für die amerikanische Demokratie vorgelegt, das innenpolitisch für die Gleichberechtigung aller Minoritäten sowie für den sozialen Ausgleich zwischen Reich und Arm eintritt und außenpolitisch eine Pax Americana im Sinne von Brochs Vorstellungen von Menschenrecht und Menschenwürde entwirft. Schon in der „Völkerbund-Resolution" weist Boch darauf hin, dass Versklavung dasjenige Menschheitsverbrechen ist, gegen das sein „Ethos der Welt" mobilisiert werden müsse. Sowohl in der *Massenwahntheorie* wie in seinen Studien zu Menschenrecht und Demokratie rückt das Thema der Anti-Versklavung in den Mittelpunkt seiner Überlegungen. Er versteht seit den frühen 1940er Jahren das Konzentrationslager als „Grundbeispiel für moderne Versklavung" (KW11, 112) und als bezeichnendstes Symbol nationalsozialistischer Politik. Das Konzentrationslager drücke seine Insassen auf eine „untertierische Stufe herab", und deswegen müsse eine Fundierung heutiger sozialer Ethik von dem Verbot ausgehen: „Der Mensch darf den Menschen nicht versklaven" (KW11, 113). Brochs demokratietheoretische Überlegungen in der Massenwahntheorie schließen mit der Definition „Demokratie ist Anti-Versklavung" (KW12, 563).

In den Anmerkungen Brochs zu Pablo Picassos Bildern wird ein Werk besonders hervorgehoben: *Guernica*. Während des spanischen Bürgerkriegs entstanden Gemälde Picassos, die man in ihrer Eindringlichkeit nur mit Goyas

Schrecken des Krieges vergleichen kann. Am 26. April 1937 hatte die Legion Condor der Deutschen Luftwaffe auf Drängen von Francisco Franco hin die baskische Stadt Guernica bombardiert. Picasso erfasste die Hilflosigkeit, das Entsetzen und die Angst der Menschen und der Tiere, die als Opfer dem Luftkrieg ausgeliefert waren, erkannte die weitere Dehumanisierung, die aufgrund der moralischen Defizite der totalitaristischen Politik auf die Europäer zukam. Broch dürfte das Bild, das Picasso im Mai/Juni 1937 gemalt hatte, im Original gesehen haben, als es vom 15. November 1939 bis zum 7. Januar 1940 im Museum of Modern Art in New York als Teil der Ausstellung „Picasso: 40 Years of His Art" gezeigt wurde. Sie enthielt 344 Arbeiten des Künstlers, doch war *Guernica* das am stärksten beachtete Gemälde. Die Ausstellung war gerade eine Woche vorbei als Broch aus New York an einen befreundeten Maler einen längeren Brief schrieb, in dem er den „späten Picasso" erwähnte und auf *Guernica* zur Illustration des „ethischen Problems" (KW13/2, 162) in der Kunst verwies. (Bei dem bisher noch nicht identifizierten Maler, an den Broch schrieb, dürfte es sich um Rudolf Ray Rappaport gehandelt haben, der wie Broch aus Wien nach New York geflohen war und mit dem er bekannt war.) Broch war damals dreiundfünfzig Jahre alt, und es ist zu vermuten, dass ihn das Bild vergleichbar ergriff wie drei Dekaden zuvor Grünewalds Isenheimer Altar (Lützeler 2001), handelt es sich doch bei *Guernica*, folgt man der Interpretation von Karen Armstrong, um eine moderne, säkularisierte Kreuzigungsszene (Armstrong 2005, 125–126). Von Anfang 1940 an wird das Bild in Brochs Korrespondenz und Essays erwähnt. Es ist ihm Beleg dafür, dass Picasso sich hier als „Anti-Fascist" (KW 9/1, 236) vorstellt. Im Exil betonte Broch in seinen Schriften das politische Engagement im Sinne des Anti-Totalitarismus. Die Ethik des Kunstwerks besteht nicht mehr lediglich darin, mit neuen Formen neue Erkenntnisse aufzudecken, es soll nun auch Themen anpacken, die sich gegen Terror und Versklavung wenden. Picassos *Guernica*, schreibt Broch, zeige mit der Darstellung des „menschlichen Leids", wie „das Malen bei aller künstlerischen Perfektion über sich hinausgegangen" (KW13/3, 265) sei. An Picasso sei ihm klargeworden, dass die Kunst, was ihren Stoff betrifft, „auf den *Tod an sich*" (KW13/2, 319) verwiesen sei. Es ist eine Nähe zwischen *Guernica* und jener Anti-Versklavungsmoral zu konstatieren, die Broch in den 1940er Jahren in seiner *Massenwahntheorie* vertrat. Picasso zeigte in *Guernica* die Zerstörung, die Hinrichtung des Menschen im Krieg, um an jene Humanitätsvorstellungen zu erinnern, die nicht preisgegeben werden dürfen. So entwickelte Broch in seiner Studie „Menschenrecht und Irdisch-Absolutes" (KW12, 456–510) im Hinblick auf die Leiden der Menschen im Konzentrationslager das Postulat einer Ethik-Begründung *ex negativo*. Für Broch wurde *Guernica* zum Inbegriff eines modernen Kunstwerks, das ihn darin bestärkte, das Menschenbild vom Punkt seiner Zerstörung, von der maximalen Dehumanisierung her neu zu bestimmen, d. h. von jenem Punkt aus, der erkennbar macht, „was dem Menschen, sofern er Mensch bleiben soll, nicht angetan werden darf" (KW12, 472).

Diese Überlegungen stehen nicht nur im Mittelpunkt seiner ökonomischen, menschenrechtlichen und massenpsychologischen Essays, sondern werden auch in seinen Kritiken und Romanen thematisiert. Man denke an seine ideologiekritische Rezension von 1940 zum Film *Gone with the Wind* mit dem provozierenden Titel „Die Wiedereinführung der Sklaverei in Amerika" (KW9/1, 237–246). Sein *Pasenow*-Roman (erster Teil der Trilogie *Die Schlafwandler*) hat auch zu tun mit Bismarcks Germanisierungsversuchen in den von Preußen annektierten Teilen Polens und mit deutscher Kolonialpolitik (Lützeler 2011, 37–69). Erinnert sei ferner an *Der Tod des Vergil* (1945) mit der Thematisierung der antiken Sklaverei und Vergils Entscheidung seine Sklaven zu befreien. Der finanzielle Reichtum der Hauptfigur A. in den *Schuldlosen* (1950) ist – wie Broch betont – ohne die Ausbeutung versklavter südafrikanischer Minenarbeiter nicht denkbar. Auch das biografische Umfeld ist hier in Erinnerung zu bringen. In Brochs Freundeskreis wurde Integrität (im Sinne von repräsentierter Menschenwürde) diskutiert. Für Erich von Kahler verkörperte Broch das Ideal des brüderlichen Menschen. Broch selbst wies Elias Canetti auf Abraham Sonne hin, der für beide Autoren der integre Mensch schlechthin war. Brochs Freundschaften zu Abraham Sonne, Elias und Veza Canetti, Erich von Kahler und Hannah Arendt sind das Thema des abschließenden Kapitels.

Kein historisches Ereignis hat Broch stärker begeistert als das Ende des Krieges, das aus amerikanischer Sicht in zwei Phasen begann: im Frühjahr und im Sommer 1945. Broch spricht in einem Brief an Carl Seelig vom 28. August davon, dass „wahrlich ein neuer Weltentag" (KW13/3, 11) angebrochen sei. Das Ende des deutschen Diktators hat Broch schon bald nach dem Attentat vom 20. Juli 1944 in seinem Text „Hitlers Abschiedsrede" imaginiert (KW6, 333–343). Für ihn besteht jetzt die politische und kulturelle Aufgabe darin, nach dem zweiten Weltkrieg einen dauerhaften Weltfrieden zu sichern. Er ist außerordentlich angetan von der Tatsache, dass eine neue globale Friedensorganisation, die United Nations, gegründet wurden. Er leistet seinen Beitrag zur Diskussion über die in Vorbereitung befindliche Universal Declaration of Human Rights (KW11, 243–276), wobei er auf das Problem der Souveränität der Mitgliedsstaaten verweist. Was die Einhaltung der Menschenrechte betrifft, müsse ein internationaler Gerichtshof geschaffen werden, wo Klagen gegen Kriegstreiberei, Kriegsverbrechen und Versklavung eingereicht und mit Aussicht auf Erfolg durchgefochten werden können. Das sind Vorstellungen, die ein halbes Jahrhundert später – zumindest partiell – Eingang in die Regeln internationaler Rechtsprechung finden.

Auf einen möglichen Zusammenhang von Menschenrecht und Roman hat Lynn Hunt in ihrem Buch *Inventing Human Rights* hingewiesen (Hunt 2007). Sie zeigt, wie der europäische Briefroman im 18. Jahrhundert mit der Betonung von Empfindsamkeit, Empathie und Einfühlungsvermögen literarisch den Boden für die Kodifizierung von Menschenrechten vorbereitete. Sie argumentiert, dass die Allgemeine Erklärung der Menschenrechte der UNO von 1948 Resultat eines langen kulturellen Prozesses gewesen sei, der ohne universalistische Autonomiephilosophie und ohne den Roman der Empfindsamkeit nicht vorstellbar gewesen wäre. Sie weist auch darauf hin, dass in der durch Aufklärung und Empfindsamkeit geprägten bürgerlichen Gesellschaft die Praxis der Folter bei juristischen Verfahren mehr und mehr eingeschränkt worden sei (Lützeler 2009, 61–63). Allerdings muss man hier einwenden, dass dies ein langwieriger Prozess war, der weder in allen Teilen Europas synchron verlief noch seinerzeit von den Europäern in ihren Kolonien im Hinblick auf die beherrschten Völker befördert wurde (Joas 2013, 58–59). Brochs Überlegungen wurden provoziert durch rechts- und linksradikale politische Bewegungen, die dem aufgeklärten Autonomie-, Toleranz- und Universalismusgedanken den Kampf angesagt hatten. Broch befand sich da in einer Defensivposition. In ihr entdeckte er, dass ein internationales Menschenrecht als Schutz der Menschenwürde den Versklavungsplänen der totalitaristischen Systeme entgegenzusetzen sei. Diese ethisch-juristische Grundüberzeugung wird in seinen Menschenrechtsabhandlungen direkt angesprochen, aber sie scheint auch in seinem dichterischen Werk durch. Liest man Brochs Briefe bekommt man den Eindruck, dass er seit 1936 seinen menschenrechtlichen, massenpsychologischen und demokratietheoretischen Studien den Vorzug gegenüber den literarischen Arbeiten gegeben habe. Schaut man sich aber seine Werkbiographie genauer an, entdeckt man bald, dass er immer gleichzeitig theoretisch und dichterisch produktiv war. Der Roman *Die Verzauberung* (KW3) ist schon eine Vorstudie zur *Massenwahntheorie* (KW12), die „Völkerbund-Resolution" (KW11, 195–231) fällt in die Zeit der frühen Novellenfassung des Vergil-Romans – was man der „Heimkehr des Vergil" (KW6, 248–259) anmerkt –, und Überlegungen zu den Human Rights hinterlassen ihre Spuren in den *Schuldlosen* (KW5). Die Dichtung drängt ihn zur politischen Reflexion, und das theoretische Werk ergänzt sich durch seine Romane. Das ist auch der Grund, warum in der vorliegenden Studie sowohl auf die diskursiven wie die poetischen Arbeiten des Autors eingegangen wird.

Hermann Broch prägte 1948 den Begriff der „Anti-Versklavung" als es ihm darum ging, die Besonderheit der Demokratie auf einen kurzen Nenner zu bringen. Sein Kapitel „Demokratie versus Totalitärstaat" aus der *Massenwahntheorie* (KW12) schließt er ab mit dem Satz: „Demokratie ist Anti-Versklavung, ja sie kann geradezu als solche definiert werden" (KW12, 563). War das nicht drei Jahre nach dem Ende des Zweiten Weltkriegs eine überholte Umschreibung dessen, was Demokratie in seiner Zeit ausmachte? Waren die Vereinten Nationen nicht gerade dabei, ihre „Allgemeine Erklärung der Menschenrechte" zu formulieren, die sie unter majoritärer Zustimmung der Mitgliedsländer Ende 1948 verabschiedeten? Dort wurde im Artikel vier auch erneut die Nicht-Duldung von Sklaverei herausgestellt. Der Paragraph lautet: „Niemand darf in Sklaverei oder Leibeigenschaft gehalten werden. Sklaverei und Sklavenhandel in allen ihren Formen sind verboten".[1] Aber warum das Thema der Versklavung überhaupt aufgreifen, wenn sie doch bereits im Lauf des 19. Jahrhunderts geächtet worden war? Broch hatte in dem Jahrzehnt von 1939 bis 1948 an seiner *Massenwahntheorie* (KW12) gearbeitet und die Unterschiede zwischen demokratischer und diktatorischer – besonders nationalsozialistischer – Staatsauffassung profiliert. Seit über siebzig Jahren ist an der Erweiterung der Menschenrechte und ihrer Kodifizierung auf nationaler, kontinentaler und sogar weltweiter Ebene gearbeitet worden. Ist also das Thema Anti-Versklavung nicht von bloß historischem Interesse? Broch ist aber mit seiner Forderung nach wie vor aktuell, denn man braucht sich nur die Berichte humanitärer Organisationen wie Amnesty International (Neier 2012, 186–203), Human Rights Watch (Neier 2012, 204–232) oder Anti-Slavery International[2] anzuschauen, um zu erkennen, dass heute Sklaverei nach wie vor existiert (Zeuske 2019). Man denke an die Entrechtung von Frauen im sozialen Bereich, an Arbeitslager im Strafvollzug, an Kindersoldaten im Söldnerwesen, an Kinderarbeit und alle nur denkbaren Ausbeutungsarten in der Wirtschaft, an Zwangsprostitution und Menschenhandel (Nowak 2014; Patterson 2012, 322–359). Die Zahlen sind erschreckend: Der Global Slavery Index[3] berichtet von über 40 Millionen versklavten Menschen weltweit, was bedeutet, dass es in der Geschichte der Menschheit noch nie so viele Sklaven gegeben hat wie heute. Michael Zeuske schreibt in seinem *Handbuch Geschichte der Sklaverei* am Anfang des Kapitels über Versklavung in der Gegenwart, „dass Sklavereien und Menschenhandel" im „21. Jahrhundert weltweit boomen". Es handle sich „um Generationen von eigentlich illegal Versklavten, für die jährlich Gewinne von mindestens 31 Milliarden Dollar [...] erwirtschaftet werden (Zeuske 2019, 992). Er fährt fort:

> Sklaverei heute ist in ihrem Wesen weltweit wirklich mit allen Formen der Gewalt, Mobilität und Manipulation erzwungene Arbeit mit ihren wirtschaftspolitischen, sozialen, rechtlichen, politischen und psychosozialen Folgen – einerseits ganz transkulturell, translokal oder transnational, was die Herkunft der neuen Sklaven betrifft und ihr Erleben, ihre Per-

---

1 https://www.menschenrechtserklaerung.de/sklaverei-3548/ (21. Januar 2021).
2 https://www.antislavery.org/ (21. Januar 2021).
3 https://www.globalslaveryindex.org/ (21. Januar 2021).

zeption und die täglichen Gewaltbeziehungen aber lokal und historisch in älteren Typen und Formen von Sklavereien verwurzelt.[4]   (Zeuske, 2019, 995)

Anti-Slavery International zeigt, dass die Sklaverei faktisch nie wirklich beendet worden ist. Diese Organisation wurde in London bereits 1839 gegründet und hat ununterbrochen gegen Sklaverei weltweit opponiert. Ursprünglich hieß sie Agency Committee of the Society for the Mitigation and Gradual Abolition of Slavery Throughout the British Dominions. Bei ihrer Gründungsversammlung von 1840 war der Eröffnungsredner Thomas Clarkson. Er war der berühmteste und erfolgreichste Sklavereigegner in Europa, wenn auch heute zuweilen kritische Arbeiten über ihn erscheinen (Meier 2007). Als anglikanischer Pfarrer betrieb er aus christlich-ethischer Überzeugung lebenslang Kampagnen gegen Sklaverei und Sklavenhandel. Dabei war er Teil einer religiös motivierten Antisklaverei-Bewegung in Großbritannien (Drescher 1999, 1–86). Ohne Kontakte zum britischen Parlament hätte Clarkson nicht so erfolgreich agieren können, und hier war William Wilberforce, mit dem Clarkson befreundet war, die entscheidende Figur (Pollock 1977, 49–58). 1807 erhielt der Slave Trade Act Gesetzeskraft (Anstey 1975, 391–492), womit für Großbritannien der Sklavenhandel abgeschafft war, und 1834 wurde die Sklaverei überhaupt in den britischen Kolonien verboten. So jedenfalls die offiziellen Verlautbarungen. Dass man konkret die neuen Gesetze in den Dominions immer wieder zu unterlaufen versuchte, wird in fast allen Forschungsberichten zur Geschichte der Sklaverei nachgewiesen. Besonders instruktiv ist hier die Studie von Suzanne Miers *Britain and the Ending of the Slave Trade* (Miers 1975), die sich auf die 1880er und 1890er Jahr konzentriert. Auch bedeutete der Slave Compensation Act des Parlaments von 1837 oft einen Gewinn für die britischen Geschäftsleute in Übersee (besonders in der Karibik), die großzügige Kompensationen (insgesamt 20 Millionen britische Pfund) erhielten, während die ‚befreiten‘ Sklaven leer ausgingen. Das zeigt anschaulich das Forschungsprojekt Legacies of British Slave-ownership am University College London.[5] Nichtsdestoweniger muss festgehalten werden, dass im internationalen Vergleich Großbritannien die stärkste und dauerhafteste Antisklaverei-Bewegung nachzuweisen hat (Drescher, 2012, 90–91). Nach 1807 setzte Thomas Clarkson seine agitatorische Arbeit in Europa fort, und ohne sie wäre 1815 das Verbot des Sklavenhandels nicht in die Schlussakte des Wiener Kongresses aufgenommen worden (Lentz 2014, 337). Für die Abolitionisten (besonders in den USA) waren die Erfolge von Thomas Clark-

---

4 Vergleichbares dokumentiert Michael Jürgs (2014). Zur Sklaverei im 20. Jahrhundert vgl. Miers 2003.

5 https://www.ucl.ac.uk/lbs/ (21. Januar 2021).

son eine entscheidende Ermutigung.[6] Faktisch war die Sklaverei damit im 19. Jahrhundert noch nicht abgeschafft. Dazu merkt Jürgen Osterhammel an:

> The lesson from the experiences of emancipation is that freedom was not an all-or-nothing matter; it came in various shapes and gradations. Whether someone was free or not was an academic question in comparison with the degree of freedom, what it could be used for, and which practices of exclusion, new or old, were in place.
>
> (Osterhammel 2014, 701)

Angeregt durch die britischen Anti-Sklaverei-Initiativen bildeten sich auch in Deutschland abolitionistische Vereine, etwa der 1848 in Darmstadt gegründete Nationalverein für Abschaffung der Sklaverei, denn über Hafenstädte wie Bremen und Hamburg war auch die Wirtschaft in den deutschen Ländern mit dem globalen Sklavenhandel verbunden (Lentz 2020). In den Vereinigten Staaten waren die meisten aus Europa stammenden Sklaverei-Gegner zunächst religiös motiviert und es überraschte nicht, dass Mennoniten, Quäker und Baptisten die Unchristlichkeit des Ausbeutungssystems der Sklavenhalter anprangerten (Carey 2005 und 2012). Dieses Thema der amerikanischen Anti-Sklaverei-Bewegungen mit ihren religiösen Wurzeln ist bisher in dem „1619 Project" des *New York Times Magazine* zu wenig beachtet worden. Mit der Nummer vom 14. August 2019, das Nikole Hannah-Jones edierte (Hannah-Jones 2019)[7], bekam die Debatte um die politischen und kulturellen Folgen der Sklaverei in den USA einen neuen Anstoß. Das Magazin enthielt zehn Essays, einen Foto-Essay sowie Gedichte und Prosa von weiteren sechzehn Autor*innen. Mit dieser Ausgabe hat sich durch die nationale Resonanz mit ihren Pro-und-Contra-Stimmen die Sklaverei-Diskussion zu einem Fokus mit Zusatzpublikationen (auch in den visuellen Medien) entwickelt. Der Name des Projekts bezieht sich auf das Jahr 1619: Am 14. August kauften erstmals englische Siedler aus Port Comfort in der Kolonie Virginia etwa zwanzig bis dreißig afrikanische Sklaven. Bei den weißen Sklavereigegnern in Amerika sind nicht nur religiös-pazifistische Motive auszumachen wie die militanten Unternehmungen von John Brown belegen (Brands 2020). Wichtig war in den USA der abolitionistische Kampf der Afro-Amerikaner selbst, man denke an David Walker mit dem „Walker's Appeal" von 1829 und Frederick Douglass mit seinem Buch *My Bondage and my Freedom* von 1855. Abraham Lincoln, der einzige Präsident in den USA, der sich im 19. Jahrhundert uneingeschränkt für die Sklavenbefreiung einsetzte, unterhielt Kontakte zu Frederick Douglass und

---

6 Zur britischen Anti-Sklaverei-Bewegung und ihrem Einfluss auf die amerikanischen Abolitionisten vgl. auch Joas 2013, 85–92 und ferner Carter, Jr. 2012.
7 https://www.nytimes.com/interactive/2019/08/14/magazine/1619-america-slavery.html (21. Januar 2021).

schätzte ihn. Ohne Lincolns Politik sind die 1865, 1866 und 1870 beschlossenen Amendments 13, 14 und 15 in der amerikanischen Verfassung undenkbar. Da ging es erstens um die Abschaffung der Sklaverei, zweitens um die gleichen Bürgerrechte und drittens um das gleiche Wahlrecht für alle US-Amerikaner. Diese drei durch die Verfassung verbrieften Rechte der Afro-Amerikaner wieder abzuschaffen bzw. einzuschränken: darum ging es in den hundert Jahren zwischen 1865 und 1964 in der rechtsgerichteten Politik republikanischer wie demokratischer US-Präsidenten. Gegen solche Tendenzen vor allem in den Südstaaten zu agieren, verstanden führende Vertreter der afro-amerikanischen Emanzipationsbewegungen wie u. a. Frederick Douglass, Booker T. Washington, W.E.B. Du Bois und Martin Luther King Jr. als ihre Lebensaufgaben (Logan 1997, Weisbrot 1990), auch wenn sie in den Mitteln und Wegen stark voneinander abwichen und zuweilen in Opposition zueinander standen. Broch hatte nur allgemeine und keine durch eigene Forschungen gesicherte Kenntnisse über die europäischen und amerikanischen Sklavereiverhältnisse, aber auch er betonte die jüdischen und christlichen Motive, die in der Geschichte der Anti-Sklavereibewegungen zu erkennen sind. In seinen kulturgeschichtlichen Studien kommt er häufig auf „die Idee des Menschen" als dem „Ebenbild Gottes" im Zusammenhang mit Freiheit und Menschenwürde zu sprechen, weist also hin auf religions- und philosophiehistorische Entwicklungen, die Hans Joas untersucht (Joas 2015) und mit Samuel Moyn diskutiert hat (Joas und Moyn 2015). So zitiert Broch in der *Massenwahntheorie* aus Genesis/Mose 1, 27: „Gott schuf den Menschen nach seinem Ebenbilde." Sein Kommentar betont die dort zum Ausdruck gebrachte Nichtverhandelbarkeit menschlicher Freiheit:

> Indem Gott den Menschen in seinem Ebenbild erschaffen hat, [...] vereinigt er des Menschen Erkenntnis mit seiner eigenen: und der Mensch, der solcherart in seiner Erkenntnis Gott wiedererkannt hat, demütig sich selber als das Geschöpf des Schöpfers erkennend, erkennt damit auch die fürchterliche Pflicht zur Freiheit, die er mit seinem Schöpfer teilt.
> (KW12, 461)

Broch sagt von diesem „vor dreitausend Jahren" formulierten „Satz", dass in ihm die „idealistische Philosophie des Abendlandes von Plato bis zu Descartes und bis zu Kant" (KW12, 461) vorweggenommen worden sei. Er unterstreicht hier kein Offenbarungsdogma, sondern würdigt die Erkenntnisleistung des Moses wie er an anderer Stelle dessen ethisches Verdienst als Verfasser des Dekalogs herausstellt. Broch bringt das Problem auf den Punkt, wenn er in seiner späten Studie „Hofmannsthal und seine Zeit" sagt: „Bekenntnis ist nichts, Erkenntnis ist alles" (KW9/1, 302). Worum es geht, ist die menschliche Einsicht in die Überlegenheit eines Absoluten, an dem er teilhat und dem er qua Partizipation Autonomie und Freiheit verdankt. Durch die postulierte Ebenbildhaftigkeit sei der Mensch sich bewusst geworden, „daß etwas Absolutes in ihm" (KW12, 458) wirke, das Broch an anderen Stellen als „Seele" (KW11, 210; KW13/1, 451) bezeichnet. Von der Ebenbildhaftigkeit rühre „das Bewußtsein seines Ichs" als teilhabend am „Unendlichen [...] mit dem Namen Gottes", das Bewusstsein aber auch, „daß die Ebenbildhaftigkeit eine Verpflichtung darstellt, der er nicht gewachsen" (KW12, 458) sei. Er sei ihr nicht gewachsen, weil seinem „Gedächtnis" die Erfahrung des „zeitlichen Ablaufs", d. h. des Endlichen, des Todes und des „Nichts" eingeprägt sei. Daraus wiederum folge die mögliche „Gefährdung" der „Ebenbildhaftigkeit" (KW12, 296)[8].

Inzwischen hat Hans Joas nachgewiesen, dass die Berufung auf die Ebenbildlichkeit Gottes im Menschenrechtsdiskurs allgemein eine zentrale Rolle spielt. Das zeigt er in seiner Studie über die Sakralität der Person, die er als neue Genealogie der Menschenrechte versteht (Joas 2013). Diese Sakralität – und das gilt auch für Brochs Verständnis von ihr – ist nicht nur im religiösen Sinne zu verstehen. Joas weist nach, dass sie von Atheisten wie Émile Durkheim rein rechtsphilosophisch begriffen wurde als Zuerkennung einer Heiligkeit und einer Würde der Einzelperson, die einen unbedingten Anspruch auf Menschenrechte habe. Nach Durkheim könne der Glaube an universal gültige Menschenrechte sogar als atheistische Religion der Moderne bezeichnet werden (Joas 2013, 49–51). Ein eigenes Buch über Émile Durkheims und Max Webers voneinander abweichendem Verständnis der Menschenrechte hat Matthias König publiziert (König 2002). Durkheim ist mit der Krise der Dritten Republik in Frankreich konfrontiert, die mit dem Dreyfus-Prozess offen zutage trat. Die Unrechtsjustiz und der Rassismus verstören ihn zutiefst. Er sucht eine Rückversicherung in den Menschen- und Bürgerrechten, wie sie im August 1789 am Anfang der Revolution verkündet worden waren. In ihnen war allerdings von der „Würde des Menschen" nicht die Rede. Was die „Würde" betrifft, liegt offenbar ein Einfluss der Kantschen Ethik bei Durkheim vor. Durch die „doctrine révolutionaire" sei das Individuum quasi heiliggesprochen, ja gleichsam zu Gott erhöht worden. Die Menschen- als nationale Bürgerrechte sollten nach Durkheim im Frankreich der Jahrhundertwende neu entdeckt werden, da die Menschenrechtsmoral ein neues Kollektivbewusstsein stiften könne. Der Kult des Individuums ersetze den christlichen Kult, und die Prinzipien von 1789 seien die Glaubenssätze der neuen Religion. Die könne ihren Geltungsbereich in der französischen Nation erlangen, doch sei die Langzeitperspektive eine transnationale Vollendung der Moderne durch diese weltliche Konfession (König 2002, 19–77). Broch sah in seiner Essayfolge „Zerfall der Werte" (KW1, 418 ff.) von 1932, dass das ehemalige Zentralwertsystem des christlichen Glaubens in der Moderne seine umfassende Plausibilität

---

8 Vgl. Eiden-Offe 2011, 175–179.

und allgemeine Wirkungskraft verloren habe. Angelehnt an Max Webers Beschreibung der sich isolierenden Teilsegmente der modernen, ausdifferenzierten
Gesellschaft sieht Broch, dass an die Stelle eines einzigen dominierenden Kollektivbewusstseins die Konkurrenz der einander um Macht rangelnden Partialwertsys-
teme getreten ist, die jeweils ihre unterschiedlichen Ideologien qua Eigenlogik und
Eigendynamik entwickeln. Diese Situation laufe auf ein gesellschaftliches Ausein-
anderfallen, auf einen entropischen sozialen Zustand hinaus. Im „Zerfall der
Werte" versucht Broch die Konturen einer neuen, abstrakteren Religion auszumachen, doch bleibt alles bei schwer fassbaren Andeutungen und kann nicht
mit dem eindeutigen Angebot eines neuen Kollektivbewusstseins bei Durkheim verglichen werden. Am Menschenrechtsdiskurs beteiligt Broch sich ab
1936/1937 mit seiner „Völkerbund-Resolution". Dort liegt ihm nichts ferner als
die Propagierung einer neuen nationalen Ideologie, wie es bei Durkheim der
Fall ist. Die Metapher der Ebenbildlichkeit wird bei Broch im Sinne des biblischen
Schöpfungsverständnisses zur Konstatierung der Würde und der Gleichheit der
Menschen eingeführt. Broch denkt in seinen Beiträgen zum Menschenrecht von
Anfang an universell, nicht national. 1936/1937 wendet er sich an eine transnationale Institution (den Völkerbund), und das ist 1945 nicht anders, als es um Themen
der neugegründeten Vereinten Nationen geht. Dabei greift er aus universalistisch-
menschenrechtlicher Perspektive die inhumanen Vorgänge in Einzelstaaten an.

Während Broch Durkheim wahrscheinlich nicht gelesen hat, kannte er einige
Schriften Max Webers. Er hatte ein vergleichbares Verständnis der gesellschaftlichen Wertsphären in der modernen Gesellschaft und stimmte den politischen Interventionen Max Webers in den Jahren zwischen 1917 und 1920 zu. Im Rückblick
hielt Broch 1941 im amerikanischen Exil fest: „[...] hätte Deutschland mehr Männer
von der politischen Leidenschaft eines Max Weber gehabt, hätte der deutsche Intellektuelle sich nicht jahrzehntelang vom politischen Geschehen ausgeschaltet, es
wäre um die deutsche Demokratie besser bestellt gewesen" (KW11, 233). Mehrfach
hat Broch betont, wie wichtig ihm Webers Essay „Politik als Beruf" (Weber 1992,
237 f.) mit der Unterscheidung zwischen Verantwortungs- und Gesinnungsethik gewesen ist (KW11, 234; KW13/2, 442). Die Grundthesen aus *Die protestantische Ethik
und der Geist des Kapitalismus* haben in seinen Essays keine Spuren hinterlassen,
und auch die drei Unternehmer in seinen Romanen (Eduard von Bertrand, Wilhelm Huguenau und Andreas) sind alles andere als Geschäftsleute, die ihr Geld
machen, weil sie die asketisch-protestantische Religion zur Richtlinie ihres Handelns erklärt hätten. War Broch ein überzeugter Verfechter der Menschenrechte,
wird man mit König nicht umhinkönnen, Max Webers Verhältnis zu den Human
Rights als ambivalent zu bezeichnen. Anders als Durkheim – (König 2002, 78–138)
– kann Weber als Deutscher die französische Revolution nicht wie den Grün-
dungsakt einer neuen Nation feiern und ihre Erklärung der Menschen- und Bür-

gerrechte nicht wie den mythischen Fixpunkt einer patriotischen Ideologie verstehen. Überhaupt spielt die Diskussion über die Droits de l'Homme bei Max Weber eine geringere Rolle als bei Durkheim. Sie ist auch weniger originell, denn er hat da Entscheidendes von Georg Jellinek übernommen, wie z. B. den Einfluss der amerikanischen Bill of Rights bzw. der Verfassung von Virginia auf die Pariser Menschen- und Bürgerrechtserklärung (Joas 2013, 20–26). Matthias König schildert Webers kulturgeschichtliche Einordnung des Menschenrechts als charismatische kulturelle Idee (König 2002, 119–132). Während Durkheim die Droits de l'Homme zu einem neuen nationalen Zentralwert erklärt und etwas historisch Vergangenes aktualisieren möchte, verläuft die Zeitkurve in Webers Überlegungen umgekehrt. Er erkennt in den ehemals (im 18. Jahrhundert) neuen Ideen ihren charismatischen Ursprung, doch weiß er auch um den Rationalisierungsprozess, dem alles Charismatische in der Moderne unterworfen ist. Auch die Menschenrechte entgehen nicht der Systematisierung, Individualisierung, Rationalisierung, Bürokratisierung – eben der „Entzauberung". Von der charismatischen Rechtsoffenbarung verfolgt Weber ihren Weg hin zur formal-positiven Rechtssatzung. Ihm geht es um die Analyse eines historischen Prozesses, nicht – wie bei Durkheim – darum, den Kern eines integrativen Kultursystems auszumachen und seine zentrale Bedeutung für die Nation zu propagieren. Die Human Rights werden bei Weber nicht wie im Fall Durkheims als ideologisches Fundament eines gemeinschaftlich geteilten Wertverständnisses begriffen, sondern befinden sich zu Werten in anderen Gesellschaftssegmenten in einem Konkurrenzverhältnis.

Weber unterscheidet in *Wirtschaft und Gesellschaft* (Weber 2005) zwischen traditioneller, rationaler und charismatischer Herrschaft. Charismatische Autorität beruht bei Weber „auf dem Glauben der Beherrschten an die außeralltägliche Qualifikation der herrschenden Person" (König 2002, 120). Es ist wahrscheinlich, dass Broch mit Marius Rattis Agitation im Roman *Die Verzauberung* (KW3) von 1935 ein Bild faschistischer pseudo-charismatischer Herrschaft vermitteln wollte. Mit dem Titel des Romans dürfte er auf den Begriff der „Entzauberung" von Max Weber angespielt haben, denn Rattis verwegenes Unternehmen besteht im Versuch der Rückgängigmachung moderner Versachlichung im Sinne eines magischen Weltverständnisses. Die Gegenspielerin in dem Roman, Mutter Gisson, repräsentiert, was Naturnähe und Religion betrifft, dieses vormodern-magische – gleichsam verzauberte – Weltverständnis, von dem sie aber selbst weiß, dass es in der Gegenwart keinen Platz mehr hat. Sie lehnt Rattis Unternehmen entschieden ab, weil er für sie eine bloße Imitationsfigur ist, die Versatzstücke aus alten Kulten mit dem Ziel politischer Manipulation benutzt. Der Ich-Erzähler des Romans, ein stadtflüchtiger Landarzt, sehnt sich zurück ins Gestern der Mutter-Gisson-Welt, verfällt aber vorübergehend dem faulen

Zauber, der Schein-Verzauberung Rattis. Wenn man von einem Lernprozess beim Ich-Erzähler sprechen kann, hat der mit einem Ankommen in der entzauberten Welt zu tun, wo er eigene ethische Maßstäbe entwickeln muss. Dass man dabei von dem Respekt vor der Natur und der Menschenfreundlichkeit der Mutter Gisson vieles und von der Ausbeutung der Umwelt und der auf Hass, Ausgrenzung und Unterwerfung abzielenden Politik des Marius Rattis nichts übernehmen sollte, wird im Roman deutlich.

Broch operiert in seinen kulturkritischen, politischen und massenpsychologischen Studien nicht mit dem Begriff charismatischer Herrschaft. Die politischen Figuren, die bei ihm vorkommen, sind entweder aus Tradition an ihr Amt gelangt – wie der Kaiser Franz Joseph I. in „Hofmannsthal und seine Zeit" (KW9/1, 158–174) – oder sind durch kriminelle Machenschaften zu ihrer nur angemaßt-charismatischen Führerfunktion gekommen (wie Hitler und Stalin). Auch Franklin D. Roosevelt, den Broch schätzte, hat er nicht als Charismatiker verstanden, wenngleich das zur Kriegszeit beim Großteil der amerikanischen Bevölkerung der Fall war. Broch hat den Projektionsmechanismus durchschaut, den Michael Günther in seinem Buch *Masse und Charisma* (Günther 2005) beschreibt. Der charismatische Glaube müsse bei den Mitgliedern der Masse schon vorhanden sein: nicht der Führer suche seine Masse, sondern die Masse ihren Führer. Broch hat dabei stärker die Wechselseitigkeit dieses Verhältnisses profiliert. Er hält die „Güte-Projektionen" der Autoritätsgläubigen auf ihren erwarteten Führer, der sie aus einer angeblich hoffnungslosen Lage befreien soll, aus vielen Gründen für problematisch. So spricht er von „anarchischen, versklavungssüchtigen Gesellschaftskräften" (KW12, 467), die da am Werk seien. Ähnlich hat er das Verhältnis von Masse und charismatischem Diktator in der *Verzauberung* (KW3) und wenig später in seiner Erzählung „Die Heimkehr des Vergil" von 1937 geschildert (KW6, 250).

Zurück zu Brochs Thema der Sakralität des Ichs: Hans Joas zitiert ausführlich William James, der ein religiöses Verständnis der Seele des Einzelmenschen hatte. Die Vorstellung von der unsterblichen Seele impliziere die menschliche Gotteskindschaft, die eine Verantwortung gegenüber dem Schöpfergott bedeute. Hier wird die Heiligkeit, die Würde der einzelnen Person unter christlichen Aspekten verstanden (Joas 2013, 146–156). Allerdings hat William James sich nicht am Menschenrechts-Diskurs beteiligt. Von James besaß Broch drei Bücher (Amann und Grote 1990),[9] die er durchgearbeitet hat, u. a. die Studie zum pluralistischen Uni-

---

9 William James, *L'idée de verité*. Paris: Alcan, 1913 [Original: *The Meaning of Truth*. New York, NY: Longmans, Green, and Co., 1909]; *Der Pragmatismus*. Leipzig: Klinkhardt, 1908 [Original: *Pragmatism*. New York, NY: Longmans, Green, and Co., 1907]; *Das pluralistische Universum*.

versum, die auch von Joas zitiert wird (Joas 2013, 155). Broch steht in der Aufklärungstradition und ist sich darüber klar, dass auch religiöse Bekenntnisse von Menschen gemachte Aussagen sind. Wichtig ist ihm, dass bei den Erörterungen der Menschenrechte hinter die Ethik des Mosaischen Dekalogs und des christlichen Friedens- und Liebesgebots nicht zurückgefallen wird. Deswegen verteidigt er mit Argumenten der Sakralisierung der Person die Menschenrechte. Broch wird von Joas nicht erwähnt, aber seine Essays, in denen er auf die Ebenbildlichkeit[10], auf die Würde und die Rechte des Menschen zu sprechen kommt, sind ein weiterer Beleg für die Tragfähigkeit von Joas' These.

In seiner „Völkerbund-Resolution" von 1936/37 führt Broch im Namen der „absoluten Würde" (KW 11, 225) des Menschen Klage gegen die eklatanten Freiheitsberaubungen und Versklavungspraktiken in den Diktaturen. Das ist auch der Fall im amerikanischen Exil seit 1938. Schon wenige Monate nach seiner Ankunft in New York beruft er sich in einem Aufsatz zu Humanität und Demokratie auf die „Amerikanische Unabhängigkeitserklärung von 1776" (KW11, 59). Da zitiert er bezeichnenderweise jenen Absatz, von dem er annimmt, dass Thomas Jefferson ihn formuliert habe und der von der menschlichen Freiheit handelt, die ihm von seinem Schöpfer vor allen anderen Kreaturen gegeben worden sei: „We hold these truths to be self-evident, that all men are created equal, that they are endowed by their Creator with certain unalienable Rights, that among these are Life, Liberty and the persuit of Happiness." Broch zitiert aber auch den Folgesatz, in dem die demokratische Regierungsform, die auf jenen Prämissen basiert, genannt wird: „That to secure these rights, Governments are instituted among Men, deriving their just powers from the consent of the governed" (KW11, 59). In der neuen amerikanischen Historiografie sind Jeffersons Verdienste um die Formulierung der Unabhängigkeitserklärung reduziert und relativiert worden (Maier 1997, 47–96).[11] Broch geht es um den Text selbst, nicht um die Autorschaft. Sein Kommentar dazu bedeutet den Anfang seiner politischen Deliberationen im amerikanischen Exil. Sie bestimmen den Maßstab, den er sowohl an den rechts- wie linksradikalen Diktaturen Hitlers und Stalins wie an

---

Leipzig: Kröner, 1914 [Original: *A Pluralistic Universe*. New York, NY: Longmans, Green, and Co., 1909a].

10 Broch kommt auch in seinen Romanen auf die göttliche Ebenbildlichkeit des Menschen zu sprechen: in den *Schlafwandlern* (KW1, 130, 498, 624), im Romanfragment *Filsmann* (KW6, 324), in der *Verzauberung* (KW3, 49), im *Tod des Vergil* (KW4, 345) und in den *Schuldlosen* (KW5, 243, 266). Hingewiesen sei auch auf eine entsprechende Stelle im Gedicht „Auf der Flucht zu denken" in den *Gedichten* (KW8, 46).

11 Vgl. auch Joas 2013, 20–26.

antidemokratischen Tendenzen in den USA selbst anlegen wird. Zur Declaration of Independence heißt es bei ihm:

> Sie ist der Ausdruck des Grundprinzipes der Humanität, sie ist die Anerkennung der ebenbildhaften Würde, die allem Menschengeborenen von vornherein verliehen ist, und in Anerkennung dieser unveräußerlichen und unverletzlichen Würde des Menschen verlangt sie vom Staate und seiner Regierung, daß er die leibliche und geistige Integrität der Person gegen alle Beeinträchtigungen bewahre. (KW11, 59)

Die Diktatoren seiner Gegenwart stehen „dem totalen Staat [...] in cäsarisch vergöttlichter Omnipotenz als Identifikationszentrum" vor. „Keinen Platz" habe dort „die Würde des Menschen, [...] die Größe und Unantastbarkeit seiner ebenbildlichen Natur und seiner verstandesbegnadeten Humanität". An „ihre Stelle" sei als „Ersatz für den [...] Freiheitsentzug" die „Befriedigung der archaisch-magischen Irrationalvorstellungen [...] eines infantilen Siegeswillens" (KW11, 57–58) getreten.

Schon wenige Monate später wird deutlich, wie Broch unter Berufung auf die Declaration of Independence nicht nur gegen die diktatorischen Staaten, sondern auch gegen antidemokratische Tendenzen innerhalb der USA argumentiert. Von nun an kommt er in seinen essayistischen Arbeiten häufig auf Abraham Lincoln zu sprechen, auf jenen amerikanischen Präsidenten, der nicht nur die Abschaffung der Sklaverei als Ziel im Bürgerkrieg ausgab, sondern nach der Kapitulation der Südstaaten auch die verfassungsmäßige Umsetzung dieses Versprechens durchsetzte (Foner 2010, 323–345). Broch war entsetzt, als er – nach erst 15 Monaten im amerikanischen Exil – sich Anfang 1940 den Film *Gone with the Wind* anschaute und dort die Sklavenhaltergesellschaft des Südens verherrlicht fand. Der Streifen, der im Dezember 1939 in die Kinos kam, basierte auf dem gleichnamigen Roman aus dem Jahr 1936 von Margaret Mitchell. Die Regie führte Victor Fleming und die Produktionsfirma war Metro-Goldwyn-Mayer. „Lincoln", rügte Broch, werde in dem Film „verborgen gehalten", ja man suggeriere, dass „dieser Mann mit dem Kriege von 1863 nicht das Geringste zu schaffen gehabt hätte" (KW9/2, 241). In der weltpolitischen Konstellation von 1940 wünschte Broch sich einen Film über Lincoln, der den Präsidenten als das demokratische Gegenbild zum versklavungssüchtigen deutschen Diktator gesehen hätte. Mit Blick auf den gerade von Hitler begonnenen Krieg in Europa schreibt Broch: „Die Gegenspieler des Dramas, welches da vonstatten geht, dieses Dramas einer sich selbst auflösenden Weltmoral, heißen heute mehr denn je Lincoln und Hitler" (KW9/2, 245). Und noch ein Jahrzehnt später erinnert er daran, dass „Lincoln mit der Aufhebung der Sklaverei ein Stück irdischer Freiheit und echtester Ethik verwirklicht" (KW9/2, 257) habe, während Hitler mit seinem „Versklavungs-Weltbild" (KW9/2, 238) nichts als Unterwerfungsprojekte geplant habe, womit er zum Glück gescheitert sei. Dabei betont Broch auch immer die „Selbstversklavung" der Deutschen, der sie im Nationalsozialismus als Bewegung der „Weltversklavung" (KW12, 332) nicht haben entgehen können. Den Wahnmechanismus von Versklavung und Sieg der „deutschen Machthaber" bringt Broch auf die Formel: „Versklave, um nicht versklavt zu werden" (KW12, 335). Gegen die „Siegbesessenheit" und den „Siegeswahn" Hitlers gibt Broch die Parole der „Besiegung des Sieges" (KW12, 344) aus. Trotz des vom Autor beobachteten und analysierten „Absturzes" ganzer Nationen in den Massenwahn blieb er davon überzeugt, dass die „Ebenbildhaftigkeit [...] immer wieder ,erweckbar'" sei. Und diese Einstellung gab den Impuls zu seinen Untersuchungen im Bereich kollektivistischen Wahnverhaltens. Es ging ihm um das Auffinden von Wegen, die zur „Befreiung des ethischen Willens aus seinen massenpathologischen Verstrickungen" (KW12, 296) führen würden.[12]

Dabei fällt auf, dass Broch im Kontext der Ebenbildlichkeit nicht nur auf die Ethik zu sprechen kommt, die sich dem jüdisch-christlichen Erbe verdankt. „Die großen Humanitätsreligionen der Welt", schreibt er 1946, „haben allesamt dieses Idealbild vom Menschen aufgegriffen" (KW10/1, 68), eine These, die Hans Küng (Küng 1990, 55–64) vier Jahrzehnte später wiederholte. Ähnlich wie Broch geht auch Küng über den Dialog der Religionen hinaus, wenn er das Weltethos mit Hilfe des Gesprächs der Gläubigen mit Nichtgläubigen sucht und akzeptiert, dass man sehr wohl eine Ethik ohne Zugehörigkeit zu einer Glaubensgemeinschaft vertreten könne (Küng 1990, 36–40). Die aus dem Ebenbildpostulat abgeleitete „Gleichheit des Menschen vor Gott" – worauf man sich in der amerikanischen Unabhängigkeitserklärung berufen habe – ist nach Broch die Entdeckung des „Christentums". Broch versteht sie als Voraussetzung der „Gleichheit vor dem Gesetz" („Entdeckung der Aufklärung"), und ohne diese wiederum sei „die Gleichheit hinsichtlich der ökonomischen Bedingungen" – also „die Forderung des Sozialismus" (KW12, 379) – nicht denkbar. Broch sieht die Zusammenhänge zwischen dem Gottesrecht des Mittelalters (von Augustinus bis Thomas von Aquin), dem aufgeklärten Naturrecht des 17. und 18. Jahrhunderts (von Grotius und Pufendorf bis Locke und Kant) und dem modernen Menschenrecht in seiner Entfaltung seit amerikanischer und französischer Revolution (vgl. dazu auch Kühnhardt 1987 und Bielefeldt 2005).

Bei den Hinweisen auf die Anti-Versklavungstendenzen in der christlichen Ethik kommt Broch wiederholt auf Augustinus und dessen Berufung auf die Ebenbildlichkeit zu sprechen. Dazu heißt es: „[...] im Fortschritt der zur civitas dei organisierten Menschheit sollte sich ihre geoffenbarte Gotteskindschaft bewahrheiten, sollte sich diese [...] göttlich-menschliche Bestimmung enthüllen" (KW12, 428). Gleichzeitig betont er, dass Augustinus die innerweltliche Realität

---

12 Vgl. Thomas Koebner (1988, 159–191) und Dietmar Mieth (1988, 137–149).

durch „Leid" bestimmt sehe. Die „Fehl-Situationen" in der „Geschichte" habe der Bischof von Hippo nicht ausgeblendet, vielmehr als Teil eines „Läuterungsprozesses zur Erreichung der Civitas Dei" (KW11, 377) begriffen. Dahinter steht Augustinus' Zweireiche-These, die vom Antagonismus der Civitas Terrena und der Civitas Dei handelt. Der Christ müsse sich für die Civitas Dei entscheiden; nur so könne die „zunehmende Konkretisierung des Gottesstaates" (KW9/1, 273) erfolgen. Die menschliche Freiheit erlaube die „amissio" (KW10/1, 35), d. h. den Verlust der Gottesbeziehung durch die Abkehr vom Guten. Sie sei bezeichnend für die Civitas Terrena. Die Vollendung des Gottesstaates sei erst am Jüngsten Tag im Jenseits erreicht, wenn die Angehörigen der Civitas Dei Eingang ins Himmelreich finden. Broch ist kein Anhänger der Zweireiche-Vorstellung des Augustinus, doch ist ihm wichtig darauf hinzuweisen, dass bei einem der wirkungsmächtigsten Vertreter des spätantiken Christentums die Idee der menschlichen Gotteskindschaft eine so zentrale Rolle spielt. Broch behauptet nicht, dass der Autor der *Civitas Dei* zu seiner Zeit die Sklaverei als Institution bekämpft habe. In diesem Punkt blieb Augustinus – wie Peter Garnsey (Garnsey 1996, 206–219) gezeigt hat – beeinflusst durch die Haltung des Apostels Paulus, der die brüderlich-christliche Liebe zu den Sklaven predigte (1 Kor 7, 17–24; Phm, 8–21), ohne doch gesellschaftspolitisch die Sklaverei als solche anzugreifen (Garnsey 1996, 173–188; Lampe 1998).

Sowohl bei Paulus wie bei Augustinus wird durch die christliche Anerkennung der Gleichheit der Menschen vor Gott – ob sie Sklaven oder Freie sind – ein Schritt hin in die Richtung religiöser Kritik an der Sklaverei getan, wenn auch in beiden Fällen von einer Ablehnung der Sklaverei als solcher noch keine Rede sein kann. Broch ist Repräsentant der Moderne, der sich 1939/40 im New Yorker Exil bezeichnenderweise federführend an dem Projekt *The City of Man* (KW12, 81–91) beteiligte, wo es um eine innerweltliche Gesellschaftsreform im Namen eines „Dritten Weges" (KW11, 89) zwischen Kapitalismus und Sozialismus ging. Das unter dem Titel „The City of Man" (Agar et al. 1940) publizierte Buch war als gesellschaftlich realisierbares Gegenstück zur utopischen *City of God* des Augustinus angelegt und sprach sich bezeichnenderweise für die volle Emanzipation der African Americans aus (Agar et al. 1940, 69).

In seiner *Massenwahntheorie* verwies Broch auf die ethischen Verdienste des Moses. Moses hatte zwar das Volk Israel aus der ägyptischen Versklavung befreit, sprach sich jedoch in seiner Gesetzgebung nicht gegen die Sklaverei als soziale Institution aus (Diamond o.J.): Israeliten konnten nur für eine befristete Zeit versklavt werden (2 Mose 21:1–36), „Heiden" dagegen unbefristet (3 Mose 25:44–46). Der Grund, warum Broch Moses als Gesetzgeber vorbildlich fand, war ein formaler. Am Dekalog (2 Mose/Exodus 20) interessierte ihn die Befehlsform in ihrer negativen Variante. Moses habe fast alle religiösen Vorschriften, die innerweltlich menschliche Beziehungen betreffen (also die letzten fünf Gebote), nicht direkt „aus dem Absoluten" abgeleitet, also nicht vom „positiven Pol" ausgehend im Stile eines Tu-dies oder Tu-jenes formuliert; vielmehr habe er mit dem „Du sollst nicht" beim „negativen Pol" (KW12, 458) angesetzt, bei der Absicht nämlich, das „Übel" (KW12, 459) als „Absturz in tierische Ichlosigkeit" (KW12, 136) zu verhindern. Diese Verbote des Moses sicherten nach Broch die „ebenbildhafte Würde" (KW12, 142) des Menschen ex negativo.

Nach diesem Verbotsverfahren müsse auch in der Gegenwart bei der Formulierung der Menschenrechte vorgegangen werden. Sklave wird der Mensch nach Broch, wenn ihm „Freiheit" und „Menschenwürde" (KW11, 112) abgesprochen werden. „Versklavung", heißt es weiter, „liefert das Individuum" an den „Sklavenhalter aus", d. h. der Sklave erlebt die „Aufhebung der Freizügigkeit" (KW11, 111), der „Berufs- und Beschäftigungswahl", des „Anspruches auf gerechten Lohn" und des „Anspruches auf unparteiische Rechtsprechung". „Das Grundbeispiel für moderne Versklavung" sei „das Konzentrationslager" (KW11, 112). „Das dem Bürger Unvorstellbare ist Ereignis geworden", stellt Broch fest: „die Voll-Versklavung ist eingetreten, und das Konzentrationslager (ob mit oder ohne Gaskammer) ist ihr Symbol" (KW12, 468). In post-religiöser Zeit gehe es um eine „säkularisierte Neufundierung" der Grundrechte des Menschen. Dabei könne man sich nicht mehr wie in Zeiten einer Glaubenssicherheit auf das Ebenbildlichkeitspostulat berufen. Nichtsdestoweniger wolle man es jedoch in seinen Auswirkungen beerben. So wäre es vernünftig, als Grundforderung des Menschenrechts den Verbots-Satz aufzustellen: „Der Mensch darf den Menschen nicht versklaven." Das sei heute der „Zentralsatz des Menschenrechtes", aus dem sich die „übrigen Begriffe", wie eben „Freiheit" und „Menschenwürde" (KW11, 113) ableiten ließen. Wie ehemals der absolute Charakter der menschlichen Ebenbildlichkeit mit Gott die menschliche Würde und Freiheit fundiert habe, so gehe es auch bei der neuen Verbotsform um etwas Absolutes. Die „moralische Forderung" des „Du sollst nicht" wende sich „gegen das radikal Böse", nämlich die „Versklavung" (KW11, 376). Der „Satz von der unbedingten Verwerflichkeit der menschlichen Versklavung" müsse „als ,irdisch absolut' gelten und an die Spitze des empirischen Menschenrechtes gestellt werden" (KW12, 472). Es sei nach der Fundierung des Gottesrechts hin zur Fundierung des Menchenrechts die „Wendung vom Über-Irdischen (der Ebenbildhaftigkeit) zum Irdischen (des Konzentrationslager-Grauens)" (KW11, 376) zu vollziehen. Die Sakralität der Person im Sinne der Ebenbildlichkeit wird keineswegs preisgegeben, sondern durch Säkularisierung als „irdisch-absolut" gesichert.

1.2 Broch im Kontext der Menschenrechtskultur

Den Begriff „human rights culture" haben im Jahr 2000 Samantha Power und Graham Allison in der Einleitung ihres Bandes *Realizing Human Rights* (Power und Allison 2000, XXII)[1] geprägt, zu dem u.a. Jimmy Carter, Kofi Anan und Mary Robinson Aufsätze beisteuerten. Sie zeichnen dort eine Entwicklungslinie nach. Die Erklärung der Internationalen Menschenrechte war am 10. Dezember 1948 durch die Vollversammlung der Vereinten Nationen verabschiedet worden (Neier 2012, 93–116). Sie galt unter politischen Pragmatikern als utopisch. In den 1990er Jahren aber wurden durch den Sicherheitsrat der UNO Tribunale zur Fahndung von Vergehen gegen die Menschenrechte einberufen. Power und Graham heben hervor, dass Eleanor Roosevelt schon 1948 davon überzeugt gewesen sei, dass das Menschenrecht als realitätstüchtige Imagination in das Bewusstsein der Weltöffentlichkeit eindringen werde. Inzwischen gibt es international weitgehend Übereinstimmung darüber, dass die Menschenwürde den Kern der Human Rights ausmacht: dass nämlich der Einzelmensch ein Recht auf Leben, Freiheit und persönliche Sicherheit hat, was den Schutz vor willkürlicher Verhaftung und Folter impliziert; dass er Rede- und Religionsfreiheit sowie die Gleichheit vor dem Gesetz genießen müsse. Sowohl in Deutschland wie in den USA ist inzwischen der Begriff der Menschenwürde ins Zentrum der Überlegungen zu den Menschenrechten gerückt, wie die Arbeiten von Alice H. Henkin (Henkin 1979), Jörg Sandkühler (Sandkühler 2007), Christoph Menke und Arnd Pollmann (Menke und Pollmann 2007)[2], Samuel Moyn (Moyn 2010) und Jürgen Habermas (Habermas 2011) zeigen.[3]

Zwei weitere Studien sind in diesem Zusammenhang zu nennen: die von Hans Joas zur Sakralität der Person (Joas 2013) und die von Samuel Moyn zu den christlichen Menschenrechten (Moyn 2015). Wenn die Universal Declaration of Human Rights im Dezember 1948 auch mit Mehrheit von den Abgeordneten der Vereinten Nationen verabschiedet wurde (Morsink 1999, 21–28), besagte das noch nicht, dass sie in den Mitgliedsländern der UNO auch beachtet worden wäre. Die Souveränität der Nationen wurde als unantastbar festgeschrieben, und so hatte die UNO selbst keine Mittel zur Hand, um Politiker zur Rechenschaft zu ziehen, die Vergehen gegen die Menschenrechte verübten oder zuließen. Broch legte mit seiner „Völkerbund-Resolution" von 1936/1937 und seiner

---

1 Vgl. auch Pogge 2015; Kaul und Kim 2015, 1–8.
2 Bei Menke und Pollmann (2007, 154–164) findet sich ein instruktiver ideengeschichtlicher Rückblick auf die Interrelation von Menschenwürde und Menschenrecht.
3 Vgl. ferner Lebech 2009 und 2019.

https://doi.org/10.1515/9783110734683-002

Massenwahntheorie aus den 1940er Jahren Arbeiten zum Thema Menschenrecht und Menschenwürde vor, deren Aktualität heute noch andauert. Er wollte den Menschenrechten ihren bloßen Deklarationscharakter nehmen und sie international einklagbar machen. Darüber korrespondierte er angelegentlich mit der befreundeten Hannah Arendt (HAB).[4] Während Arendt sich den Schutz der Menschenrechte nur in national-souveränen Gemeinwesen vorstellen konnte und die internationale Durchsetzung für *wishful thinking* hielt, bestand Broch darauf, dass die Vereinten Nationen an der Etablierung eines internationalen Gerichts arbeiten solle, bei dem irgendein Bürger irgendeines Staates die Möglichkeit haben müsse, Klage wegen Menschenrechtsvergehen zu erheben. Dazu solle ein internationaler Strafgerichtshof begründet werden, der sich mit solchen Delikten zu befassen habe. Das war damals eine kühne Forderung, aber sie erwies sich als durchsetzbar, denn im Lauf der Jahrzehnte entwickelte sich tatsächlich ein Verfahren, mit dem Menschenrechtsverletzungen untersucht und ihre Verursacher belangt werden können. Den Präzedenzfall schufen die Nürnberger Prozesse (Weinke 2006) gegen führende Nationalsozialisten, und sie bildeten gleichsam das Modell für die Fahndung anderer Verstöße vergleichbarer Art. Man denke an jene Tribunale, die vom Sicherheitsrat der UNO seit den 1990er Jahren einberufen wurden, um Politiker, Angehörige des Militärs und Journalisten zur Verantwortung zu ziehen, die etwa im zerfallenden Jugoslawien und im Ruanda der Bürgerkriegszeit Massenhinrichtungen befohlen, initiiert oder propagiert hatten.

Inzwischen ist 2002 eine Institution begründet worden, für deren Errichtung Broch in seinen Abhandlungen plädiert hatte: nämlich der *International Criminal Court*, den man auch den Weltgerichtshof nennt und der in Den Haag seinen Sitz hat (Sadat 2002; Neier 2012, 258–284). Dieser Weltgerichtshof ist nicht zu verwechseln mit dem bereits 1945 von der UNO gegründeten *International Court of Justice*, der ebenfalls seinen Sitz in Den Haag hat. Dieser internationale Gerichtshof versucht lediglich Streitereien zwischen Mitgliedsstaaten der UNO zu schlichten und hat keine strafrechtlichen Kompetenzen. Der Gründung ging 1998, also vier Jahre zuvor, die Konferenz von Rom voraus, bei der die UNO das Rom-Statut des internationalen Strafgerichtshofes akzeptierte (Lee 1999). Dieses Statut ist von den weitaus meisten Mitgliedsstaaten der UNO unterzeichnet worden, doch gibt es Ausnahmen, zu denen die USA gehören. Nach dem Rom-Statut beschäftigt sich der internationale Strafgerichtshof mit der Verfolgung einzelner Personen, die für Völkermord, Vergehen gegen die Menschlichkeit und Kriegsverbrechen verantwortlich sind. Er kann sich nur mit Delikten befassen, die nach seiner Gründung

---

4 Vgl. dazu Mahrdt 2003; Mitterbauer 2004; Sauerland 2008.

im Jahr 2002 vorgefallen sind. Matthias König hat darauf hingewiesen, dass man seit Bestehen des Weltgerichtshofs von einer neuen Periodisierung im Völkerrecht sprechen kann. Bis 2002 galt das sogenannte Westfälische Völkerrecht (benannt nach dem Westfälischen Frieden mit seinen 1648 einsetzenden Beschlüssen). Hier waren die Parteien die offiziellen Machthaber in den souveränen Einzelstaaten. Dem post-westfälischen Völkerrecht zufolge können Einzelpersonen als Völkerrechtssubjekte anerkannt werden und im Namen der Menschenrechte Klage erheben. Das heißt:

> [...] nationalstaatliche Gesetzgebung und Rechtsprechung [sind] zunehmend an universal oder regional kodifizierte Menschenrechte gebunden. (König 2002, 153)

Eine starke Wirkung der von der UNO-Generalversammlung 1948 deklarierten Internationalen Menschenrechte kann man in Europa konstatieren. Bereits bevor 1949 der Europarat mit Sitz in Straßburg gegründet wurde, gab es die Initiative, die Europäische Menschenrechtskonvention (EMRK) zu formulieren (Meyer-Ladewig 2006). Die Ausarbeitung dieser Konvention wurde – auf Vorschlag von Winston Churchill – gleich nach seiner Gründung im Europarat vorgenommen und bereits am 4. November 1950 in Rom unterzeichnet. Seitdem hat sie Gültigkeit für alle Mitgliedsländer des Europarates. Über die Jahrzehnte hin ist diese Konvention mit vielen Zusatzprotokollen versehen worden, aber in der Substanz blieb sie unverändert. Der Erfolg dieser Europäischen Menschenrechtskonvention ist beachtlich, sind die Menschenrechte doch im Vertrag über die Europäische Union vom 1. November 1993 als eine ihrer Grundsätze bezeichnet worden. Die Europäische Menschenrechtskonvention wurde seitdem von allen Mitgliedstaaten der EU angenommen. In der (noch ausstehenden) Verfassung der Europäischen Union dürften in Zukunft die Grundrechte im Sinne der Menschenrechte kodifiziert werden. Die Mitgliedsländer der Europäischen Union sind zur Einhaltung der Menschenrechte verpflichtet. 1954 bereits wurde die Europäische Menschenrechtskommission gegründet. Aus ihr hat sich der Europäische Gerichtshof für Menschenrechte (Christou und Raymond 2005) in Straßburg entwickelt, den es in seiner heutigen Form als ständig tagendes Gericht seit dem 1. November 1998 gibt. Dort werden derzeit tausende von Klagen gegen Menschenrechtsvergehen in Mitgliedsländern des Europarates und der Europäischen Union verhandelt. Das ist nicht nur ein Erfolgszeichen, sondern signalisiert auch eine alarmierende Entwicklung. Immer weniger Mitglieder der Vereinten Nationen scheren sich um die Einhaltung von Menschenrechten, und immer mehr europäische Länder, die Mitglieder des Europarates oder auch der Europäischen Union sind, verstehen die Menschenrechtskonventionen nicht als regulative Prinzipien politischen Handelns.[5] Davon zeugen nicht nur die zahllosen Verfolgungen von Regimegegnern, sondern auch das Phänomen der neuen Versklavung.

Hermann Broch war, was die Menschenrechte betrifft, kompromissloser Universalist.[6] So tolerant er in weltanschaulicher Hinsicht war: Die Menschenrechte standen bei ihm nicht zur Disposition interkultureller Relativierung. Niemand hätte ihm klarmachen können, dass es bei seiner Auffassung von Menschenrechten um eine durch eurozentrische Vorurteile gesteuerte Meinung gehe, die von Vertretern anderer Kulturkreise nicht akzeptiert werden könnte. Die kulturellen Unterschiede im eigenen Land und schon gar weltweit waren ihm vertraut, und er wäre mit seinem Kosmopolitismus nie auf die Idee gekommen, einem westlichen oder europäischem Wertediktat das Wort zu reden. Bei allem Kulturrelativismus, den er akzeptierte, ging es bei den Menschenrechten mit Gerechtigkeit, Humanität und Freiheit um etwas so rudimentär Ethisches, dass es ihn nicht überraschte, dass die Majorität der Mitgliedsländer der UNO die Universal Declaration of Human Rights unterschrieben. Im Lauf der Jahrzehnte haben die kulturrelativistischen Stimmen zugenommen. Man muss sie ernst nehmen, und zwar nicht deswegen, weil Artikel einer Konstitution nie das komplexe reale Geschehen im Alltag der Menschen erfassen können, sondern weil kulturelle Traditionen, religiöse Überzeugungen, politische Konventionen und andersartige Moral- und Rechtsauffassungen in der Tat nicht immer und in allen Teilen der Welt mit sämtlichen Artikeln der UNO Menschenrechts-Erklärung harmonieren. Robert Deinhammer hat zum Thema „Menschenrechte und Kulturrelativismus" einen Beitrag geschrieben (Deinhammer 2010). Da die Menschenrechte den Doppelcharakter des Universell-Allgemeinen wie des Konkret-Besonderen aufweisen, plädiert er für einen „pragmatischen Universalismus". Da geht es darum, die lokalen oder regionalen zivilisatorischen Besonderheiten mit den generellen Menschenrechts-Erwartungen zu verhandeln. Ihm ist wichtig, dass die Menschenrechte, wo immer sie zur Geltung kommen, den einzelnen Bürger vor Maßnahmen des Staates schützen, die seine Freiheit bedrohen. Das humane Potential der Menschenrechte besteht darin, dass sie auf die Gesetzgebung der Einzelländer einwirken können. Das ist schon deswegen möglich, weil Kulturen nichts Statisches sind, sondern sich immer in einer Entwicklung befinden.

In diesem Kontext ist daran zu erinnern, dass Vertreter der Weltreligionen sich mit den Forderungen der Menschenrechte beschäftigt haben. Da gibt es Gruppen, die verstehen, worum es Broch zu tun war: dass nämlich die interna-

---

5 https://www.treffpunkteuropa.de/menschenrechtsverletzungen-in-der-eu?lang=fr (27. Juli 2020).
6 Vgl. ferner: Pabel 2016; Kühnhardt 1987; Tönnies 2001.

tionalen Menschenrechte den „irdisch absoluten" (KW12, 456) Schutz vor Versklavung bieten. Man sollte Brochs Beiträge heute von der Warte eines Hans Küng und einer Mary Robinson aus lesen, um zu begreifen, wie weitsichtig seine Thesen zum internationalen Menschenrecht waren und wie gültig sie heute noch sind. Wie Broch zu seiner Zeit insistierte Mary Robinson, die ehemalige Präsidentin Irlands und ehemalige Vorsitzende der United Nations High Commission for Human Rights, ein halbes Jahrhundert später auf diesem doppelten Engagement für „Menschenrechte" und „Menschenpflichten" (Robinson 1995). Hans Küngs Band *Ja zum Weltethos* enthält Beiträge von Persönlichkeiten aus den Bereichen der Philosophie, Religion, Politik, Dichtung und Kunst, die – ohne direkten Bezug zu Broch – auf dessen Argumentationslinie liegen (Küng 1995). Ein Weltethos ist keine Esperanto-Moral, keine artifizielle Mixtur diverser Ethiken. Es geht um jenen ethischen oder religiösen, Freiheit und Menschenwürde garantierenden Kern, der in allen Kulturkreisen identifizierbar ist und die Basis menschlicher Zivilisation überhaupt ausmacht. Das Parlament der Weltreligionen hat in Küngs Band die „Erklärung zum Weltethos" publiziert (Küng 1995, 21 ff.). Das ist alles andere als ein blauäugiges Dokument. Sowohl in der negativen Bestandsaufnahme der Agonie und Schrecknisse der Gegenwart wie in der Formulierung der positiven Entschlüsse, was den Schutz und die Durchsetzung der Menschenrechte betrifft, erinnert vieles an Broch. Hans Küng fragt in seinem Einleitungsessay:

> Ist es eine Illusion zu meinen, man könnte in Sachen Weltethos eine Bewusstseinsänderung auf Weltebene erreichen? Sieht es in unserer Welt danach aus, dass dies je gelingen könnte? Zumindest zweierlei dürfte sicher sein: Kaum einer bestreitet, dass wir noch immer in einer religiös und politisch zerrissenen, ja kriegerisch-konfliktreichen und zugleich orientierungs-armen Zeit leben, einer Zeit, in der viele moralische Autoritäten an Glaubwürdigkeit verloren haben, Institutionen in den Strudel tiefgreifender Identitätskrisen gezogen wurden und viele Maßstäbe und Normen ins Gleiten kamen. Und kaum einer bestreitet die Notwendigkeit eines neuen Gesellschaftskonsenses: einer Rückbesinnung auf ein Minimum an humanen Werten, Grundhaltungen und Maßstäben. (Küng 1995, 13)

Ähnlich schreibt Mary Robinson: „Ich bin der festen Überzeugung, dass es für uns von grundlegender Wichtigkeit ist, uns mit neuer Kraft für eine Ethik einzusetzen, die von allen Nationen, Kulturen und Religionen getragen und unterstützt werden kann: ein Weltethos als Basis" (Robinson 1995, 63).[7] Die Menschenrechtskommission, der Mary Robinson einmal vorstand, ist inzwischen durch den UNO-Menschenrechtsrat abgelöst worden. Diese Änderung gehörte zu den Reformen, die Kofi Annan als UN-Generalsekretär 2006 durchführte. Der Menschenrechtsrat kann mit absoluter Mehrheit Beobachter zur Überwachung der

---

7 Zur kritischen Diskussion einer Weltethik vgl. Lütterfelds und Mohrs 1997.

Menschenrechtssituation in Mitgliedstaaten entsenden. Er gilt als umstritten, da auch Länder in ihm vertreten sind, denen selbst Verstöße gegen Menschenrechte angelastet werden. Den Begriff des „neuen Weltethos" benutzt auch Aleida Assmann in *Der europäische Traum*, wenn sie auf den Protest der Mütter und Großmütter gegen die Menschenrechtsverstöße im Lateinamerika der 1970er und 1980er Jahre zu sprechen kommt (Assmann 2018, 64). Dort wurden im so gewaltlosen wie medienwirksamen Auflehnen gegen „die dortigen Militärjuntas" mit ihren „Foltermethoden" und dem „massenhaften Verschwinden von Personen" die „Menschenrechte" gleichsam „neu erfunden" (Assmann 2018, 62).[8]

Unter den Kulturrelativisten, die den Verfechtern der Menschenrechte Eurozentrismus vorwerfen, ist Makau Mutua eine gewichtige Stimme. In seinem Buch *Human Rights* (Mutua 2002) weist er nach, dass die Universal Declaration of Human Rights von 1948 – im Gegensatz zu der Aussage von Samantha Power – nicht wirksam geworden sei, weil sie als eurozentrische Konstruktion gar keine Grundlage für ein globales Menschenrechtsverständnis habe abgeben können. Die einseitig westlichen Normen und Ziele müssten ganz neu überarbeitet werden, so dass sie weltweit akzeptiert und zur Geltung kommen könnten. Nur mit einem wirklich multikulturellen Ansatz werde man die von der UNO 1948 formulierten Menschenrechte durch einen neuen Rechtekatalog ersetzen können, der dann endlich universell akzeptabel sein werde. Das sind sicher diskutable Forderungen und stehen in Einklang mit dem Multikulturdiskurs der letzten Jahrzehnte, der allerdings auch seine Prägung durch die akademische Welt westlicher Universitäten nicht verleugnen kann. Ob aber ein internationales juristisches Expertengremium am Ende mit einem Grundrechte-Katalog aufwarten kann, der sich substantiell von dem aus dem Jahr 1948 unterscheidet, ist sehr die Frage. Die Arbeiten der Beiträger aus Afrika, Amerika, Asien und Europa zum Band *Ja zum Weltethos* sprechen eher dafür, bei der alten Erklärung zu bleiben, sie aber – wie geschehen – kontinuierlich an neue Gegebenheiten anzupassen, ohne ihre Substanz preiszugeben. Dafür spricht auch die Weltkonferenz über Menschenrechte, die vom 22. April bis 13. Mai 1993 in Wien stattfand, an der Vertreter*innen aus 171 Ländern aus aller Welt teilnahmen. Auf ihr wurde die Erklärung und das Aktionsprogramm von Wien beschlossen, deren Folge noch im gleichen Jahr die Einrichtung des Amtes eines High Commissioner for Human Rights durch die United Nations war. Mary Robinson bekleidete das Amt in den Jahren von 1997 bis 2002. Ausführlich wurden dort sechs Punkte diskutiert, die vom Plenum in das Aktionspro-

---

8 Vgl. Paul Michael Lützeler, „Von den 1960er zu den 1980er Jahren in Lateinamerika" (Lützeler 2009, 233–333, besonders 273–274).

gramm aufgenommen wurden. Die Themen waren: 1. Rassismus, Rassendiskriminierung, Xenophobie und andere Formen der Intoleranz; 2. Angehörige nationaler oder ethnischer, religiöser und sprachlicher Minderheiten; 3. Gleichberechtigung und Menschenrechte der Frau; 4. Die Rechte des Kindes; 5. Freiheit von Folter; 6. Die Rechte der Behinderten. Man wandte sich dabei auch ausdrücklich gegen einen Kulturrelativismus, der die im Aktionsprogramm zum Schutz und zur Durchsetzung der Menschenrechte beschlossenen Resolutionen in Frage stellen würde.[9]

Zu erwähnen ist hier das Buch von Samuel Moyn *Not Enough: Human Rights in an Unequal World* (Moyn 2018)[10]. Nach dem Welt-Bestseller *Capital in the Twenty-First Century* des französischen Wirtschaftswissenschaftlers Thomas Piketty (Piketty 2014) begann eine erneute Diskussion über die ungleiche Vermögensverteilung in Europa und den Vereinigten Staaten. Die Diskussion über Unterschiede im Vermögen hat gerade in Frankreich eine lange Tradition, und man könnte den internationalen Erfolg über das *Capital* in Beziehung setzen zu der *Abhandlung über den Ursprung und die Grundlagen der Ungleichheit unter den Menschen* von Jean-Jacques Rousseau aus dem Jahr 1755. Rousseau hatte den Privatbesitz als den Anfang allen Übels in der Zivililsation ausgemacht. Er regte eine lang nachwirkende Diskussion über die Beziehung von Kultur und Natur an, und Piketty trat eine Publikationslawine los zum Thema der extrem ungleichen Eigentumsstreuung in den heutigen Industriestaaten. Piketty schlug eine progressive Vermögenssteuer vor, wusste aber, wie schwierig sie politisch durchzusetzen wäre. Gleichheit wurde bekanntlich in der Französischen Revolution als eine der sozial-ethischen Ziele ausgegeben, mit denen man die Abschaffung der Monarchie rechtfertigte. Moyn, einer der besten Kenner des Diskurses über die Human Rights, fühlte sich herausgefordert und untersuchte die Geschichte der Entwicklung der Menschenrechte unter dem Aspekt des Unterschieds zwischen Subsistenz und Ungleichheit, also der Differenz zwischen einem auskömmlichen Vermögen und eines Besitzes, der einen zum Krösus macht. In den amerikanischen und französischen Menschenrechts-Erklärungen des 18. Jahrhunderts wird zwar immer wieder die Gleichheit des Bürgers vor dem Gesetz festgehalten, aber von ihrer Gleichheit in Sachen des Besitzstandes ist da nicht die Rede. In der Zwischenkriegszeit von 1919 bis 1939 wurden soziale Rechte auf unterschiedliche Weise in die Verfassungen demokratischer, kommunistischer und faschistischer Staaten aufgenommen, aber das geschah ohne Bezug auf kosmopolitisch verstandene Menschenrechte, sondern unter

---

9 https://de.wikipedia.org/wiki/Weltkonferenz_%C3%BCber_Menschenrechte (16. August 2020).
10 Vgl. zudem Moyn 2010.

exklusiv verhandelten nationalen, sozialistischen, diktatorischen und rassistischen Aspekten. Im Krieg und in den unmittelbaren Jahren nach 1945 wurde die öffentliche Diskussion über den Wohlfahrtsstaat in den westlichen Demokratien besonders lebhaft und fand ihren gesetzlichen Niederschlag in einer Vielfalt von Verordnungen, die den Bürgern eine Reihe von Sozialleistungen bescherten. Es gab immer wieder historische Konstellationen, so zeigt Moyn, bei denen sich Überschneidungen zwischen dem Menschenrechtsdiskurs und der Diskussion über soziale Fürsorge ergaben. Das war der Fall bei Präsident Roosevelts Second Bill of Rights im Januar 1944 sowie bei der Verabschiedung der Universal Declaration of Human Rights in der UNO Ende 1948 unter der Leitung von Eleanor Roosevelt. Auch hier ging es nicht um einklagbare Festlegungen, sondern um die Markierung wünschbarer Ziele. Moyn weist (wie vor ihm Maritain) hin auf das Buch von Georges Gurvitch mit dem Titel *The Bill of Social Rights* (Gurvitch 1946), geschrieben in den frühen 1940er Jahren an der New School for Social Research und der L'École Libre des Hautes Études in New York. Der Einfluss der New-Deal-Ziele und der damit verbundenen Staatsplanung ist hier unübersehbar. Die von Gurvitch angestrebte Konstitutionalisierung von sozialen Rechten ist zwar nicht in den USA, wohl aber in einigen europäischen Demokratien zu dieser Zeit der Konkurrenzsituation des Westens mit der Sowjetunion erreicht worden. Oskar Negt hat darauf hingewiesen, dass „die sozialstaatliche Entwicklung in den europäischen Kernländern Verfassungsrang" habe (Negt 2012, 18). Am Schluss seiner Überlegungen kommt Moyn auf die heutige Situation zu sprechen, in der die Besitzschere sich weiter denn je geöffnet hat, nicht nur im Westen, sondern auch bei Weltmächten wie Russland, China und Indien. Die reichsten Leute der Welt, meint Moyn hätten – jedenfalls in den USA – gegen Menschenrechte kaum etwas einzuwenden; sie seien häufig kosmopolitische Philanthropen, ohne die zahllose wissenschaftliche, humanitäre und soziale Vorhaben nie realisiert würden. Er nennt den Typus „Krösus" nach dem legendär reichen König Lydiens um 550 v. Chr. Auch wenn die guten Absichten so manch eines Krösus' nicht zu bezweifeln sind, meint auch Moyn (ähnlich wie Piketty), dass die „escalating inequality" nicht nur „immoral", sondern auch „destined to instability and ruin" sei. Nichtsdestoweniger müsse man einsehen, dass „human rights" nicht „the only or even the main keys to unlock the portal to the world's future" sind (Moyn 2018, 220). Diese Feststellung ist in dem Titel seines Buches *Not Enough* impliziert: Es ist nicht genug, sich zu den Menschenrechten zu bekennen, wenn man die in einem staatlichen Gemeinwesen mögliche „subsistence" als zu gering und die „inequality" für zu hoch einschätzt. Moyn konstatiert, dass die Menschenrechte zum sozialen Ausgleich nicht wirklich beigetragen hätten. Diese These kann nicht unwidersprochen bleiben, denn als Zugewinn an praktizierter Humanität ist die Tatsache zu werten, dass die Menschenrechte in die Verfassungen vieler Staaten übernommen worden sind. Man kann zwar keineswegs immer von einer direkten aber in vielen Fällen von einer mittelbaren Wirkung der Menschenrechte auf verbesserte Sozialgesetzgebungen, bei denen es immer um Umverteilungen geht, sprechen. Die Menschenrechte beziehen sich auf fundamentale Dinge wie die Entfaltung des Individuums in Freiheit, die Sicherung seiner Gleichheit vor dem Gesetz, den Schutz vor Verfolgung aus rassistischen, politischen oder religiösen Gründen. Sie stecken das Umfeld ab, innerhalb dessen sich dann zusätzlich Spezifizierungen in Bereichen sozialer Fürsorge und Erziehung ergeben können. In Demokratien lassen sich aus den Human Rights seit langem schon Rechte der Partizipation, nämlich Wahlrechte ableiten. Das zeigt sich dann in nationalen Verfassungen; man denke nur in den USA an das 15. Amendment (Wahlrecht der African Americans) und das 19. Amendment (Wahlrecht für Frauen). Gefordert ist dann aber auch, dass die Wahlprozedur so verlaufen kann, dass jeder und jedem Wahlberechtigten es ermöglicht wird, die Stimme abzugeben. In sozialer Hinsicht sind die Menschenrechte in ihrer Potentialität nicht genug ausgebaut worden, und man könnte – wie Broch das schon 1940 vorschlug – bei dem Menschenrecht auf Arbeit und ferner bei der „Second Bill of Rights" im Sinne einer „Social Bill of Rights" ansetzen und von hier aus Sozialpolitik betreiben. Über die traditionelle Auffassung von den Menschenrechten hat Broch diese Zukunftsperspektive nicht aus den Augen verloren.

Doch auch die Menschenrechte im alten Sinne blieben ihm eminent wichtig. Seine Grunderfahrung war die Exklusion, die Entrechtung und Vertreibung durch den nationalsozialistischen Staat. Die denkbar beste Alternative zum Hitlerstaat war für ihn ein Gemeinwesen, in dem die Menschenrechte beachtet werden. Das ist die Demokratie, deren Hauptaufgabe in der Verhinderung von Versklavung besteht. Und von hier aus gesehen fand er die Brücke zu neuen Weiterungen der Menschenrechte im sozialen Sinne: Wenn die Subsistenz des einzelnen in einem Staat so gering ist, dass sie der Versklavung gleichkommt, müsste in einer Demokratie Abhilfe geschafft werden. Was den sozialen Aspekt des Lebens in der Demokratie betrifft, will Broch sicherstellen, dass die Staatsbürger ein menschenwürdiges Leben führen können, weshalb er Sozialgesetzgebungen fordert, die es verhindern, dass ein Mensch so verarmt, dass er nicht mehr als Mitglied seines Sozialverbundes angesehen werden kann. Zusätzlich verlangt er aus Respekt vor dem Leben die Abschaffung der Todesstrafe. Der von ihm als Grundlage der Ethik so hoch geschätzte Dekalog des Moses enthält das Tötungsverbot. Man sollte von den Menschenrechten in der Tat, wie Moyn betont, nicht die Lösung aller Probleme erwarten, aber die Verdienste ihrer Verfechter sollten auch nicht unterschätzt werden. Wie sähe unsere Welt ohne UNO aus, ohne UNESCO, ohne die universale Erklärung der Menschenrechte, ohne Europäische Menschenrechtskonvention, ohne den

International Criminal Court und die zahllosen NGOs, die durch die UNO und ihre Friedensarbeit inspiriert worden sind? Bestimmt nicht besser. Zum anderen implizierte für Broch der Grundsatz der „Anti-Versklavung" die Forderung nach einer Bill of Economic Rights, die er schon 1940 bei der Mitarbeit am *City of Man*-Projekt gestellt hatte. Aber auch im Hinblick auf die traditionellen Garantien, die die Menschenrechte geben wollen, bleibt genug zu tun. Es ist ja nicht so, dass die Gleichberechtigung der Frauen überall durchgesetzt ist, und bei der Emanzipation der Minoritäten liegt noch vieles im Argen. Broch wollte immer die Menschenrechte aus dem Bereich des bloß Deklamatorischen herausführen und sie in der gesellschaftlichen Praxis wirksam werden lassen. Deswegen verlangte er eine Strafgesetzgebung, die Vergehen gegen Menschenrechte effektiv (sowohl national wie global) fahnden kann und deswegen forderte er eine Anwendung der Human Rights im Bereich der Wirtschaft – immer im Hinblick auf eine Balance von Freiheit und Sicherheit im gesellschaftlichen und ökonomischen Leben: einen dritten Weg zwischen extremem Kapitalismus und extremem Sozialismus. Diese extremen Wege haben sich noch immer als Sackgassen erwiesen, in denen sich – wegen ihrer Ausweglosigkeit – Katastrophen anbahnen. Brochs letzter politischer Aufsatz, eine Art Vermächtnis, trug den Titel „Die Intellektuellen und der Kampf um die Menschenrechte". Da heißt es, dass „Verwirklichung von Menschenrecht" immer auf eine „Verringerung von Menschenleid" (KW11, 454) hinauslaufen werde.

In den USA ist im Sommer 2020 ein *Report of the Commission on Unalienable Rights*[11] erschienen, der vom Außenministerium in Auftrag gegeben worden war. Vorsitzende der Kommission war Mary Ann Glendon, Professorin an der Juristischen Fakultät der Harvard University. Sie ist sowohl auf dem Gebiet des amerikanischen Rechts wie des internationalen Menschenrechts durch eine Reihe von Buchpublikationen ausgewiesen (Glendon 1991 und Glendon 2001). Es ist ein etwas eigenartiger Beitrag zum Menschenrechtsthema, um den es sich bei diesem Report handelt. Menschenrechte werden immer als universal verstanden, während hier fast ausschließlich der amerikanische Anteil am Human Rights Diskurs herausgearbeitet wird. Nicht nur das: es werden Menschenrechte, wie sie international diskutiert werden oder auch anerkannt sind, nur dann akzeptiert, wenn sie

---

11 https://hu.usembassy.gov/report-of-the-commission-on-unalienable-rights/ (7. Oktober 2020). Die Mitglieder der Kommission waren: Mary Ann Glendon (Chair), Peter Berkowitz (Executive Secretary), Kenneth Anderson, Russell Berman, Paolo Carozza, Hamza Yusuf Hanson, David Tse-Chien Pan, Jacqueline Rivers, Meir Soloveichik, Katrina Lantos Swett und Christopher Tollefsen. Beigeordnet waren: Duncan Walker (Designated Federal Officer) und F. Cartwright Weiland (Rapporteur).

mit den Paragrafen der amerikanischen Verfassung und – eine sicher nicht leicht zu interpretierende Größe – dem Geist der Unabhängigkeitserklärung vereinbar sind. Was die amerikanische Verfassung auszeichnet, wird gut herausgearbeitet: die Gleichheit vor dem Gesetz müsse für alle Staatsangehörigen gelten, auch für religiöse und rassische Minderheiten. Religionsfreiheit gelte uneingeschränkt, und auch das Besitzstreben dürfe niemandem untersagt werden. Viel Lob – wenn auch keineswegs uneingeschränkt – erhält die Universal Declaration of Human Rights der UNO, bei der Eleanor Roosevelt das Sagen hatte. Über sie und die UNO-Erklärung von 1948 hat Mary Ann Glendon ein Buch geschrieben (Glendon 2001), das als Klassiker unter den historischen Darstellungen zum Menschenrechtsdiskurs zählt. Hier soll nur der Unterschied zu der Brochschen Auffassung der Menschenrechte profiliert werden. Broch hat zwar die Verdienste der amerikanischen Regierungen unter Washington, Jefferson, Lincoln, Wilson und Franklin D. Roosevelt betont, als er die Entwicklung der Menschenrechtsauffassungen skizzierte, aber es wäre ihm nie in den Sinn gekommen, Menschenrechte nur dann zu verteidigen, wenn sie mit den Rechten eines einzelnen Landes übereinstimmten. Zwei Aspekte sind es besonders, die Broch völlig anders gesehen hat: zum einen das Bestehen auf der uneingeschränkten Souveränität der Einzelstaaten, zum anderen die Möglichkeit, Menschenrechte auch auf dem Gebiet des Sozialen zu formulieren. Amerika weigere sich, so heißt es im *Report*, viele der internationalen Menschenrechtsvereinbarungen (auch jene zum International Criminal Court) zu unterzeichnen, weil sie die nationale Souveränität beeinträchtigen. Broch wollte keineswegs grundsätzlich vom Prinzip nationaler Souveränität abweichen, aber wenn es ums Durchsetzen der Menschenrechte ging, verlangte er diesbezügliche Einschränkungen. Genau das war der Punkt, als er sich zwischen 1945 und 1950 mehrfach für die Gründung eines internationalen Menschenrechts-Gerichtshofes einsetzte. Im *Report* will man von sozialen Menchenrechten (Recht auf Arbeit etwa oder Recht auf Altersversorgung) nichts wissen. Wie bereits erwähnt, war das bei Broch anders. Wenn der *Report* Schule macht und nun jedes Land bloß solche in der nationalen Verfassung genannten Menschenrechte akzeptiert, wird das die weitere Rechtsangleichung im Sinne der Universal Human Rights erschweren und zahllose schon bestehende Abkommen zu Makulatur machen. Der Sinn der Menschenrechte war immer, den internationalen Maßstab, den Urmeter der nationalen Verfassungen abzugeben. Die Umkehrung aber: dem nationalen Verfassungsrecht eine Grenze zu ziehen, über die hinaus es sich nicht weiter im Geist der universalen Menschenrechte entfalten kann, würde eine Dogmatisierung und Petrifizierung des Status quo in der Rechtsentwicklung der Einzelländer nach sich ziehen. Und das wäre nicht im Sinne der von Eleanor Roosevelt verfochtenen Universal Declaration of Human Rights, in der in den Artikeln 22 bis 27 arbeitsrechtliche, soziale, ausbildungsmäßige und kulturelle Ansprüche zu Menschenrechten erklärt worden sind.

Zusammenfassend lässt sich festhalten: In Brochs Studien ist analysiert worden, wie es zur Zerstörung des Rechtsstaates als Garant der Menschenrechte gekommen ist, und es wird gezeigt, welche Maßnahmen zum Schutz der Menschenrechte ergriffen werden können. Sicher reicht die Beachtung der Menschenrechte in ihrer heutigen Form nicht aus, wenn es um die Gestaltung eines demokatischen Gemeinwesens geht, aber sie sind nach wie vor die Voraussetzung für einen funktionierenden Rechtsstaat.[12] Broch forderte in seiner Studie „Menschenrecht und Irdisch-Absolutes" das Verbot von „Sklaverei", von „Konzentrationslagern" und „der Todesstrafe" (KW12, 501, 503). Ethische Forderungen werden als Absetzbewegung weg vom Tiefpunkt der Kultur, d. h. vom Konzentrationslager erhoben. Auch Judith Butler stellt in ihrer *Kritik der ethischen Gewalt* die „Denunziation des Unmenschlichen" (Butler 2007, 142–143) in den Mittelpunkt, wobei sie sich auf Adorno beruft, der festhielt:

> Wir mögen nicht wissen, was das absolut Gute, was die absolute Norm, ja auch nur, was der Mensch oder das Menschliche und die Humanität sei, aber was das Unmenschliche ist, das wissen wir sehr genau. Und ich würde sagen, daß der Ort der Moralphilosophie heute mehr in der konkreten Denunziation des Unmenschlichen als in der unverbindlichen und abstrakten Situierung des Seins des Menschen zu suchen ist.   (Adorno 1996, 261)

Broch hat dieses zu denunzierende „Unmenschliche" in der „Versklavung" erkannt. Seine menschenrechtstheoretischen Schriften stehen im Zeichen der „Anti-Versklavung". Allerdings war Broch davon überzeugt, dass man es bei der „Kritik" alleine nicht belassen könne, sondern aus ihr konstruktive Maßnahmen – in diesem Fall in der internationalen Rechtsprechung – in der Zukunft[13] ableiten müsse. Davon sprach Broch auch in dem später erwähnten Brief an Max Horkheimer (vgl. 4.2.2.). Das eine bleibe ohne das andere eine Halbheit: „Denunziation" kann ohne benannte Alternative so „unverbindlich" bleiben wie die „abstrakte Situierung des Seins". Kritik ohne Telos bleibt fruchtlos und das Postulat von Zielen ohne ein Sich-Absetzen von negativer Erfahrung birgt die Gefahr der Beliebigkeit oder gar der Willkür in sich. Hans Joas hat in der Gegenwart wie kein anderer die auch von Broch verfochtene These von der Sakra-

---

12 Vgl. Riemen 2018. Riemen ist ein Kenner des Werks von Hermann Broch. In der Germanistik allgemein steht die Diskussion der Menschenrechte nicht gerade im Mittelpunkt des Interesses. Ein neuer Anfang mit acht kurzen Beiträgen findet sich bei Breger 2020.
13 Zum Zukunftsaspekt allgemein vgl. Adelson 2018.

lität der Person im Menschenrechts-Diskurs substantiiert. Er schreibt am Schluss seiner Studie, dass diese Sakralität auch in Zukunft eine Chance hat, wenn die Human Rights durch Institutionen weltweit unterstützt, durch weitere Argumente im Diskurs verteidigt und in der Praxis des Alltagslebens beachtet werden (Joas 2013, 191).

2 Essayistisches Werk

2.1 Politische Ökonomie: Bill of Economic Rights

2.1.1 Wien 1919: Otto Bauer und die österreichische Sozialdemokratie

In der Einleitung zum Band *Literarische Ökonomie* hält Juditha Balint zwar fest, dass es „keine homogene literaturwissenschaftliche Theorie oder Methode" gibt, „die sich als ‚Literarische Ökonomie' bezeichnet", umreißt dann aber doch eine „Methode", die zum einen den „ökonomischen Gehalt literarischer", zum anderen den „literarischen Gehalt ökonomischer Texte" analysieren kann, eine „Methode", die „folgende Dimensionen aufweist": *erstens* die Analyse der literarischen Darstellung der Ökonomie als gesellschaftliche Sphäre, *zweitens* die Interpretation der Ökonomie als Metapher, *drittens* die Erforschung des literarischen Wissens über Theorien und Modelle der Ökonomik, *viertens* die Untersuchung ökonomischer und quasiökonomischer Texte hinsichtlich ihrer Literarizität, und *fünftens* die Erweiterung und Berichtigung wirtschaftswissenschaftlicher Theorien und Modelle mithilfe literaturwissenschaftlicher Methoden (Balint 2014, 14–15).

Hier stehen der dritte und fünfte Aspekt im Vordergrund. Broch ist kein Fachvertreter der Ökonomie, sondern der Verfasser von essayistischen, d. h. literarischen Arbeiten, wenn er sich zu Wirtschaftsfragen äußert, auch wenn er bei seinen Stellungnahmen die fachwissenschaftlichen Beiträge schätzt und ernst nimmt (Hardison 1989, Zima 2012). In seiner Essayistik kommen Aspekte der Ethik, der Kulturphilosophie, der Sozialkritik, der Menschenrechte und des politischen Engagements zusammen. Seine Beiträge zu Wirtschaftsfragen verstehen sich als Kritik an einseitigen Theorien und Thesen aus den antagonistischen Lagern der liberalen und der etatistisch-steuerungsorientierten Ökonomien. Zudem wird auch auf Aspekte der ersten Dimension (der „literarischen Ökonomie") hingewiesen, wenn das Thema der Wirtschaftsdarstellung in Brochs Romanen und Dramen zur Sprache kommt.

Auch wenn man nie einen Essay oder einen Brief von Hermann Broch gelesen hätte, wenn man nichts über seine Biografie wüsste und sich die Kenntnis seines Werks auf die Romane und Dramen beschränkte, würde man gleich merken, dass sich der Autor in der Welt des Kommerzes und des Geldes auskennt: in den Makro-Institutionen des Marktes und der Börse wie in den Mikrostrukturen des Zahlungsverkehrs und der Buchführung. Nicht nur das: Es sind die globalen ökonomischen Beziehungen, die von der *Schlafwandler*-Trilogie (KW1) über seine beiden Wirtschaftsdramen *Die Entsühnung* und *Aus der Luft gegriffen* (KW7) bis zum Spätwerk *Die Schuldlosen* thematisiert werden (Lützeler 2016, 217–249). Da geht es um den europäischen Baumwollhandel mit Indien und den USA, um eng-

https://doi.org/10.1515/9783110734683-003

lische und deutsche Kolonien in Afrika, um persisches Öl für China, um Traktoren in Argentinien und um Diamantenfelder in Südafrika. Nimmt man die Kenntnisse aus Brochs Biografie zu Hilfe, überrascht das alles nicht, hat er doch zwanzig Jahre lang als kaufmännischer Direktor einem österreichischen Familienunternehmen vorgestanden, in dem Baumwolle zu Garn versponnen wurde. Wirft man einen Blick in Brochs Briefe und liest seine politischen Essays, wird vollends klar, dass er seine Kenntnis wirtschaftlicher Zusammenhänge nicht nur praktischer Erfahrung, sondern auch der Lektüre volkswirtschaftlicher und soziologisch-philosophischer Studien verdankte.

In zwei internationalen Krisenphasen hat Broch essayistisch zu Fragen der politischen Ökonomie Stellung bezogen und diese Beiträge publiziert: kurz nach dem Ende des Ersten und bald nach Beginn des Zweiten Weltkriegs. Am 11. April 1919 veröffentlichte er seinen Beitrag „Konstitutionelle Diktatur als demokratisches Rätesystem" (KW11, 11–23) in der Wiener Zeitschrift *Der Friede. Wochenschrift für Politik, Volkswirtschaft und Literatur*, und 1940, im amerikanischen Exil, steuerte Broch das wirtschaftspolitische Kapitel (KW11, 81–87) bei zu dem Buch *The City of Man. A Declaration on World Democracy* (Agar et al. 1940, 52–59). Skizziert man Brochs volkswirtschaftliche Verortung darf nicht vergessen werden, dass er selbst kein eigenständiger ökonomischer Theoretiker war. Es geht hier darum, seine relativ kurzen Stellungnahmen zu ökonomiepolitischen Fragen im Kontext zu sehen und herauszufinden, welche zu seiner Zeit gängigen wirtschaftswissenschaftlichen Thesen er teilte, variierte oder ablehnte.

Der Friede war ein pazifistisches Blatt, das noch während des Krieges im Januar 1918 von Benno Karpeles gegründet worden war.[1] Karpeles, ein sozialdemokratisch eingestellter Unternehmer, der sich Verdienste um das Genossenschaftswesen seines Landes erworben hatte (Amann 1992, 15–30), bat parteilich nicht-gebundene Intellektuelle um Beiträge. In der kurzlebigen Zeitschrift publizierten besonders jüngere Leute, die dabei waren, sich einen Namen als kritische Publizisten und Schriftsteller zu machen: Egon Erwin Kisch, Alfred Polgar, Albert Ehrenstein, Robert Musil, Johannes Urzidil, Franz Werfel, Ernst Weiß, und eben Hermann Broch. Um Brochs Artikel zu verstehen, muss man sich vergegenwärtigen, dass knapp anderthalb Jahre zuvor in Russland die Revolution zu einem Sowjet-, d. h. Rätesystem geführt hatte, und dass im Frühjahr 1919 solche Rätesysteme nach russischem Vorbild auch in zwei Nachbarländern Österreichs, in Ungarn und Bayern, im Zuge revolutionärer Aktivitäten gegründet worden waren. Österreichische Sozialisten wie Max Adler und Otto Bauer lehnten jedoch das Rätesystem, das auf eine Abschaffung der Gewaltenteilung hin-

---

1 Vgl. Wogenstein 2019, 163–164.

auslief, ab und plädierten für die Etablierung einer demokratischen Republik. Unter allen Varianten des Sozialismus war Broch der Austromarxismus (Leser 1968) mit seinem Versuch, Kantsche Ethik und Marxsche politische Ökonomie miteinander zu verbinden, die sympathischste. Er zitiert zustimmend aus Max Adlers *Demokratie und Rätesystem* (Adler 1919)[2] und aus Otto Bauers *Der Weg zum* Sozialismus (Bauer 1919).[3] Broch lehnt die sowjetische Lösung als undemokratisch und friedensgefährdend ab[4], doch kommt er austromarxistischen Vorstellungen entgegen. Wie auch in späteren Schriften Brochs geht es schon hier um eine Balance zwischen Gerechtigkeit und Freiheit, um ein Gleichgewicht, das „Demokratie" (KW11, 11) und „Menschenwürde" (KW11, 14) sichere. Diese Balance findet er im Sowjet-Marxismus zerstört, in den reformistischen und antisowjetischen Schriften von Karl Kautsky dagegen verteidigt. Broch schreibt:

> Die Sozialdemokratie erinnerte, daß sie nicht nur Sozialismus, sondern auch Demokratie, also Ausdruck des gesamten Volkswillens zu sein anstrebe, und daß sie – dies wird in Kautskys Schriften[5] zur russichen Revolution eingehend erörtert – mit dem Verlust des demokratischen Gedankens einen wesentlichen Bestandteil ihres politischen Ideals einbüße. (KW11, 11)

Folgte man dem russisch-sowjetischen Beispiel, würde daraus in Österreich ebenfalls „Bürgerkrieg" und „Terror" (KW11, 14–15) folgen. In das „demokratische Rätesystem", das er als Gegenmodell zum russischen versteht, will Broch nicht nur den „Arbeiter", sondern auch den „industriellen Unternehmer", den „Finanzier und Kaufmann" (KW11, 17) aufgenommen wissen. Es geht also um eine Ordnung, in der im historischen Augenblick unrevolutionär die Interessen der Arbeitnehmer wie der Arbeitgeber durchgesetzt werden sollen, wenn Broch im Hinblick auf die Zukunft auch wiederholt Zugeständnisse an die sozialistische Utopie nichtentfremdeter Arbeitsverhältnisse macht. Er nimmt in seinem Beitrag in *Der Friede* Bezug auf eine Broschüre, die sein Freund Paul Schrecker damals unter dem Titel

---

2 Mehrere Bücher Max Adlers zu Fragen des Sozialismus befanden sich in Brochs Wiener Bibliothek (Amann und Grote 1990).

3 Zur Debatte über die neue Form der Republik: Lützeler 1973, 51–59.

4 Broch hatte in seinem offenen, an Franz Blei gerichteten Brief „Die Straße", der in dessen Zeitschrift *Die Rettung* im Dezember 1918 erschien, seinem Unmut über die Revolutionsbegeisterung Ausdruck verliehen. Da heißt es: „Ich bin mit jeder Art kommunistischer Wirtschaft von vornherein einverstanden, wie sie einzurichten die Welt für gut findet" (KW13/1, 30). Das war eine Antwort auf Franz Bleis Parole „Es lebe der Kommunismus und die katholische Kirche!", die er als Herausgeber seiner Zeitschrift *Die Rettung* dort am 6. Dezember 1918 ausgegeben hatte.

5 Vgl. Kautsky 1919, 113 ff.

Für ein Ständehaus. Vorschlag zu friedlicher Aufhebung der Klassengegensätze (Schrecker 1919) veröffentlicht hatte. Broch spricht von dem „verfehlten Titel" (KW11, 18) dieser Schrift, und damit hat er Recht. „Für ein Ständehaus" klingt so, als wolle Schrecker den korporativen Staat Othmar Spanns (Spann 1921)[6] vorwegnehmen. Das ist aber nicht der Fall, wenn auch partielle Überschneidungen nicht zu übersehen sind. Wie Broch, der offenbar seine Argumente mit dem Freund abgestimmt hatte, schlägt Schrecker die Schaffung einer zweiten Kammer, einer Wirtschaftskammer vor, die vorläufig neben und mit dem Abgeordnetenhaus, also dem Parlament mit den gewählten Vertretern der politischen Parteien, existieren soll. Bei aller Kritik am Parlamentarismus sind sowohl Schrecker wie Broch gegen die Auflösung des Parlaments, wenngleich deutlich wird, dass es auf lange Sicht gegenüber der zweiten Kammer als „Vertretung der Gesamtwirtschaft" (KW11, 18) an Einfluss verlieren werde. Aber auch hier muss man sehen, dass es beiden um die Rettung des Parlaments im Augenblick geht, und dass die Machtverschiebung erst in einer vagen Zukunft geschehen werde. Othmar Spann dachte sowohl jenseits von Lenin als auch von Wilson. Auch Broch und Schrecker wollen in ihrer Gegenwart nichts von Lenin wissen, gleichzeitig aber Wilson (im Sinne von demokratischem Parlamentarismus und liberalem Wirtschaftsstaat) verteidigen. Broch möchte sowjetische Verhältnisse verhindern, wenn er in seine Überlegungen auch die marxistische „Sozialisierung der Produktion" (KW11, 15) für die Zukunft einbezieht. Bezeichnend aber ist, dass er dabei vor jeder „Überstürzung" (KW11, 19) warnt. Von einer Begeisterung für die „Sozialisierungsarbeit" (KW11, 19) kann keine Rede sein, wenn auch im Sinne des Sozialismus bei Broch „Aktionäre" mit Kritik bedacht werden, weil sie „an der werktätigen Arbeit nicht teilhaben" (KW11, 20). Auch Schrecker plädiert für die paritätische Besetzung der Wirtschaftskammer mit Vertretern der Arbeitnehmer und Arbeitgeber. Broch und Schrecker streben für die Wirtschaft einen politisch-parlamentarischen Rahmen an, der es dem Unternehmertum, dem sie beide angehören, erlaubt, seinen Platz in der Gesellschaft zu behalten, wenn es seine Entscheidungen jetzt auch viel stärker als früher mit den Vertretern der Arbeitnehmer abstimmen muss. Schaut man auf die ökonomischen Lösungen, die für die Gegenwart gefordert werden und sieht man von den Ausblicken auf eine nicht kalkulierbare Zukunft ab, so läuft der Kompromiss, der hier von Broch und Schrecker angeboten wird, auf eine Marktwirtschaft hinaus, in der sozialistische und liberale Kräfte immer erneut um eine Balance bemüht sein müssen.

---

6 Die Vorlesungen, die dort abgedruckt sind, hatte Spann im Sommersemester 1920 an der Universität Wien gehalten. Vgl. dazu: Schneller 1970.

2.1.2 New York 1939: Franklin Roosevelt und der amerikanische New Deal

Zwanzig Jahre später, Ende 1939, lebte Broch als Exilant in New York. Zehn Jahre zuvor hatte die Weltwirtschaftskrise die demokratisch-liberale Ordnung Amerikas in Frage gestellt. Franklin D. Roosevelt war 1933 zum Präsidenten gewählt worden, weil er – unter Beibehaltung der Marktwirtschaft – sein „New Deal"-Programm versprochen hatte. Da ging es um Staatseingriffe in die Ökonomie, um der Volkswirtschaft neue Impulse zu geben und die Arbeitslosigkeit zu beseitigen (Leuchtenburg 1963). Roosevelt wählte mit Frances Perkins die richtige Expertin für die Administration des New Deal. Sie war die erste Frau, die in der Geschichte der US-amerikanischen Regierung mit einem Ministeramt betraut wurde. Perkins wurde 1933 Leiterin des Arbeitsministeriums (Labor Department) und blieb es für zwölf Jahre bis zum Ende der Roosevelt-Ära 1945, während sonst fast alle Minister im Lauf der etwas mehr als drei Legislaturperioden unter Roosevelt ausgetauscht wurden. Der Präsident hatte Perkins schon zum Industrial Commissioner ernannt als er noch Gouverneur des Staates New York war. Er schätzte ihre Kenntnisse auf den Gebieten des Arbeitsrechts und des Gewerkschaftswesens sowie ihre Erfahrung im Apparat der Demokratischen Partei. Sie entwickelte die Programme des New Deal und Roosevelt war von ihrer Kompetenz und Durchsetzungskraft so angetan, dass er ihren Vorschlägen folgte. So verdankt man ihr das Civilian Conservation Corps, den Social Security Act und den Fair Labor Standards Act (Downey 2009, 197–269). Broch musste sich damals bis zu einem gewissen Grad an die Krisensituation von 1919 in Wien erinnert fühlen. Auch diesmal bezog er wirtschaftspolitisch Stellung. Thomas Mann, seit Herbst 1938 im Princetoner Exil, war der *spiritus rector* eines Unternehmens, bei dem Hermann Broch und Giuseppe Antonio Borgese seine wichtigsten Mitarbeiter waren. Mit seinem Prestige als Nobelpreisträger und seinen Kontakten, die bis ins Weiße Haus reichten (Vaget 2011, 19), gelang es Thomas Mann, hervorragende Köpfe zu einer Art Intellektuellen-Konzil zu versammeln. Man erarbeitete in *team work* ein Buch, in dem (angelehnt an die New-Deal-Politik) ökonomische, juristische, edukatorische und theologische Argumente versammelt waren, die man Nationalsozialismus und Bolschewismus (es war die Zeit des Hitler-Stalin-Pakts) entgegensetzen konnte. Gleichzeitig wollte man die Bevölkerung der USA von der Notwendigkeit eines Krieges gegen das nationalsozialistische Deutschland überzeugen. Roosevelt, so war man sicher, würde Hitler besiegen – nicht nur militärisch, sondern, als Präsident der mächtigsten Demokratie der Welt, auch als Ergebnis eines Kampfes zwischen Humanität und Barbarei.

Thomas Mann gewann sechzehn Intellektuelle zur Mitarbeit. Auf amerikanischer Seite fand er elf Männer und Frauen, dazu fünf prominente europäische Exilanten. Die Amerikaner*innen waren Herbert Agar (Publizist und Historiker), Frank Aydelotte (Anglist und Erziehungswissenschaftler), Van Wyck Brooks (Literaturkritiker und Historiker), Ada Louise Comstock (Präsidentin der American Association of University Women), William Yandell Elliott (Historiker und Präsidentenberater), Dorothy Canfield Fisher (Schriftstellerin und Pionierin der Erwachsenenbildung), Christian Gauss (Literaturwissenschaftler), Alvin Johnson (Gründer der New School for Social Research in New York), Lewis Mumford (Städteplaner), William Allan Neilson (Anglist und Präsident des Smith College), schließlich Reinhold Niebuhr (Theologe am Union Theological Seminary in New York). Auf Seiten der Emigranten machten mit: Hermann Broch als österreichischer Schriftsteller, der Literaturwissenschaftler und ehemalige italienische antifaschistische Politiker Antonio Giuseppe Borgese, der ungarische Historiker Oscar Jászi, der aus Prag stammende Politologe Hans Kohn und der italienische Historiker Gaetano Salvemini.

Diese Gruppe traf sich zu zwei Arbeitstagungen im Frühjahr 1940 in Atlantic City, New Jersey und im Sommer des gleichen Jahres in Sharon, Connecticut. Den Sitzungen gingen Einladungen mit genauen Arbeitsplänen voraus, ihnen folgten briefliche und telefonische Abstimmungen.[7] Im November 1940 erschien das Ergebnis, das Buch *The City of Man* (Agar et al. 1940). Was sind die Forderungen des Buches? Die USA, heißt es, müssten mit ihrer demokratischen Staatsform eine humane Alternative zum Terror Hitlers bieten. Wie jene Europas befinde sich aber auch die Demokratie Amerikas in einer tiefen Krise, und nur eine erneuerte Demokratie sei in der Lage, dem Totalitarismus entgegenzutreten. Im Gegensatz zur Kriegsverherrlichung der Nationalsozialisten sei das Postulat des universalen Friedens zu verteidigen. Die Menschenwürde müsse geschützt, die Bildung verbessert, die Korruption in der Politik bekämpft und die Spekulation in der Wirtschaft kontrolliert werden. Vier Forderungen werden in den Mittelpunkt gestellt: Erstens müssten in einer Verfassungsreform die Rechte und Pflichten des Einzelnen dem Staate und des Staates dem Einzelnen gegenüber genauer formuliert werden. Zweitens sei die Trennung von Kirche und Staat klarer herauszustellen. Drittens seien Wirtschaftsreformen anzustreben, welche die Ansätze des New Deal weiterführten. Viertens sei ein internationales Gesetzbuch auf der Basis von Menschenwürde und Menschenrecht auszuarbeiten.[8]

---

7 Zu den Details: Lützeler 2013a, 142–156.
8 Vgl. dazu die Arbeiten von Pross (1988, 221–233), Saletta (2008, 229–244) und Lützeler (TMB, 96–115).

Nach diesen Reformen könne, sobald Hitler besiegt sei, auch das Projekt einer Weltdemokratie mit einer Weltverfassung angestrebt werden. Das war ein Lieblingsgedanke Borgeses, dem Broch eher skeptisch gegenüberstand. Broch war für den dritten Aspekt, für die Vorschläge zur Wirtschaftsreform, verantwortlich. Wieder erweist er sich als Vertreter eines Kompromisses. Er setzt sich für die Beibehaltung der Marktwirtschaft ein, fordert jedoch mehr Rechte für die Arbeitnehmer und Staatseingriffe zur Behebung der Wirtschaftskrise. Zur Lage der Weltwirtschaft heißt es in Brochs Vorschlägen, dass die „plötzliche Verlagerung der Weltproduktion und der Weltmärkte [...] sinkende Gewinne und eine steigende Arbeitslosigkeit mit sich gebracht" habe, „so daß das Kapital wie auch die Arbeiterschaft sich mit einem Male der Panik eines drohenden Gesamtzusammenbruchs ausgesetzt" sahen. „Krise folgte auf Krise", heißt es weiter, „in immer kürzer werdenden Pausen, bis diese schließlich in einer einzigen Krise, diese aber von Weltweite und chronischer Dauer, einmündeten" (KW11, 85). In dieser Situation dürfe man in einer Demokratie wie der amerikanischen nicht in den Fehler verfallen, sich den sowjetischen „totalitären Kommunismus" (KW11, 83) oder den nicht minder totalitären deutschen „Nationalsozialismus" (KW11, 86) zum Vorbild zu nehmen. Vermieden werden müsse ein „Rückfall in das Sklaventum – und zwar ein Sklaventum moderner Fassung, von einer Kompromißlosigkeit und Ausschließlichkeit, wie es die Geschichte noch niemals gekannt" habe (KW11, 82). Anzustreben sei vielmehr ein Gleichgewicht zwischen dem „Freiheitsprinzip" des „Kapitalismus" und dem „Gerechtigkeitsprinzip" des „Kollektivismus" (KW11, 84). Broch spricht vom „sozialen Gleichgewicht" (KW11, 412) und einer „ausgewogenen Sozialordnung" als „hohem Ziel der Demokratie" (KW11, 413). Die „beiden segenbringenden Komponenten der Demokratie", nämlich „freie Wirtschaft und wirtschaftliche Gerechtigkeit", müssten zu „einer sich gegenseitig ergänzenden Wesenheit" (KW11, 86) finden. „Planwirtschaft", die einer Demokratie angemessen sei, orientiere sich an dem „Idealziel", dass „Nahrung und Unterkunft jedermann" zur „Verfügung stehen" sollen, dass jedem ein „Mindestunterhalt" zugesichert werde. Das „Grundgesetz über politische Rechte" sei „dementsprechend durch ein solches über wirtschaftliche Rechte (‚Bill of Economic Rights')" zu ergänzen (KW11, 83). Broch hielt damals thesenhaft fest: „Die Aufgabe der Demokratie innerhalb der zu erstrebenden krisenbefreiten Wirtschaft lautet: Aufstellung und Durchführung einer ‚Economic Bill of Rights' für den Menschen" (KW11, 90). Eine solche „Economic Bill of Rights" als „Second Bill of Rights" kündigte Franklin D. Roosevelt vier Jahre später, im Januar 1944, in seiner „State of the Union Address" an (Roosevelt 2020), doch wurde sie – der Präsident starb drei Monate später – eine Deklaration ohne juristische Verbindlichkeit. Sie trat in der nationalen Politik der USA ganz in den Hintergrund wegen des sich länger als erwartet hinziehenden

Kriegsendes, wegen des Wechsels der Präsidentschaft und schließlich wegen des bald beginnenden kalten Krieges. Die Rechtshistoriker sind gegensätzlicher Meinung über die Bedeutung dieser Second Bill of Rights. Cass Sunstein erinnert in seinem Buch *The Second Bill of Rights* an die langfristige nationale wie internationale Wirkung dieses Dokuments und beschließt sein Buch mit dem Appell: „The second bill of rights should be reclaimed in its nation of origin" (Sunstein 2004, 234). Samuel Moyn dagegen wertet sie als letzte schwache und von vornherein politisch einflusslose Erinnerung der Roosevelt Administration an die Jahre des New Deal (Moyn 2018, 70–71). In den acht Artikeln der Second Bill of Rights sind eine Menge sozialer Versprechungen enthalten, die in den sozialstaatlichen Programmen fortschrittlicher politischer Parteien immer wieder genannt und zum Teil auch realisiert worden sind: Das Recht auf Arbeit, auf ein Mindesteinkommen, auf fairen Wettbewerb im Geschäftsleben, auf das Recht der Familie auf ein Heim, auf medizinische Versorgung, auf angemessene Versorgung im Fall von Arbeitslosigkeit, Alter und Krankheit sowie das Recht auf eine gute Erziehung. In Europa sind diese Forderungen insgesamt weniger umstritten als in den USA, und von einer Umsetzung der Artikel der Second Bill of Rights[9] kann in den USA keine Rede sein, wenn auch immer wieder Anläufe dazu – dann aber auch erneut zu ihrer Verhinderung – gemacht werden. Immerhin wurde bei der Erarbeitung der Universal Declaration of Human Rights[10] im Jahr 1948 das Thema sozialer Rechte (Morsink 1999, 162–168) nicht nur diskutiert, sondern fand dort auch ihren Niederschlag in Artikel 25 (Recht auf einen menschenwürdigen Lebensstandard, auf medizinische und soziale Versorgung, auf soziale Sicherheit im Fall von Arbeitslosigkeit, Krankheit, Behinderung und Alter sowie das Recht der Kinder und Mütter auf besonderen sozialen Schutz) und in Artikel 26 (Recht auf Erziehung und Ausbildung).

Roosevelts Kombination von freier Marktwirtschaft und staatlich geplanter Ökonomie findet Brochs Zustimmung, wenn er über *The City of Man* schreibt: „Von allen Versuchen, der Demokratie eine neue wirtschaftliche Formulierung zu geben, war zweifellos der ‚New Deal' der bedeutsamste" (KW11, 86–87). Es sei „ein Experiment", das auf der Linie der „Evolution" und nicht der „Revolution" liege und gebe damit „Hoffnung und Ziel der schöpferischen Demokratie" (KW11, 87) vor. Broch war davon überzeugt, dass in Demokratien eine Zwischenform von liberaler Marktwirtschaft und politisch motivierter Planwirtschaft möglich sein müsse. Zu keiner Zeit hat er einem antiliberalen Marxismus einerseits oder einem radikal-liberalen Kapitalismuskonzept – das man heute

---

9 https://en.wikipedia.org/wiki/Second_Bill_of_Rights (9. Juli 2020).
10 https://www.un.org/en/universal-declaration-human-rights/index.html (9. Juli 2020).

neo-liberal nennt – andererseits das Wort geredet. Auch der amerikanische Kapitalismus, hält Broch fest, kenne Aspekte der Versklavung. Zur „Wirtschafts-Versklavung", die „Arbeitgeber wie Arbeitnehmer in der nämlichen Weise umfaßt", schreibt er:

> Der Kapitalismus spornt im Auf und Ab der Marktlage die Menschen zu Höchstleistungen an, zu einer Leistungshypertrophie, die sich einerseits als „Rekord-Versklavung", andererseits als „Krisen-Versklavung" präsentiert, weil nur mit Rekorden den Forderungen der Hochkonjunkturen zu genügen ist, hingegen Krisen jeden, dessen Selbstbehauptungswille für den durch sie verschärften Lebenskampf nicht ausreicht, auf der Strecke liegen läßt. Gewiß, die Klasse der Sklavenhalter zieht auch hiebei noch immer das bessere Los als die der Sklaven, aber sie ist darum nicht minder rekord- und krisenversklavt als diese, denn der dahinterstehende Sklavenhalter ist abstrakt, und er ist die Wirtschaft als solche.
> (KW12, 541)

Broch wagt auch eine nicht sonderlich optimistische Prognose dieser Wirtschaftsentwicklung:

> Zwischen dem Paradies der Noch-nicht-Wirtschaft, die es wahrscheinlich einmal gegeben hat, und dem der Nicht-mehr-Wirtschaft, die es vielleicht einmal geben wird, liegt die Hölle der Wirtschaft, und die gab es gestern, die gibt es heute, die wird es morgen geben, um so mehr Hölle, als auf dieser kurzen, höchstens bis übermorgen wirklich überschaubaren Wegstrecke sich die Entwicklung zur Totalwirtschaft und sohin auch zur totalen Wirtschaftsversklavung feststellen läßt.
> (KW 12, 542)

Das ist eine Beobachtung aus dem Jahr 1948. Damals wies Broch auch auf die sich entwickelnden transkontinentalen „Wirtschaftsblocks" mit ihrer „Versklavungsmacht" hin. Dazu hieß es in Anspielung auf die von Roosevelt 1940 angestrebten „Four Freedoms":

> [...] es geht um die Macht, die sie gegeneinander auszuüben vermögen, und es geht um die hegemonische Macht, die in ihnen zu erringen ist. Niemals war die Welt entfernter von der ihr versprochenen „Freedom from Fear" als gerade jetzt. Es ist ein gespenstisches Bild, das sich für die Menschheit damit auftut, doppelt gespenstisch, weil es sich als das Ergebnis eines Krieges enthüllt, der mit der Niederwerfung des Nazitums alle Versklavungsmöglichkeiten hatte vernichten wollen.
> (KW12, 560)

Seiner geistigen Konstitution nach war Broch ein Mann des Ausgleichs, des Kompromisses und der Balance. Im Zentrum aller denkerischen Anstrengungen des Autors steht die Bemühung um Gleichgewicht. Eine der frühesten und nachhaltigsten philosophischen Lektüren war bei Broch Schopenhauers *Die Welt als Wille und Vorstellung* (KW9/1, 13–26 und KW9/2, 11–31). Dieses Buch in der Brockhaus-Edition von 1908 ist (durchgehend mit Randbemerkungen versehen) in Brochs Wiener Bibliothek zu finden (Amann und Grote 1990).

Leitmotivartig durchzieht die Idee des Gleichgewichts Schopenhauers Werk, und sie gipfelt in der Überzeugung:

> Geburt und Tod gehören auf gleiche Weise zum Leben und halten sich das Gleichgewicht als wechselseitige Bedingungen von einander, oder, wenn man etwan den Ausdruck liebt, als Pole der gesammten Lebenserscheinung. Die weiseste aller Mythologien, die Indische, drückt Dieses [...] aus. (Schopenhauer 1913, 566–567)

In seiner Wertphilosophie spricht Broch vom anzustrebenden „Gleichgewichtszustand der Werte" (KW10/1, 191), vom „ethischen Gleichgewicht" (KW9/1, 332), vom „metaphysischen Gleichgewicht" (KW10/2, 241) und vom „Gleichgewichtszustand" von „Rationalem und Irrationalem" als Zeichen des „Höhepunkts" einer Kultur (KW1, 691); im Nachdenken über psychologische Fragen ist das „seelische Gleichgewicht" (KW10/2, 232) zentral; in der *Massenwahntheorie* geht es um die „Gewinnung des Triebgleichgewichtes" (KW12, 447) und um das Gleichgewicht von „Lebenstrieb" und „Todestrieb" (KW12, 445); an der Mathematik bewundert er ihr „ungeheures Gleichgewichtsgebäude" (KW9/2, 181); die Ästhetik sieht er bestimmt vom „Gleichgewicht der Ruhe" (KW6, 33) und stellt für sie gar den „Satz vom Gleichgewicht" (KW9/2, 14) auf; in seinen politischen Studien reflektiert er über den kontinentalen Frieden, der idealiter durch das „Kräftegleichgewicht" (KW11, 345) der Nationen Europas garantiert wurde, so wie er in der internationalen Politik ein „Weltgleichgewicht" (KW11, 392) der Großmächte optimal findet; und im wirtschaftlichen Bereich strebt er das „Gleichgewicht" zwischen „den beiden Prinzipien" von „Freiheit" und „Gerechtigkeit" (KW11, 84) im Sinne einer Durchdringung von Liberalismus und Planwirtschaft an. Wenn an dieser ökonomischen Waage die Gewichte der Freiheit (sprich Liberalismus) zu schwer werden, ruft er nach verstärkter sozialer Gerechtigkeit. Und umgekehrt verteidigt er den Liberalismus, wenn sich die Schale der Gerechtigkeit (sprich soziale Planwirtschaft) zu tief senkt. Der Autor ist nie zum Marxisten geworden, obgleich er von der österreichischen Variante dieser kapitalismuskritischen Bewegung von Max Adler und Otto Bauer etwas hielt, und er wurde auch nie zum Verfechter der reinen Lehre des Liberalismus, obwohl er sich der intellektuellen Leistung der österreichischen Schule mit ihren Theoretikern Ludwig von Mises und Friedrich August von Hayek bewusst war.[11]

Während der Zwischenkriegszeit besprach Broch aktuelle Wirtschaftsfragen nicht selten mit Ernst Geiringer. Broch und Geiringer sind sich vielleicht bereits in den Jahren nach dem Ersten Weltkrieg begegnet als Broch Mitglied des Vorstands im Fachverband der Textilindustrie Österreichs war (Lützeler 1985, 77

---

11 Vgl. dazu die Briefe Brochs an Hans Sahl vom Herbst 1944 (KW13/2, 408–409 und 414–415).

und 137). Geiringer war in den 1930er Jahren Generaldirektor der Öl-Industrie-Gesellschaft in Wien und bekleidete die Positionen des Vizepräsidenten des Österreichischen Hauptverbandes der Industrie und des Präsidenten der Industrie-Sektion der Österreichischen Handelskammer. Als solcher fungierte er nicht selten als Regierungsberater. Verheiratet war er mit Gertrude Neumann. Sie wurde in Wien unter dem Namen Trude Geiringer eine bekannte Fotografin prominenter Autoren. Mit ihr war Broch befreundet, und die meisten Fotos, die von ihm überliefert sind, wurden von ihr aufgenommen. Geiringer teilte die liberalen Wirtschaftsüberzeugungen der Österreichischen Schule und vertrat sie in seinen Publikationen (Geiringer 1933, 8). Das Ehepaar Trude und Ernst Geiringer hatten in Altaussee im steirischen Salzkammergut ein Sommerhaus gemietet, das sie Broch öfters zur Verfügung stellten, so auch im Jahr 1937, als Broch mit Ernst Geiringer die „Völkerbund-Resolution" (KW10, 195–231) diskutierte. Ob Broch Ludwig von Mises' *Theorie des Geldes und der Umlaufsmittel* (Mises 1924) oder *Die Gemeinwirtschaft. Untersuchungen über den Sozialismus* (Mises 1922) und Friedrich A. Hayeks *Geldtheorie und Konjunkturtheorie* (Hayek 1929) oder *Preise und Produktion* (Hayek 1931) gelesen hat, kann nicht geklärt werden, jedenfalls werden die beiden Autoren im Verzeichnis *Die Wiener Bibliothek Hermann Brochs* (Amann und Grote 1990) nicht genannt. Sicher ist jedoch, dass er mit den Hauptargumenten dieser liberalen Ökonomen vertraut war, denn sie waren nicht nur in Universitäts- und Industriellenkreisen bekannt, sondern wurden auch in den Zeitungen und in den Salons des „roten" wie des „schwarzen" Wiens der 1920er und frühen 1930er Jahre kontrovers diskutiert. Mit ihrer entschiedenen Opposition gegen staatliche Planwirtschaft und mit ihrer Überzeugung, dass der Kapitalismus das einzig funktionsfähige Wirtschaftssystem und damit ein Garant menschlicher Freiheit sei, waren die liberalen Ökonomen die Zielscheibe vehementer Kritik seitens der Vertreter sozialistischer Wirtschaftssysteme zum einen und antiliberaler Ständestaatler zum anderen.

Im amerikanischen Exil der Roosevelt-Ära fühlte Broch sich wirtschaftstheoretisch gesehen gleichsam zuhause, weswegen er auch das Angebot, den wirtschaftspolitischen Teil für *The City of Man* zu schreiben, gerne annahm. Während der Arbeit an diesem Projekt las er das in der Zeit des New Deal so wirkungsmächtige Buch *The General Theory of Employment, Interest, and Money*[12] des englischen Volkswirtschaftlers John Maynard Keynes (Keynes 1936). Weder die Theorie und Vorschläge von Mises noch die von Keynes sind losgelöst von

---

12 Zu Brochs Lektüre dieses Buches von Keynes vgl. KW13/2, 230–234 und KW8, 143 u. 211. Zur gleichen Zeit las Broch auch Arbeiten von Keynes Gefolgsmann John Strachey und von William Yandell Elliot (KW13/2, 234).

den politischen Verhältnissen ihrer Zeit zu verstehen. Ging es von Mises um die Abwehr sozialistischer Wirtschaftsvorstellungen in der revolutionären Zeit nach 1918, suchte Keynes in den Jahren der Weltwirtschaftskrise nach Möglichkeiten planwirtschaftlicher Maßnahmen im Kontext der liberalen Demokratie. So waren seine Vorstellungen nicht lediglich gegen den bestehenden liberalen Kapitalismus gerichtet, sondern sollten auch verhindern, dass demokratische Staaten sich hin zu totalitären Systemen nach dem Vorbild von Kommunismus oder Faschismus entwickelten. Innerhalb der politischen Ökonomien westlicher Prägung bezog Keynes allerdings eine scharfe Gegenposition zum Liberalismus der österreichischen Schule, indem er sich für eine staatliche Planwirtschaft stark machte. In Zeiten der Unterbeschäftigung, wie sie während der ökonomischen Depression auf geradezu katastrophale Weise gegeben war, müsse der Staat sowohl finanzpolitische wie arbeitsbeschaffende Maßnahmen ergreifen, um die gesamtwirtschaftliche Nachfrage so zu steigern, dass sie Vollbeschäftigung nach sich ziehe (Willke 2002). Das waren Argumente, denen Broch nur zustimmen konnte.

In der Gruppe der führenden amerikanischen Ökonomen der folgenden Generation ragen zwei Persönlichkeiten heraus, die auf jeweils eigenständige Weise Ideen von Keynes und von Hayek weiterentwickelten. Da ist zum einen der Planwirtschaftler John Kenneth Galbraith zu nennen, der staatliche Eingriffe in die Volkswirtschaft befürwortete, zum anderen Milton Friedman, der Anhänger eines entschiedenen Liberalismus und Gegner gouvernementaler Interventionen. Mit dem jungen Friedman korrespondierte Broch einmal kurz im Jahr 1947 (HBK, 53–55), den frühen Galbraith dagegen hat er wahrscheinlich nicht gekannt, obgleich der als Unterstützer des New Deal und als Mitarbeiter Präsident Roosevelts schon bald berühmt wurde (Parker 2005). Beide Wissenschaftler publizierten ihre ersten Hauptwerke nach Brochs Tod: Galbraith *American Capitalism. The Concept of Countervailing Power* (Galbraith 1952) und Friedman *Essays in Positive Economics* (Friedman 1953) ein Jahr später. Festzuhalten ist hier wieder, dass Broch in beide Richtungen schaut, in die des Liberalismus und der Planwirtschaft, und dass der einseitige Liberalismus wie die einseitige Planwirtschaft zur Störung des wirtschaftlichen Gleichgewichts, d. h. zu einer eklatanten Ungleichheit, was Wohlstand und Lebenschancen betrifft, führen muss. Dass Broch zur Zeit des New Deal die Ideen und Forderungen von Keynes unterstützte, ist offensichtlich.

Heute scheint Keynes im Zug von Neo-Liberalismus und Neo-Konservatismus fast vergessen zu sein. Das ist aber keineswegs der Fall. Man braucht nur einen Blick in den Band *After the Great Recession* zu werfen, der von Steven M. Fazzari mitherausgegeben wurde (Cynamon, Fazzari und Setterfield, 2013), um zu sehen, dass sich eine neue Generation von Keynesianern zu Wort meldet, die für mehr gesellschaftliche Gleichheit plädiert. Sogar einer der bekanntesten amerikanischen Neoliberalen mit weltweiter Wirkung, Jeffrey Sachs, hat sich gewandelt und plädiert heute angesichts der grassierenden Armut nicht nur in den sogenannten unterentwickelten Ländern, sondern auch in der westlichen Welt dafür, „den Einfluss des freien Markts in Amerika zurückzudrängen" und eine „soziale Marktwirtschaft" einzuführen mit Institutionen, „die das Recht auf Gesundheit" und „Bildung" garantieren. Das könne nur verwirklicht werden in einem „gemischten Wirtschaftssystem mit einer starken Rolle des Staates in der sozialen Daseinsfürsorge, dem Umweltschutz und der kontinuierlichen Pflege des Rechtsstaats" (Sachs 2020).[13] Paul Krugman, ein amerikanischer Makro-Ökonom, der 2008 den Nobelpreis für Wirtschaftswissenschaften erhielt und regelmäßig für die *New York Times* schreibt, hat sich immer als jemand verstanden, der aus der Schule von Keynes kommt und „Keynesian Economics" weiter entwickelt (Krugman 2020). War Krugman früher überzeugter Verfechter der ökonomischen Globalisierung, sieht er inzwischen deren negative Konsequenzen und verlangt angesichts der unkontrollierten Verlagerung von Produktionsstätten in Billiglohnländer und der damit verbundenen negativen Entwicklung auf dem US-Arbeitsmarkt nach stärkeren nationalen Steuerungsmaßnahmen.[14] Ähnlich wird in der Studie *The Tyranny of Merit. What's Become of the Common Good?* des amerikanischen Sozialphilosophen Michael J. Sandel (Sandel 2020, 206–227) argumentiert, wenn hier auch die massenpsychologischen Folgen stärker im Vordergrund stehen. Sandel erkennt jene Amerikaner, die keine College-Ausbildung besitzen, als die Verlierer der Globalisierung in den letzten vier Jahrzehnten. Große Teile der deklassierten Mittelschicht machen ihrem Zorn Luft in der Unterstützung populistisch-antidemokratischer Politiker. Zu der wirtschaftlichen Deklassierung komme bei ihnen das Gefühl hinzu, von den Globalisierungsgewinnlern gesellschaftlich verachtet zu werden. Die soziale Realität und der amerikanische Traum klafften hier unüberbrückbar auseinander. Der Autor rät keineswegs im Sinne der üblichen Aufstiegsideologie dazu, dass diese verarmten Schichten ihre College-Ausbildung nachholen mögen (Sandel 2020, 155–195), sondern plädiert zum einen – im Gegensatz zur verbreiteten Meritokratie der

---

13 Jeffrey Sachs im Gespräch mit Benjamin Bidder, *Spiegel*-Interview vom 10. November 2020 („Starökonom über die US-Wahl"): https://www.spiegel.de/wirtschaft/soziales/jeffrey-sachs-ueber-die-us-wahl-unser-politisches-system-ist-sehr-korrupt-a-23fa1174-905b-4173-8ccd-e786775c49ed (11. November 2020). Vgl. dazu die neuen Bücher von Jeffrey Sachs (Sachs 2015, 2017, 2018).
14 Michael Hirsh, „Paul Krugman admits being wrong on globalization", *Foreign Policy* (17. Juli 2020): https://www.educationviews.org/paul-krugman-admits-being-wrong-on-globalization/ (15. November 2020).

College- und Universitätsabsolventen – für die Anerkennung und Hochschätzung jeglicher Arbeit, zum anderen für eine gerechtere Verteilung des gesamten nationalen Einkommens. Geschehe das nicht, gehe der Zusammenhalt der
Gesellschaft verloren. Wenn das Allgemeinwohl bei den Superreichen völlig
aus dem Blick gerate, wie es derzeit geschehe, gehe die Grundlage der Demokratie in die Brüche. Die Deklassierten und arm Gebliebenen würden dann –
und dieser Prozess sei im Gange – sich den trügerischen Angeboten der Populisten zuwenden.[15] Die jedes Maß sprengende Ungleichheit der Einkommen ist
auch das Thema bei Thomas Piketty. Er hat in seinem Werk *Das Kapital im
21. Jahrhundert* (Piketty 2014) nachgewiesen, dass der einseitige wirtschaftliche Neo-Liberalismus zu einer Zementierung der Ungleichheit von Wohlstand
führt, aus der es mittels liberalistischer Praktiken keinen Ausweg gibt.

Galbraith war nicht nur von Keynes, sondern auch von dem österreichischen Nationalökonomen Joseph Schumpeter beeinflusst worden. Schumpeter
(Schäfer 2008) wird von Broch nirgends erwähnt, obwohl es unwahrscheinlich
ist, dass er dessen Hauptthesen nicht gekannt haben sollte. In den Jahren nach
1918 bildete der in Graz lehrende Professor insofern ein Gegengewicht gegen
die liberale Österreichische Schule Mises/Hayek, als er zu Vertretern des Austromarxismus wie Otto Bauer Kontakte pflegte, der ihn 1919 in das Amt des Finanzministers berief, das er nach sieben Monaten allerdings wieder quittierte.
Schumpeter war sowohl Verteidiger wie Kritiker des Kapitalismus. In seinem
Buch *Theorie der wirtschaftlichen Entwicklung* (Schumpeter 1911) pries er den
dynamischen Unternehmer, der in innovativen Kombinationen von Produktion
und Vertrieb aus gewohnten Bahnen ausbricht um neue Märkte zu erschließen.
Die Motivation beim Unternehmer als Pionier sei eher die Freude am Gestalten
als der persönliche Profit. Im Exilwerk *Capitalism, Socialism, and Democracy*
(Schumpeter 1942) stimmte der Wirtschaftswissenschaftler erneut das Lob auf
die Unternehmer an und stellte die Verdienste des Kapitalismus im Sinne einer
Erhöhung des Lebensstandards der Massen heraus. Allerdings glaubt er hier,
dass die Zeit der großen kreativen Unternehmerpersönlichkeiten vorbei sei, dass
die Großbetriebe des 20. Jahrhunderts von Managern geleitet würden, die weniger das Gesamtinteresse des Betriebes als ihre private Karriere, die Steigerung
des persönlichen und nicht des betrieblichen Einkommens im Auge hätten. Die
Managerklasse kenne keine Loyalität der Firma gegenüber und wechsle bei der
ersten Gelegenheit, wenn sich anderswo bessere Verdienstchancen ergäben.
Diese Veränderung in der Führung der Unternehmen bereite ein Ende des Ka

---

15 Vgl. dazu auch den Artikel über Michael Sandel von Paul Ingendaay, „Wir selbst sind Teil
des Populismus". *Frankfurter Allgemeine Zeitung*, Feuilleton (12. April 2018), S. 11.

pitalismus vor: Der Übergang zum Sozialismus trete nicht (wie Marx prophezeit hatte) als Ergebnis einer Revolution der Proletarier gegen die Besitzer der Produktionsmittel ein, sondern werde sich evolutionär aufgrund des statischen und nicht mehr dynamischen Zustands der Wirtschaft ergeben. Ruft man sich Brochs Grundthese vom Gleichgewicht zwischen Freiheit und Gerechtigkeit, von liberaler Marktwirtschaft und sozialer Planwirtschaft ins Gedächtnis zurück, so lassen sich Verbindungslinien zu Galbraith ziehen, weniger jedoch zu Schumpeter. Es mag aber sein, dass Schumpeters Respekt vor dem pionierhaften, flexiblen und erfolgreichen Unternehmer einen Einfluss gehabt hat auf Brochs Zeichnung des global agierenden Baumwollimporteurs und Reeders Eduard v. Bertrand im ersten und zweiten Teil der *Schlafwandler*-Trilogie (KW1) sowie auf die Darstellung des Konzernbeherrschers Albert Menck im Drama *Die Entsühnung* (KW7).

Brochs Einstellungen zu ökonomischen Fragen gingen nicht nur auf die Auseinandersetzung mit Wirtschaftstheoretikern zurück, sondern verdankten sich auch der Lektüre von soziologischen und historischen Studien Georg Simmels und Werner Sombarts. Von beiden Autoren weist Brochs Verzeichnis seiner Wiener Bibliothek (Amann und Grote 1990) eine Reihe von Titeln auf, darunter so wirkungsmächtige Studien wie Simmels *Philosophie des Geldes* (Simmel 1900) und Sombarts *Der moderne Kapitalismus* (Sombart 1902). Das Geld, bei Simmel fundamentales Symbol neuzeitlicher Kultur (Flotow 1995), bestimmt sowohl in den *Schlafwandlern* wie in den *Schuldlosen* Brochs die Beziehungen vieler Protagonisten zueinander, von den äußerlichsten bis zu den intimsten. Und die von Broch beschriebene Versachlichung menschlicher Kommunikation im Zeichen bürgerlicher Geldwirtschaft wird schon von Sombart konstatiert (Appel 1992).

Dass extreme wirtschaftliche oder politische Tendenzen zu „historischen Fehlsituationen" (KW11, 488) führen können, zeigt Broch auch in seinen Romanen. Die unsympathischste Figur im *Schlafwandler*-Roman ist Wilhelm Huguenau, nach dem der dritte Teil der Trilogie mit dem Nebentitel „oder die Sachlichkeit" von 1932 benannt ist (Ritzer 1988, 290–329). Als „bürgerlicher Faiseur", d. h. als Macher und Schwindler, ist er ein Typus, zu dessen „Logik" es gehört, „mit absoluter Konsequenz und Radikalität den Leitspruch des Enrichissez-vous in Geltung zu setzen" (KW1, 496). Huguenau steht stellvertretend für einen mächtigen Teil der Gesellschaft, für ein Partialsystem, das, wie Broch es sieht, dabei ist, alle anderen Bereiche zu unterwerfen. Im Roman heißt es vom „ökonomischen Weltbild" zur Zeit des Ersten Weltkriegs, dass ihm „sogar der Krieg untertan" sei: „es umfaßt die Welt, es umfaßt alle anderen Werte und rottet sie aus wie ein Heuschreckenschwarm, der über ein Feld zieht" (KW1, 498). Damit spielt Broch auf die achte der zehn Plagen an, die der alttestamentarische Gott über Ägypten schickte, weil der Pharao sich wiederholt weigerte, das Volk Israel durch Moses aus der Sklaverei führen zu lassen. So erscheinen die Repräsentanten der Wirtschaft als Fluch, dazu ausersehen „alles aufzufressen, was im Lande wächst", wie es in der Bibel heißt (2 Moses 10, 12). Alle Partialsysteme setzen sich absolut, und von der „Logik des Wirtschaftsführers" heißt es, dass sie dazu führe „die wirtschaftlichen Mittel mit äußerster Konsequenz und Absolutheit auszunützen und, unter Vernichtung aller Konkurrenz, dem eigenen Wirtschaftsobjekt, sei es nun ein Geschäft, eine Fabrik, ein Konzern oder sonst irgendein ökonomischer Körper, zur alleinigen Dominanz zu verhelfen" (KW1, 495, 496). Das Problem der Moderne (Lützeler 2011, 103–123), wie Broch es in den *Schlafwandlern* thematisiert, besteht darin, dass sie den Bezug auf ein metaphysisches Unendliches verloren hat und so in der Gefahr steht Endliches zu vergöttlichen. Und dieses vergöttlichte Endliche kann in dem einen Fall das Wertgebiet der Wirtschaft, in einem anderen Fall das der Politik sein. Von hier aus ist Brochs Kritik an der Wirtschaft in den *Schlafwandlern* und an der Politik in der *Verzauberung* zu verstehen. Im „Zerfall der Werte" schildert Broch im Hinblick auf die Situation am Ende des Weltkriegs die Wirtschaft als jenen Bereich, der den Verlust der „Balance" zwischen den Wertgebieten verschuldet, der das „Übergewicht" erhalten hat, „emporwachsend über allen anderen Werten" (KW1, 498).

Das erinnert an die aktuelle Diskussion über die Dominanz der Wirtschaft, wie sie von Joseph Vogl in seinem Essay *Das Gespenst des Kapitals* (Vogl 2010) kritisch analysiert wird. Auch er spricht von einer irrationalen Vergöttlichung des Ökonomischen und prägt in Anlehnung an den theologischen Terminus „Theodizee" den der „Oikodizee": Seit Adam Smith versorgten liberale Wirtschaftstheoretiker die Gesellschaften mit einer theologisch zu nennenden Rechtfertigungslehre des sich selbst regulierenden Marktes. Der sorge von sich aus (wie von einer unsichtbaren, sozusagen göttlichen Hand gesteuert) für eine Harmonie in den Wirtschaftsvorgängen, gleiche sämtliche Egoismen, die das Wirtschaftliche antreiben, am Ende wieder aus, bilde so die Grundlage allen Wohlstands und aller Kultur. Das Marktgeschehen basiert nach dem Dogma der Oikodizee auf Vernunft, ungeachtet aller Wirtschaftskatastrophen, Finanzkrisen, Bankenkräche, Arbeitslosigkeitseinbrüchen und Verarmungswellen, deren irrationaler, ja inhumaner Charakter zu Tage liege. Um auf Broch zurückzukommen: Unsichtbare wie sichtbare Hand müssen permanent im Streit miteinander liegen, müssen sich gegenseitig korrigieren und einerseits das Prinzip der gerechten Verteilung von Wohlstand, andererseits das Prinzip der Freiheit auch im Bereich der Ökonomie garantieren.

Wie *Die Schlafwandler* eine Kritik am totalen ökonomischen Liberalismus impliziert, so enthält der Roman *Die Verzauberung* (KW3) von 1935 eine Kritik am totalitären Staat. Inzwischen hatten Faschismus und Nationalsozialismus in Italien und Deutschland die Macht erobert, und ihre politischen Bewegungen waren dabei, sich – in Brochs Terminologie – alle anderen Wertsysteme unterzuordnen. Erich Voegelin, mit dem Broch in Kontakt war (HBV), schrieb damals sein Buch *Die politischen Religionen* (Voegelin 1939) und Brochs Roman *Die Verzauberung* hat mit der neuen politischen Religion in Deutschland zu tun. Broch schildert eine Art faschistischer Machtergreifung, die er auf symbolisch-parabelhafte Weise in einem österreichischen Bergdorf geschehen lässt. Es ist bezeichnend, dass der Vertreter der liberalen Wirtschaft, der Versicherungsagent, Landmaschinen- und Radiohändler Wetchy, der vom Berufsstand her die denkbar größte Verwandtschaft mit Wilhelm Huguenau aufweist, nun zur verfolgten Minorität zählt. Das wirtschaftlich-ökonomische Machtgefüge hat sich völlig verändert. Marius Ratti, ein Anhänger der Blut- und Bodenideologie und mit den Praktiken der Volksaufwieglung und der Verführung der Massen vertraut, lässt Wetchy aus dem Gemeinwesen, in dem er, Ratti, die Herrschaft an sich gerissen hat, vertreiben. Seine paramilitärische Truppe, die ihm den „Treueid" (KW3, 398) geleistet hat, droht mit Lynchjustiz, falls Wetchy, der Händler, nicht den Ort verlässt. Vor seinem Haus grölen Rattis Anhänger: „Wer hat dich gerufen / du blöder Agent / stiehlst du unser Geld, / so geht's jetzt zu End." (KW3, 288). Wie alle Freiheiten wird auch wirtschaftliche Liberalität im politischen System Ratti unterdrückt. Broch schaltet kurz vor der Vertreibung Wetchys durch Ratti einen Dialog zwischen Verfolger und Verfolgtem ein.[16] Wetchy verteidigt sich in seinem Wortgefecht nicht mit liberalen ökonomischen Theorien, sondern als jemand, der dem Vertreter des ideologischen Religionsersatzes einen Spiegel vorhält (KW3, 346 f.), in dem er sich als gottferne, ängstliche Kreatur erkennen soll (KW3, 346 f.).[17] In den *Schlafwandlern* und in der *Verzauberung* wird deutlich, dass die Akzeptanz eines innerweltlichen Religionsersatzes – sei er ökonomischer oder politischer Provenienz – zu Katastrophen, zu historischen Fehlsituationen führt. In den *Schlafwandlern* nahm Broch gleichsam Giorgio Agamben vorweg, der – von Walter Benjamin[18] (Benjamin 1991) herkommend – „Kapitalismus als Religion", d. h. eine Marktideologie als Religionsersatz in der Gegenwart konstatiert (Agamben 2005, 77 ff.), und es ist wahrscheinlich, dass Vogls Oikodizee sowohl von Agamben wie von Benjamin beeinflusst wurde. Um dieses Thema kreist auch Brochs Roman *Die Schuldlosen* (KW5), wo wirtschaftlicher Kolonialismus und politischer Nationalismus als zwei dominierende westliche Ideologien des 19. Jahrhunderts dekouvriert werden, die den Charakter von Ersatzreligio-

---

16 Vgl. dazu auch das Kapitel „Phänomenologie des Verfolgten" in Brochs: *Massenwahntheorie* (KW12, 393–419).
17 Vgl. die Analyse von Sigrid Schmid (2001, 111 ff.).
18 Auch in der medienwissenschaftlichen Arbeit zum Thema Geld und Literatur von Jochen Hörisch wird auf die Konkurrenz von Religion und Geldideologie verwiesen (Hörisch 1996).

nen angenommen haben. Der unheroische Kolonial-Spekulant in den *Schuld-losen*, A., zeigt jedoch Reue wegen seiner „Gleichgültigkeit vor dem Leid des Nebenmenschen" (KW5, 265). Letztlich verweisen auch Brochs Vorstellungen von wirtschaftlicher Gerechtigkeit ins Gebiet des Ethischen: Auch und gerade Wirtschaftsentscheidungen müssen vor einer Ethik bestehen können, die sich an den Menschenrechten und der Menschenwürde ausrichtet.[19]

---

[19] Vgl. dazu das Themenheft zur ethischen Perspektive von Brochs Werk (Lützeler und Maillard 2008).

2.2 „Völkerbund-Resolution" (1936/37): Menschenwürde und Menschenrecht

2.2.1 Anti-Kollektivismus, Personalismus, Jacques Maritain

Will man Brochs Situation als Schriftsteller im Österreich der Jahre zwischen 1933 und 1938 verstehen, reicht es nicht aus, mit dem Begriff der ‚inneren Emigration' zu operieren. ‚Inneres Exil' (Lützeler 2013b) umschreibt angemessener seine Lage als kritischer Autor, der sich mit der Verletzung von Menschenwürde und Menschenrecht in den europäischen Diktaturen nicht abfinden will. Hier wird nicht der Versuch gemacht, den Begriff der ‚inneren Emigration' (Gołaszewski et al. 2016) durch den des ‚inneren Exils' zu verdrängen. Das geht schon deshalb nicht, weil auch literarhistorische Periodisierungen eine Art Gewohnheitsrecht für sich beanspruchen können. Im Fall von Broch ist der Terminus ‚innere Emigration' aber für die Jahre des diktatorischen österreichischen Ständestaats überprüfenswert. Exil und Emigration unterscheiden sich voneinander, wenn es auch im einen oder anderen Fall Überlappungen und Ähnlichkeiten geben mag. Das äußere Exil beruht, was seine Ursache betrifft, im Gegensatz zur Emigration, auf Fremdbestimmung, ist unfreiwillig und erzwungen, ist Resultat einer Verbannung. Das gilt auch für das innere Exil in Deutschland zwischen 1933 und 1945 und für das vergleichbare – wenn auch alles andere als identische – Phänomen im Austrofaschismus zwischen 1934 und 1938 (Tálos und Neugebauer 1988). Die Bezeichnung ‚inneres Exil' ist auch deswegen angemessener als ‚innere Emigration', weil der Emigrant den Staat seiner Herkunft ohne Gedanken an eine spätere Heimkehr verlässt. Kaum ein Vertreter des äußeren Exils hat aber zunächst die Hoffnung aufgegeben, zu den besseren Verhältnissen in der Zeit vor der Diktatur zurückkehren zu können, auch wenn nach dem Krieg längst nicht alle Vertriebenen ihr Geburtsland wieder als Heimat wählten. Bertolt Brecht hat in der Verbannung den Unterschied zwischen Exil und Auswanderung im Gedicht „Über die Bezeichnung Emigranten" von 1937 festgehalten: „Immer fand ich den Namen falsch, den man uns gab: Emigranten. / Das heißt doch Auswandrer. Aber wir / Wanderten doch nicht aus, nach freiem Entschluß / Wählend ein andres Land. Wanderten wir doch auch nicht / Ein in ein Land, dort zu bleiben, womöglich für immer [...]" (Brecht 1988, 81). Vergleichbar sagte Herta Müller in einem Interview mit Marc Reichwein über das geplante Exilmuseum in Berlin: „Ich würde den Begriff ‚Exilant' für wirklich Vertriebene reservieren, denen der Rückweg versperrt bleibt. [...] Gehen wollen und gehen müssen ist ein Riesenunterschied in der Mentalität" (Müller 2020). Nicht selten wurden früher Begriffe wie ‚Emigration' und

https://doi.org/10.1515/9783110734683-004

‚Exil' unterschiedslos benutzt, doch haben Interventionen wie die von Brecht geholfen, die Differenzen zu markieren. Aber noch nach dem Zweiten Weltkrieg wurde zuweilen von ‚Emigrations'- statt von ‚Exilliteratur' gesprochen. Bezeichnend ist, dass der 1946 erschienene Band, der den Literaturkonflikt vom Jahr zuvor zwischen Thomas Mann, Frank Thiess und Walter von Molo dokumentierte, den Titel *Ein Streitgespräch über die äußere und die innere Emigration* (Mann et al. 1946) trug. Statt ‚Exil' sprach man von ‚äußerer Emigration'. Während sich die semantische Verschiebung von ‚äußerer Emigration' hin zu ‚Exil' durchgesetzt hat, ist es so, dass der Begriff ‚innere Emigration' kaum in Frage gestellt wird. Es träfe aber den Sachverhalt genauer, hier das ‚innere Exil' in Parallele zum ‚äußeren Exil' zu sehen. Beim äußeren Exil flieht man in ein anderes Land, um den Verfolgungen in der Heimat zu entgehen; beim inneren Exil setzt man sich – ebenfalls keineswegs freiwillig – im eigenen Staat möglichst in Bereiche ab, die einem dem unmittelbaren Zugriff der gegnerischen Gewalt entziehen. Beide Exilarten resultieren aus einem Zwang, der durch eine diktatorische Macht innerhalb eines Gemeinwesens auf Individuen oder Gruppen ausgeübt wird. In beiden Exilvarianten kennt man bei den Unterdrückten das Verhaltensspektrum vom aktiven Widerstand über die ideologische Auseinandersetzung bis zur Abkehr vom politisch-gesellschaftlichen Leben. Trotz bestimmter Gemeinsamkeiten fallen auch die Unterschiede zwischen innerem und äußerem Exil, zwischen der Situation *intra* und *extra muros*, ins Auge. Das äußere Exil ist oft mit dem Verlust des Besitzes in dem Land verbunden, aus dem man verjagt wurde. Eine neue Existenz in der Fremde aufzubauen, wenn man die Kultur und die Sprache der neuen Umgebung nicht oder nur unzureichend kennt, ist ein denkbar hartes Schicksal. Man hat Freunde und Verwandte zurücklassen müssen, und das bisher so selbstverständliche Kommunikationsnetz hat sich aufgelöst und will mühsam wieder neu geknüpft werden. Wenn man Glück hat, gewinnt man im äußeren Exil die Freiheit wieder, die man in der Heimat verloren hat, erweitert sogar jenen Aktivitätsradius, den man im Herkunftsland einmal hat ausschreiten können. Es drohen den Flüchtlingen verhinderte Integration, Internierung oder Abschiebung. Doch auch das innere Exil bereitet große Schwierigkeiten, auch hier ist man ein Vertriebener, denn Isolation und Ausgrenzung treten an die Stelle von Selbstverwirklichung und Einflussnahme. Dass man im inneren Exil seinen Freiheitskreis erweitern kann, geschieht höchst selten, zuweilen durch den Rückzug in die Provinz, zuweilen durch Reisen ins Ausland, solange das überhaupt möglich ist. Wie ein Damoklesschwert hängen verschärfte Ausgrenzung durch die Machthaber, Verhaftung, Folter oder gar Tod über denjenigen, die sich in den politischen Apparat der Diktatur nicht fügen wollen.

Bei Broch zwischen 1934 und 1938 ist es angemessen, von einem inneren Exil zu sprechen, das gleichzeitig schon Aspekte des äußeren Exils aufweist. Broch lebte in einem doppelten Exil: einem inneren und einem äußeren. Was sein Leben im österreichischen Ständestaat betraf, befand er sich in einem inneren Exil; was die Beziehung zu Deutschland anging, entpuppte sich Österreich für ihn als quasi äußeres Exilland. Im ‚Dritten Reich‘ nämlich war er vom Buchmarkt und den literarischen Medien ausgeschlossen, was für Broch als Schriftsteller eine radikale Exklusion bedeutete, hatte er doch mit der *Schlafwandler*-Trilogie, die zwischen 1930 und 1932 publiziert worden war, einen Deutschlandroman geschrieben, dessen Verbreitung nun verhindert wurde. Der Gedanke an ein äußeres Exil in den USA, mit dem er das innere Exil in Österreich hinter sich gelassen hätte, verließ Broch seit 1934 nicht mehr: Das ist seiner Korrespondenz mit Ruth Norden (HBN) zu entnehmen, die damals bereits im New Yorker Exil lebte. In seinem Heimatstaat Österreich war Broch isoliert. Er war bekennender Modernist, der 1932 eine Eloge auf James Joyce gehalten hatte (KW9/1, 63–91) und Kafka zu seinem Lieblingsautor erklärte (KW9/1, 381). Von der austrofaschistischen Kulturpolitik (Pfoser und Renner 1988) hielt er nichts. Bei Broch führte das innere Exil zur Wahl neuer Wohnorte im eigenen Land. Zur Zeit der Republik hatte er voll aus der Kultur der Metropole Wien gelebt mit ihren Theatern und Musikvereinen, mit ihrer Universität, an der er bei den Vertretern des Wiener Kreises (Limbeck-Lilienau und Stadler 2015) studiert hatte, mit der Wiener Psychoanalytischen Vereinigung, deren Mitglieder ihm die Theorie und Praxis der Freudschen Analyse vermittelten (HBF), mit ihren Literaten-Cafés und Salons, die als Vermittler neuer Kunstströmungen wichtig waren, schließlich auch mit den sozialdemokratischen Volkshochschulen als Foren für Vorträge und Lesungen.[1] Das Jahr 1934 bedeutete mit der Etablierung der ständestaatlichen Diktatur eine politische und kulturelle Wende in Österreich, und Broch spürte, wie bedrückend das Leben in Wien zu werden begann. Er wich aufs Land aus, wohnte in Laxenburg bei Wien, in Mösern bei Seefeld in Tirol, in Altaussee im steirischen Salzkammergut. Die meisten Besuche in der Hauptstadt, die ab und zu nicht zu vermeiden waren, erlebte er als deprimierend. Traditionelle Vorstellungen von Lebensräumen wandelten sich rasch: Die Metropole verlor ihren Kosmopolitismus, und die Provinz konnte zuweilen zum Rückzugsort erlebter Freiheit werden. Aber auch die Aufenthalte auf dem Land waren oft beengend, wie einem Brief Brochs an Stefan Zweig vom 7. Juni 1936 (am Ende seines Aufenthalts in Mösern) zu entnehmen ist. Von dort schreibt er, dass er „reichlich genug" von dem Tiroler „Einsamkeitszuchthaus" habe (KW13/1, 425).

---

1 Broch hatte Kontakte zu den Wiener Volksbildungsstätten in den Jahren 1932 und 1933. Vgl. Stifter 2004.

Brochs seit 1936 geplante und 1937 geschriebene „Völkerbund-Resolution" (KW11, 195–231) war der Ausbruchsversuch aus der Isolation des inneren Exils. In ihrem Zentrum stehen „die Menschenwürde und die Menschenrechte" (KW11, 201) und ihrer beider Verteidigung als „Menschenpflicht" (KW11, 219).[2] Broch nannte in der Resolution direkt keinen einzelnen Staat beim Namen, sprach allgemein von den Menschenrechtsverletzungen in den Diktaturen Europas, hatte aber die beiden totalitären Staaten Deutschland und die Sowjetunion im Blick, wobei wiederum die Anklagen verdeutlichen, dass es ihm vor allem um einen Angriff auf Hitlers Politik ging. Die Totalitarismustheorie war noch nicht formuliert worden. Sie drang erst mit dem Buch Hannah Arendts über totale Herrschaft in den frühen 1950er Jahren ins Bewusstsein der Öffentlichkeit (Arendt 1993). Dass man von demokratischer Seite aus sich bewusst von den Diktaturen rechts- wie linksextremer Provenienz absetzte, wurde aber schon in den 1930er Jahren üblich. In der Sowjetunion hatten 1936 die Stalinschen Schauprozesse begonnen, und im Jahr zuvor waren in Deutschland die Nürnberger Rassengesetze erlassen worden. Die Sowjetunion hatte sich 1934 dem Völkerbund angeschlossen, wurde aber 1939 wegen ihres Krieges gegen Finnland wieder ausgeschlossen. Deutschland gehörte seit 1926 dem Völkerbund an, doch erklärte Hitler den Austritt des Deutschen Reiches im Oktober 1933 und ließ sich die Maßnahme einen Monat später durch einen Volksentscheid bestätigen. Martin Heidegger, Martin Niemöller und Gerhart Hauptmann taten Hitler den Gefallen, öffentlichkeitswirksam ein Verlassen des Völkerbundes zu fordern.[3] Broch dagegen wünschte mit seinem Manifest den Völkerbund zu unterstützen, indem er ihn in der aktiven Wahrnehmung seiner Pflichten als Friedensorganisation bestärken wollte.

Aus der umfangreichen Korrespondenz Brochs in Sachen „Völkerbund-Resolution" sind nur wenige Briefe erhalten geblieben. Unmittelbar nach Brochs Verhaftung beim ‚Anschluss' im März 1938 ließ er den Briefwechsel vernichten.[4] Sicher ist, dass Broch über die Resolution korrespondierte mit Albert Einstein in den USA, Thomas Mann in der Schweiz, Jacques Maritain in Frankreich, Stefan Zweig, Aldous Huxley, Judith Countess of Listowel und Katharine Stewart-Murray Duchess of Atholl in England, Jacob Klatzkin in der Schweiz, Edvard Beneš in der Tschechoslowakei sowie Ludwig von Ficker und Jolande Jacobi in Österreich. Er plante, eine Anzahl europäischer Intellektueller für die Sache zu interessieren, die wiederum international führende Friedensorganisationen dafür gewinnen

---

2 Vgl. Vitzthum 1986.

3 https://www.cicero.de/kultur/1933-als-deutschland-die-demokratie-verlor-teil-iv-als-deutschland-aus-dem-voelkerbund (18. Juli 2020).

4 Vgl. Lützeler 1985, 213. Broch bat seine Freundin Emmy Ferand mittels einer in verklausulierter Sprache geschriebenen Postkarte, die Korrespondenz zu verbrennen.

sollten, als Unterzeichner der Resolution zu fungieren. Im „Kommentar" der Resolution hat Broch diese Organisationen genannt (KW11, 197). Er dachte nur an Verbände in demokratischen Staaten: an das Carnegie Endowment for International Peace in New York, an die Gesellschaft der Freunde, d. h. an die Religious Society of Friends der amerikanischen Quäker in Philadelphia, an die Englische Völkerbundliga in London sowie an die dortige Penklub-Zentrale, an das Internationale Friedensamt, das Institut für Internationales Recht sowie das Rote Kreuz, die alle drei im schweizerischen Genf ihren Sitz hatten, an das Nobelpreiskomitee in Oslo/Norwegen sowie an das Rassemblement universel pour la paix und die Zentrale der Liga für Menschenrechte, beide mit Sitz in Paris. Zudem war geplant, den Friedensnobelpreisträgern die Resolution zur Unterschrift vorzulegen. Von den Trägern des Friedensnobelpreises, der seit 1901 vergeben wurde, lebten 1937 noch die Amerikaner Charles Gates Dawes und Nicholas Murray Butler, die Engländer Norman Angell und Robert Cecil, der Belgier Henri La Fontaine, der Norweger Christian Lous Lange, der Argentinier Carlos Saavedra Lamas und die beiden Deutschen Ludwig Quidde und Carl von Ossietzky. 1937 war Ossietzky bereits ein sterbenskranker, halb zu Tode gefolterter KZ-Häftling, und Hitler, der 1937 verfügte, dass Deutsche den Preis nicht mehr annehmen dürften, hätte die Unterschrift bestimmt verhindert, ja die gegen das Regime gerichtete Resolution wäre Ossietzky erst gar nicht zugestellt worden. Diese Verbände und Persönlichkeiten, so Brochs Plan, würden dann dem Völkerbund die Schrift mit einigem Medienaufwand zustellen.

Die Initiative, die der Autor ergriff, war durchaus realitätsgerichtet und fand Parallelen in anderen Ländern. Nach dem Nichteingreifen in den spanischen Bürgerkrieg, dem Versagen im italienisch-abessinischen Krieg und der unentschiedenen Haltung bei Hitlers Einmarsch in die entmilitarisierte Rheinlandzone wurde die Funktionstüchtigkeit des Völkerbundes als Friede wahrende Institution allgemein bezweifelt (Northedge 1986, 221–254). Als sich bei den Freunden des Völkerbundes Depression und Resignation breitmachten, setzte sich 1937 die International Peace Campaign (IPC) für die Verbreitung des Friedensgedankens durch den Völkerbund ein, d. h. für dessen Arbeit auf dem Gebiet der kollektiven Sicherheit. Die IPC war eine internationale, vor allem aber englisch-französische Gruppe, über deren Zusammensetzung F. P. Walters schreibt: „The trade unions, the professional associations of doctors or traders or teachers or farmers, the powerful organizations of ex-service men, the co-operatives, the women's movement – these and others numbered their adherents in the millions" (Walters 1960, 706). Sie wurde Vorbild für weitere berufsmäßige und religiöse Initiativen, die sich für den Frieden mit Hilfe der Genfer Organisation einsetzen wollten. Die ICP hielt 1936 einen großen Kongress in Brüssel ab, mit dem sie die Bemühungen des Völkerbundes gegen die Propaganda Deutschlands und Italiens unterstützen wollten (Walters 1960, 707). Ihr Mitbegründer war Lord Robert Cecil (Northedge 1986, 25–45), der zu den Architekten des Völkerbunds gehört hatte und 1937 den Friedensnobelpreis erhielt. Cecil war Präsident der bereits 1918 gegründeten League of Nations Union (LNU), die 1931 vierhunderttausend Mitglieder zählte. Die kamen vor allem aus der englischen Middle Class und Upper Class. Cecil, der dem englischen Hochadel angehörte, hatte keine Probleme mit der gewerkschaftlich orientierten IPC eng zusammenzuarbeiten, weil er hier die Möglichkeit einer Stärkung des Friedensgedankens im Sinne des Völkerbundes sah. Die IPC wiederum kooperierte mit der 1936 in Frankreich im Sinne der Volksfront gegründeten Rassemblement universel pour la paix[5], die zu jenen Organisationen gehörte, die Broch für die Unterstützung der Resolution gewinnen wollte. Lord Cecil führte 1937 in Großbritannien eine Unterschriftenaktion durch, mit der verlangt wurde, dass der Völkerbund ökonomische und militärische Strafsanktionen gegen kriegstreiberische Staaten verhängen solle (Johnson 2013, 221–249). In dem Zusammenhang ist zu erwähnen, dass er bereits 1934/1935 in England im Rahmen der League of Nations Union das sogenannte „Peace Ballot" durchgeführt hatte: eine nationale Volksbefragung, die ganz unabhängig von der englischen Regierung verlief. An ihr hatten sich über elf Millionen britische Staatsbürger beteiligt. Es ergab sich eine überwältigende Stimmenmehrheit für ein Verbleiben Großbritanniens im Völkerbund und für die Unterstützung der Abrüstungsbemühungen (Johnson 2013, 221–249). Brochs Resolution hatte vergleichbare, wenn auch nicht identische Ziele. Sie ließ eine Doppelstrategie erkennen. Der Autor griff einerseits – ohne direkt Namen zu nennen – jene Staatschefs an, die durch Menschenrechtsverletzungen und Handlungen gegen die Menschenwürde eine Politik betrieben, die auf Bürger- und Staatenkriege hinauslief. Andererseits machte Brochs Initiative klar, dass der Völkerbund als Friedensinstitution viel entschiedener seine Aufgaben wahrnehmen müsse. Brochs Resolution war darauf angelegt, den Völkerbund mit der Aufzählung von Vergehen gegen die Menschenwürde gleichsam wachzurütteln und ihn an seine satzungsmäßig gestellten Friedensaufgaben zu erinnern. Darüber hinaus erstrebte er eine Überarbeitung und Erweiterung der Statuten und damit auch der friedenspolitischen Befugnisse des Völkerbundes. Anders als bei den Plebisziten und Kongressen der LNU und der IPC mit ihren vielen Mitgliedern handelte es sich bei Brochs Resolution um eine Einzelaktion. Wenn schon die Anstrengungen der großen Organisationen letztlich gegen die Menschenrechts-

---

5 https://fr.wikipedia.org/wiki/Rassemblement_universel_pour_la_paix (17. Juni 2020).

verachtung und Kriegstreiberei der totalitaristischen Staaten nichts ausrichten konnten – wie sollte dann Brochs Arbeit von Erfolg gekrönt sein?

Neben den aktionistischen Verfechtern einer Friedenspolitik gab es eine intellektuelle Bewegung, die bis zu einem gewissen Grad den geistigen Hintergrund abgab für Brochs Resolution, ohne dass Broch ihr aber direkt angehört hätte. In der europäischen Geistesgeschichte – besonders unter Philosophen und Theologen – gab es eine neue Richtung, die man als Personalismus bezeichnet hat (Kobusch 1993). Viele ihrer Vertreter kamen aus dem konservativen französischen Katholizismus und standen anfänglich der Action Française von Charles Maurras nahe. Sie lösten sich aber im Lauf der Zeit von dessen nationalistischer Ideologie, gleichzeitig distanzierten sie sich aber weiterhin vom anti-christlichen Erbe der Französischen Revolution. Die zentrale Figur der Personalismus-Strömung war in den 1920er und 1930er Jahren Emmanuel Mounier. Er hatte das *Manifeste au service du personnalisme* (Mounier 1936) geschrieben und war – von 1932 bis zu seinem Tod 1950 – Herausgeber der Zeitschrift *Esprit*, die in der Zeit des Vichy-Regimes von 1941 bis 1944 verboten war. Die Personalisten rügten am Liberalismus und Kapitalismus die Überbetonung des Individualismus und die mangelnde Verantwortung gegenüber der Gemeinschaft. An Kommunismus und Faschismus dagegen kritisierten sie die Geringschätzung des Einzelnen, den Kollektivismus und die Diktatur, die der Entfaltung der Person mit seinen Freiheitsbestrebungen im Wege stehe. Der Sakralisierung der Person bei den Vertretern des Personalismus stand, wie Hans Joas zeigt, bei den Chauvinisten die Sakralisierung der Nation entgegen (Joas 2013, 60–61). Bei Mounier wird menschliche Entscheidungsfreiheit als gottgegeben verstanden, als absolut gegenüber den Ansprüchen einer alles regulieren wollenden Staats- oder Partei-Ideologie. Was die Gesellschaftsordnung betrifft, wird ein dritter Weg zwischen Kapitalismus und Kommunismus verfochten. Sowohl in seinem Manifest wie in seiner Zeitschrift wurden Fragen der Religion und der Praxis, der Ethik und der Wirtschaft, des Christentums und der Gesellschaft diskutiert. Einfluss auf die Vertreter dieser philosophischen Strömung hatte auch der ethische Personalismus von Max Scheler, vor allem mit seinem philosophisch-anthropologischen Buch *Die Stellung des Menschen im Kosmos* (Scheler 1928). Broch selbst gehörte dieser Schule nicht an, und es ist unwahrscheinlich, dass sie ihn in seinen Auffassungen von Menschenrecht und Menschenwürde beeinflusst hätten. Zu einigen ihrer Vertreter empfand er aber eine gewisse Nähe. Zu nennen sind hier drei Repräsentanten des Personalismus, die Broch schätzte: Jacques Maritain aus Frankreich, Martin Buber aus Österreich sowie Nikolai Berdjajew, der aus Russland stammte. Maritain blieb immer der katholischen Religion verbunden. Buber war ein jüdischer Philosoph, der früh den Chassidismus kennenlernte und für die gelehrte Welt der Moderne entdeckte. Berdjajew wandte sich nach einer marxistischen Phase dem russisch-orthodoxen Christentum zu. Mit achtundvierzig Jahren ging er nach Deutschland ins Exil, wo er den Kontakt zu Max Scheler suchte. Broch kannte sich in Schelers Wertethik aus, hatte mehrere Bücher von ihm in seiner Wiener Bibliothek (Amann und Grote 1990). Für Buber interessierte Broch sich schon seit 1920 (BTA, 86). Auf Berdjajews Werke war er durch Egon Vietta hinge-wiesen worden und las daraufhin das Buch *Der Mensch in dieser Zeit* (Berdjajew 1935). In Brochs Antwort an Vietta vom 10. November 1936 ist der Vermerk „sehe Paralleles" (KW13/1, 435) im Hinblick auf Berdjajews Studie enthalten. Den Kon-takt zu Maritain suchte Broch 1937 als er ihn für die „Völkerbund-Resolution" gewinnen wollte. In den 1940er und 1950er Jahren ergaben sich wegen der Betonung der freiheitlichen Entscheidung, wegen der Auffassung, dass der Mensch sein eigenes Leben jeweils selbst zu formen habe, Überschneidungen mit dem französischen Existentialismus. Während aber bei Jean-Paul Sartre die jeweilige Befindlichkeit des Einzelmenschen in der Moderne zunächst durch Sinnlosigkeit bestimmt ist, wird im Personalismus der religiöse Rahmen der christlichen Wertewelt nicht gesprengt. Gabriel Marcel und Romano Guardini empfanden sich als katholische Existenzialisten, und in der Forschung wird Berdjajew als christlicher Existentialist gesehen (Rössler 1956).

Zunehmend wurde in der Ethik des Personalismus der Begriff der „Würde" verwendet. Am deutlichsten ist das dem Werk von Jacques Maritain zu entnehmen, der den Begriff der „Menschenwürde" ins Zentrum seiner theologisch-philosophi-schen wie seiner juristisch-politischen Reflexionen rückte. Maritains theologische Autoritäten waren Thomas von Aquin und Juan de la Cruz. Den ‚integralen Hu-manismus' Maritains dürfte Broch durch dessen 1936 in der Schweiz erschiene-nes Buch *Gesellschaftsordnung und Freiheit* (Maritain 1936) kennengelernt haben. Broch stellte eine geistige Verwandtschaft insofern fest, als auch in seiner Ethik die Menschenwürde im Mittelpunkt stand. Die Kooperation mit Maritain war ihm wichtig, weil er hier eine Moral formuliert fand, die man sowohl dem nationalso-zialistischen wie dem kommunistischen Kollektivismus entgegensetzen konnte. Dabei nahm Broch in Kauf, dass Maritains Aussagen über Ethik immer von der christlichen – genauer: der katholischen – Religionsauffassung geprägt waren. Die Korrespondenz mit Maritain ist – bis auf einen Brief (KW13/1, 450–462) – ver-lorengegangen. Eine Kopie des Antwortschreibens von Broch an den Philosophen hat sich deshalb erhalten, weil Broch sie an Ludwig von Ficker, Herausgeber des *Brenner*, schickte (KW 13/1, S. 479). Broch war in seiner Replik darum zu tun, den Unterschied im Verständnis des ‚Absoluten' bei sich und Maritain zu minimieren. Er schrieb im November 1937 an den französischen Gelehrten:

> Sie beanstanden [...], daß ich die Absolutheit menschlichen Seins zum Ausgangspunkt der Deduktion wähle, anstatt alle Absolutheit dort zu basieren, wo allein sie ihren logi-

schen Ort besitzt, nämlich im transzendenten Bereich. [...] Indes, ich glaube, diesem Bedenken genügend Rechnung getragen zu haben, indem ich immer wieder angedeutet
habe, daß die Absolutheit der menschlichen Persönlichkeit lediglich als Spiegel einer
höchsten Absolutheit, also nicht als Absolutheit des empirischen Menschen, sondern
als Absolutheit der menschlichen Seele, verstanden zu werden hat: Der Seele und nur
der Seele ist von Anbeginn an die Ahnung um das Absolute verliehen.   (KW13/1, 450–451)

Broch zitierte im Brief an Maritain aus seiner Resolution jene Stelle von der „Ahnung um das Absolute, das [...] wie ein unzerstörbarer gemeinsamer Nenner auf
dem Boden alles Humanen [...] ruht" (KW11, 228). Das ist ein wichtiger Hinweis
auf Brochs Verständnis von menschlicher Würde, die sich an Kants *Grundlegung
zur Metaphysik der Sitten* (1785) orientiert. Kant entwickelt als Aufklärer seine
Moralphilosophie aus Deduktionen der reinen Vernunft, so dass deren Maximen
weder aus Gesetzen einer Religion, noch aus der interessegeleiteten praktischen
Erfahrung deduziert werden. Die Würde des Menschen bestimmt sich aus seiner
Autonomie und Freiheit. Wie Oliver Sensen (Sensen 2011, 179) zeigt, wird hier dem
Menschen (sowohl als Gattungswesen wie auch als Einzelperson) „Würde" zuer-
kannt, weil er die Freiheit besitzt unabhängig von Neigungen zu entscheiden, d. h.
„moralisch" im Sinne des kategorischen Imperativs zu handeln. Allerdings betont
Kant auch, dass „Würde" oder „Würdigkeit" nur der Person zukommt, die ihre
„Pflicht" im Sinne des von ihm definierten „moralischen Gesetzes" (Kant 1903,
439) erfüllt. Broch betont die Kantsche Autonomie und den Kantschen „guten Willen" (Kant 1903, 396–397) wie auch die Pflicht zur Erfüllung des Sittengesetzes als
Voraussetzung der Würde des Menschen. Gleichzeitig aber plausibilisiert Broch
die „Würde" mit der „Ebenbildlichkeit" Gottes aus der biblischen Schöpfungsge-
schichte. Dadurch verweist Broch auf die Verbindung von aufgeklärter Ethik und
den religiösen Grundlagen der jüdisch-christlichen Moral, eine Verbindung, die
naheliegt, da Kant selbst in der *Kritik der praktischen Vernunft* sowohl die „Unsterblichkeit der Seele" wie das „Dasein Gottes" je „als ein Postulat der reinen
praktischen Vernunft" (Kant 1908, 122–132) einführt. Maritain war 1937 noch nicht
so weit, sich auf Brochs Pfad zur menschlichen Würde zu begeben, weil er hier
(einige Jahre später wird er einen erweiterten Blickwinkel haben) noch zu viel Auf-
klärungs- und antireligiöses 1789-Denken vermutete. Deswegen konnte er seinerzeit auch noch nicht – anders als Broch – den Konnex zwischen Menschenwürde
und Menschenrecht sehen. Joas hat daran erinnert, dass die Erklärung der Men-
schen- und Bürgerrechte am 26. August 1789 durch die Nationalversammlung in
Paris in die früheste Phase der Französischen Revolution fällt, als sich ihr späterer
ausgesprochen antichristlicher Charakter noch nicht bemerkbar gemacht hatte
(Joas 2013, 16–20). So kann es sein, dass Maritain in den frühen 1940er Jahren
auch durch genauere Geschichtsstudien auf die ihm als Christen mögliche
Unterstützung der Menschenrechte gekommen ist. Damals lebte Maritain im

amerikanischen Exil, und die Auseinandersetzung mit der Verfassung der Vereinigten Staaten und der in sie integrierten Bill of Rights, ohne die das Zustandekommen der Pariser Erklärung von 1789 nicht denkbar ist, wird die entscheidende Kehrtwende bei Maritain herbeigeführt haben. Hans Joas weist auf die Studie Georg Jellineks über die Pariser Deklaration von 1789 hin (Joas 2013, 20–25). Jellinek führt den Beweis, dass diese Erklärung der Menschen- und Bürgerrechte ohne die 1787 formulierte amerikanische Verfassung und ihre Vorläufer in den Einzelstaaten (besonders von Virginia aus dem Jahr 1776) nicht abgegeben worden wäre (Jellinek 1919, 20–29, 81–83). Wichtig ist Jellinek auch der Nachweis, dass die amerikanische „Bill of Rights" ihre Wurzeln in der Verteidigung der individuellen Religionsfreiheit hat. Das zeigt sich besonders bei Jellineks Darstellung von Roger Williams, dem Gründer von Providence im heutigen Rhode Island (Jellinek 1919, 47–51). Der setzte in seinem Dominium während der Mitte des 17. Jahrhunderts gegen alle Widerstände der Nachbarkolonien als verbrieftes Recht die Freiheit aller Religionen (nicht nur der christlichen) durch, und das schloss auch die Toleranz atheistischer Bekenntnisse mit ein. Auf solche Freiheiten konnte mehr als hundert Jahre später die Jefferson-Generation bei der Formulierung der Menschenrechte zurückgreifen. Roger Williams nimmt eine Sonderstellung während der amerikanischen Kolonialzeit ein, weil er auch die Native Americans als gleichberechtigt betrachtete und diese Überzeugung politisch umsetzte. Zudem sanktionierte er in seiner Kolonie das Verbot der Sklaverei – erneut gegen den Protest und die Intrigen der Nachbarkolonien. Wie immer die Menschenrechtsstudien von Jacques Maritain im amerikanischen Exil der frühen 1940er Jahre auch verlaufen sind, auf jeden Fall dürften sie ihm klargemacht haben, dass es erstens einen engen Konnex zwischen amerikanischer und französischer Auffassung der Menschenrechte gegeben hat, und dass zweitens die Verbindung zwischen „religious rights" und „human rights" nicht zu übersehen war.

Maritain grenzte in seinem Buch *Gesellschaftsordnung und Freiheit* aus der Mitte der 1930er Jahre (Maritain 1936) seinen ‚integralen Humanismus', den er auch den ‚theozentrischen Humanismus' nannte, von einem ‚anthropozentrischen' Humanismus ab, der ohne Bezug auf die Religion auskomme (Maritain 1936, 7). Er sah als führender Vertreter des französischen Neuthomismus in der Theologie des Thomas von Aquin, die er eine „Philosophie des Geistes" und „der Freiheit" (Maritain 1936, 10) nannte, die Basis, von der aus „Formen einer neuen Christenheit" gefunden werden könnten. Von dieser neuthomistischen Ethik aus argumentierte er gegen den „Materialismus" (Maritain 1936, 7) in Kommunismus, Kapitalismus, Faschismus und Nationalsozialismus. Die „Kritik der modernen Welt" muss sich nach Maritain „auf Gründe stützen", die gleichzeitig „‚theozentrisch'" und „‚humanistisch'" sind. In der „modernen Kultur" aber habe sich eine „Umkehrung der Ordnung der Ziele" ergeben. Statt sich „auf das ewige Leben" auszurichten, habe man sich als Ziel „die Herrschaft des Menschen über die Materie" gesetzt. Maritain sieht die Gefahr einer „Vergötzung der Technik" (Maritain 1936, 68), d. h. der Freiheitsberaubung durch die Maschine. „Maschine und Technik" müssten „der religiösen Ethik untergeordnet" werden (Maritain 1936, 69). Was Broch an Maritain faszinierte, war der katholische Kosmopolitismus. Die „Kirche Christi", so hielt Maritain gegen die Nationalsozialisten gerichtet fest, sei „völlig universell, überrassisch, übernational, überkulturell". Und „unter keiner Bedingung" dürfe sie sich mit ihrer Internationalität in eine „Abhängigkeit von der Kolonisationstätigkeit" in Politik und Wirtschaft bringen (Maritain 1936, 70). Vom Kapitalismus seiner Gegenwart hielt Maritain wenig. Das „christliche Gewissen" (Maritain 1936, 97) melde sich angesichts des „Monstrums einer wucherischen Wirtschaft", die „alle Menschen zu Konsumenten oder zu Reichen" (Maritain 1936, 89) machen wolle. Sinke „der ‚gemeinsame Gebrauch' der Güter unter eine gewisse Grenze, so" sei „eine Umwälzung im Sozialkörper unvermeidlich" (Maritain 1936, 143). Durch die „kommunistische Revolution" aber würden die Menschen zu „Sklaven" (Maritain 1936, 91). Die politischen Bewegungen seiner Zeit im Zeichen von „Hammer" und „Sichel", von „Rutenbündel" und „Hakenkreuz" (Maritain 1936, 97) sind ihm sämtlich Resultat einer verfehlten „materialistischen und atheistischen Revolution" (Maritain 1936, 96). Die Diktatoren der Gegenwart stünden auf der Seite des „Antichrist": sie seien Vertreter der „Ungerechtigkeit", die in ihren „Masken" die „Rolle der Gerechtigkeit" spielten (Maritain 1936, 128). Mit Charles Péguy vertrat Maritain die These: „‚Die soziale Revolution wird moralisch sein, oder sie wird nicht sein'" (Maritain 1936, 96). Das aber bedeutet, zitiert der Theologe den Schriftsteller: „Ihr könnt das soziale System der modernen Welt nur umgestalten, wenn ihr gleichzeitig und zuerst in euch selbst eine Erneuerung des geistigen und sittlichen Lebens hervorruft" (Maritain 1936, 96).

Ähnlich wie Broch war Maritain überzeugt davon, dass die „Würde" des Menschen (Maritain 1936, 135) im Zentrum der sozialen Ethik stehen müsse. Nur so könne die Vermassung in modernen Gesellschaften verhindert werden (Maritain 1936, 108). Das „Elend und die Demütigungen, die die Massen bedrängen", schrieb Maritain, würden durch die Diktatoren „in Hass, in das Verlangen nach Vergeltung, in einen entfesselten Hochmut der Rasse, der Klasse oder der Nation umgeleitet", wobei es keine Scheu vor der „verwegenen" bzw. „selbstsicheren Lüge" mehr gebe (Maritain 1936, 108). Was Broch ebenfalls zusagte, war die klare Aussage Maritains, dass man „einer tyrannischen Macht Widerstand" entgegensetzen müsse (Maritain 1936, 82). Auch davon handelt die Studie *Gesellschaftsordnung und Freiheit*. Maritain sprach von der „Pflicht zum Widerstand", den man in erster Linie „auf rechtlichen Wegen" üben sollte, so wie Broch es auch in seiner „Völkerbund-Resolution" durch die Berufung auf Gerechtigkeit und Menschenrecht vorhatte. Wenn aber der juristische Weg nicht gangbar sei, dürfe, so Maritain, „Gewalt" angewendet werden, um die „tyrannische Regierung" abzusetzen (Maritain 1936, 103). Maritain verstand sich seit 1940 als Teil der französischen Résistance. Seine Sympathien galten an sich dem Gandhischen Prinzip des gewaltlosen Widerstandes, und er gehörte (wie Theodor Haecker[6]) mit seiner Lehre vom integralen Humanismus zu den Mentoren der Geschwister Scholl von der Weißen Rose. Sie hatten Maritains Buch *Die Zukunft der Christenheit* von 1938 mit großer Zustimmung gelesen (Maritain 1938). Sophie Scholl hatte ihren Wahlspruch „Il faut avoir l'esprit dur et le coeur tendre" von Maritain übernommen (Sturms 2013, 160). Durch die Lektüre Maritains fühlten sie sich dazu ermutigt, „geistige Kampfmittel" (Maritain 1936, 125) gegen die Gewalt einzusetzen.

Maritain empfand eine Nähe zu der ethischen Position Mahatma Gandhis. Er sympathisierte mit dessen Prinzip des ‚Satyagraha', das Gandhi 1920 bei seinem Konflikt mit der südafrikanischen Apartheid-Regierung entwickelt hatte. Das Hindi-Wort ‚Satyagraha' lässt sich ins Deutsche mit „Kraft zur Wahrheit" übersetzen. Gandhis „Zeugnis" sei „besonders bedeutungsvoll für die Christen", schreibt Maritain, ja eigentlich sei es „geeignet", die Christen „zu beschämen" (Maritain 1936, 113). Die „geistigen Mittel" kämen als „religiöse ‚Techniken'" bei „allen Völkern der Erde" vor (Maritain 1936, 124). Der Kosmopolit Maritain merkte dazu an: „Es ist ein wesentliches Gesetz des christlichen Dynamismus, alles zu übernehmen", was „an Wahrem gesagt wird überall, wo Menschen wohnen" (Maritain 1936, 113). Maritain fuhr fort: „Und da ein Satyagrahi niemals seinem Gegner Übles tut und immer entweder an seine Vernunft durch Argumente ohne Härte oder an sein Herz durch das Opfer seiner selbst appelliert, so ist das Satyagraha zweifach gesegnet: es segnet den, der es übt, und den, gegen den es geübt wird." (Maritain 1936, 115–116). Wie wichtig ihm die geistige aber nichtsdestoweniger pragmatische Art des Widerstands von Mahatma Gandhi war, hat Maritain gezeigt, indem er am Schluss seines Buches Gandhis „Lehre des Satyagraha" (Maritain 1936, 147–153) abdruckte. Darin hielt Gandhi fest, dass das ‚Satyagraha' zurecht „als Münze bezeichnet worden" sei, „auf deren Vorderseite das Wort ‚Liebe', auf deren Rückseite das Wort ‚Wahrheit'" stehe: Es sei „eine Münze, die überall Kurs" habe (Maritain 1936, 149). Auch Broch war ein Verehrer Gandhis. 1939 zog er in einem Brief an Ralph Manheim eine „Parallele" zwischen dem Widerstand gegen die Staatsgewalt im „Frühchristentum" und der neuartigen Form der Opposition bei Gandhi (KW13/2, 128). Ein Jahrzehnt

---

6 Zur persönlichen Bekanntschaft zwischen Maritain und Haecker vgl. Siefken 1989, 50.

danach erklärte er, Gandhi habe gezeigt, dass Revolutionen „zu ganz neuen [...] Formen" hinstrebten, die nichts mehr mit dem Jakobinischen oder Leninistischen „Mord und Totschlag" zu tun hätten (KW11, 487).

In den 1930er Jahren hat Maritain – und da unterscheidet er sich von Broch – aber nicht den Zusammenhang zwischen der Verteidigung der Menschenwürde und der Menschenrechte erkannt. Samuel Moyn zeigt in seinem Buch *Christian Human Rights* (Moyn 2015), dass Maritain erst Anfang 1942 diesen entscheidenden intellektuellen Schritt – Moyn spricht von einer Konversion – unternommen hat (Moyn 2015, 74). Maritain lebte damals im New Yorker Exil und war an der École libre des hautes études (Loyer 2005) der prominenteste Geisteswissenschaftler. Diese Reputation basierte auch auf seiner Rolle in der Résistance auf Seiten von Charles de Gaulle. In der Auseinandersetzung mit der amerikanischen Demokratie, besonders mit ihrer Verfassung, die in den ersten zehn Amendments die Bill of Rights enthält, gelangte er zu der Einsicht, dass es eine nicht zu leugnende Verbindung gäbe zwischen der christlichen Ethik mit ihrem Verständnis von Menschenwürde und der demokratischen Verfassung mit ihren Freiheitsgarantien. Der Mensch als Einzelperson, dem von Gott Freiheit und damit Würde gegeben sei, müsse auch als Subjekt Rechtsperson und Besitzer von Rechten sein (Moyn 2015, 82–83). Broch hatte diese Beziehung schon in den 1930er Jahren in seiner „Völkerbund-Resolution" betont.

2.2.2 Ethos der Welt, Fridtjof Nansen, Thomas Mann

Aufschluss über die Entstehungsgeschichte der Resolution gibt ein Brief Brochs an Ruth Norden vom 15. Februar 1937. Norden – vorher Lektorin beim S.Fischer Verlag in Berlin – war im Alter von 28 Jahren Mitte September 1934 nach New York ins Exil gegangen. Broch schrieb aus Wien, dass er „über alle Maßen beschäftigt" sei mit seiner „Wendung zum Politischen", von der er ihr „bereits im Vorjahr" (KW13/1, 443) geschrieben habe. Am 6. Oktober 1936 hatte Broch der Brieffreundin in einer Nachricht aus Altaussee über die Arbeit an seinem Buch *Die Verzauberung* erzählt und dabei bemerkt, dass „man in Giftgaszeiten" eigentlich Dringenderes zu tun habe als Romane zu schreiben. Er machte klar, wie schwer es ihm falle, „den Gedanken" an eine „politische Betätigung" zu „verschieben" (HBN, 89). Jetzt aber, einige Monate später, sei er in der Lage, ihre Frage vom Herbst 1936 nach dem politischen Projekt, das er vorhabe, zu beantworten. Er fügte eine Abschrift der „Völkerbund-Resolution" bei sowie das dazu gehörige Einladungsschreiben an gleichgesinnte Intellektuelle. Dabei handelte es sich um die erste Fassung der Resolution, die er bis Ende Juli 1937 stark überarbeiten und fast um das Vierfache erweitern wird. Broch erwähnte, dass er schon im Sommer des Vorjahres „diese Sache" mit „Thomas Mann in Zürich besprochen" habe (KW13/1, 443). Thomas Mann vermerkte in seinem Tagebuch von Freitag, dem 3. Juli 1936, dass Broch „zum Thee" (TMB, 65) anwesend gewesen sei. Bei diesem ersten Gespräch scheint der Autor keine Ermutigungssignale von Thomas Mann für seine geplante Völkerbundaktion bekommen zu haben. Die Idee der Resolution reicht also weit ins Jahr 1936 zurück, denn Broch muss den Gedanken schon vor dem Treffen mit dem Autor in der Schweiz erwogen haben. Als Broch vier Jahre später im New Yorker Exil seine „Autobiographie als Arbeitsprogramm" schrieb, hielt er im Abschnitt über die Resolution schon in der Überschrift fest, dass sie „1936-1937" entstanden sei (KW11, 233). Der Kontakt mit Thomas Mann war insofern wichtig, weil der Nobelpreisträger Mitglied der Arbeitsgruppe „Arts and Letters" des International Committee on Intellectual Cooperation (ICIC) des Völkerbundes war. Das ICIC war der Vorläufer der späteren UNESCO der Vereinten Nationen.

Während der ersten Jahreshälfte von 1936 hatte Broch von Mösern aus Ludwig von Ficker in Innsbruck mehrfach besucht. Die letzte dieser Visiten, die wahrscheinlich im Juni 1936 stattfand, erwähnt Broch in einem Brief an Ficker vom 3. Oktober 1936 (KW13/1, 429). In Innsbruck traf man sich in einem Café, wie sich der Herausgeber des *Brenner* 1960 in einem Interview erinnerte. Das Erscheinen des *Brenner* sei damals zwar schon unterbrochen gewesen, aber für den Fall, dass die Bände wieder publiziert werden sollten[7], habe Broch, so erinnerte sich von Ficker, ihm eine „Denkschrift über die berühmte Friedensrede von Nansen", an der er gerade arbeite, angeboten (Kiener 1960). Das ist ein erster Hinweis auf Brochs Resolutionsplan. Der Polarforscher Fridtjof Nansen war auf Empfehlung von Lord Robert Cecil und dessen Assistenten Philip Noel-Baker 1919 zum ersten Hochkommissar für das Flüchtlingswesen beim Völkerbund gewählt worden. Nansen hatte gleich nach Ende des Ersten Weltkriegs die Präsidentschaft der norwegischen Völkerbundsgesellschaft übernommen. Zwischen 1920 und 1922 leistete er Außerordentliches. Seinem Organisationstalent und seiner Tatkraft war es zu verdanken, dass in vielen Teilen Europas hunderttausende von Flüchtlingen in ihre Länder zurückkehren konnten. Gleichzeitig musste ein Kampf gegen Hunger und Seuchen aufgenommen werden, und das alles gelang, weil er fähig war, zahllose Spenden aus aller Welt zu sammeln. Zudem kooperierte er effektiv mit anderen Hilfsorganisationen wie dem Roten Kreuz. Bald verglich man seine humanitären Leistungen als Völkerbunds-Kommissar, zu denen auch die Erfindung des Nansen-Passes für Staatenlose

---

7 *Der Brenner* konnte zwischen 1934 und 1945 aus wirtschaftlichen und politischen Gründen nicht erscheinen. Die Publikation der Zeitschrift wurde 1946 fortgesetzt.

gehörte, mit jenen wissenschaftlichen, die er als Expeditionsleiter in Grönland und in der Arktis an den Tag gelegt hatte (Noel-Baker 1962). 1922 erhielt Nansen den Friedens-Nobelpreis. Bei der Entgegennahme hielt er eine unvergessliche Rede über das Leid der Menschen im kriegsverwüsteten Europa (Nansen 1967).[8] Broch erinnerte sich an sie nach vierzehn Jahren, und man versteht nach ihrer Lektüre, dass sie ihn inspirierte, eine Aktion zu starten, die dem Friedensziel des Völkerbundes dienlich sein würde. Wie Broch 1936 war Nansen schon 1922 der Meinung, dass Politiker lediglich ihre Macht festigen und erweitern wollten, und dass Diplomaten in solchen Aktionismus zu sehr involviert seien, um unabhängig handeln zu können. Um die Notlagen der Menschen, vor allem der Flüchtlinge, der Vertriebenen, der Staatenlosen, der Verarmten, der Hungernden und Kranken zu verstehen, muss man, so Nansen, in Organisationen arbeiten, die transnational und übernational agieren und deren verantwortliche Leute keinen machtpolitischen Ehrgeiz haben. Für den Norweger war klar, dass der Völkerbund zur richtigen Zeit geschaffen worden war, dass er mit Kriegsverhütung, Rüstungskontrolle, Anerkennung von Minoritäten, mit Schlichtungsarbeit bei Grenzkonflikten, mit Wirtschaftshilfen für zerstörte Agrar- und Industrieregionen und eben mit dem Flüchtlingproblem die entscheidenden Aufgaben zur Friedensstabilisierung übernommen hatte. Ausdrücklich erwähnt er auch die Verdienste von Lord Robert Cecil um die Gründung und die Unterstützung der League of Nations. Aus jeder Zeile spricht nicht nur Verachtung für bloße Machtpolitik, für Hass und Rache, sondern ein Enthusiasmus und eine Menschenfreundschaft, ein Verständigungswille und eine Hilfsbereitschaft, die die Rede zu einem großen humanitären Dokument macht. Sie bestärkte Broch darin, sich an das Projekt der Völkerbund-Resolution zu wagen.

Der Autor erwähnte im Brief an Ruth Norden vom 15. Februar 1937 Thomas Manns „Ausbürgerung" (KW13/1, 443), d. h. den Entzug von dessen Staatsbürgerschaft am 2. Dezember 1936 durch Hitler-Deutschland. Broch verstand, dass alle vorher noch vorhandenen Bindungen des Schriftstellerkollegen an Deutschland durchschnitten waren, und er rechnete jetzt mit einer Unterstützung nach einem neuen Gespräch. Das ergab sich bei einem Besuch Thomas Manns in Wien am Samstag, 16. Januar 1937 gelegentlich eines „Mittagessens" in „kleinem Kreis" (TMB, 69). Broch informierte Ruth Norden darüber, dass er und Thomas Mann bei der Gelegenheit „beschlossen" hätten, „nunmehr den Versuch" der „Resolution" zu „wagen" (KW13/1, 443). Er erwähnte aber auch, dass er selbst die „Aktion nur mit aller Skepsis anschaue." „Nichtsdestoweniger" wäre es, fügte er

---

8 In der Fußnote auf S. 63 heißt es: „A speech delivered by Dr Fridtjof Nansen in Oslo, December 1922, after he had been awarded the Nobel Peace Prize."

hinzu, „ein Verbrechen, sich einem untätigen Fatalismus hinzugeben" statt „mit aller Energie, aller Leidenschaft und allem Optimismus, dessen man fähig" sei, für die Resolution „einzutreten" (KW13/1, 444).

Obgleich die erste Version der Völkerbund-Resolution (BVR, 24–34) sehr viel kürzer ist als die Schlussfassung, enthält sie bereits die wichtigsten Themen und Thesen der letzten Fassung, die alles Angesprochene ausführlicher behandelt, das Theoretische substantiiert und die Angriffe auf die Politik und Propaganda der Totalitärstaaten präzisiert und verschärft. Was die ethische Argumentation betrifft, geht es wie im philosophischen Personalismus vor allem um das „Wohl" von „realen Menschen" in einem „realen Leben" (BVR, 24) und erst danach um abstraktere Kollektivphänomene. So ist auch der angestrebte „Schutz der Menschenwürde" grundsätzlich bezogen auf eine „Würde", die „in der Seele" der Einzelperson mit ihrer „göttlichen Ebenbildhaftigkeit [...] verankert" sei (BVR, 25).[9] Mit der „Wiederherstellung" der „persönlichen Würde des Bürgers" (BVR, 27) wird die erste Zielsetzung der Resolution benannt. Broch verbindet diese Forderung von Anfang an mit dem Hinweis auf die „natürlichen Rechte" (BVR, 25) im Sinne der „Menschenrechte" und der „Menschenpflichten", d. h. der „Gleichberechtigung von Menschen innerhalb jeglicher gesetzlichen Gemeinschaft." Er unterstreicht den unabdingbaren Zusammenhang von „Menschenwürde" und „Menschenrecht", wenn er festhält: „Gleichberechtigung und Gerechtigkeit sind die obersten Ansprüche jeglicher Würde" (BVR, 31). Geltendes Menschenrecht ist die Bedingung von Würde, und die Würde wiederum hat Anspruch auf geltendes, d. h. zu verteidigendes wie einklagbares Menschenrecht. Ist der Konnex von Menchenwürde und Menschenrecht, von Integrität und Gerechtigkeit anerkannt, so ergibt sich daraus auch das für eine Gemeinschaft geltende „paktfähige Ethos" (BVR 24). Das „politische Ethos", das sich aus der Anerkennung von Menschenwürde und Menschenrecht ergibt, ermöglicht nach Broch „die innerstaatliche Humanität". Die könne nur gewahrt bleiben, wenn der „Grundsatz des Minoritätenschutzes" (BVR, 31), für den der Völkerbund in den 1920er Jahren eine ganze Reihe von Abkommen geschlossen hatte (Thornberry 1991, 41; Scheuermann 2000), weiterhin verteidigt werde. Diese Verträge enthielten auch Abmachungen zu den jüdischen Minderheiten und über Staatenloe (Fink 2004, 274–294). „Es gibt keine Menschen zweiter Klasse" (BVR, 32), hält Broch kategorisch fest. In diesem Zusammenhang erinnert der Autor daran, dass das „Prinzip der Menschenwürde" und die Sanktionierung der „Gleichberechtigung" sich nicht mit „Sklaverei" (BVR 33) vereinbaren lasse. 1926 war im Rahmen des Völkerbundes das „Sklavereiabkommen"

---

9 Zum Verständnis der Seele im Diskurs über Menschenrecht und Menschenwürde vgl. das Kapitel „From Soul to Self" bei Joas 2013, 144–154.

geschlossen worden (Miers 2003, 121–133), das viele Staaten durch Beitrittser-
klärungen übernommen hatten (es gilt in einer Reihe von Ländern bis heute).
Joas erwähnt, dass – ein Rückschritt gegenüber dem Völkerbund – die Allgemeine Erklärung der Menschenrechte der UNO von 1948 den Minoritätenschutz
nicht anspricht (Joas 2013, 184, 190).

Das „paktfähige Ethos" spielt auch die entscheidende Rolle bei der zweiten
Zielsetzung. Da geht es auf der zwischenstaatlichen Ebene um die Vermeidung
von „Krieg" (BVR, 25). Mit der „Völkerbundsgründung" habe man den Rückfall
der Nationen in den Kriegszustand verhindern wollen. Die League of Nations sei
als übernationale Behörde ein „ethisches Novum" gewesen, und an diesen „ethischen Neuimpuls" will die Resolution im Bereich der Beziehungen zwischen
Staaten anknüpfen. Die aber sähen im Augenblick katastrophal aus, ja man
müsse von einem „drohenden Abgrund" (BVR, 24) sprechen, an dem man
stehe. Es zeichne sich die „Vernichtung der Menschenwürde" und ein „Unter-
gang Aller" in Europa ab (BVR 25). Darauf weise „die schwindende Paktfähigkeit" zwischen den Staaten hin, die sich durch rein „praktische Diplomatie"
und „bloß technische Maßnahmen" (BVR, 28) nicht wiederherstellen lasse.
Der Völkerbund werde „infolge seiner demokratischen Herkunft" mit dem Problem der „neuerstandenen antidemokratischen Staatsformen" auf diplomatischem
Wege nicht mehr fertig. Ziel des Bundes sei von Anfang an die „Kriegsverhütung"
gewesen, aber jetzt sei er konfrontiert mit politischen Bestrebungen „nicht pakt-
fähiger" Staaten, die „jede friedenswillige Gemeinschaft sprengen" (BVR, 29). Daraus resultiere „Krieg", der immer ein „Feind der Menschenwürde" gewesen sei
(BVR, 31). In „letzter Minute" setze man jetzt „die Hoffnung" auf den Völkerbund,
die „Wendung herbeizuführen und dem sonst unausweichlichen Krieg, dem
Menschenmord, der Menschenentwürdigung zu entrinnen" (BVR, 29). Broch
formuliert drei Ziele, die der Völkerbund bald erreichen müsse:

> „Erstens" die Reetablierung eines „allgemeingültigen pakttragenden Ethos" (BVR, 30)
> durch die Erklärung der „Menschenwürde" zum „regulativen Prinzip" des Völkerbundes,
> womit er zum „Wahrer der Menschenwürde" (BVR, 31) werde;
> „zweitens" eine „unmittelbare Obsorge für den lebenden Menschen, für seine Wohl-
> fahrt und seine Würde" (BVR, 30), wodurch der Völkerbund zum Beschützer der „Integrität
> des Nebenmenschen" (BVR, 31) werde;
> „drittens" die Unterstützung einer „geistigen Bewegung", die mit ihrem „Wunsch nach
> Frieden" dem „kriegsvorbereitenden Weltenirrsinn wirksam" entgegentreten werde (BVR, 30).

Die Resolution klang als intendiertes Manifest noch zu abstrakt, weswegen der
Autor ein weiteres halbes Jahr in die Überarbeitung investierte. Broch konzi-
pierte und schrieb diese erste Fassung zwischen Anfang Dezember 1936 und
Mitte Februar 1937. Am 15. Februar 1937 schickte er sie an Ruth Norden.

Völlig andere Sendschreiben, nämlich solche aus der Weltpolitik der katholischen Kirche, müssen in diesem Zusammenhang erwähnt werden. Sie hatten (ganz im Gegensatz zu Brochs Resolution) den denkbar größten Adressatenkreis, standen in der kurialen Tradition des Urbi et Orbi. Was sie mit Brochs Manifest gemein hatten waren Aufruf und Anklage aus moralischer und juristischer Perspektive. Einen Monat später nämlich versandte Pius XI. zwei Enzykliken, die sich zum einen gegen die massive Behinderung der Religionsausübung im nationalsozialistischen Deutschland und zum anderen gegen die Verletzung der Menschenwürde in der kommunistischen Sowjetunion wandten: *Mit brennender Sorge* und *Divini redemptoris* wurden am 14. und 19. März 1937 vom Vatikan in alle Welt verschickt, wenn die primären Adressaten auch die beiden totalitaristischen Länder waren. Samuel Moyn hat in seinem Buch *Christian Human Rights* darauf hingewiesen, wie stark die zwei offiziellen antitotalitären Rundschreiben des Vatikans den politischen und sozialreformerischen Kurs der Kirche auf lange Sicht beeinflusst haben. Diese Enzykliken, an deren Formulierung auch Eugenio Pacelli, der spätere Papst Pius XII. beteiligt war, sind ohne die geistige Vorarbeit der Vertreter des Personalismus schwer vorstellbar. Genau zu dieser Zeit, im März 1937, wurde im katholischen Irland eine neue Verfassung erarbeitet. Unmittelbar nach den Sendschreiben des Papstes übernahm man in die Präambel der irischen Konstitution den Begriff der „human dignity" (Moyn 2015, 15). Das war zwölf Jahre bevor der Parlamentarische Rat im Frühjahr 1949 den Passus von der Unantastbarkeit menschlicher Würde im Artikel 1 des Grundgesetzes der Bundesrepublik Deutschland statuierte. Moyn betont, dass die Iren sich 1937 eine Verfassung gaben, die als erste den Schutz der Menschenwürde versprach. Aber weder in den päpstlichen Rundschreiben, noch in der irischen Verfassung wurde auf die Interdependenz von Menschenwürde und Menschenrecht verwiesen. Hier war Broch der Pionier, denn die einflussreichen Schriften von Jacques Maritain zu diesem Thema begannen erst 1942 zu erscheinen, wie Moyn festhält. Joas hat nachgewiesen, dass die Verbindung von Menschenrecht und Menschenwürde bereits um die Jahrhundertwende in den Schriften von Émile Durkheim nachweisbar ist (Joas 2013, 51–55). Aber Durkheim, den Broch aller Wahrscheinlichkeit nach nicht gelesen hat, war für die Vertreter des Personalismus – also für Brochs Zeitgenossen – keine Autorität. William James – ein Zeitgenosse von Durkheim – hat Broch zwar in seiner Auffassung von Seele und Würde des Menschen bestärkt, hat sich aber zu den Menschenrechten direkt nicht geäußert. Aus der Richtung des Personalismus betrachtet, übernimmt Broch in der „Völkerbund-Resolution" eine Avantgarderolle, wenn er Menschenwürde und Menschenrecht bereits im Dezember 1936 bzw. Januar 1937 in ihrem unauflösbaren Zusammenhang betrachtet. Unter den Vertretern des Personalismus hatte nur Jacques Maritain Brochs Resolution gelesen. Maritain ist durch

Brochs Dokument zum ersten Mal auf die unabdingbare Verbindung von Menschenwürde und Menschenrecht hingewiesen worden, und es mag sein, dass diese Lektüre auf ihn einen Einfluss gehabt hat.

Die eigentliche „Völkerbund-Resolution" (KW11, 195–231), d. h. die zweite Fassung, die im Juli 1937 beendet wurde, wird gleich in der ersten Zeile zum „Manifest" erklärt.[10] Ein Manifest ist nie lediglich ein privates Bekenntnis, sondern vor allem die programmatische öffentliche Erklärung einer Gruppe oder einer philosophischen bzw. künstlerischen Bewegung. Dieser Kreis soll sich aber erst noch konstituieren, und so ist Brochs Dokument nur ein potentielles Manifest. Es ist eine „Einladung" an die bereits genannten „großen Humanitätsorganisationen". Sie mögen durch ihre jeweilige „Unterschrift" den „Völkerbund" auffordern, sich „auf den Boden dieser Resolution" zu stellen „und damit eine Deklaration zum Schutze der allenthalben vergewaltigten *Menschenwürde*" erlassen (KW11, 195). Diese Menschenwürde-Deklaration vergleicht Broch mit der „Deklarierung der Menschenrechte durch den Konvent" der Französischen Revolution im August 1789. Wie die Menschen- und Bürgerrechte „ihre säkulare Wirkung" den „ethisch-philosophischen Begründungen" als Ergebnis „geistiger Arbeit" in der Auflärungszeit verdanken, so gehe es heute darum, sie durch die Erklärung der Menschenwürde zu ergänzen (KW11, 195). Broch will den Begriff der „Menschenwürde" nicht in Konkurrenz zu dem des „Menschenrechts" einführen. Er betont, dass es ihm um eine „Weiterentwicklung" der „ethisch-philosophischen" Vorstellungen des „18. Jahrhunderts" mit ihrer „demokratischen und humanen Weltanschauung" geht. Bisher sei die Weiterentwicklung der Menschenrechte „in sozial-ökonomischer Beziehung" betrieben worden, doch sei es an der Zeit sich um eine „ethisch-philosophische Neubegründung" zu bemühen. Die könne man über den Begriff der „Menschenwürde" erreichen. Wie stark Broch dabei an Kant anknüpft wird deutlich, wenn er „eine Berufung auf die Ratio" reklamiert und „Menschenwürde" wie Kant in der *Grundlegung zur Metaphysik der Sitten* in einen Argumentationszusammenhang mit dem „guten Willen" (KW11, 196) stellt. Zudem unterstreicht Broch die Kantsche Interrelation von „Würde", „Pflicht" und „Recht" (KW11, 199). In immer neuen Ansätzen sucht Broch die enge Verbindung von Menschenwürde und Menschenrecht zu verdeutlichen. Die „Achtung" vor der „absoluten Würde des […] Menschen" könne als „Recht des Menschen" und ihre „Verteidigung" als eine ebensolche „Pflicht" (KW11, 219) verstanden werden. Der Autor betont erneut, dass „das Absolute seine weitaus stärkste Erfahrungsgrundlage in der menschlichen Einzelseele" finde, ja dass die „Seele" das „einzige Gefäß einer Absolutheit" sei, weswegen man bei ihr

---

10 Vgl. Wogenstein 2019, 164–168.

„mit Fug" von göttlicher „Ebenbildlichkeit" im Sinne der *Genesis* sprechen könne (KW11, 210). Brochs These ist, dass „die Menschenwürde und die Menschenrechte zu beeinträchtigen" Delikte seien, die „strafrechtlich" zu ahnden sind (KW11, 201). Wann immer „Staatsbürger" in „ihrer Würde, ihren Rechten, in ihrer Freiheit beeinträchtigt" werden, liege ein Akt von „Majorisierung und Verknechtung" (KW11, 202) vor. Um aber diese Vergehen ahnden zu können, müsse ein „überstaatliches Gesetzbuch" für die „Mitgliedsstaaten" angestrebt werden. Die „Vorbereitungsarbeit" dazu ziele auf eine „Gleichstellung der zivil- und strafrechtlichen Bestimmungen in den Gesetzgebungen" ab (KW11, 207). Broch meinte hier nicht den Ständigen Internationalen Gerichtshof des Völkerbundes, der 1922 mit Sitz im niederländischen Den Haag gegründet worden war. Der war für schiedsgerichtliche Streitfälle zwischen einzelnen Mitgliedsstaaten zuständig. Man konnte hier keine Prozesse gegen Regierungen anstrengen. Broch fasste eher eine Institution ins Auge, die seit 2002 als Internationaler Strafgerichtshof (auch in Den Haag) existiert, und wo Klagen gegen Mitglieder von Regierungen erhoben werden können, die Verbrechen gegen die Menschlichkeit verübt haben, Völkermord begonnen oder gefördert haben, Kriegsverbrecher oder Aggressoren sind (Sadat 2002).

Der Akt der „Verknechtung" ist es, den Broch als typisch diktatorisch brandmarkt. In „dieser terrorerfüllten Zeit", die „mit Menschenleben" so „unbedenklich wüstet" (KW11, 198), müsse „ein Gegengewicht zu der humanitätsfeindlichen" (KW11, 196) Politik in den totalitären Ländern geschaffen werden. Die „Kriegsgefahr" (KW11, 199) sei unübersehbar. Der Völkerbund müsse die „unrechtsbekämpfende Aufgabe" (KW11, 200), die sich in der internationalen Politik stelle, übernehmen. Die innenpolitischen Vergehen wie die „legalisierte Ungerechtigkeit" (KW11, 201), die gesetzliche Festschreibung eines „Unterschieds zwischen den Staatsbürgern" (KW11, 202), die Abschaffung des Minoritätenschutzes, die „Ausbürgerungsakte", der „Emigrationszwang" (KW11, 203), all diese Verfügungen seien bezeichnend für die totalitären Staaten, wobei Broch, was Hitler-Deutschland betrifft, auch und vor allem an die Rassengesetzgebung vom Herbst 1935 denkt. Ferner werde außenpolitisch mit der „geistigen Kriegsverhetzung und Kriegspropaganda" (KW11, 205), der Absolutsetzung des „Siegesprinzips" und der Absicht, das jeweils „besiegte Volk" zu „degradieren" (KW11, 201) ein Kurs gesteuert, der unvermeidlich die „Kriegsgefahr" (KW11, 199) perpetuiere. Innen- wie außenpolitisch involviere die Politik der Diktatoren „Verbrechen an der Menschenwürde" (KW11, 206–207). Um der Kriegs- und Hasspropaganda der Diktaturen zu begegnen solle der Völkerbund eine „Gegenpropaganda" in den modernen Medien starten. Da müsse im Zuge einer „Friedenspropaganda" ein „Offensivgeist" mobilisiert werden, der sich „gegen die Menschheitsverbrechen" (KW11, 205) in den totalitären Ländern richte. Broch hat eine ganze Passage über den „Diktator" und sein Verhältnis zur „Masse" eingebaut, um zu illustrieren, wie die „rationale Verfassung" der Demokratie durch den „irrationalen Volkswillen" der „Autokratie" verdrängt werde. Der Diktator sei „Exponent" des „massenpsychischen Seins", das er „zu repräsentieren trachtet". In „mystischer Identifikation mit dem Kollektiv" beanspruche er „jene irrationale Unfehlbarkeit, ohne die sein seltsames Wechselverhältnis zur Masse [...] nicht denkbar wäre" (KW11, 223–224). Hier werden bereits Einsichten notiert, die Broch später in seiner *Massenwahntheorie* (KW12) vermittelt hat.

Die totalitären Staaten hätten, fährt Broch fort, wegen ihrer innenpolitischen Verbrechen und ihrer außenpolitischen Vertragsbrüche ihre „Paktfähigkeit" verloren, und so müsse der Völkerbund sich um die Restituierung eines „pakttragenden Ethos" (KW11, 199) bemühen. Auch hier ist der Einfluss von Kant erkennbar. Kant sagt in seinem Essay „Zum ewigen Frieden" von 1795, dass Paktfähigkeit nur jene Staaten besitzen, die gewillt sind, sich einem allgemeingültigen Rechtssystem unterzuordnen – und das sei nur in republikanisch verfassten Staaten möglich (Hackel 2000, 52–60). Eine zentrale Stelle aus Kants Friedensschrift könnte als Motto über Brochs Resolution stehen:

> Das Recht der Menschen muß heilig gehalten werden, der herrschenden Gewalt mag es auch noch so große Aufopferung kosten. Man kann hier nicht halbieren und das Mittelding eines pragmatisch-bedingten Rechts (zwischen Recht und Nutzen) aussinnen, sondern alle Politik muß ihre Kniee vor dem erstern beugen, kann aber dafür hoffen, obzwar langsam, zu der Stufe zu gelangen, wo sie beharrlich glänzen wird.   (Kant 1912, 380)

Broch fordert: Der „Bund der Völker" als „primus inter pares" unter „den Staaten" (KW11, 208) müsse den „Schutz der Menschenwürde" zum „regulativen Prinzip" (im juristischen Sinne) erheben. 1937 war die Einführung der Menschenwürde im internationalen Verfassungsrecht kein Thema (die irische Konstitution vom gleichen Jahr hatte noch nicht Schule gemacht). Erst in die Charta der Vereinten Nationen von 1945 – und das ist unter anderem den Publikationen von Jacques Maritain zu verdanken – fand der Begriff der Menschenwürde Eingang. Dort heißt es in der Präambel: „We the peoples of the United Nations determined [...] to reaffirm faith in fundamental human rights, in the dignity and worth of the human person."[11] Von Menschenwürde als „regulativem Prinzip" ist aber auch dort nicht die Rede. Das hat sich inzwischen geändert, wie man Christoph Enders' Studie *Die Menschenwürde in der Verfassungsordnung* entnehmen kann (Enders 1997). Hier wird (im Sinne Brochs) die Menschenwürde als „regulatives Prinzip", als konstituierende Basis und damit als Recht der

---

11 https://www.un.org/en/sections/un-charter/preamble/index.html (22. Juli 2020).

Rechte begriffen. Brochs Ziel ist die Anerkennung der Menschenwürde als „das pakttragende, friedenstragende Ethos der Welt" (KW11, 202). Damit wäre „der Ansatz zu einer neuen Humanität" gefunden, hält der Autor fest. Brochs „Hoffnung auf ein menschheitsbewußtes Weltgewissen" (KW11, 230) war damals keine aussichtsreiche Erwartung. So ist der feierlich-appellierende Tonfall des Schluss-Satzes verständlich, der mit den Worten endet: Der Völkerbund „deklariere" von „der Höhe seines Friedensforums aus, daß er die Würde des Menschen in seinen Schutz nehme" (KW11, 231).

Thomas Mann war der erste, dem Broch die fertige „Völkerbund-Resolution" im Juli 1937 zuschickte. Er korrespondierte mit Broch darüber zwischen August und November 1937 (TMB, 69–76). Thomas Mann erwog, die Resolution als Essay in seiner neuen Exilzeitschrift *Maß und Wert* zu veröffentlichen, konnte sich aber mit Brochs Aktion einer Eingabe des Textes durch Friedensorganisationen beim Völkerbund nicht befreunden. Wie genau Thomas Mann die Studie gelesen hat, geht aus seinem langen Brief aus Küsnacht vom 9. August 1937 hervor:

> Mit herzlicher Bewunderung habe ich Ihr großes Exposé gelesen und möchte Ihnen vor allem danken für diese imposante Bemühung und Sie dazu beglückwünschen. Bisher habe ich allein meinen Sohn Golo daran teilnehmen lassen und wir haben viel darüber diskutiert. [...] Die praktische Verwendung dieser außerordentlichen Äußerung, dieses Appells an das Gewissen der Welt, oder wie man Ihre Arbeit nun nennen will, ist ja natürlich hochproblematisch. [...] Denn jeder Ansatz auch nur zu einer Verwirklichung Ihrer Forderungen würde sprengend auf den Völkerbund wirken, der durch solche Verwirklichung sich auf einen Bund der demokratischen Staaten reduzieren würde.   (TMB, 71)

Auch mit der Form der Resolution hatte Thomas Mann seine Schwierigkeiten. So fuhr er fort:

> Es ist kein Manifest. Dazu müßte es viel knapper und in einer anderen, aufrufenderen Sprache verfaßt sein. Es ist das Werk eines hochgesinnten Gelehrtengeistes, klug und reich, nach allen Seiten ausgebaut und im Grunde nur von seinem Autor zu vertreten, nicht dazu geeignet, von anderen als die eigene Stimme in Anspruch genommen zu werden.   (TMB, 71–72)

Thomas Mann kam auf eine Möglichkeit der Publikation in seiner Zeitschrift zu sprechen, stellte da aber Bedingungen:

> Daß dieser außerordentliche Text das Licht der Welt erblicke, daß er gelesen werde und zwar von vielen, ist selbstverständlich bei alldem mein herzlicher Wunsch. Denn es muß der Wunsch jedes Wohlmeinenden sein, daß all das Gute und Rechte, das Menschlich Gedachte in der Welt bleibe und in aller Lüge und Verderbnis der Zeit immer wieder seine Stimme erhebe. Ich und auch mein Sohn, der eine gewisse assistierende Rolle bei unserer jungen oder kaum geborenen Zeitschrift spielt, haben den Gedanken viel erwogen, diese Kundgebung an die Spitze eines unserer Hefte zu setzen. Das ist der Punkt, über welchen die Aussprache mit

Ihnen am wünschenswertesten wäre. Denn es müßte der Text dazu wohl ein bißchen zusammengezogen, etwa nur der erste und letzte Teil gebracht werden [...].　　(TMB, 72)

Zu einer Einigung kam es nicht und nach über drei Monaten notierte Thomas Mann resigniert in sein Tagebuch vom 20. November 1937: „Las Brochs Völkerbund-Eingabe zu Ende. Ernstes Dokument, aber nichts Rechtes damit anzufangen" (TMB, 74). Die Übermittlung an den Völkerbund war Broch wichtig, weil mit ihr die demokratischen Länder gegen die Menschenrechtsverstöße in den Diktaturen protestieren sollten. So kam es zu keiner Publikation. Auch bei den übrigen Korrespondenzpartnern Brochs zündete die Idee nicht. An Einstein, der 1933 in Princeton, New Jersey, Mitglied des neuen Institute for Advanced Study geworden war, schrieb Broch im November 1937 aus Altaussee:

> Die Resolution ist keines der üblichen Manifeste; sie begnügt sich nicht damit, pathetisch festzustellen, dass Friede und Menschenwürde gut, hingegen Krieg und Vergewaltigung schlecht seien, sondern sie versucht, jene notwendigen [...] Maßnahmen vorzuschlagen, welche geeignet sein könnten, eine paktunfähige Welt wieder zur Paktfähigkeit zurückzuführen.　　(KW13/1, S. 467)

Eine Unterstützung durch Albert Einstein war Broch insofern wichtig, als der Nobelpreisträger einflussreiches Mitglied des International Committee on Intellectual Cooperation (ICIC) des Völkerbundes war. Einstein aber bezeichnete die geplante Eingabe an den Völkerbund als unrealistisch; zudem fand er ihre Sprache zu sperrig (HBN, 99). Auch bei seinem Verleger Daniel Brody vom Rhein-Verlag konnte Broch mit keiner Unterstützung rechnen. In einem Brief vom 5. September 1938 an den Autor im schottischen St. Andrews beschwörte Brody ihn, im Exil nichts zu unternehmen, was einer „Völkerbund-Resolution" gleiche:

> Laß die Hand von welterlösenden Proklamationen und sag was Du sagen willst in der Dir einzig adäquaten Weise, im ‚Literaturbetrieb'. Pasenow, als rein dichterische Kategorie, hat Erfolg gehabt [...]. Versteige Dich nicht in Regionen der allgemeinen Menschenbeglückung mit posaunenden Resolutionen, die kein Staatsmann lesen wird und die demzufolge auch ohne Wirkung bleiben werden. Glaub mir, die indirekte Rede hat eine viel größere Wirkung und Dante hat der Kultur viel größere Dienste geleistet mit seiner Dichtkunst, als wenn er an den Völkerbund Resolutionen geschrieben hätte.　　(BBB 410A)

Nun unterschätzte Brody aber, wie sehr in der Literaturgeschichte – nicht nur in der Moderne bzw. in seiner Gegenwart – die Einmischung der Dichter in öffentliche Angelegenheiten Tradition hatte, und dass literarische Produktion und manifesthafter Protest keineswegs einander ausschlossen. Émile Zolas offener Brief „J'accuse", den er am 13. Januar 1898 in der Zeitung *L'Aurore* zur Verteidigung von Alfred Dreyfus publizierte, ist ja nur das bekannteste Beispiel von zahllosen anderen Versuchen, als Autor oder Autorin Einfluss auf politische Debatten zu nehmen. Sogar Dante selbst verfasste mit *De Monarchia* (ungefähr 1316) eine Friedensschrift. Er versuchte mit seiner Abhandlung den seit langem schwelenden Konflikt zwischen den Guelfen (Parteigängern des Papsttums) und den Ghibellinen (Anhängern des Kaisers im Heiligen Römischen Reich) zu neutralisieren: Der Kaiser sei für die Weltherrschaft, d. h. für die Regierung im Diesseits zuständig, der Papst für die Belange der Kirche im Sinne der Führung der Christen hin zum Seelenheil im Jenseits. Das sei gottgewollt, und so seien sie in ihrem jeweiligen Herrschaftsbereich souverän, d. h. der Papst habe in Glaubensdingen, der Kaiser in irdischen Herrschaftssachen zu entscheiden.[12]

Als der Autor beim ‚Anschluss' am 13. März 1938 von Nationalsozialisten verhaftet wurde, trug die Nichtpublikation zu seiner Lebensrettung bei. Die „Völkerbund-Resolution" ist ein Stück Literatur: ein Essay, der philosophische, politologische, juristische und literarische Ansätze in sich vereint, wie das seit der Erfindung dieser Gattung durch Montaigne und Bacon oft der Fall ist. In der Resolution wird eine Problemstellung formuliert, die auch in Brochs Dichtungen erkennbar wird: der Widerstand gegen die Versklavung des Menschen. Broch hat mit seiner Resolution in der größten Menschheitskrise des 20. Jahrhunderts die Verteidigung von Menschenrecht und Menschenwürde gefordert, und wer wird leugnen, dass seine Fragen und Antwortversuche von bedrängender Aktualität sind.

Brochs spätere Menschenrechts-Publikationen verdanken viel den Vorarbeiten in der „Völkerbund-Resolution" (MRD, 7–30; Steinberg 1988). Erinnert sei an Ausführungen in seiner Denkschrift „Bemerkungen zur Utopie einer ‚International Bill of Rights and of Responsibilities'" von 1945 (KW11, 243–276) und an seinen 1950 in der *Neuen Rundschau* publizierten Essay „Trotzdem: Humane Politik. Verwirklichung einer Utopie" (KW11, 364–396). 1945 ging es erneut um die Deklaration bei einer Friedensorganisation. Broch lebte seit sieben Jahren im amerikanischen Exil als die United Nations Organization (UNO) in San Francisco gegründet wurde. Seine „Bemerkungen", die Broch im August und September 1945 schrieb, waren eine Reaktion auf die Charter of the United Nations, die am 26. Juni 1945 als Ergebnis der Konferenz in San Franzisko verabschiedet und publiziert wurde. Das war im Sinne Brochs, hatte er es doch als fatales Manko des Völkerbunds beklagt, dass die menschenrechtliche Verankerung fehlte. Aber Broch war selbstkritisch-skeptisch gegenüber der eigenen Resolution von 1936/37 gewesen, weil er vom Völkerbund nicht mehr als eine

---

12 Was die Komplexität des damaligen Streits zwischen diesen beiden Mächten betrifft – und wie in der Rezeption der Danteschen Abhandlung die jeweiligen Parteigänger sie unterschiedlich interpretierten –, ist bei Francis Cheneval (1995) nachzulesen.

„Deklaration" erwarten konnte: Der League of Nations fehlte aufgrund der Souveränität der einzelnen Mitgliedstaaten die strafrechtliche Handhabe gegen „legalisiertes Unrecht" (KW11, 200). Sollte sich das in der UNO wiederholen? Das ist das Hauptthema in Brochs Studie über die „International Bill of Rights" (KW11, 243–277) von 1945. Es ist ihm der wichtigste Punkt, weil er schon in der Präambel dieser Satzung der Vereinten Nationen den Paragraphen formuliert fand: „We the peoples of the United Nations [are] determined [...] to regain faith in fundamental human rights, in the dignity and worth of the human person".[13] Und diese Absicht wurde in Chapter X (The Economic and Social Council), Article 62 nochmals unterstrichen: „It may make recommendations for the purpose of promoting respect for, and observance of, human rights, and fundamental freedoms for all." Da Broch aber nur zu sehr mit dem Problem der Souveränität der Mitgliedsstaaten vertraut war, fand er in der UN Charter schon unter Chapter X, Article 2 was er befürchtet hatte: „Nothing contained in the present Charter shall authorize the United Nations to intervene in matters which are essentially within the domestic jurisdiction of any state". An jenem 26. Juni 1945 als die Charta der Vereinten Nationen in San Francisco verabschiedet wurde, hielt Harry S. Truman, der Präsident der Vereinigten Staaten, vor dem Plenum der UNO eine Rede, in der er den Delegierten vorschlug, eine „International Bill of Rights" zu erarbeiten (Glendon 2001, 18–19). Dieser Begriff war geprägt worden in Anlehnung an die Bill of Rights, die schon 1791 als die ersten zehn „Amendments" in die U.S.-Verfassung aufgenommen worden war. Broch spricht in seinem Aufsatz immer von dieser geplanten „International Bill of Rights". Im Lauf der nächsten drei Jahre wird dieser Titel dann ersetzt durch „Universal Human Rights". Ein Jahr nach der Sitzung vom 26. Juni 1945 wurde im Juni 1946 die achtzehnköpfige Commission on Human Rights der UNO gegründet. Ihre erste Sitzung fand im Januar 1947 in New York statt. Dabei wurde Eleanor Roosevelt, die Witwe des amerikanischen Präsidenten, zu ihrer Vorsitzenden gewählt (Glendon 2001, 32). Broch hatte die „Bemerkungen" nicht für diese Kommission geschrieben, aber er schickte sie auf Anraten seiner Freunde an Mrs. Roosevelt. Natürlich gab es zahllose solcher Eingaben bei der Kommission, und es ist unwahrscheinlich, dass ihre Mitglieder oder gar ihre Vorsitzende das Dokument gelesen hätten.

Broch lobt die Anerkennung von „Menschenfreiheit und Menschenwürde" als „oberstes Gut" der neuen „Weltorganisation" (KW11, 243). Er erkennt hier einen Einfluss der 1940 von Roosevelt verkündeten „Four Freedoms" (Roosevelt 1940), den „freedoms of speech and worship" sowie den „freedoms from want and fear".

---

13 https://www.un.org/en/sections/un-charter (16. Juni 2020).

Er kommt gleich auf das Problem des „Nichteinmischungsprinzips" zu sprechen, das in der UNO gelte: Auch hier sei kein „Enforcement" erlaubt, wenn ein Mitgliedsstaat die „Bestimmungen der ‚Bill of Rights' nicht einhalten" wolle (KW11, 243). Broch hält die „Souveränitätsbedenken" der Einzelstaaten durchaus für „legitim" und möchte nur „seltene Ausnahmefälle" (KW11, 245) anerkennen, in denen der UNO das Recht zum Eingriff in innere Belange der Mitgliedsländer zustehe. Nur wenn – wie in den 1930er und 1940er Jahren – Staaten gegen Menschenrecht und Menschenwürde von einzelnen, von Gruppen oder Nationen verstoßen, müsste es die Möglichkeit geben, bei einem internationalen Gerichtshof, der der UNO anzugliedern sei, Klage gegen die verantwortlichen Politiker zu erheben. Damit diese Möglichkeit nicht dem Missbrauch ausgesetzt werde, sollte man bei der Universal Declaration of Human Rights ein „Gesetz zum Schutz der Menschenwürde" vorsehen, das präzisiert, wann der begründete Fall zur Klage vorliege (Picht 2016, 408–410). Hier verwandelte sich die Deklaration zum Schutz der Menschenwürde aus der „Völkerbund-Resolution" zu einem Gesetz zum Schutz der Menschenwürde. Broch hat seit 1939 wiederholt an diesem Gesetz gearbeitet und nach den Rassenunruhen in Detroit vom Juni 1943 befasste er sich erneut damit. Bei diesen Demonstrationen handelte es sich um die größten Zusammenstöße zwischen Schwarzen und Weißen während der Kriegsjahre. Präsident Roosevelt sah sich gezwungen, sechstausend Soldaten zur Kontrolle der City of Detroit einzusetzen. Das Resultat der Kämpfe waren vierunddreißig Tote – fünfundzwanzig Schwarze und neun Weiße.[14] Wie Broch sah sich der gleichfalls im amerikanischen Exil lebende Bertolt Brecht von den Vorgängen zur Stellungnahme herausgefordert. In der New Yorker Exilzeitschrift *Austro-American Tribune*, in der auch Broch verschiedentlich publizierte, erschienen ein Jahr später im Juni 1944 einige Brechtsche Epigramme unter der Rubrik „Und siehe, es war sehr schlecht" – Titelunterschriften in Reimen zu aktuellen Bildern aus der amerikanischen Presse. Auf jener von Brecht ausgewählten Aufnahme der Detroiter Rassenunruhen ist ein weißer Soldat zu sehen, der einen Afro-Amerikaner vor Weißen schützt. Brechts Zeilen dazu: „Als sie mich blutig vor das Stadthaus brachten/ Half ein Soldat mir weg, der freundlich war/ Und mußte tapfrer sein als in den Schlachten/ Von Kiska und Bataan und El Guettar" (Brecht 1988, 273). Unter direktem Bezug auf die Unruhen in Detroit schrieb Broch im Juni 1943 den neunzehnseitigen Essay „The Twentythird and Thirtythird Amendment[15], in dem er erneut auf die Dringlichkeit eines „Gesetzes zum Schutz der Menschenwürde" hinwies. Zwei Jahre

---

14 https://en.wikipedia.org/wiki/1943_Detroit_race_riot (16. Juni 2020).
15 Unveröffentlichtes Typoskript (YUL).

später hat Broch es in dem hier behandelten Aufsatz über die internationalen Menschenrechte diskutiert. Den Mitgliedsländern sei klar zu machen, dass es nicht nur Rechte, sondern auch Pflichten, nicht nur eine vorhandene „Bill of Rights", sondern auch eine noch zu schaffende „Bill of Duties" geben solle. So schlägt er vor, das „Gesetz zum Schutz der Menschenwürde" zum Kernstück einer künftigen „Bill of Responsibilities" (KW11, 264) zu machen. Seit den 1940er Jahren hat Maritain wiederholt die Verzahnung von Recht und Pflicht betont. In *Education at the Crossroads* liest man: „Education must [...] develop both the sense of freedom and the sense of responsibility, human rights and human obligations" (Maritain 1943, 89).

Mit dem „Gesetz zum Schutz der Menschenwürde" wollte sich Broch gegen das wenden, was heute unter „hate speech" zusammengefasst wird. Seine Forderung gerät aber in Konflikt mit der Garantie der freien Meinungsäußerung im First Amendment[16] der amerikanischen Verfassung, ein Amendment, das wenige Jahre zuvor durch Roosevelts „Four Freedoms" (siehe „Freedom of Speech") bekräftigt worden war. Nach wie vor zählt „hate speech" in den USA nicht zu den anerkannten Ausnahmen des First Amendments. Allerdings kann seit der zweiten Hälfte des 20. Jahrhunderts der Schutz durch das First Amendment fortfallen, wenn es um Verleumdung („libel and slander") geht. Dazu haben solche „Antidefamation"-Vorschläge wie die von Broch beigetragen. Maritain wurde berühmt durch den 1951 erschienenen Symposiumsband *Um die Erklärung der Menschenrechte*, den er einleitete (Maritain 1951). Zu dem Band steuerten u. a. bei: Mahatma Gandhi, Edward Carr, Salvador de Madariaga, Benedetto Croce, Pierre Teilhard de Chardin, Aldous Huxley und Walter Hallstein. Broch dagegen drang mit seinen nicht minder weitsichtigen Arbeiten (MRD) nicht durch, wenn er auch inzwischen in der Friedensforschung rezipiert wird (Graf und Wintersteiner 2015).

---

16 https://constitution.congress.gov/constitution/amendment-1/ (21. Januar 2021).

2.3 *Massenwahnthorie* (1939–1948): Die Demokratie im Zeitalter der Versklavung

2.3.1 Demokratie ist Anti-Versklavung

Schriftsteller der Moderne sind, wie Thomas Mann es einmal formulierte, Seismographen ihrer Epoche (Mann 1990, 240). Einer der frühesten philosophischen Versuche Hermann Brochs trägt den Titel „Zur Erkenntnis dieser Zeit" (KW10/2, 11–77). Broch reagierte unmittelbar auf die historischen Umbrüche, die er erlebte. Die Revolution in Wien am Ende des Jahres 1918 war Thema seines offenen Briefes „Die Straße" an Franz Blei (KW13/1, 30–34), und gleich darauf veröffentlichte er eine Stellungnahme zur brisanten Frage nach der wirtschaftlichen Neuordnung des Landes (KW11, 11–23). Die politischen und kulturellen Veränderungen im Wilhelminismus suchte er 1930–32 in der *Schlafwandler*-Trilogie (KW1) zu erfassen (Staškova 2005). Als sich die Weltwirtschaftskrise in Deutschland auswirkte, schrieb Broch das Industriedrama *Die Entsühnung* (KW7, 11–132). Galt nach 1918 die Kritik dem Kommunismus, widmete er sich seit 1933 vor allem der Analyse des Nationalsozialismus. Das zeigt sein Roman *Die Verzauberung"* (KW3)[1] von 1934/35, das belegt seine „Völkerbund-Resolution" (KW11, 195–231) von 1936/37, seine historische Erzählung „Die Heimkehr des Vergil" von 1937 sowie der sich daraus entfaltende Roman *Der Tod des Vergil* (KW4), seine politische Essayistik im Exil (KW11) und sein zwischen 1939 und 1948 entstehendes zeitkritisches *opus magnum*, die *Massenwahntheorie* (KW12). Broch betrachtete die äußeren politischen, soziologischen und ökonomischen Veränderungen im Zusammenhang mit gesamtkulturellen, auch religiösen Entwicklungen.

Die *Massenwahntheorie* ist nicht aus einem Guss, sondern besteht aus distinkten Teilen, in denen jeweils auf neue historische Einschnitte reagiert wird: auf den Beginn des europäischen Krieges 1939, auf den Eintritt der USA in den Zweiten Weltkrieg 1941, auf das Kriegsende sowie die Gründung der UNO im Jahre 1945 und auf den Beginn des Ost-West-Konflikts bald danach. Hier sollen die Entstehungstadien der *Massenwahntheorie* nachgezeichnet und ihr Zusammenhang mit anderen Werken des Autors konturiert werden. Bei Broch sind diskursives und narratives Schreiben nicht streng von einander getrennt, und er hat auch keine Schwierigkeiten, Interpretationen von Gedichten Goethes (KW12, 439) oder Mörikes (KW12, 450) zur Erhellung seiner Thesen einzubauen. Als Autor der

---

1 Vgl. dazu Sandberg 1997; Lützeler 2000, 45–71; Wergin 2007; Reidy 2012; Mahlmann-Bauer 2016.

https://doi.org/10.1515/9783110734683-005

Moderne ist Broch auch Dichter, wenn er philosophiert und auch Theoretiker, wenn er erzählt. Nietzsche hatte ihm gezeigt, dass denkerische Leistungen nicht nur durch Partizipation an Diskurskonventionen der Schulphilosophie erbracht werden (Lützeler 2011, 103–110). Broch hat sich keiner philosophischen oder soziologischen Schule angeschlossen. Am besten bezeichnet man sein Schreiben als essayistisch, als Versuche, in immer neuen Ansätzen sich mit den Herausforderungen seiner Zeit auseinanderzusetzen und dabei Anregungen aus den unterschiedlichsten Denkwerkstätten aufzugreifen und zueinander in Beziehung zu setzen. Der Essay – als Proteus unter den literarischen Gattungen – bricht – anders als der Traktat – aus dem Gehege der Schulphilosophie aus (Hardison 1989; Zima 2012). Konstanten bei Fachbegriffen, Denkfiguren und Metaphernreihen gibt es bei Broch nichtsdestoweniger.

Der „Vorschlag" von 1939: Die *Massenwahntheorie* von Hermann Broch besteht aus drei Teilen, von denen der erste und der zweite Teil weitgehend fertig geworden sind. Beim zweiten Teil fehlen noch einige Abschnitte, wie der Autor 1949 Eric Voegelin mitteilte (HBV, 173). Als ich das Buch in den späten 1970er Jahren edierte, habe ich die drei „Darstellungen im Überblick", die Broch zwischen 1939 und 1943 verfasste, mit publiziert. Dadurch werden die sich ändernden Absichten deutlich. Bei allen drei „Darstellungen im Überblick" handelt es sich um Zusammenfassungen dessen, was Broch mit seiner *Massenwahntheorie* erreichen wollte. Die Kurzversion von 1939 ist ein „Vorschlag", die von 1941 ein „Entwurf" und jene von 1943 ein „Inhaltsverzeichnis". Der „Vorschlag" von 1939 unterscheidet sich am stärksten von den beiden folgenden *abstracts*. Der Titel lautet „Vorschlag zur Gründung eines Forschungsinstitutes für politische Psychologie und zum Studium von Massenwahnerscheinungen" (KW12, 11–42). Broch bedankte sich Anfang September 1938 bei Albert Einstein für die Hilfe bei der Beschaffung des amerikanischen Visums, das ihm die Flucht ins amerikanische Exil ermöglicht hatte (Lützeler 1985, 235–242). Da heißt es: „Doch war es mir schon vor der Kathastrophe klar gewesen, daß die psychische Epidemie, an deren Ausbruch und Wachsen wir teilgenommen haben und teilnehmen, unaufhaltsam weitergreifen wird, wenn gegen sie – fast ist es schon zu spät – nicht wirksame Schutzdämme errichtet werden." Broch versichert, er sei bereit dabei „mitzuhelfen", dass die „psychische Ansteckung abgewehrt werde" (KW13/2, 26). So ist es kein Zufall, dass der Autor seinen „Vorschlag" zehn Monate später zunächst an Albert Einstein schickte. Broch war in der Tat schon nach der Revolution von 1918 davon überzeugt gewesen, dass „die Masse" ohne „Massenpsychosen" (KW13/1, 30) nicht mehr denkbar sei und dass man von der „billigen Ekstase der Masse" (KW13/1, 33) nur Negatives erwarten könne. Das verdeutlicht sein gegen die Revolutionsbegeisterung der Zeitgenossen geschriebener polemischer Artikel „Die Straße". Eine auf „Gerechtigkeit" abzielende Politik lasse sich mit der „modernen Masse" (KW13/1, 32) nicht machen: die sei ihrer Natur nach labil, sei „heute nationalistisch und morgen sozialistich zu begeistern" (KW13/1, 32). Das liege daran, dass die heutige Masse keine „Gemeinschaft" mehr sei, weil ihr „das gemeinsame metaphysische Wahrheitsgefühl", d. h. die „Verankerung" im „Glauben" (KW13/1, 31) fehle.

Broch diagnostiziert die Masse der Gegenwart mit ihrer Beziehung zum Führer als gesellschaftliches Krankheitssymptom. Gleich einem Psychoanalytiker ist er um eine Diagnose bemüht, auf die eine Therapie zu folgen habe. Wie Freud (Freud 1921; Surprenant 2003) interessiert Broch mehr das Individuum in der Masse als die Masse selbst: Der einzelne soll entweder dem Wahnumfeld der Masse entrissen werden oder davor bewahrt werden, in der Masse unterzugehen. Broch nennt seine Studie bewusst *Massenwahntheorie*, um von vornherein zu verdeutlichen, dass ihn das Psychopathologische an der Masse bekümmert.

Bevor der Autor sich theoretisch mit dem Massenwahn zu beschäftigen begann, hatte er ihn bereits im Roman *Die Verzauberung* von 1934/35 beschrieben. Hier zeigt sich, dass bei Broch das theoretische Konzept keineswegs immer der Romanproduktion vorausgeht, dass er vielmehr die Erkenntnisse, die er bei der literarischen Gestaltung der Massenpsychose gewonnen hat, ihrer konzeptuellen Erfassung zugutekommt. Was Broch im „Vorschlag" unter „Modell des Arbeitsfeldes" ausführt, liest sich wie eine Interpretationshilfe zur *Verzauberung*. Was dort zum Thema der Rationalverarmung und Angst und von den Verirrungen der Masse in Pseudoekstase und Kollektivberauschung zu finden ist, wurde vorher im Roman schon gestaltet. Im Rückblick schrieb Broch über *Die Verzauberung*, dass er darin „versucht" habe, „das deutsche Geschehen mit all seinen magischen und mystischen Hintergründen, mit seinen massenwahnartigen Trieben, mit seiner ‚nüchternen Blindheit und nüchternen Berauschtheit' in seinen Wurzeln aufzudecken" (KW3, 387). Im „Vorschlag" von 1939 kommt Broch wie in der „Völkerbund-Resolution" auf den Hass gegen den Fremden, auf die Angehörigen einer Minorität als Teil des Massenwahnmechanismus zu sprechen und erkennt, dass eine „neue Sklavenschicht" in „den Fascismen", ein entrechtetes „Unterproletariat" im Entstehen begriffen sei (KW12, 39–40). Bereits in der „Völkerbund-Resolution" sieht er die Entwürdigung und Versklavung des Menschen im Kontext der „zunehmenden massenpsychologischen Verhetzung der Welt" (KW12, 207). In der Erzählung „Die Heimkehr des Vergil" ist (im historischen Gewand) schon manches von der Beziehung der Masse zu ihrem Führer vorweggenommen, wie Broch sie im „Vorschlag" beschreibt. In der „Heimkehr des Vergil" heißt es:

> [...] das Kaiserschiff war schon bis an den Kai geglitten, wo es an dem vorbestimmten, von Bewaffneten freigehaltenen Platze anlegte, und es war der Augenblick, den das dumpf

brütende Massentier erwartet hatte, um sein Jubelgeheul ausstoßen zu können, endlos, erschütternd, sich selbst anbetend in der Person des Einen. Immer war Vergil vor der Masse zurückgeschreckt; nicht daß sie ihm Furcht einflößte, aber er empfand die Bedrohung, die in ihr lag, die aus ihr geboren wurde und das Menschliche gefährdete [...]. (KW6, 250)

Gleich zu Beginn des „Vorschlags" spricht Broch von der „Gefährdung" der Kultur durch die „Menschenmasse", von der Notwendigkeit einer „Diagnostizierung" ihrer „neurotischen und psychotischen Haltungen" (KW12, 11). Broch skizziert ein *„Modell des Arbeitsfeldes"* (KW12, 13), das während der konkreten Forschungsarbeit „fortlaufend rektifiziert" werden soll (KW12, 12). Bei der Beschreibung dieses Modells hält er (Freud folgend) fest, dass er nicht wie Gustave Le Bon mit dem Theorem einer „Massenseele" bzw. einer „Gemeinschaftsseele" (Le Bon 1895), arbeite, sondern immer an den Veränderungen der „Einzelseele" im Massengeschehen interessiert sei. Als Zeichen „seelischer Gesundheit" des Individuums definiert er den „Menschen", der „weitgehend unter der Kontrolle seiner Ratio" (KW12, 13) stehe, der also aktiv kulturell tätig werde, denn „Kultur" sei als „rationale Regelung [...] irrationaler Bedürfnisse" zu verstehen. Grundsätzlich stehe dem Menschen offen, sich kulturbefördernd oder kulturgefährdend zu verhalten. Zur positiven Kulturentfaltung gehöre die „Irrationalbereicherung", die der einzelne in einer „Gemeinschaft" erleben könne. Zur negativen Kulturzerstörung dagegen trage die „Rationalverarmung" bei, die das Individuum im Massenwahn erlebe, bei dem es zur „unethischen Auslebung der unkontrollierten Triebe" komme (KW12, 14). In der Folge fundiert Broch seine Ausführungen über Irrationalbereicherung und Rationalverarmung durch einen werttheoretischen Exkurs. Er erkennt zwei „Hauptströme [...] menschlichen Seins", nämlich „Wahrheit und Wert", d. h. „cogito et sum" und „Ratio und Irratio", also „Erkenntnis und Leben". Mit anderen Worten: es gehe dem kulturschaffenden Menschen um „neue rationale Wahrheiten" und um „neue irrationale Lebenswerte" (KW12, 16). Beides führe zu einer „Ich-Erweiterung" der menschlichen Einzelseele, und wenn sie ausbleibe, werde sie von „Angst" ergriffen. Die „menschliche Kultur" insgesamt sei, was „ihren seelischen Sicherungscharakter" betreffe, ein „System der Angstbesänftigung" (KW12, 17). Rationalbereicherung sei eine Sache des Individuums, Irrationalbereicherung könne im Kollektiv erfahren werden. Irrationalbereicherung sei eine religiöse Angelegenheit, die durch die Beziehung des Gläubigen zum „Heilsbringer" in der Glaubensgemeinschaft erfahrbar sei. In der heutigen, durch Unglauben gekennzeichneten „religiösen Lage" sei dem Menschen aber „der Weg zur Irrationalbereicherung" verwehrt. „Er muß", folgert Broch, „den Weg der triebhaften Kollektivität" einschlagen, um schließlich „vom Massenwahn umfangen zu werden" (KW12, 19). Irrationalbereicherung weist auf das letzte mystisch-religiöse Ziel mit der Erfahrung „Ich bin die Welt" hin; der „Weg der Rationalverarmung"

aber kenne als letztes Telos den Werttypus des „Ich habe die Welt". Der kultur-
aufbauenden Irrationalbereicherung stehe die „kulturzerstörende" Rationalverarmung gegenüber. Der Typus „Ich habe die Welt, weil sie mir unterjocht ist", sei
repräsentativ für die Massenpsychose der Gegenwart mit ihrer „triebmäßig-wahn-
haften Ekstase" (KW12, 25).

Eingehend bespricht Broch den Zusammenhang von Panik und Angst. Zum
„Wesen unserer Epoche" gehöre vor allem die „ökonomische [...] Angstbedro-
hung", und so hätten „Inflation, Arbeitslosigkeit" und „Unrentabilität" bereits
in „mythischer Weise" die ehemals „metaphysische Angst" verdrängt (KW12, 20).
Nach der Erfahrung wirtschaftlicher Katastrophen genüge aber nicht die einfache
„Rückkehr in einen früheren Zustand", um die Panik vergessen zu machen, vielmehr benötige der einmal panikisierte Mensch eine „Super-Befriedigung", eine
„Zusatz-Befriedigung" zur „Angst-Übertäubung" (KW12, 22). Hier gerät die Verfolgung von Minoritäten, vor allem der Juden, in den Blick. Man suche nach einem
Grund für die Katastrophe und finde ihn durch die „Verlegung in eine äußere Ursache" (KW12, 23) im „Haß gegen den ,Fremden'". Durch die „Vernichtung des
symbolischen Widersachers" werde der „Weg zur Angstbefreiung, zur Panikbe-
freiung, zur Ekstase wieder eröffnet." Es ist, hält Broch erneut fest, „der Weg
des Rationalverlustes, der Kollektivberauschung, der Weg der Pseudoekstase"
(KW12, 24). „Das Geschäft der Richtunggebung" (KW12, 25) werde dabei durch
einen „Führer" oder eine „Führergruppe" übernommen. Broch unterscheidet
zwischen zwei transhistorischen Grundtypen von Führerfiguren. Der erste sei der
„religiöse Heilsbringer" der Vergangenheit, der zweite der „dämonische Dema-
goge" der Gegenwart. Der „Heilsbringer" stehe für „ethisch-rationale Erkenntnis"
und für „Irrationalbereicherung"; der zweite für „Rationalverlust", „Triebaus-
lebung" und „Sieg" (KW 12, 27). Der „Religionsstifter" ordne „sich mit seinem irdischen Sein völlig der göttlichen Ratio unter"; der „dämonische Magier" sehe seine
„eigene irdische Person" als Symbol, verwende „virtuos alle Mittel der Ratio" und
benötige den „Sieg" als „Erfolg in der augenblicklichen Aggression" (KW12, 27).
Zum Schluss betont Broch erneut, dass sein „massenpsychisches Modell" (KW12,
29) vorläufig nicht mehr als „eine Vermutung" sei, eine „Experimentieranord-
nung" (KW12, 28). Ob es etwas tauge, müsse die Einzelforschung zeigen.[2]

Hier wird der Grundunterschied des „Vorschlags" gegenüber den anderen
Zusammenfassungen und der eigentlichen *Massenwahntheorie* deutlich: An keiner Stelle erwähnt der Autor, dass er sich in der Lage sehe, das projektierte

---

2 Zur literaturwissenschaftlichen Forschung zu Brochs *Massenwahntheorie* vgl. Bazzicalupo
1987; Strelka 1988; Weigel 1994; Schuhmann 2000; Müller-Funk 2003; Borgard 2005; Moh
2006; Borch 2008; Sauerland 2008; Cavalletti 2010; Ritzer 2016, Ryan 2019.

Forschungsprogramm selbst durchzuführen. Im Gegenteil empfiehlt er, ein Forschungsinstitut auf interdisziplinärer Basis zu errichten[3], in dem sowohl auf empirische Weise soziologische, statistische und psychologische Studien durchgeführt werden sollen wie auch die Geisteswissenschaften mit Philosophie, Theologie und Geschichte vertreten sein könnten. Broch betont die konkrete „Durchfragung von Einzelpersonen", wobei die „statistischen Resultate" der „mathematischen Auswertung" (KW12, 34) unterliegen müssten. Das Institut möge eine *„empirisch-naturwissenschaftliche"*, eine *„historisch-theoretische"* und eine *„politisch-pädagogische Klasse"* einrichten. Wenn auch zu hoffen sei, dass die „gewonnenen Resultate" Auswirkungen „auf die Jugenderziehung" bzw. auf das „praktische politische Staatsleben" (KW12, 35) im Allgemeinen hätten, dürfe das Institut selbst keine „Beeinflussung der Bevölkerung" versuchen, denn ein „wissenschaftliches Institut" sei „keine Aufklärungsstelle" (KW12, 36). Der Projektierung nach erinnert der „Vorschlag" an jene Ausführungen, mit denen Broch 1944 und 1946 interdisziplinäre Institute zur Friedens- und Demokratieforschung unterbreitete: „Bemerkungen zum Projekt einer ‚International University', ihrer Notwendigkeit und ihren Möglichkeiten" (KW11, 414–425) und „Philosophische Aufgaben einer Internationalen Akademie" (KW10/1, 67–112). Als Broch aber seinen „Vorschlag" im Jahr 1939 an Albert Einstein in Princeton und an Alvin Johnson in New York schickte, waren beide der Meinung, dass Mittel für die Gründung eines solchen Instituts nicht aufzutreiben seien. An der Princeton University wurde gerade ein neues Office of Public Opinion Research projektiert, und am gleichen Ort existierte seit einigen Jahren das interdisziplinäre Institute for Advanced Study. Wahrscheinlich dachten Einstein und Johnson daran, Broch eventuell für das Institute for Advanced Study, an dem Einstein tätig war, oder an der New School, die von Johnson geleitet wurde (Johnson 1952; Rutkoff und Scott 1986), gewinnen zu können. Beide ermutigten den Autor, das Projekt selbst in Angriff zu nehmen. Einstein vermittelte anschließend Brochs Kontakt zu dem 1940 von Hadley Cantril gegründeten Office of Public Opinion Research an der Princeton University, damit er einen Eindruck von empirischer Soziologie erhalten könne.

Der „Entwurf" von 1941: Mit diesem Forschungszentrum hat Brochs zweite Zusammenfassung, der „Entwurf" von 1941, zu tun. Cantril verdankte seine Karriere imaginierten Marsbewohnern. 1940 war er als junger Sozialpsychologe bekannt geworden mit seinem Buch *The Invasion from Mars. A Study in the Psychology of Panic.* Darin hatte er die Massenpanik untersucht, die aufgetreten war als Folge

---

3 Broch korrespondierte im Sommer 1939 darüber auch mit David Krech, dem Secretary-Treasurer der Society for the Psychological Study of Social Issues (HBF, 45–46).

von Orson Welles' berühmter Radiosendung von 1938 nach H.G. Wells' schon 1898 veröffentlichtem Roman *The War of the Worlds*. Ob Broch an Hadley Cantrils Institute Einblick in dessen Untersuchungen erhielt und ob er, wenn das der Fall gewesen sein sollte, damit für seine massenwahntheoretischen Thesen etwas hätte anfangen können, ist die Frage. Cantril lieferte von Anfang an konfidentielle Analysen von amerikanischen Meinungsumfragen, besonders über den Krieg in Europa, an die Roosevelt-Administration in Washington D.C. Broch erhielt zwar ein Rockefeller-Stipendium für die Zeit von Mai 1942 bis Ende 1944 über Cantrils Institut, aber er war in seiner Arbeit unabhängig und dürfte das Office of Public Opinion Research nur selten von innen gesehen haben. Tatsächlich schrieb Broch als Rockefeller-Stipendiat vor allem an seinem Roman *Der Tod des Vergil* (KW4) und weniger an seiner *Massenwahntheorie*. Den größten Teil daran hatte er bereits 1941 verfasst, um bei Cantril ein Manuskript – nämlich den „Entwurf" – vorweisen zu können (KW12, 65).

Was ist das Besondere an Brochs „Entwurf für eine Theorie massenwahnartiger Erscheinungen" von 1941 (KW12, 43–66)? Zunächst wiederholt er das, was er über sein werttheoretisches Modell bereits im „Vorschlag" ausgeführt hatte. Jetzt führt er den Gegensatz von „offenen und geschlossenen Wertsystemen" ein. „Geschlossene Systeme" stehen „unter der Herrschaft einer Wertdogmatik" (KW12, 50) und können „bloß durch revolutionäre Sprengung in eine neue Phase übergeführt werden" (KW12, 51). „Offene Systeme" dagegen zeichnen sich „durch ständige Fortentwicklung" (KW12, 50), d. h. durch „Evolution" aus (KW12, 51)[4]. Broch geht auch genauer auf die Beziehung von Individuum und Gemeinschaft ein und definiert deren Idealrelation so: Eine „gesunde Gemeinschaft" – als Beispiel für ein „offenes System" – biete „dem Individuum sowohl ein Maximum an rationalen wie an irrationalen Werten", letztere „ebensowohl in Gestalt der freien Persönlichkeitsentfaltung wie der von Gemeinschaftsgefühlen". Broch kannte Karl Popper, der sechzehn Jahre jünger war, aus seiner Studienzeit an der Universität Wien während der zweiten Hälfte der 1920er Jahre. Wie Broch setzte sich Popper kritisch mit dem Neopositivismus des Wiener Kreises auseinander. Das zeigt sein 1934 erschienenes Buch *Die Logik der Forschung* (Popper 2013). Was Broch 1941 nur grob skizzierte, hat Popper 1945 in zwei Bänden detailliert unter dem Titel *The Open Society and Its Enemies* ausgeführt (Popper 1945). Die Ähnlichkeiten in ihren Positionen sind sehr groß, obwohl Broch und Popper während der Kriegszeit keinerlei Kontakt hatten. Beide favorisieren die demokratische Staatsform und lehnen Faschismus, Nationalsozialismus und Kommunismus ab. Was Popper stört, ist vor allem die Annahme einer Gesetzlichkeit

---

4 Vgl. Eiden-Offe 2011, 54–67.

und eines Telos in der Geschichte bei Platon, Hegel und Marx. Er meint, dass in jedem Augenblick der Geschichte ihre Entwicklung offen sei und durch jeden einzelnen Menschen mitentschieden werde, und dass die Demokratien dieses Offenhalten des geschichtlichen Augenblicks garantieren. Eine Diskussion zwischen Broch und Popper hat es nach Erscheinen der *Offenen Gesellschaft* nicht gegeben. Es ist fraglich, ob Broch, was Poppers Auffassung von der Geschichte betrifft, gefolgt wäre. Zwar konnte er mit dem Hegelschen System nicht viel anfangen und der Materialismus und Ökonomismus von Marx waren ihm fremd, aber er war ein Verehrer Platons. Anders als Popper war Broch auf der Suche nach Gesetzlichkeiten in der Kulturgeschichte, wie der „Zerfall der Werte" zeigt. Zudem war ihm die Relation von „Historischem Gesetz" und dem „Neuen in der Geschichte" eine Untersuchung in der *Massenwahntheorie* wert (KW12, 111–231). Er will dort *„psychische Zyklen in der Geschichte"* (KW12, 54) ausmachen. Broch kombiniert hier seine Werttheorie mit Massenpsychologie. So wie es Zyklen der Werteinheit und des Wertzerfalls gebe, so gäbe es auch entsprechende psychische Reaktionen der Zeitgenossen. Im Stadium des Wertzerfalls, des Krieges der Wertgebiete gegeneinander, mache sich ein „Zerrissenheitswahn" geltend, weil das Individuum die Zugehörigkeit zu sich bekämpfenden Partialsystemen wie „Staat", „Nation", „Berufsstand" und „Religionsgemeinschaft" (KW12, 55) nicht ohne psychische Schäden überstehe. Von Zyklen könne man insofern sprechen, als im Stadium des Wertzerfalls neue politische Bewegungen die Rückkehr zu Zentralwerten anböten. Man versuche dabei reaktionär die Komplexität der Welt in ein Dogmensystem zu zwingen, so dass die Anhänger solch neuer „Werttheologie" sich alten „Wahngefahren" (KW12, 56) aussetzten. Broch erwähnt die Neuauflagen des „Hexenwahns" (KW12, 55).

Erstmals wird im „Entwurf" von 1941 auch eine *„Theorie der Bekehrung"* (KW12, 60) skizziert. Broch zitiert als Beispiel einer erfolgreichen Bekehrung die christliche Mission im frühen Mittelalter. Bei der aktuellen demokratischen Bekehrung in der Gegenwart gehe es weniger um die Beförderung von „Irrationalbereicherung" als um die Beendigung von „Rationalverlust" (KW12, 61). Broch meint in der christlichen Bekehrung vier Phasen unterscheiden zu können. Die erste sei jene der „Amalgamierung", in der das neue „höhere System" versuche sich an die des alten „niederen" zu setzen. Um das zu ermöglichen, müssten aber „Wert- und Glaubenselemente aus dem niedrigeren System in das höhere eingefügt werden, allerdings an untergeordneter Stelle" (KW12, 61). Die zweite „Periode" sei die der „Konkurrenz". Da würden Wege gefunden, die alten „ekstasierenden" Mittel, deren Folge „Rationalverlust" gewesen sei, durch „äquivalente" zu ersetzen, was besonders im Hinblick auf die Abstrahierung der Opferidee geschehe. Die dritte Phase sei die der „Systemetablierung" (KW12, 61) oder einfach „Etablierung". Hier werde der Punkt erreicht, „an welchem sich der bekehrte Mensch im neuen Wertsystem seelisch „sicher" fühle (KW12, 63). Erst in der vierten Periode, die des „Tabus", würden „die Werte des alten Systems nun von der neuen Gemeinschaft unter Strafandrohung ‚verboten' werden" (KW12, 61). Im Hinblick auf die aktuelle Bekehrung hält Broch fest:

> Es wird hier keine oberflächliche Parallele gezogen, wenn darauf hingewiesen wird, daß es bei den fascistichen Bewegungen Symptome einer Wiederverheidung gibt. Der Kampf gegen den Massenwahn, die Zurückführung des Menschen in das offene System der Humanität ist die Aufgabe der Demokratie. Es ist der Kampf gegen die magische Ideologie des Sieges, ein Kampf für die Idee der ‚humanen Gerechtigkeit'; und das ist der Grund, weshalb die demokratische Mission als die Fortsetzung der christlichen betrachtet werden muß, obgleich sie von einer säkularen, wissenschaftlichen und besonders psychologischen Basis ausgeht.[5] (KW12, 63)

Broch erläutert auch kurz, was die vier Phasen im Fall der „demokratischen Bekehrung" enthalten werden: In der Phase der Amalgamierung müssten die „Siegesrituale" des Gegners übernommen werden, um sie dann im Zuge einer „Entwertung" zur „Besiegung des Sieges" zu verkehren.[6] Die Konkurrenzphase sei eine der „Propagandakonkurrenz": die „fascistischen Dogmen" müssten durch eine „Gegenpropaganda" bekämpft werden. Die Phase der „Sicherung" (d. h. also der Systemetablierung) habe zum Ziel die „organisierte Humanität", die direkt gegen „den fascistischen Wahn" gerichtet sei. Und in der Tabu-Phase, die eintrete, wenn „eine neue demokratische Organisation tatsächlich geschaffen worden" sei, gehe es schon nicht mehr um Massenpsychologie, sondern um „Probleme der Verfassung und der Legislative", die „nicht Teil", wohl aber „Ergebnis" der „Bekehrung" wären (KW12, 63–65). Im „Entwurf" von 1941 wird schon vorausgesagt, dass die Vereinigten Staaten in den Krieg gegen Hitler eintreten werden, und dass nach dem gewonnenen Krieg in Deutschland und in den faschistischen Ländern allgemein eine demokratische Bekehrung ins Werk gesetzt werden müsse. Insofern steht der „Entwurf" in enger Verbindung zur *City of Man* von 1940, wo im anti-isolationistischen Sinne der Eintritt der Amerikaner in den Krieg und die Verbreitung der Demokratie gefordert worden waren (Lützeler 2013a). Zum Schluss kommt Broch auch wie im „Vorschlag" auf die *„empirische Forschung"* (KW12, 65) zu sprechen. Er schlägt aber keine Neugründung eines Instituts mehr vor, sondern betont lediglich, dass weitere historische sowie empirische soziologisch-pyschologische Untersuchungen zur Abrundung der Studie nötig seien.

Das „Inhaltsverzeichnis" von 1943: Zwei Jahre später verfasste Broch die letzte der drei Darstellungen im Überblick. Er bewarb sich 1943 mit dem „In-

---

5 Vgl. Klinger 1994.
6 Zum Thema der „Besiegung des Sieges" vgl. den Aufsatz von Stephanie Baumann (2020).

haltsverzeichnis" um eine weitere Verlängerung seines Rockefeller Stipendiums an Hadley Cantrils Office of Public Opinion Research in Princeton. Das Gesuch wurde abgelehnt, aber als er das gleiche Dokument zwei Jahre später bei der gerade gegründeten Bollingen Foundation in New York einreichte, erhielt er für die Zeit von Anfang 1946 bis Mitte 1947 ein Stipendium zur Fertigstellung der *Massenwahntheorie*. Sie hätte 1948 in der Bollingen Series des Pantheon Books Verlags in New York publiziert werden sollen. Brochs *Massenwahntheorie* wurde aber nicht abgeschlossen und blieb zu Lebzeiten des Autors unveröffentlicht. Der genaue Titel des „Inhaltsverzeichnisses" von 1943 lautet: „Eine Studie über Massenhysterie – Beiträge zu einer Psychologie der Politik – (Vorläufiges Inhaltsverzeichnis)" (KW12, 67–97). Das „Inhaltsverzeichnis" ist zeitlich gesehen nach der Niederlage der Deutschen Wehrmacht in Stalingrad geschrieben worden, und so ist das Ende der nationalsozialistischen Herrschaft abzusehen. Broch besteht aber auf seinem alten Konzept, mit der *Massenwahntheorie* einen Beitrag zur Überwindung des nationalsozialistischen Weltbildes zu leisten und betont: Wenn „Hitler" auch „besiegt werden sollte, der Hitlerismus wird damit noch nicht zur Gänze aus der Welt geschafft worden sein", weil „der Psychopath Hitler" Exponent des „Zeitgeistes" sei (KW12, 67). Gegenüber den früheren Zusammenfassungen sind hier drei Aspekte neu: die Einführung des Terminus „Dämmerzustand", die Unterscheidung zwischen „magischer" und „rationaler" Rechtsprechung im Zusammenhang der Diskussion über die Todesstrafe sowie die Benutzung der Bezeichnung „Totaldemokratie". Wenn Broch vom „Dämmerzustand" des Menschen spricht, legt er Wert darauf nicht missverstanden zu werden. Es geht um keine Gleichsetzung mit dem „rudimentären Dämmerzustand" des Tieres, den man mit „Instinkt" bezeichnet. „Im Gegensatz zum Tier", schreibt Broch, „besitzt der Mensch Ich- und Welterkenntnis, Ich- und Weltbewusstsein. Dank dieser Fähigkeit vermag er, sein Dahindämmern zu durchbrechen; es sind die Erkenntnisvorstöße, in denen sich das spezifisch Menschliche vollzieht". Davon legten „die geschichtliche Entwicklung und der Kulturaufbau Zeugnis" ab. Während das tierische Dahindämmern sich im Bereich der Natur abspiele, vollziehe sich das menschliche Dahindämmern im Gebiet der „Kultur", die „der Mensch kraft seiner Erkenntnisvorstöße selber geschaffen" habe (KW12, 69). Im Dämmerzustand verhalte sich der Mensch gegenüber der Kultur wie das Tier gegenüber der Natur: „In der Unterscheidungslosigkeit seiner Akzeptationen" fährt Broch fort, „verliert der Mensch seine ihn auszeichnende menschliche, individuelle Bewußtseinsfähigkeit" (KW12, 69, 70).[7] Broch statuiert die Beziehung zwischen Dämmerzustand und Masse: Wo „das Dahindämmern die Oberhand

---

7 Vgl. Kiss 2003.

gewinnt, da wird der Mensch zur Masse. Die Masse ist das Produkt des Dahindämmerns" (KW12, 70). Broch weist darauf hin, dass sich Traditionslinien des Denkens über das Unbewusste bei Arthur Schopenhauer, Eduard von Hartmann, Henri Bergson und Sigmund Freud (KW12, 70, 71) ausmachen lassen. Er hätte ergänzend auch Friedrich Nietzsche nennen können (Gödde 1999). Diese unterschiedlichen Interpretationen des Unbewussten trügen zwar zum Verständnis des „Dämmerzustandes" bei, doch besteht er auf der Differenz, auf der Besonderheit seines Terminus. Im Nachlass von Hans Blumenberg im Deutschen Literaturarchiv in Marbach gibt es eine Notiz über Brochs „Dämmerzustand"[8]. Blumenberg hielt ihn, wie er es nannte, für eine „terminologisch äußerst bedeutsame Neuerung", weil hier die übliche Lichtmetaphorik durchbrochen werde und ein Ausdruck für Zwischenwerte gefunden worden sei. Brochs „Dämmerzustand" ist im Kontext der Massenpsychologie originell, doch hat er den Begriff schon in seinen Romanen *Die Schlafwandler* und *Die Verzauberung* benutzt, also bevor er plante, eine massenpsychologische Studie zu schreiben. In den *Schlafwandlern* heißt es an einer Stelle des *Esch*-Teils im Abschnitt „Der Schlaflose": Der „Wachende" vergesse, „daß er selber zumeist in einer Art Dämmerzustand sich befindet und daß bloß der Schlaflose in seiner Überwachheit wahrhaft logisch" denke (KW1, 351). Und wenig später ist erneut vom „Dämmerzustand" des „Wachenden" die Rede (KW1, 354). Diese Beobachtungen erinnern an Brochs Gegensatz von „Dämmerzustand" und „Erkenntnisvorstoß" in der *Massenwahntheorie*. Das „Leben" der Hanna Wendling wird im dritten Band der *Schlafwandler*-Trilogie als „ein Hindämmern" bezeichnet (KW1, 593). In der *Verzauberung* wird von Wenzel, dem Initiator eines Massenwahns, gesagt, dass er nach seiner Verwundung in einen „Dämmerzustand" sinke (KW3, 324). Und im *Tod des Vergil*, der zeitgleich mit der *Massenwahntheorie* entstand, wird das „Dahindämmern" (KW4, 15) des Massenmenschen konfrontiert mit Vergils Erkenntnisvorstößen, d. h. mit jenen „dämmerungsentlösten Augenblicken des Lebens", „der klanggewordenen Todlosigkeit" und der „vollkommenen Freiheit" (KW4, 80). Erneut wird deutlich, wie stark bei Broch die Wechselbeziehungen zwischen theoriegeleiteter Dichtung und dichtungsdurchsetzter Theorie sind.

Brochs drittes Kapitel der „Massenwahntheorie" widmet sich der Überwindung nationalsozialistischen Denkens und Handelns, und da spielt das Thema der Rechtsprechung eine wichtige Rolle. Im „Inhaltsverzeichnis" grenzt Broch die „rationale Rechtsprechung" in der „Demokratie" von der „magischen Justiz" im „Fascismus" (KW12, 88, 89) ab. „Im Gegensatz zur rationalen Rechtsprechung, der es um den Einzelmenschen geht" schreibt Broch, „betont die magische Justiz

---

8 Den Hinweis verdanke ich Agnieszka Hudzik (Mitteilung vom 14. Oktober 2012).

das Kollektiv" (KW12, 88). Die magische Justiz gehe von einem „Menschentyp" aus, der als „Massentier" nur „durch die Erfordernisse des kollektiven Ziels" in „Zaum gehalten" werden könne. So sei „Gehorsam" die „einzige Beziehung, die das Individuum mit der Gemeinschaft" verbinde. Broch denkt wahrscheinlich an den völkischen Propagandaspruch der Nationalsozialisten „Du bist nichts, dein Volk ist alles", wenn er fortfährt: „Nur dem Kollektiv alleine wird theoretisch die Eigenschaft einer ‚lebenden Person' zuerkannt, dem Einzelmenschen dagegen nicht". „Das Recht des Kollektivs", sei es, „jedes Mitglied der Gemeinschaft (sogar ohne Angabe eines Grundes) zu vernichten, dieses Recht leitet sich ab aus der Existenzeigenschaft, die ausschließlich das Kollektiv besitzt." Im Gegensatz dazu gehe die „rationale Rechtsprechung" der Demokratie von einer „wirklichen Beziehung zwischen Individuum und Gemeinschaft" aus. Hier würden dem „Einzelmenschen zumindest die gleichen Existenzqualitäten zugebilligt" wie „dem Kollektiv". Broch rückt bei der Konfrontation von magischer und rationaler Justiz das Thema der Todesstrafe in den Mittelpunkt. Ohne Todesstrafe sei die anti-individuelle magische Rechtsprechung nicht denkbar: sie brauche die Todesstrafe, um die Ziele des Kollektivs gegen den einzelnen durchsetzen zu können. Die rationale demokratische Justiz aber sollte ohne Todesstrafe auskommen, weil erst nach „Abschaffung der Todesstrafe" eine „ethisch gültige Beziehung zwischen den Mitgliedern der Gemeinschaft" hergestellt werden könne.[9] Die „Abschaffung der Todesstrafe" sei das „wirksamste Mittel im Kampf gegen das magische Denken" im Bereich des Rechts. Von der rationalen Rechtsprechung erhofft Broch sich die „Schaffung eines neuen Menschentypus" (KW12, 89). Brochs Perspektive liest sich so:

> Wenn der neue Menschentyp nicht so ein Massentier werden soll, zu dem ihn Fascismus und magische Justiz machen, dann wird es ein Menschentyp sein, der – obgleich er im Kollektiv lebt und sich an dieses gebunden fühlt – alle vollmenschlichen Qualitäten behalten wird; er wird gekennzeichnet sein durch seine Wechselbeziehung zur Gemeinschaft, für die er sorgt und die für ihn sorgt, wobei er die Gemeinschaft mitformt und diese wiederum ihn beeinflußt. (KW12, 89–90)

In seinem letzten Roman *Die Schuldlosen* (KW5) greift Broch die Diskussion über die Todesstrafe auf. Geschildert wird in der „Erzählung der Magd Zerline" ein Kriminalfall aus Wilhelminischer Zeit: Es geht um einen Mord. Der zuständige Gerichtspräsident, dem hintertragen worden ist, dass seine Frau eine Affäre mit dem Angeklagten gehabt habe, lässt sich durch kein „Gefühl der Rache" leiten. Vielmehr bedenkt er „das Gräßliche der Todesstrafe" und besteht auf der genauen Untersuchung bei „Beweiszulassung und Beweisbehandlung" (KW5, 117). Der Angeklagte wird freigesprochen.

---

9 Vgl. Weidemann 2017; Wogenstein 2019.

Broch schließt seine *Massenwahntheorie* ab mit den Worten „Demokratie ist Anti-Versklavung" (KW12,563). Was er damit meint, hat er in seinem Aufsatz „Die Demokratie im Zeitalter der Versklavung" (KW11, 110–191) von 1949 dargelegt. Dort führt er einen umfassenderen Versklavungsbegriff ein als wir ihn aus der Literatur zur Geschichte der Sklaverei kennen. Während dort von machtlosen Menschengruppen die Rede ist, die von herrschenden Schichten in völliger Abhängigkeit gehalten werden, macht Broch einen strukturellen Begriff stark und spricht von „Zweckinstitutionen" wie dem „Staat", die „uneingeschränkt Machtentfaltung" (KW11, 110) anstreben und alle Staatsbürger zu unterjochen trachten. Das treffe vor allem auf die Staatsformen totalitärer Regime faschistischer oder kommunistischer Provenienz zu, könne aber auch ein Problem in den Demokratien werden. Was sich bei neuen Staatsbildungen wiederhole sei die Tatsache, dass anfänglich „anarchische" Kräfte „gegen die Versklavungstendenzen" des alten Staates durch „Revolution" mobilisiert (KW11, 114) werden. Dem aber folge nach der Neugründung der „Sieg des Staates über die Revolution" (KW11, 115). Der Sieg der neu etablierten Ordnung über den Moment der Anarchie sei unabwendbar. „Politische Versklavung" (KW11, 115) als Staatsversklavung sei gerade in den totalitären Ländern der Gegenwart die Regel. Ist der Staat zum „Sklavenhalter" des Bürgers geworden, bedeute dies erstens dessen Bindung an den „Machtbereich" des Staates, also die „Aufhebung der Freizügigkeit" (KW11, 111). Es folge zweitens die „Aufhebung der Berufs- und Beschäftigungswahl", drittens die „Aufhebung des Anspruches auf gerechten Lohn" und viertens die „Aufhebung des Anspruchs auf unparteiische Rechtsprechung" (KW11, 112). Hat der Staat einmal alle anarchischen Tendenzen seiner Bürger qua „Polizismus" unterdrückt, lebe er die eigenen anarchischen Tendenzen auch nach außen hin aus, sei es durch „Imperialismus" oder „Militarismus" (KW11, 115, 116). Alle drei „Tendenzen" zielen nach Broch „auf Totalversklavung des Bürgers", und mittels „Polizismus" entstehe der „Totalitärstaat" (KW11, 116). Diese zeitgenössische politische Versklavung konstatiert Broch vor allem in den Regimen Hitlers und Stalins. Symbol dieses modernen Totalitärstaates sei das zeitgenössische „Konzentrationslager", in dem der versklavte Insasse der „ständigen Mordbedrohung ausgeliefert" sei (KW11, 112). Hier werde ein „natürliches Recht" des Menschen gebrochen: das auf „Freiheit". Von hier aus gesehen, so Broch, markiere das Symptom „Konzentrationslager" jenen absoluten Tiefpunkt, der die „säkularisierte Neufundierung des Naturrechts" provoziere. Der dabei „fundierungswürdige und fundierungspflichtige Satz" laute: „Der Mensch darf den Menschen nicht versklaven." Dieser „Zentralsatz des Menschenrechtes" setze zum einen die Anerkennung von „Freiheit" und „Menschenwürde" voraus, aber diese Begriffe ließen sich dann auch wiederum aus dem „Zentralsatz" ableiten (KW11, 113). Diese These ist Broch so wichtig, dass er sie auch in anderen Essays wiederholt.

Anschließend kommt er auch auf die westlichen Demokratien beim Kapitel über die „ökonomische Versklavung" zu sprechen. „Marxismus und Reinkapitalismus" so befindet der Autor, „sind sich über die Präponderanz der wirtschaftlichen Momente vollkommen einig" (KW11, 120). Und beide, befürchtet er, trügen „den Keim zur schwersten Menschheitsversklavung in sich" (KW11, 121). Der „in der Wirtschaft steckende Versklavungsfaktor" sei „unabhängig vom privaten oder nationalen Besitz an den Produktionsmitteln" (KW11, 124) wirksam. Über die Wirtschaft in der Sowjetunion, die Broch nicht aus eigener Anschauung kennt, kann er nur spekulieren. Vertrauter sind ihm die Gegebenheiten in den USA. Broch unterscheidet zwischen „Intensivkapitalismus" und „Extensivkapitalismus" (KW11, 121, 122). Beim Intensivkapitalismus werden primär inländische Geschäfte getätigt, beim Extensivkapitalismus gehe es um „Kolonialismus", wobei eine „Neigung zur fascistischen Versklavung" (KW11, 123) zu konstatieren sei. Anders als in der Sowjetunion handle es sich in Amerika nur indirekt um eine wirtschaftliche Staatsversklavung. Was dort herrsche sei eine jeden und alles dominierende ökonomische Versklavungsideologie. „Es gibt", stellt Broch provokant fest, „auch eine Wirtschaftsversklavung bei hohen Löhnen und niedern Preisen", also „eine Versklavung in und durch prosperity" (KW11, 127). Dazu führt er aus:

> Denn wenn alle Energien des Menschen auf die Güterproduktion gerichtet sind, wenn er keinen andern Lebenssinn als diesen kennt, so wird er eben in einer Art von der Wirtschaft beherrscht, daß er, bei aller politischen Freiheit, sich selbst allen Charakteristiken des Sklaventums unterwirft. Nicht zuletzt darum ist der Unterschied zwischen den beiden großen politischen Parteien der Vereinigten Staaten so überaus gering. Und diese Versklavung ist umso haltbarer, als sie keinen konkreten Sklavenhalter kennt; sie ist die bedingungslose Unterordnung unter ein Abstraktum, das manchmal „die Firma" oder „das Unternehmen" heißt, zu dessen Wohl der Mensch seine letzte Kraft herzugeben hat, in Wahrheit aber stets ein unsichtbarer Götze ist, der den Generaldirektor ebensogut wie den letzten Arbeiter unerbittlich und absolut beherrscht. (KW11, 127)

Das nächste Kapitel über „ideologische Versklavung" handelt vor allem von den „Erfolgsaussichten des Kommunismus in der westlichen Welt" (KW11, 129). Wie schon zwei Jahrzehnte zuvor in seiner Essayfolge „Zerfall der Werte" in der *Schlafwandler*-Romantrilogie macht Broch das „Dahinschwinden der religiösen Haltung als Zentralwert" dafür verantwortlich, dass der „westliche Mensch direktionslos geworden" sei. Mussolini habe auf diese Unsicherheit der Massen reagiert und seinen faschistischen „Staat" (KW11, 129) als tyrannisches Ordnungsinstrument (aber nicht als Religionsersatz) für den alten Zentralwert angeboten. Der „kommunistische Totalitarismus" aber gehe im Hinblick auf diesen Ersatz ein „sehr entscheidendes Stück weiter" (KW11, 130). Da der heutige „westliche Mensch" lediglich das „wissenschaftlich Beweisbare" glaube, sei der Marxismus für ihn als „Sicherheit" gewährendes „einheitliches Wertsystem" attraktiv (KW11, 130).

Allerdings stehe besonders in den USA „die wirtschaftliche Heroenverehrung" mit ihrer „Rekord- und Erfolgsanbetung" der Ausbreitung des Kommunismus im Wege. Die „success story" werde zur „Nationallegende" und die amerikanischen „Großverdiener" seien zu „mythischen Gestalten geworden" (KW11, 131). Allgemein fragt sich Broch: „Was haben die westlichen Mächte diesem ungeheuren ideologischen Apparat" des Sowjet-Kommunismus „entgegenzusetzen"? Roosevelt sei mit seiner die vier Freiheiten verkündenden „Atlantic Charter" von 1941 ein Hoffnungsträger „der Völker" während des Krieges gewesen. Doch das „Humanitätsverbrechen" des Abwurfs der Atombomben in Japan habe den „initialen Nachkriegssieg Rußlands" nach sich gezogen. „Wäre", so überlegt der Autor, „die Atombombe als internationales Schreck- und Schaustück demonstriert worden" (KW 11, 133), so wäre sie „zu einem ideologischen Positivum geworden, das Propagandamittel der ebenso starken wie humanen Demokratie, in deren Schutz sich die Völker gerne begeben hätten." Stattdessen habe mit ihrem Abwurf auf die beiden japanischen Großstädte Hiroshima und Nagasaki im August 1945 „die Bombe Amerika die asiatische Feindschaft eingetragen" (KW11, 134). Es fehle offensichtlich der westlichen Weltmacht an einer „spezifisch demokratischen, westlichen Ideologie" (KW11, 135). Auch die „europäische Demokratie" habe in Asien keine Freunde, denn von ihr hätten „die asiatischen Völker bloß Kolonialismus erfahren." So könne „aus der gegenwärtigen Situation ein Welttotalitarismus entspringen" (KW11, 137). Die nahe Zukunft malt Broch in den schwärzesten Farben einer „Superversklavung", wenn er vermutet, dass „das Hitlerische im Totalitären" dabei sei, „Bestandteil der Weltideologie zu werden" (KW11, 139).

Der nächste Abschnitt ist mit „Totalitarismus" überschrieben und Broch beginnt ihn mit einem das Gespenstische der Weltsituation illustrierenden Bild:

> Das Gespenst des Totalitarismus gleicht einer ungeheuren, die bewohnte Erde einhüllenden Nebeldecke: über weite Flächen hin sitzt sie bereits fest am Boden, mit den heute noch nebelfreien mag es in Kürze ebenso ergehen. Wo der Nebel festsitzt, da herrscht Ordnung, die Nebel-Ordnung der Laterne, die Ordnung der kurzen Sicht, den Menschen vom Nebenmenschen isolierend, die unmenschliche [...] Ordnung der Dinghaftigkeit.   (KW11, 139)

Ausgehend von dieser trüben Sicht auf die globalen politischen Gegebenheiten sucht Broch in den Verfassungen der Demokratien Basiselemente zu finden, aus denen alternativ gegenteilige Vorstellungen mit Aussicht auf Wirkungsmöglichkeiten entwickelt werden können. „Die Demokratien der Neuzeit sind durchweg", so hält er fest, „aus der revolutionären Niederwerfung monarchischer Tyrannei hervorgegangen". Die im Zusammenhang damit formulierten „Menschenrechte" (KW11, 140) seien „normative Richtlinien", die man als „Rechtsgut" verstanden habe. Die amerikanische „Bill of Rights" habe man eingeführt, um die junge Demokratie „vor Anschlägen einer etwa neuaufflammenden Regierungstyrannis zu schützen" (KW11, 141). Broch weist hier – wie auch sonst oft – auf Hitlers Machtübernahme (KW11, 151–152) als Beispiel dafür hin, dass die Demokratie ihre „normativen Richtlinien" nicht nur gegen ihre Regierungsspitze zu verteidigen habe, sondern auch gegen totalitäre politische Gruppen, Bewegungen oder Parteien im Lande, die an der Zerstörung der Demokratie unter Ausnutzung ihrer Offenheit, ja Ungeschütztheit arbeiten und – einmal zur Macht gekommen – die demokratische Verfassung abschaffen.[10] Bei den Demokratien – in den USA wie anderswo – könne man insofern von „einem Fall staatsrechtlichen Leichtsinns" sprechen, als sie es versäumt hätten, ihre „normativen Richtlinien" zu einem „schutzpflichtigen Gut" zu erheben (KW11, 141). Hier könne man vom „Totalitärstaat" lernen, der seine „normativen Richtlinien" immer „unter strafrechtlichen Schutz stelle". Im Vergleich zu den faschistischen oder kommunistischen Totalitärstaaten, die ganz auf die Macht des „Staates" setzen und ihre Bürgerschaft versklaven, sei die Demokratie ein „Zwittergebilde". Hier werde zwar auch der „Staat" beibehalten, um die „Anarchie" zu verhindern, aber gleichzeitig garantiere man die Individualrechte durch die Verfassung. Einerseits habe die Demokratie qua „Bill of Rights" ihren „Daseinsgrund" in der „Bekämpfung" der „Versklavung", andererseits tendiere sie als „Staat" zur Unterdrückung ihrer Bürgerschaft (KW11, 141, 149). Die Frage sei, ob sich die Demokratie als Menschenrechtsgarant von innen her gegen ihre eigenen Staatstendenzen behaupten könne, und ob sie nach außen hin die Kraft aufbringe, sich der Attraktion des „viel radikaler und einfacher konstruierten Totalitärstaats" (KW11, 149) zu erwehren. Brochs Vorschlag ist, dass auch die Demokratie ihrerseits ihre „normativen Richtlinien" (also die „Bill of Rights") „strafrechtlich" schützen solle (KW11, 152). Unter dem Begriff „totale Demokratie" versteht er einen demokratischen Staat, der die von ihm garantierten Freiheitsrechte und die von ihm garantierte Anti-Versklavung gegen Angriffe von innen und außen zu schützen in der Lage ist. Als Angriffe von innen gegen Freiheit und Anti-Versklavung versteht Broch z. B. die Tolerierung von „Lynchjustiz". Er erklärt kategorisch: „ein Staat", der „einer Gruppe seiner Bürger Lynchjustiz" erlaubt statt sie „als gemeinen Mord zu ahnden", könne „trotz sonstiger demokratischer Einrichtungen nicht Demokratie genannt werden." Demokratie habe immer ihre Legitimität aus der „Auflehnung gegen Versklavung" bezogen, und so seien ihr „jegliche Versklavungstendenzen verboten" (KW11, 158). Man merkt erneut, wie stark Broch bei seinen Äußerungen zu Demokratie und Menschenrecht die Situation in den USA im Auge hat. Das Lynch-System in den Südstaaten war bis in

---

10 Diesem Thema widmet sich auch Eiden-Offe (2011, 19–54).

die 1930er Jahre das kriminellste Zeichen eines Rassismus in dem Teil der weißen Bevölkerung, der das Ende des Sklavenhalter-Systems seit Lincoln nicht zu akzeptieren bereit war (Dray 2002). Es war aber nicht nur ein Südstaatenproblem, denn Lynchen von Latinos war in Kalifornien weit verbreitet (Gonzales-Day 2006). Brochs zentrale Frage ist, wie und auf welche Weise die „Bill of Rights" strafrechtlich geschützt werden könne. Seine Antwort lautet, dass „die Verletzung der Menschenrechte" zum „Verbrechen erklärt" (KW11, 162) werden müsse, d. h. die „Bill of Rights" wäre durch eine „Bill of Duties" zu ergänzen. Und diese „Bill of Duties" würde aus einer „Gruppe von ‚Gesetzen zum Schutze der Menschenwürde'" (KW11, 163) bestehen.

Hatte Broch in den Jahren zuvor immer nur ein einziges „Gesetz zum Schutz der Menschenwürde" gefordert, das als Bestandteil einer noch auszuarbeitenden „Bill of Duties" gedacht ist, so stellt er nun fünf solcher Gesetze vor, die aber nur etwas differenzierter aussagen, was vorher in dem einen Gesetz schon zusammengefasst worden war. Bei diesen fünf Gesetzen geht es erstens um den *„Schutz der ‚Bill of Rights'"*, allgemein, zweitens um den *„Schutz gegen legislatorische Diskrimination"*, drittens gegen *„ökonomische Diskrimination"*, viertens *„gegen bürgerliche Diskrimination"* und fünftens um den „Schutz gegen Haßpropaganda" (KW11, 163–164). Bei Vergehen gegen diese Gesetze werde man mit Kerkerstrafen zu rechnen haben. Nach dem ersten Schutzgesetz ist es verboten, eine Staatsform zu propagieren, in der Grundrechte aufgehoben werden, die die „Bill of Rights" garantiert. Das zweite Anti-Diskrimierungsgesetz verbietet Forderungen nach Rechtseinschränkungen für „bestimmte nationale, rassische, religiöse oder soziale Gruppen". Die genannten Menschengruppen sind zum einen Afro-Amerikaner, Juden, Iren, Chinesen, zum anderen „Proletarier" und „Kapitalisten" (KW11, 163). Erneut wird deutlich, wie stark Broch an die Verhältnisse in den USA denkt. In jedem Land der Welt gibt es zu unterschiedlichen Zeiten andere Minoritäten und andere diskriminierte soziale Bevölkerungsteile, und so sind die genannten Gruppen nur als Beispiele zu verstehen. Dieses zweite Gesetz wird ergänzt durch das dritte, das eine Benachteiligung im ökonomischen Bereich der unter zwei genannten Ethnien bzw. Minoritäten ausschließen soll. Auch das vierte Gesetz ergänzt wiederum das zweite und das dritte, da es Diffamierungen solcher Gruppen als straffällig hinstellt, und das gleiche gilt für das fünfte Gesetz, das Hasspropaganda gegen die unter zwei genannten Bevölkerungsteile verbietet. Wie in früheren Fällen betont Broch auch hier, dass die „Bill of Duties" als Gegenstück zu den Rassengesetzen der Nationalsozialisten verstanden werden kann. So hält er fest:

> Es gibt wohl keine eindrucksvollere Gegenüberstellung als das „Gesetz zum Schutz der Menschenwürde" und das Nürnberger „Gesetz gegen Rassenschande", das gewissermaßen die „Bill of Duties" des Rassenstaates gewesen ist; auf der Seite der Demokratie die

unbedingte Hochschätzung des menschlichen Individuums, dem es zur Hauptverpflich-
tung gemacht wird, die Freiheit und die Würde des Nebenmenschen (nicht seine eigene!)
zu achten, auf der Seite des Totalitärstaates der Eingriff in die privateste Sphäre des Individuums und seine Erniedrigung zu einem – allerdings noch biologischen – Teilchen der
totalitären Staatsmaschine. (KW11, 165)

Der Autor weist darauf hin, dass „auch die andern Totalitärstaaten" keine „Achtung vor der individuellen Person und deren Würde" (KW11, 165) hätten. Die
fünf Gesetze müssten noch vervollständigt und ergänzt werden, wolle man zu
einer praktikablen „Bill of Duties" kommen. So wäre das Thema der Abschaffung der „Todesstrafe" wie auch das Problem der „gerechteren Güterverteilung"
anzupacken. Die „Wirtschaftsunfähigen" und die „Wirtschaftsausgeschalteten"
dürften nicht entrechtet werden in einer Demokratie, in der der Schutz des Individuums und nicht die „Verpflichtung zum Profit" (KW11, 167) im Mittelpunkt
der sozialen Ordnung stehe. Die „nationale Sozialfürsorge" müsse „auf einen
möglichst hohen Stand" gebracht werden. Der „New Deal" unter Präsident Roosevelt habe da „Erfolge erzielt" (KW11, 168), an die anzuknüpfen sei. Das ist ein
Hinweis auf den Social Security Act von 1935, das Meisterstück von Frances Perkins als Secretary of Labor. Man müsse sich bei diesen sozialen Maßnahmen
immer bewusst bleiben, dass „der Mensch niemals als Wirtschaftssache, kurzum
als Sklave behandelt werden darf" (KW11, 169).

Broch legt Wert darauf, dass man den Begriff der „totalen Demokratie"
nicht missversteht. „Total" soll nur der Schutz der „Bill of Rights", der demokratischen Verfassung, der demokratischen Freiheiten sein, und so betont der
Autor:

Je intoleranter die Demokratie in jedem einzelnen Fall des „Schutzes der Menschenwürde"
auftritt, d. h. je totalitärer sie die „Bill of Rights" verteidigt, desto toleranter, relativistischer
und liberaler kann, darf, muß sie sich gegenüber den von dieser gewährleisteten Bürgerfrei-
heiten verhalten. Hier begründet sich die moralische Haltung jener „Fairness", die besonders als Bestandteil der angelsächsischen Demokratie die Meinung des Nebenmenschen
unbedingt achtet, jene Haltung der schlichten „Anständigkeit", die als Pakttreue und Ver-
läßlichkeit jedem eingeht, und die doch nicht möglich wäre, wenn nicht alle Bürger der Gemeinschaft im letzten einer gemeinsamen moralischen Grundhaltung absolut verpflichtet
wären. Nur in dieser Kombination von maximaler Gebundenheit in der Grundhaltung und
maximaler Freiheit in allen sonstigen staatsbürgerlichen Belangen vermag der Mensch sich
mit der Staatsinstitution abzufinden [...]. (KW11, 171)

Broch spricht hier einen der wichtigsten Aspekte in der Demokratie an: das Zusam-
menspiel von Freiheit und Gesetz, von subjektiver Neigung und gesellschaftlicher
Norm, von Willkür und Satzung. Mit „maximaler Freiheit" einerseits und „maximaler Gebundenheit" umschreibt er eine Polarität sozialen individuellen Verhaltens, das zum einen das Gemeinwesen vor Anarchie bewahren, zum anderen

das Individuum vor Tyrannei schützen soll. Demokratie sei der Diktatur überlegen, weil diese immer durch die Einschränkung von Freiheiten zu „unheilvollen Extremen" tendiere, während es bei der Demokratie einen garantierten Schutz individueller Rechte gebe. So könne man von einer demokratischen „Radikalität der Mitte" (KW11, 173) sprechen.

Sie gibt Broch die Hoffnung, dass sich die demokratischen „Staaten des Westblocks", die in der UNO bereits die „International Bill of Rights" akzeptiert hätten (gemeint ist die „Universal Declaration of Human Rights" vom 10. Dezember 1948) auf eine „International Bill of Duties" (KW11, 186) einigen könnten. Und falls „Amerika den Schutz der Menschenrechte zu seiner eigenen Sache" erkläre, sehe er voraus, dass den Vereinigten Staaten die Führungsrolle in diesem Block zufallen werde. „Mit dem Schutz der Menschenrechte", fährt Broch fort, „soll der Versuch gemacht werden, die Idee des Westblocks den von ihm umschlossenen Völkern näherzubringen" (KW11, 187–188). Gemeint ist „das Bewusstsein der Humanität, das Bewusstsein des individuellen Antitotalitarismus". Ob man dieses Bewusstsein stärken könne durch eine internationale „Humanitätspartei" (KW11, 188), die sich für den Schutz der „Menschenrechte" (KW11, 189) weltweit einsetzt, ist eine Frage, die Broch mit aller Skepsis aufwirft. Nicht als politische Partei, sondern als NGO (non-governmental organization) ist diese Idee dann ein gutes Jahrzehnt später von Amnesty International realisiert worden.

Was die „Bill of Duties" als Ergänzung zur „Bill of Rights" betrifft, so stand Broch da, wie schon angedeutet, keineswegs allein. Allerdings handelt es sich dabei selten um das, was ihm selbst als Ziel vor Augen schwebte. Anfang Mai 1948 (also ein gutes halbes Jahr, bevor die Universal Declaration der UNO verabschiedet wurde) publizierte die Inter-American Commission on Human Rights ihre „American Declaration of the Rights and Duties of Man" (Glendon 2001, 15). Es handelte sich um ein Dokument, das damals bei der neunten International Conference of American States in Bogotá (Columbia) verabschiedet worden war, einer Tagung in der Tradition der 1890 gegründeten Pan-American Union. Da sind 28 Menschenrechte und 10 Menschenpflichten gelistet. Bei den Menschenrechten werden das Recht auf Arbeit und fairen Lohn, soziale Sicherheit und eine Staatsangehörigkeit erwähnt, und bei den Menschenpflichten finden sich entsprechend die Pflicht zur Arbeit, zur Zahlung von Steuern und Sozialbeiträgen sowie der Dienst an der Nation (zivil und militärisch) angeführt.[11] Etwas, was auch nur von fern an Brochs Gesetz zum Schutz der Menschenwürde

---

11 https://www.encyclopedia.com/humanities/encyclopedias-almanacs-transcripts-and-maps/bogota-conference-1948 (26. Januar 2021).

erinnern könnte, findet bei den Menschenpflichten keine Erwähnung. Diese Erklärung wurde an die Kommission von Eleanor Roosevelt geschickt, doch legte man dort Wert auf eine eigenständige Arbeit. Was in Bogotá als Menschenpflichten verabschiedet wurde, waren Pflichten gegenüber dem Staat, der aber ohnehin die Macht hatte, auf Steuerzahlung und Wehrpflicht zu insistieren. Broch wollte etwas ganz Anderes, nämlich jene Hasspropaganda unterbinden, die der Realisierung der Menschenrechte im Wege stand. Bei ihm ging es um Pflichten des Einzelmenschen gegenüber dem Einzelmenschen, nicht um Pflichten des Bürgers gegenüber dem Staat.

Es gab noch eine weitere Parallele zu der von Eleanor Roosevelt geleiteten Arbeitsgruppe, die sich um die Neuformulierung der International Bill of Rights bemühte. Auch dort kam man neben den Human Rights auf die Human Duties zu sprechen. Diese Initiative war lange vergessen, bis auf sie nach über einem halben Jahrhundert wieder hingewiesen wurde (Glendon, 2001, 73–78). Dabei ging es diesmal um eine Initiative der UNESCO (United Nations Educational, Scientific and Cultural Organization), deren Gründung zwischen November 1945 und November 1946 vorbereitet worden war. Der erste Secretary General der UNO in New York wurde 1946 der norwegische Politiker und Arbeiterführer Trygve Lie. Nicht lange nach seinem Amtsantritt begann die offizielle Arbeit der UNESCO mit ihrem Sitz in Paris als eine der vielen rechtlich selbständigen Sonderorganisationen der Vereinten Nationen (wie z. B. UNICEF, WHO und IMF). Bei der vorbereitenden Gründungsarbeit war Rab Butler, der britische Erziehungsminister unter Churchill während der Kriegszeit, federführend gewesen. Zum ersten Director General der UNESCO wurde im November 1946 der britische Biologe, Eugeniker und internationalistisch gesonnene Intellektuelle Julian Huxley gewählt (Krill 1968). Der machte sich gleich ans Werk und verfasste die Denkschrift *UNESCO: Its Purpose and Its Philosophy* (Huxley 1947), um der neuen Institution eine philosophische Fundierung zu geben. Dabei rückte er seine eigenen evolutionsbiologischen und eugenischen Überzeugungen in den Mittelpunkt. Die haben sich als Richtschnur der UNESCO-Aktivitäten nicht durchsetzen können, was voraussehbar war. Daneben aber breitete er internationalistische und edukatorische Ideen aus, die auch bei Broch zu finden sind. Am Anfang seines Essays zitiert Huxley zustimmend die ganze Präambel der UNESCO-Verfassung sowie den Absatz 2 aus Artikel 1.[12] Beim Zitieren des ersten Satzes der Präambel betont Huxley, dass er von dem damaligen britischen Premierminister Clement Attlee stammt: „[...] since wars begin in the minds of men, it is in the minds of men that the defences of peace must be

---

12 http://portal.unesco.org/en/ev.php-URL_ID=15244%26URL_DO=DO_TOPIC%26URL_SEC TION=201.html (10. Oktober 2020).

constructed" (Huxley 1947, 5). Huxley zitiert die ganze Präambel, aber bei der Wiedergabe des Artikels 1, der die „Purposes and Functions" der UNESCO festlegt, lässt er den Absatz 1 und den Absatz 3 aus. Im Absatz 1 werden ausdrücklich die „human rights" als Kulturwerte genannt, für deren Achtung sich die neue Organisation einsetzen soll, und Huxley kommt auf sie in der Denkschrift nicht zu sprechen. Im Absatz 3 wird festgehalten, dass die UNESCO sich in keine Sachen einmischen soll, die unter der nationalen Jurisdiktion eines Landes stehen. Das Auslassen des Hinweises auf die Menschenrechte ist unverständlich, denn kurz danach will Huxley sich zum Champion der Human Rights aufschwingen. Der fehlende Hinweis auf die Souveränität der Einzelstaaten dagegen lässt sich leicht erklären. Hier bezog Huxley eine Position, die im direkten Gegensatz zum Artikel 1, Absatz 3 stand: Dabei geht er weit über die Brochsche Forderung hinaus, die nur eine auf den Schutz der Menschenrechte bezogene qualifizierte (und keineswegs allgemeine) Ausschaltung dieser Souveränität betraf. Huxley dagegen meinte, dass die Bedingung einer möglichst effektiven Erziehung „political unification" sei. Die UNESCO, schreibt er, „must envisage some form of world political unity, whether through a single world government or otherwise". Und wenn er dieses Ziel auch als „a remote ideal" bezeichnete, bestand er doch darauf, wenn er festhielt: „Specifically in its educational programme it [UNESCO] can stress the ultimate need for world political unity and familiarize all peoples with the implications of the transfer of full sovereignty from separate nations to a world organization" (Huxley 1947, 13). Es überrascht nicht, dass Huxley sich als Director General nicht länger als zwei Jahre in der UNESCO halten konnte. Anschließend finden sich in seiner Denkschrift dann aber auch realitätsnähere Überlegungen, die dem nahekommen, was Broch in seinen Essays zur Internationalisierung der Universitäten dargelegt hatte und worauf im nächsten Abschnitt dieses Buches zurückzukommen sein wird. Huxley schreibt:

> [...] Unesco must face the fact that nationalism is still the basis of the political structure of the world, and must be prepared for the possibility that the forces of disruption and conflict may score a temporary victory. But even if this should occur, Unesco must strain every nerve to give a demonstration of the benefits, spiritual as well as material, to be obtained through a common pool of tradition, and specifically by international cooperation in education, science, and culture [...].   (Huxley 1947, 14)

Ähnlich wie bei Broch steht auch bei Huxley der individuelle Mensch (und nicht das Kollektiv oder der Staat als mit Macht ausgestatteter Repräsentant des Kollektivs) im Mittelpunkt des philosophischen Interesses. Für Broch ist der Staat Teil der Versklavungsmaschinerie des Einzelnen und Huxley unterstreicht „a complete disproof of all theses, like those of Hegelian philosophy, of Fascism, or of Nazism, which maintain that the State is in some way higher than the individual, and that the individual exists only or primarily for the State" (Huxley 1947, 16). Auch was den demokratischen Gleichheitsgrundsatz in Sachen der Erziehung betrifft, ähneln sich die Positionen von Huxley und Broch. Huxley hält dazu fest: „The democratic principle of equality, which is also the Unesco's, is a principle of equality of opportunity – that human beings should be equal before the law, should have equal opportunities for education, for making a living, for freedom of expression and movement and thought" (Huxley 1947, 18).

Zu den Aufgaben, die ihm das UNESCO-Gründungskomitee aufgetragen hatte, gehörte auch, philosophische Prinzipien zu klären, auf deren Basis eine moderne Formulierung der Menschenrechte erfolgen könnte (Goodale 2018). Kaum erfuhr Huxley Anfang 1947 davon, dass Eleanor Roosevelt zur Vorsitzenden der UNO-Commission on Human Rights gewählt worden war, wollte er etwas philosophisch Grundlegendes schaffen, in dem der gedankliche Rahmen als Bedingung der Möglichkeit einer künftigen Universal Declaration of Human Rights abgesteckt werden sollte. Das Ergebnis würde dann an Eleanor Roosevelt und ihr Komitee geschickt werden. Da er selbst auf diesem Gebiet nicht zu Hause war, plante er mit seinem Assistenten Jacques Havet ein Experten-Symposium einzuberufen. Havet hatte gerade an der Sorbonne über Kant promoviert und seine Dissertation als Buch publiziert (Havet 1947). Für die Anberaumung einer Tagung war es aber inzwischen zu spät. Aus der Not eine Tugend machend, verfiel Huxley auf den Einfall, einen internationalen Rundbrief mit Fragestellungen zu richten an über 150 Gelehrte und Persönlichkeiten des öffentlichen Lebens wie auch an Organisationen, die sich in Sachen Human Rights engagiert hatten. Erwartet wurden möglichst prägnante, kurze Stellungnahmen zur Relevanz internationaler Menschenrechte im Bereich der Politik, der Jurisprudenz, der philosophischen Ethik und der Theologie.

Nach Abschluss der Aktion stellte Havet eine Dokumentation der sechzig erhaltenen Antworten fertig, wobei es sich aber um eine Auswahl handelte. Diese maschinenschriftliche Zusammenstellung, die 261 Seiten umfasst (zusätzlich gibt es einen Anhang) ist im Internet unter „UNESCO/PHS/3(rev.) Paris, 25 July 1948" und dem Titel „Human Rights: Comments and interpretations. A symposium edited by Unesco. With an Introduction by Jacques MARITAIN" einsehbar.[13] Das dort versammelte Material hat Mary Ann Glendon in ihrem Buchkapitel „A Philosophical Investigation" (Glendon 2001, 73–78) verwendet. Mark Goodale aber ist ins UNESCO-Archiv gegangen und hat sich die gesamte Korrespondenz angeschaut

---

13 https://e-docs.eplo.int/phocadownloadpap/userupload/aportinou-eplo.int/Human%20rights%20comments%20and%20interpretations.compressed.pdf (10. Oktober 2020).

und darüber die Edition *Letters to the Contrary* (Goodale 2018) erstellt. Bei dem Unternehmen von Huxley und Havet handelte es sich um den klassischen Fall einer Parallelaktion. Als ihr Dokument im Sommer 1948 an Eleanor Roosevelt geschickt wurde, war sie keineswegs begeistert. Die Arbeit ihres eigenen Komitees mit markanten Köpfen wie Peng-chun Chang und Charles Malik war weit fortgeschritten, und so nahm man in New York das Elaborat aus Paris nicht einmal zur Kenntnis. Glendon und Goodale haben aber gezeigt, dass die Wiederentdeckungen sowohl der Zusammenstellung von Havet wie die Sichtung des Gesamtmaterials sich verlohnten. Die Analysen von Glendon und Goodale können hier nicht im einzelnen referiert werden. Huxley hatte sich an weltberühmte Leute wie Arthur Holly Compton, Pierre Teilhard de Chardin, Mahatma Gandhi, Benedetto Croce, Harold Laski, Emmanuel Mounier, Alfred Weber, Salvador de Madariaga, Jawaharlal Nehru, W.H. Auden und T.S. Eliot gewandt.

Zu denjenigen, die auf den Rundbrief von Huxley antworteten, gehörten aus dem Kreis von Brochs Briefpartnern Aldous Huxley (der jüngere Bruder von Julian Huxley), Jacques Maritain, Lewis Mumford und Arnold Schönberg. Mit Maritain und Aldous Huxley hatte Broch in der Zeit seiner „Völkerbund-Resolution" korrespondiert; Mumford kannte er vom „City of Man"-Projekt her und Schönberg zählte im Wien der 1930er Jahre zu den Bekannten Brochs wie sein Beitrag zur Schönberg-Festschrift von 1934 zeigt (KW10/2, 234–245). Die vier Gelehrten standen der Position Brochs relativ nahe. Aldous Huxley ließ wissen: „A constitutional Bill of Right [...] can certainly do something to protect the masses of ordinary, unprivileged men and women against the few who [...] effectively wield power over the majority" (Goodale 2018, 209). Jacques Maritain wies ausdrücklich auf die sozialen Menschenrechte hin, wenn er unterstrich, „that many valuable suggestions and lines of thought" in dem Werk *The Bill of Social Rights* von Georges Gurvitch (Gurvitch 1946) zu finden seien (Goodale, 2018, 182). Und Mumford hielt mit der für ihn bezeichnenden Klarheit fest: „What is a human right? It is an attempt to define an essential attribute of the human personality, to make this attribute sacred, and to give it a constitutional and juridical status" (Goodale 2018, 77). Auch Schönberg hielt einen zentralen Aspekt fest als er antwortete: „It is sad to admit that most men consider it their right to challenge the rights of others and even fight them. [...] This should not however stifle our aspiration to a world in which the sanctity of the Rights of Man would be intangibly self-evident to everyone. [...] We must find a minimum of rights that are valid for all peoples and all races" (Goodale 2018, 300). Hier sei noch überprüft, was die Befürworter einer „Bill of Duties" im Kontext dieser Aktion zu sagen hatten, und ob hier Parallelen zu Broch gezogen werden können. Gandhi plädierte nicht für die Sanktionierung einer „Bill of Rights" oder

„Bill of Duties", doch favorisierte er ein ethisches Gleichgewicht von Rechten und Pflichten:

> [...] the very right to live accrues to us, only when we do the duty of citizenship of the world. From this one fundamental statement, perhaps it is easy enough to define the duties of Man and Woman and correlate every right to some corresponding duty to be first performed. Every other right can be shown to be an usurpation hardly worth fighting for.
>
> (Goodale 2018, 191)

Vergleichbar zurückhaltend schilderte Chung-Shu Lo aus China die moralische Interrelation von Pflicht und Recht: „The basic ethical concept of Chinese social political relations is the fullfilment of the duty to one's neighbor, rather than the claiming of rights. The idea of mutual obligations is regarded as the fundamental teaching of Confucianism" (Goodale 2018, 193). Dennoch konnte er sich zu einer minimalistischen Aufzählung von Menschenrechten durchringen, wenn er konzedierte: „I lay down here only three basic claims, valid for every person in the world, namely: (1) the right to live, (2) the right to self-expression and (3) the right to enjoyment" (Goodale 2018, 194). Sehr viel näher stand Kurt Riezler den Auffassungen Brochs. Riezler war wie Broch 1938 (allerdings aus Berlin, nicht aus Wien) in die USA geflohen. Als ehemaliger Diplomat und Hochschullehrer fand er eine Professorenstelle für Philosophie und Sozialpsychologie an der New School for Social Research in New York. Wahrscheinlich hatten Riezler und Broch voneinander gehört, doch hat sich eine Bekanntschaft nicht ergeben. Was Riezler zu Papier brachte, hätte auch Broch formulieren können:

> [...] it seems that any modern formulation of a bill of natural rights should be supplemented by a bill of duties. [...] It is everybody's duty to recognize the human rights of his fellow citizen. This would mean, in practice, that whoever advocates the disregarding or abolishing of these rights loses the moral claim to, and the legal protection of, his own human rights.
>
> (Goodale 2018, 196)

2.3.2 Reeducation: Widerstand und Wiederaufbau

Aufs engste verbunden mit seinen Arbeiten zur *Massenwahntheorie* und zu den internationalen Menschenrechten sind zahlreiche Initiativen, die Broch im Hinblick auf eine neue Nachkriegsordnung unternahm. Kaum hatte er im Oktober 1938 die Schiffsreise von Southampton in England nach New York City hinter sich, als er schon begann, Vorstellungen über ein Institut zu entwickeln, das sich mit dem Thema des Massenwahns beschäftigen würde. Das Institut sollte es ermöglichen, die politischen Veränderungen im Europa der 1920er und 1930er Jahre besser zu verstehen. Zudem hoffte er, dass ein solches wissenschaftliches

Zentrum mit dazu beitragen könnte, antidemokratische Entwicklungen in den Vereinigten Staaten zu verhindern. Broch nahm Kontakt auf zu David Krech vom Psychology Department der University of Colorado in Boulder. Krech war besonders aktiv in der Society for the Psychological Study of Social Issues und las Brochs „Vorschlag zur Gründung eines Forschungsinstitutes für politische Psychologie und zum Studium von Massenwahnerscheinungen" (KW12, 11–42). Er antwortete Broch am 19. August 1939: „I [...] am, of course, in complete sympathy with the aims of the Institute you propose. The general aims of such an Institute are quite similar to the aims of the Society for the Psychological Study of Social Issues and I feel that the possibilities of cooperation are great" (HBF, 45–46). Die Möglichkeiten einer gemeinsamen Forschung erwiesen sich schließlich dann doch nicht als aussichtsreich, denn Broch zögerte, Mitglied in Krechs akademischer Gesellschaft zu werden, da seine eigenen Pläne stärker interdisziplinär ausgerichtet waren. Er war sich nicht sicher, ob die Vereinigten Staaten aufgrund von Tradition und politischer Verfasstheit immun seien gegen den für Deutschland so bezeichnenden Rassismus und die Abschaffung von Bürgerrechten. Er verstand Hitler-Deutschland als eine Art *trend setter*, der nicht nur in anderen europäischen Ländern, sondern auch in den USA Sympathisanten und Nachahmer gefunden hatte. Im Dezember 1938 schrieb er in einem Brief an den befreundeten britischen Autor Stephen Hudson (Sidney Schiff), dass er „ein diktatorisches Amerika" als Folge einer „Unterhöhlung der demokratischen Mächte" (KW13/2, 51, 50) befürchte.

Diese Befürchtung war das Thema des Romans *It can't Happen Here* von Sinclair Lewis aus dem Jahr 1935. Sicher kannte Broch dieses Buch des Autors, der 1930 den Literatur-Nobelpreis erhalten hatte. Daisy Brody, die Frau seines Verlegers Daniel Brody, mit der Broch bei seinen Verlagsbesuchen oft diskutierte und mit der er in regem Briefaustausch stand (KW13/3, 582), hatte in den 1920er Jahren zwei von Sinclair Lewis' Romanen (*Babbit* und *Arrowsmith*) ins Deutsche übersetzt. Hans Meisel verdankt man die Übersetzung des 1936 erschienenen Werks unter dem Titel *Dies ist bei uns nicht möglich*. Meisel war zwischen 1938 und 1940 der Sekretär Thomas Manns in Princeton, und Broch hatte damals mehrfach mit ihm zu tun (TMB 96, 97, 109, 113). Lewis hatte in dem Roman bereits fünf Jahre zuvor beschrieben, wie 1936 – damals in der ganz nahen Zukunft – ein amerikanischer Senator mit populistischen Versprechungen zum Präsidenten gewählt wird, eine faschistische Diktatur samt Milizen errichtet, selbst wieder von anderen Mächtegruppen beseitigt wird, worauf ein bürgerkriegsartiges Chaos einsetzt. Sieben Jahrzehnte später veröffentlichte Philip Roth einen thematisch verwandten und vergleichbar erfolgreichen Bestseller: *The Plot Against America*, erschienen 2004, ein Buch, das im Bewusstsein der heutigen amerikanischen Bevölkerung stärker präsent ist als das von Sinclair Lewis. Hatte Lewis sich eine nahe Zukunft der USA ausgedacht, die damals so nicht eintraf, schrieb Roth im Stil alternativ-kontrafaktischer fiktionaler Erinnerung einen Roman, dessen Handlung in die Jahre von 1940 bis 1942 fällt. Dort wird der Fliegerheld Charles Lindbergh von der Republikanischen Partei zum Präsidentschaftskandidaten gekürt und von einer majoritär isolationistischen und antisemitischen Bevölkerung mit einem überwältigenden Wahlsieg beschenkt. Beim Wahlkampf setzt sich Lindbergh geschickt in Szene: Er fliegt in alle amerikanischen Großstädte als Pilot des legendären kleinen Flugzeugs „Spirit of St. Louis", mit dem er dreizehn Jahre zuvor den Atlantik überquert hatte. Franklin Roosevelt verliert die Wahl von 1940, denn gegen einen Lindbergh war nicht anzukommen. Als erste außenpolitische Aktion geht der neue Präsident mit Deutschland und Japan Nichtangriffspakte ein. Dann folgen Maßnahmen, die Juden zu Staatsbürgern zweiter Klasse degradieren. Im Oktober 1942 verschwindet Lindbergh unauffindbar mit seinem Flugzeug, was den Antisemitismus weiter anheizt. Führende jüdische Persönlichkeiten des öffentlichen Lebens werden verhaftet und der Klu Klux Klan startet antisemitische Pogrome. Um zu verhindern, dass das Land in einen Bürgerkrieg gerät und um die Demokratie wieder zu etablieren, stellt sich Franklin Roosevelt im November 1942 erneut zur Wahl, die er dann gewinnt. Von hier an verläuft die politische Geschichte im Roman so, wie wir sie aus den Darstellungen der Zeithistoriker kennen.

Einer der größten Erfolge des amerikanischen Films war der Streifen *Gone with the Wind* nach dem gleichnamigen, 1936 erschienenen Roman von Margaret Mitchell. Der Film kam am 15. Dezember 1939 in die Kinos und Broch sah ihn Anfang 1940. Er war schockiert über den Zuspruch, den der Film fand und schrieb einen ideologiekritischen Verriss. Schon der Titel seiner essayistischen Stellungnahme verriet seine Irritation: „*Gone with the Wind* und die Wiedereinführung der Sklaverei in Amerika" (KW9/2, 237–246). Broch gab seiner Besorgnis Ausdruck, dass die Verletzung der Menschenrechte nicht auf die europäischen Diktaturen beschränkt bleiben werde. Hitler war begeistert von *Gone with the Wind*, da er ihn in seiner Meinung bestärkte, dass die Südstaaten den Bürgerkrieg hätten gewinnen sollen. Goebbels war ebenfalls beeindruckt und notierte am 30. Juli 1940 in sein Tagebuch:

> Der amerikanische Großfilm „Vom Winde verweht" [...]. Großartig in der Farbe und ergreifend in der Wirkung. Man wird ganz sentimental dabei. Die Leigh und Clark Gable spielen wunderbar. Die Massenszenen sind hinreißend gekonnt. Eine große Leistung der Amerikaner. Das muß man öfter sehen. Wir wollen uns ein Beispiel nehmen.[14] (Goebbels 1987, 259)

---

14 Zur Beziehung der Regierung des ‚Dritten Reiches' zu Hollywood gibt es zwei Bücher, die zu gegenteiligen Resultaten gelangen: Doherty 2013 und Urwand 2013. Eine kritische Evaluation beider Studien findet sich bei Moltke 2015.

Für Broch war das Echo auf *Gone with the Wind* ein „Symptom für einen Zeitgeist," in dem „die Sehnsucht nach Sklaverei" ihren Ausdruck fand (KW9/2, 245). Der historischen Forschung (Spieker 1999, 2, 106, 327) ist zu entnehmen, dass *Gone with the Wind* nicht in Deutschland gezeigt werden durfte, weil durch ihn die Überlegenheit der amerikanischen Filmindustrie offen zutage getreten wäre; dass Goebbels den Film im November 1940 einer ausgewählten Gruppe von Filmproduzenten und Filmjournalisten zeigte, und dass von Margaret Mitchells Roman in Deutschland (in der Übertragung von Martin Beheim-Schwarzbach) 1937 über 250.000 Exemplare verkauft worden waren. An anderer Stelle (Haag 1989) wird Hitlers Enthusiasmus über den Film ausführlich geschildert und erwähnt, dass *Gone with the Wind* auf Einladung von Baldur von Schirach in Wien einer ausgewählten Gruppe von bekannten Schauspieler*innen gezeigt wurde. Broch konnte nur vermuten, dass der Film Hitler gefallen werde. In seiner Besprechung bezieht er sich auf „Hitlers Gehirn", in dem die Vorstellung einer „künftigen Welt-Gesellschaftsform" existiere. Das Ziel der „biologischen Politik" des deutschen Diktators sei die Schaffung einer „Herrenkaste" von „edlem Blut", die über die „große Masse des ‚unreinen Blutes'" zu herrschen habe (KW9/2, 238). Brochs Einschätzung ist inzwischen von den Experten auf dem Gebiet der Sklavereigeschichtsschreibung bestätigt worden. Seymor Dreschers Buch *Abolition. A History of Slavery and Antislavery* enthält ein ganzes Kapitel darüber, wie Stalin und Hitler in den 1930er und 1940er Jahren die Sklaverei in großem Stil mit ihren Gulag- und Konzentrationslager-Systemen wiedereinführten (Drescher 2009, 415–455). Zum nationalsozialistischen Deutschland heißt es da: „Hitler had affirmed that a superior culture must be built on the slavery and servile labor of poorly endowed races" (Drescher 2009, 431). Broch war verstört, als er sah, dass in einem amerikanischen Film der Gegenwart die Sklaverei glorifiziert wurde. Es war doch in den USA allgemein bekannt, dass in Hitlers „Konzentrationslagern" bereits „hunderttausende von Sklaven" gefangen gehalten wurden. Broch nannte diese Inhaftierten eine „Arbeitsarmee", die „zu ihrer Fron hingeprügelt" worden sei und „zu Tode" gequält werde (KW9/2, 242). Nach Broch ist „Lincoln" mit seiner „sozialen Ethik" (KW9/2, 243) die Personifikation der amerikanischen Demokratie. Der Autor konnte nicht verstehen, dass dieser Präsident, der die Abschaffung der Sklaverei zum Kriegsziel erklärt hatte, in dem Film weder gezeigt noch erwähnt wurde. Broch fand sich da auf der Seite der afro-amerikanischen Intellektuellen: Der Dramatiker Carlton Moss z. B. verstand damals den Streifen als „Attacke" gegen die Schwarzen und gegen den Verlauf der amerikanischen Geschichte. Er kritisierte in den denkbar deutlichsten Worten, dass es hier um die Wiederholung negativer Stereotypen über die schwarze Minorität ging und um ein nostalgisches Sympathiewerben bei den Reaktionären in den Südstaaten (Lupack 2002, 209–211). Malcolm X war erst vierzehn Jahre alt, als er *Gone with the Wind* sah. Später erinnerte er sich mit Schrecken an den Eindruck, den der Film bei ihm hinterlassen hatte – am liebsten wäre er, wie er schreibt, unter den Teppich gekrochen (Reynolds 2009, 241–242). Der Film ist nach wie vor beim amerikanischen Publikum äußerst beliebt. Am 25. Mai 2020 wurde in Minneapolis der 46jährige Afro-Amerikaner George Floyd durch einen weißen Polizisten getötet. Danach setzte eine internationale Protestwelle gegen rassistische Polizei-Brutalität ein, wie man sie in dieser Intensität und Dimension noch nicht erlebt hatte. Der Slogan „Black Lives Matter" wurde durch sie zur Parole einer neuen Phase der Bürgerrechtsbewegung in den USA. Auch die Medienpolitik wurde durch die Demonstrationen beeinflusst. Die amerikanische Firma HBO Max, die zum WarnerMedia Konzern gehört und im Streaming-Verfahren Filme zugänglich macht, schickte Anfang Juni 2020 an ihre Kundschaft eine überraschende Botschaft: Sie werde *Gone with the Wind* für eine befristete Zeit aus dem Programm nehmen und erst wieder verfügbar machen, wenn sie andere Filme (auch dokumentarischer Art) in ihre Verleihliste aufgenommen habe, die ganz andere Seiten des Bürgerkrieges zeigen. Als HBO Max *Gone with the Wind* zurückzog, meldete Amazon nach wenigen Tagen, dass der Film wieder die höchste Stelle auf der Beliebtheitsskala ihres Streaming-Verleihsektors erreicht habe.

Zu der Zeit, als Broch die Rezension über *Gone with the Wind* schrieb, war er gerade Mitglied einer Gruppe von exilierten europäischen Autoren und amerikanischen Intellektuellen geworden, die ähnlich wie er selbst deprimiert waren über den Erfolg der deutschen Wehrmacht und gleichzeitig besorgt über die politische Zukunft der Vereinigten Staaten, wo die Auswirkungen der Weltwirtschaftskrise nach wie vor spürbar waren. Diejenigen, die der Gruppe angehörten, waren Schriftsteller, Wissenschaftler und Journalisten, die mit dem New Deal von Präsident Roosevelt (Leuchtenburg 1963; Schivelbusch 2005) sympathisierten und überzeugt waren, dass Amerikas Krieg gegen Hitler-Deutschland unvermeidbar war. Ihr prominenter Sprecher war Thomas Mann (Lützeler 2013a). Wie erwähnt, waren besonders aktive Mitglieder Giuseppe Antonio Borgese und Hermann Broch. In diesem Komitee schaute niemand nostalgisch zurück in die Vergangenheit. Im Gegenteil wurde hier die Zukunftsvision einer globalen Demokratie entwickelt. Ihr gemeinsam erarbeitetes Buch *The City of Man. A Declaration on World Democracy* (Agar et al. 1940) erschien im November 1940, als Franklin D. Roosevelt gerade die dritte Wahl als Präsident der Vereinigten Staaten gewonnen hatte. Es ist hier das erste Mal, dass die Idee einer Umerziehung in den Schriften Brochs auftaucht. Und die bezieht sich zum einen auf die Vereinigten Staaten selbst wie auch auf ein künftiges Nachkriegs-Europa. *The City of Man* ist ein visionärer Text, der zum einen zur Erneuerung der Demokratie in Amerika beitragen wollte, und mit dem gleichzeitig jene demokratischen Werte profiliert wurden, die in einer künftigen Nachkriegszeit international verbreitet werden könnten. Broch sprach über eine „vision of a third road which should not take society either to the jungle of ruthless competition or to the prison of crushing regimentation" (Agar et al. 1940, 109–110). Die Deklaration beginnt mit einer Beschreibung der düsteren Weltsituation in der zweiten Hälfte des Jahres 1940: Die Appeasement-Politik von Frankreich und England habe Europa an den Rand des Ruins getrieben, und so sei es nur natürlich, dass die noch nicht unterworfenen Länder ihre Hoffnung auf Amerika richteten. Gleichzeitig war es ein ausgesprochen selbstkritisches Buch, wenn es um die Schilderung der amerikanischen sozialen, ökonomischen und politischen Verhältnisse ging. *The City of Man* sprach sich entschieden gegen den Rassismus im eigenen Land aus: „Anti-Semitism" wird als „the entering wedge of racism" verstanden, als „the dusk of hatred which precedes the totalitarian night". Und die Behandlung der Afro-Amerikaner in den USA wird als „most inglorious" bezeichnet und erinnere das Land daran, dass „our slow progress is a mere token of justice we pledged". „This country", so heißt es in Bezug auf die zu bekämpfende Rassendiskriminierung, „must be the shrine of whatever is human, the ark of life" (Agar et al. 1940, 69–70). Zu den „blemishes that endanger the fulfillment" der demokratischen Ziele des Landes gehöre „the degraded education, the corrupted political machines, the efficiency of the dollar hunter" (Agar et al. 1940, 92). Die Bürger der Vereinigten Staaten sollten sehen, dass sie den Normen, die in ihrer Verfassung zum Ausdruck kommen, entsprechend handeln. Und so forderten die Autoren der *City of Man:* „The American creed has to become the American deed" (Agar et al. 1940, 92).

Als Broch am Buch *The City of Man* mitarbeitete, formulierte er auch ein Memorandum über die künftige „Politische Tätigkeit der ‚American Guild for German Cultural Freedom'" (KW11, 399–410). Kurz nachdem der Krieg in Europa mit Hitlers Überfall auf Polen begonnen hatte, schickte Broch die Denkschrift an Hubertus Prinz zu Löwenstein, den Gründer dieser Organisation, und an dessen Assistenten Volkmar von Zühlsdorff.[15] Mit beiden war Broch seit langem durch verlässliche Kooperation befreundet. Löwenstein war 1936 auch Mitbegründer der Hollywood Anti-Nazy League[16] gewesen (Doherty 2013, 96–98). Die „Guild", wie sie kurz genannt wurde, hatte viele Flüchtlinge aus Nazi-Deutschland finanziell unterstützt. Gleich nach Kriegsbeginn aber verringerten sich rapide die Spenden, die zur Aufrechterhaltung der Organisation unerlässlich waren. Broch, ein Freund Löwensteins und Zühlsdorffs, versuchte neue Ziele für die Arbeit der Hilfsorganisation auszumachen. Die Exilschriftsteller, die Mitglieder der „Guild"

---

15 Vgl. Picht 2008a; Kessler 2008.
16 https://en.wikipedia.org/wiki/Hollywood_Anti-Nazi_League (12. Juli 2020).

waren, sahen sich als Repräsentanten des „besseren", des „anderen" Deutschlands (Zühlsdorff 2004). So schlug Broch vor, dass „Exil-Deutschland" (KW11, 401) sich auf den „künftigen Wiederaufbau der Humanität" (KW11, 400) nach dem Krieg vorbereiten solle. Man möge sich dabei aber nicht auf Pläne für Deutschland beschränken, sondern auch Entwürfe für einen „neuen Völkerbund" (KW11, 402) erarbeiten. In beiden Fällen bestehe die „Hauptaufgabe" in einer „*konstruktiven Demokratieerneuerung*" (KW11, 405), die ohne „edukatorische *Bewußtmachung*" (KW11, 404) nicht zu leisten sei. Das philosophische Projekt (Weidner 2012), das sich den exilierten Intellektuellen stelle, sei das einer „ethischen Politik" (KW11, 404), als deren Basis „eine Humanität" zu verstehen sei, „welche zur Richtlinie jedweden Handelns für den Bürger" werden könne (KW11, 406). Die „Guild" war nicht in der Lage, Brochs Vorschlägen zu folgen, aber Pläne für einen neuen Völkerbund und die Idee einer Demokratie, die die Durchsetzung wie die Verteidigung ihrer ethischen Normen genauer definieren würde, waren verbreitete Themen in amerikanischen intellektuellen Kreisen, als es auf das Ende des Krieges zuging. 1945 wurden die Vereinten Nationen gegründet, und die Formulierung demokratischer Werte war Teil von Umerziehungsplänen, die seit 1944 in der amerikanischen Außenpolitik eine immer größere Rolle spielten. Broch selbst verbrachte viel Zeit damit, seine Einsichten über die Rolle der internationalen Menschenrechte in Einzelstaaten wie auch in den Vereinten Nationen allgemein darzulegen (KW11, 195–396). Er engagierte sich stark in den theoretischen Diskussionen zur „Reeducation", war aber nicht involviert in deren offizieller Planung seitens Washingtons.

Bald nach der Publikation der *City of Man* Ende 1940 entschied Broch sich, selbst ein Buch über Massenwahn zu schreiben. 1941 verfasste er den „Entwurf für eine Theorie massenwahnartiger Erscheinungen" (KW12, 43–66). Auch darin kam er auf eine demokratische Umerziehung in einem künftigen Nachkriegs-Deutschland zu sprechen. Er benutzte die Formulierung „*demokratische Bekehrung*" (KW12, 63)[17] um anzudeuten, wie schwierig es sein würde, einen großen Teil der überzeugten Nationalsozialisten mit bloß rationalen Argumenten von ihrer Ideologie abzubringen. Zur gleichen Zeit schrieb Jacques Maritain sein Buch *Education at the Crossroads* (Maritain 1943). Wie Broch plädierte er für eine Umerziehung Europas, nicht nur Deutschlands. Er bot den „integral humanism" als philosophischen Schutz gegen die „threats of slavery and dehumanization" an (Maritain 1943, 88). Wie Broch glaubte auch Maritain, dass mit der Gründung der Vereinten Nationen sich in der Nachkriegszeit die Chance ergebe, eine „new civilization" (Maritain 1943, 102) vorzubereiten.

---

17 Vgl. Baumann 2020, 160–162.

Während des Sommers von 1944 hatten auch die amerikanischen Medien über das fehlgeschlagene Attentat des Grafen Stauffenberg auf Hitler am 20. Juli berichtet. Kurz danach schrieb Broch den Text „Letzter Ausbruch eines Größenwahns. Hitlers Abschiedsrede" (KW6, 333–343). Sie erschien auf Englisch im Oktober 1944 in der *Saturday Review of Literature*.[18] Broch schrieb sie als imaginierte letzte Radioansprache Hitlers gerade vor dessen Tod. Wenn man diesen fiktionalen, in der ersten Person Singular geschriebenen Monolog mit Hitlers politischem Testament vom 29. April 1945 (Hitler 1973) vergleicht, fallen einem erstaunliche Ähnlichkeiten auf: Hitlers unbegrenzter Hass gegen die Juden in der ganzen Welt, sein Vorwurf an sie als die Verantwortlichen für Ausbruch und Verlauf des Zweiten Weltkriegs, sein geradezu stolzes Eingeständnis, den Massenmord an den Juden befohlen zu haben, seine Selbstglorifizierung als Führer, der sich für sein Volk opfert, das Verständnis seiner Rolle als mythischer Begründer, als Messias des Nationalsozialismus und sein quasi-religiöser Glaube an die Wiederauferstehung seiner Bewegung und ihrer siegreichen Zukunft (Telesko 2003, 143 f.). Im Vergleich zu Hitlers Testament von 1945 weist Brochs Text von 1944 eine Reihe von zusätzlichen Aspekten auf: Hitler greift nicht nur die Juden und nicht nur die Feindländer Deutschlands sowie die von Hitler als Gegner empfundenen Vertreter der „kapitalistischen" und „kommunistischen" (KW6, 335) ökonomischen Systeme an, sondern auch die „inneren Feinde" aus Deutschland, die „nie begriffen" hätten, dass es „nur eine einzige Revolution gibt, nämlich die nationalsozialistische" (KW6, 334). Das „andere Deutschland", das „sich selber aus Deutschland ausgestoßen" habe, hasse ihn „womöglich noch tiefer" als die „Außenfeinde" (KW6, 334). Hitler bekennt, dass er nicht nur die Juden, sondern die Deutschen, ja sogar die Menschheit allgemein hasse. Er sieht sich selbst als Anti-Christ, der nicht die Liebe, sondern den Hass predige, nicht Barmherzigkeit, sondern Grausamkeit. Er versteht sich als Gegen-Christus, wenn er ausruft: „Ich habe mit meinem übermenschlichen, mit meinem gottähnlichen Haß das Nichts eingeleitet", weil „nur im Nichts [...] die Erlösung des Menschen erfolgen" könne. „Ich bin stärker als er" fährt Hitler fort, „und stärker als sein Tod wird der meine sein". Er fügt hinzu: „Nicht für kurze zweitausend Jahre wie der Geist jenes Juden wird mein Geist weiterleben, nein, für zehntausende, für hunderttausende von Jahren wird er es tun" (KW6, 341). „Millionen und Aber-Millionen Erschlagener", heißt es weiter, „werden die Welt bevölkern, und ich werde an der Spitze der Toten-Armee marschieren, ich, die Verkörperung von ihnen allen,

---

18 Hermann Broch: „Adolf Hitler's Farewell Address", in: *The Saturday Review of Literature* 27.43 (October 1944): 5–8. Der Text wurde von Jean Starr Untermeyer übersetzt. Der deutschsprachigen Originalfassung, nach der hier zitiert wird, gab Broch den Titel „Letzter Ausbruch eines Größenwahnes: Hitlers Abschiedsrede" (KW6, 333–343).

und wir alle zusammen, wir errichten die Herrschaft des Nichts, aus dem die Menschheit neugeboren werden soll" (KW6, 342). In Deutschland habe er mit seiner Hasslehre bereits Erfolg gehabt: „Ich habe Euch Deutschen den Haß gegen das Verrottete gelehrt, diesen brennenden Hass, der mich seit jeher erfüllt hat, und von dem ich zu meiner Erlösungstat befohlen worden bin" (KW6, 339). Der „Führer" als Anti-Christ bekennt stolz: „Bis auf den tiefsten Grund Eurer Verrottetheit und Nichtswürdigkeit habe ich Euch gestoßen" (KW6, 340).

Wäre Brochs Text ohne „Bruder Hitler" von Thomas Mann geschrieben worden? Broch war mit dem Werk Thomas Manns vertraut, und denkbar ist, dass er „Bruder Hitler" (Mann 1990a) schon 1939 auf Deutsch gelesen hat als der Text in der Exilzeitschrift *Das Neue Tagebuch* erschien. In einer Mischung aus Interesse, Hass – ein Wort das auffallend häufig erwähnt wird – und „angewiderter Bewunderung" (Mann 1990a, 847) ist da eine Schmähschrift entstanden, die – der Titel legt es nahe – eine komplizierte und immer nur sehr entfernte Verwandtschaft andeutet zwischen dem schreibenden Ich des Autors als Künstler und dem Objekt Hitler, jenem Politiker, der sich bekanntlich als Künstler verstand. Brochs „Hitlers Abschiedsrede" ist Jahre später und aus einer ganz anderen Perspektive geschrieben worden. Thomas Mann hatte Anfang April 1938 unter dem Eindruck des ‚Anschlusses' von Österreich den Essay bei einem Aufenthalt in Kalifornien begonnen. Damals sah er in Hitler den „Erpressungspazifisten, dessen Rolle am ersten Tage eines wirklichen Krieges ausgespielt wäre" (Mann 1990a, 851). Thomas Mann beendete die Arbeit an seinem Hitler-Portrait in der Schweiz, also ein Jahr vor dem Einfall der deutschen Wehrmacht in Polen. Broch und Thomas Mann kamen gegen Ende Mai 1940 in Atlantic City in New Jersey wegen einer Sitzung der City-of-Man-Gruppe zusammen. Die Depression über die bevorstehende Niederlage Frankreichs beeinflusste auch Manns Redebeitrag (Lützeler 2013a, 148). Als Broch im Sommer 1944 (nach dem 20. Juli) seinen Hitler-Text schrieb, waren die Thomas Mann 1938 als märchenhaft erschienenen Erfolge Hitlers längst gezählt. Wenn er auch dem Attentat Stauffenbergs mit knapper Not entgangen war, bestand kein Zweifel mehr daran, dass die von Westen und Osten heranrückenden feindlichen Armeen bald die Reichsgrenzen erreichen und überschreiten würden. Hitler erschien den kritischen Beobachtern des Kriegsverlaufs völlig anders als sechs Jahre zuvor. Es häuften sich Niederlage auf Niederlage, die Deutschlands Armeen derart dezimierten, dass die bereits Anfang 1943 von den Alliierten auf der Konferenz von Casablanca beschlossene bedingungslose Kapitulation absehbar war. Doch hinzu kam, dass die unfassbaren Genozid-Untaten an Juden, Sinti und Roma sowie die Vernichtung von politischen Gegnern und Kriegsgefangenen der Weltöffentlichkeit nicht entgangen waren. Thomas Mann hütete sich 1938 davor, den „Bruder" Hitler zu dämonisieren. Auch Broch dämonisiert den Diktator nur indirekt, indem er einen Hitler vorstellt, der sich selbst in dämonischen Kategorien versteht. Der Titel, den Broch seiner Abschiedsrede Hitlers gibt, lautet: „Letzter Ausbruch eines Größenwahnes". Hier wird ein psychischer Krankheitsbefund mitgeteilt, der schon in „Bruder Hitler" erkennbar ist. Broch zeigt, dass Hitler gerade in der totalen Niederlage nicht darauf verzichten kann, sich mythisierend als siegreiche und dominante Figur einer Weltkosmologie zu präsentieren. Was Broch aber gegen Ende des Krieges nicht mehr kann, ist einen Hitler mit den Mitteln der Karikatur in Erinnerung zu bringen. Er entschied sich für ein fiktives, dämonisiertes Selbst-Porträt Hitlers und zeigt einen Diktator, der davon überzeugt ist, dass er nicht nur die Regierungsmacht eines einzelnen Landes beerbte, sondern die gesamte christliche Kultur ideologisch und faktisch widerlegt habe. Er sieht sich als Antichrist, als Prophet des Hasses und der Zerstörung, dessen Erlösungstat jene des Christus widerlege. Dessen Liebesbotschaft sei durch das Hineinziehen eines ganzen Volkes in sein Verbrechens- und Vernichtungsprojekt ad absurdum geführt worden. Er habe auch die junge Generation auf dieses Ziel des Todes der christlich geprägten Kultur hin erzogen, und er sei überzeugt, dass seine Kombination von Machtanbetung, Nihilismus und Zerstörungsfuror das Wertsystem einer neuen nachchristlichen Menschheitsphase bestimmen werde (Koebner 1984; Kluger 1967). Was Broch schrieb, war ein Stück Literatur mit Realitätspartikeln, nicht eine bloße Phantasmagorie. Dass Hitler die christliche Lehre verachtete und die Kirchen zerstören wollte, steht außer Frage (Kershaw 2008, 295–297).

Dieses hier durch Broch skizzierte Selbstverständnis Hitlers muss man im Kopf behalten, will man die Bemühungen des Autors verstehen, die humanen Methoden auszumachen, wie man gerade die deutsche Jugend, die fast gänzlich der nationalsozialistischen Ideologie verfallen war, nach dem Kriege umerziehen könne. 1944 war das letzte Jahr, in dem Alvin Johnson der New School for Social Research (Rutkoff und Scott 1986) in New York als Direktor vorstand. Damals bat er seinen Freund Hermann Broch, mit dem er bereits in der „City of Man"-Gruppe zusammengearbeitet hatte, einen Plan für die künftige Arbeit der University in Exile zu entwerfen. Johnson hatte 1933 die University in Exile mit ihrem Schwerpunkt in den Sozialwissenschaften als Graduate School der New School angegliedert (Krohn 1987a). Mit dem abzusehenden Ende des Krieges aber würden die Exilbedingungen aufhören und man müsse für Amerikas Erziehungsaufgaben konstruktive Projekte für die Nachkriegszeit entwickeln. Broch schickte an Johnson seine „Bemerkungen zum Projekt einer ‚International University', ihrer Notwendigkeit und ihren Möglichkeiten" (KW11, 414–425).[19]

---

19 Vgl. Graf und Wintersteiner 2015, 86–88.

In dieser Denkschrift schlug der Autor vor, die University in Exile in eine International University umzuwandeln. Seit Anfang 1942 zirkulierten bei den Alliierten Ideen über die Wiederbelebung eines Völkerbundes als internationalem Friedensfaktor, und Broch meinte, es sei sinnvoll, dieser globalen Organisation eine internationale Universität anzuschließen. Dies würde eine Institution sein, an der „Human-Politik" (KW11, 419) – basiert auf ethischen Prinzipien – als Fach gelehrt werden könne. Dieses Fach würde internationale Verständigung und Friedenspolitik zum Ziel haben. Die Studierenden würden später für neue internationale Friedensprogramme arbeiten. Diese Aufgabe könne nicht gelöst werden, wenn man sich nicht Gedanken mache über „Wert-Normungen" (KW11, 420) in den unterschiedlichen Kulturkreisen der Welt. Zudem müssten dazu auf empirischer und statistischer Basis international historische, anthropologische und psychologische Forschungen betrieben werden. Ein weiterer wichtiger Aspekt sei das Lehren von „Internationalem Recht" und „Völkerrecht" (KW11, 422). Die New School mit ihrem kosmopolitisch ausgerichteten exzellenten Lehrkörper in den Human- und Sozialwissenschaften wäre die richtige akademische Einrichtung, sich dieser historischen Erziehungsaufgabe zu stellen. Die theoretische „Grundlagenforschung" (KW11, 420) könne an Abraham Flexners Institute for Advanced Study in Princeton betrieben werden, ein Forschungszentrum, das – wie Broch es formulierte – „eine Reihe der größten europäischen Wissenschaftler unter seinem Dach versammelt" (KW11, 421). Dieses Princetoner Institut würde nicht Teil der International University sein, aber mit ihr kooperieren. Gleichzeitig wollte Broch sicherstellen, dass die Ergebnisse der Forschungen an beiden Einrichtungen nicht nur in wissenschaftlichen Fachzeitschriften publiziert, sondern auch – in popularisierter Form – einem allgemein interessierten Publikum zugänglich sein würden. Er schlug dafür das monatlich erscheinende amerikanische Magazin *Free World* (KW11, 423) vor, das zwischen 1941 und 1946 erschien. *Free World* war eine antifaschistische Zeitschrift, die die Kriegsziele der Alliierten unterstützte. In ihrem Untertitel „devoted to Democracy and World Affairs" wurde ausgesprochen, worum es ging. Nachdem die United Nations 1945 gegründet worden waren, nannte sich *Free World* ein „International Magazine for the United Nations."

Brochs Memorandum für Alvin Johnson muss hier erwähnt werden, weil es erneut seine Pläne im Hinblick auf die Umerziehung erhellt, die nicht nur für Deutschland von amerikanischer Seite aus vorgesehen war. Sowohl die International University als auch das intendierte Magazin sollten weltweiten Einfluss haben. 1944 erwarteten viele Intellektuelle wie Broch, dass die künftigen Vereinten Nationen eine effektive Einrichtung zur Friedenserhaltung sein würde. Nicht nur Deutschland, sondern die ganze Weltgemeinschaft, so hoffte man, könne im Sinne eines „gemeinsamen Ethos der Welt" (KW11, 202) erzogen werden. Allerdings blieb die New School die New School und das Institute of

Advanced Study änderte sein Programm ebenfalls nicht. Obgleich diese beiden akademischen Einrichtungen nicht auf die von Broch geforderten Umstrukturierungen eingingen, war der Autor nichtsdestoweniger überzeugt, dass die UNO eine International University im Sinne ihrer Aktivitäten gründen werde. Damit sollte er auf lange Sicht betrachtet recht behalten. Drei Jahrzehnte später etablierten die Vereinten Nationen ihre „United Nations University"[20] in Tokio, und im Lauf der Zeit wurden ihr eine ganze Reihe von akademischen Zentren, in denen Grundlagenforschung betrieben wird, auf verschiedenen Kontinenten zugeordnet. Brochs Konzept einer internationalen Universität ist im Zusammenhang mit seinem Verständnis einer „pax americana" (KW11, 407) zu sehen, die er als Voraussetzung eines Gelingens der United Nations als Friedensorganisation verstand. Das Forschungsprogramm und die Seminarangebote an der United Nations University in Tokio überschneiden sich mit Brochs Plänen insofern, als auch dort die Geistes- und Sozialwissenschaften sowie internationales Recht wichtige Rollen spielen. Hinzu kommen bei der United Nations University wie sie heute besteht Kurse über fairen Handel, globale Gesundheitsmaßnahmen (wie Seuchenbekämpfung) und Nachhaltigkeit auf den Gebieten der Umwelt, der Wirtschaft, der Medizin, der Technologie. Erwähnt werden sollte, dass Broch gehofft hatte, John Marshall werde 1945 Alvin Johnson im Amt des Direktors der New School (KW11, 426) folgen. Marshall blieb aber Associate Director of the Humanities Division der Rockefeller Foundation in New York. Es ist möglich, dass Marshall die New School in eine internationale Universität verwandelt hätte. 1959 wurde er der erste Leiter des Bellagio Center in der Villa Serbelloni am Comer See in Italien. In dieser neuen Rolle lud er Akademiker und Künstler aus aller Welt ein und organisierte Konferenzen zu Themen der internationalen Ökonomie, der Landwirtschaft und Demographie.

Zwischen 1942 und 1946 wurden – verstreut über die USA – über 370.000 deutsche Kriegsgefangene in 155 Hauptlagern und 511 Nebenlagern interniert (Krammer 1979). Nach den Richtlinien der Genfer Konvention von 1929 war es keinem Staat erlaubt, seine Kriegsgefangenen politisch zu indoktrinieren. Mit anderen Worten, ein offizielles Umerziehungsprogramm im Sinne demokratischer Lernziele konnte erst nach Kriegsende begonnen werden (Heinemann 1981; Gerund und Paul 2015). Gleichzeitig aber erlaubte die Genfer Konvention die Zirkulation von Büchern und Zeitschriften, die als Teil eines Unterhaltungsprogramms für Kriegsgefangene verstanden werden konnten. Im Sinne dieser Konzession entwickelte die Special Project Division im U.S. War Office einen

---

20 https://en.wikipedia.org/wiki/United_Nations_University (23. Juni 2020).

Unterhaltungsplan, und Ergebnis der Erörterungen war die Gründung einer auf Deutsch publizierten Zeitschrift für Kriegsgefangene. Eine Reihe antifaschistischer deutscher Schriftsteller, die sich unter den Gefangenen befanden, wurden gebeten, dieses Projekt zu beginnen. Die bekanntesten unter ihnen waren Gustav René Hocke (als Chef-Herausgeber), Curt Vinz mit seiner Erfahrung als Verleger sowie Alfred Andersch und Hans Werner Richter als Mitherausgeber. Dieses Team erhielt den Spitznamen „the Factory". Als Kriegsgefangene erhielten sie im Fort Philip Kearney im Staat Wyoming größere Freiheit als die übrigen *prisoners of war* eingeräumt. Ihre Aufgabe war, eine Zeitung im Sinne des amerikanischen Meinungspluralismus zu produzieren (Gansberg 1977, 65–88; Wehdeking 1971; Hocke 2004, 243–262). Eigentlich begann also die deutsche Umerziehung mit dieser Gefangenen-Zeitung, die den Titel *Der Ruf* erhielt. Ihre erste Nummer erschien Anfang März 1945. Zuerst kam sie in einer Auflage von 10.000 Stück heraus, doch die erhöhte sich bald auf 75.000. Ein Exemplar kostete 25 Cent. Broch wusste nichts von diesem vor der amerikanischen Öffentlichkeit geheimgehaltenen Unternehmen, und es mag sein, dass den drei Herausgebern Hermann Broch unbekannt war.

Die Mitglieder der „Factory" gingen 1946 nach Deutschland zurück. Gustav René Hocke wurde ein regelmäßiger Beiträger zur *Neuen Zeitung* in München. Ihr Untertitel („Eine amerikanische Zeitung für die deutsche Bevölkerung") verriet jedem, der sich in deutschen Besatzungsdingen auskannte, dass sie eine Publikation der U.S. Information Control Division (ICD) in der amerikanischen Zone war. Anfänglich erschien sie zwei Mal in der Woche, später täglich (außer sonntags). *Die Neue Zeitung* (Schoeller 2005) und *Der Ruf* (Neunzig 1976) hatten eines gemeinsam: sie waren amerikanische Beiträge zur Reeducation. Nach dem Krieg erschien *Der Ruf* weiterhin in Deutschland. Er wurde in München vom 15. August 1946 an noch für weitere zweieinhalb Jahre als Zweimonatsschrift veröffentlicht. Die Information Control Division stellte die Publikation im März 1949 ein, weil inzwischen Beiträge erschienen waren, die Aspekte der amerikanischen Besatzungspolitik kritisierten. Im Lauf der Jahre verlor *Die Neue Zeitung* ihre Leserschaft wegen der attraktiveren deutschen Tageszeitungen, und so starb sie nach einer Dekade quasi eines natürlichen Medientodes.

Gustav René Hocke publizierte im Sommer 1948 eine ausführliche Besprechung von Brochs *Der Tod des Vergil* (KW4) in der *Neuen Zeitung* unter dem Titel „Der Wachtraum des Vergil". Die Rezension zeigt, dass Hocke Brochs Roman als besonders wichtig für die Umerziehung in Deutschland empfand:

> Das Werk Brochs [...] drängt den heutigen Menschen mit beispielloser suggestiver Kraft in Seinsbereiche, die ihm zeigen, wie sehr er selbst im Übergang steht, in jenem adventistischen ‚Doch-Schon und Noch-Nicht' des Vergil, und die ihm weisen, woher er die Sinnbilder nehmen kann, um seine Verworrenheit, Zerfahrenheit, ja Verworfenheit zu überwinden.

Hocke empfand wahrscheinlich eine Nähe zu Broch als Schriftsteller. Broch begann die Arbeit am *Tod des Vergil* 1937 während seines inneren Exils in Österreich (MTV). Hocke fing mit dem Schreiben an seinem Roman *Der tanzende Gott*
während seiner inneren Emigration im Deutschland von 1938 an. Beide beende-
ten die zwei Werke kurz vor Ende des Zweiten Weltkriegs. Brochs Roman über
den römischen Dichter in Brindisi erschien erstmals in einer europäischen Ausgabe in der Schweiz 1947, und Hocke konnte sein Buch 1948 in Deutschland publizieren. In Hockes Roman sind Ort und Zeit die Stadt Sybaris im sechsten
Jahrhundert vor Christus. Beide Bücher sind aus ihrer Zeit heraus, aus der Erfahrung mit Nationalsozialismus und Faschismus geschrieben worden, beide drü-
cken Verzweiflung, aber auch widerständige Entschiedenheit aus, und beide
beziehen sich auf historische Konstellationen der Antike, ohne doch im engeren
Sinne historische Romane sein zu wollen. Anders als Brochs Buch wurde Hockes
Werk vergessen, was bedauerlich ist, denn es ist eines der bemerkenswertesten
Romane, die während des Zweiten Weltkriegs auf Deutsch geschrieben wurden.

Im Frühjahr 1946 nahm Broch Kontakt auf zu Karl Burger und Hans Speier,
die beide für das Office of International Information and Cultural Affairs am U.
S. Department of State arbeiteten, und beide hatten Einfluss auf die Verteilung
amerikanischer Bücher in Deutschland. *Der Tod des Vergil* war im Jahr zuvor
auf Deutsch und auf Englisch im Verlag Pantheon Books in New York erschienen. Damals war Broch bereits U.S.-Staatsbürger und so hätte sein Roman als
Werk eines amerikanischen Autors ins besetzte Deutschland geschickt werden
können. Brochs Verleger, Kurt Wolff, wäre nichts lieber gewesen, als solch einen
Lieferungsauftrag zu erhalten, denn der Vergil-Roman verkaufte sich nicht gut.
Broch schrieb an Burger, dass die Aufnahme seines Buches in Deutschland
wohl zur „Wiederbekehrung zur Humanität" (KW13/3, 89) beitragen könne. „Bekehrung" war ja einer der Hauptaspekte von Brochs *Massenwahntheorie* (KW12).
Wahrscheinlich haben Burger und Speier, die beide Broch wohlgesonnen waren,
sich den *Tod des Vergil* angeschaut und dann gegen das Buch votiert, weil es
ihnen zu schwierig vorkam. Es hatte zu wenig von der Leserfreundlichkeit der
zeitgenössischen amerikanischen Werke, wie jenen von Ernest Hemingway, John
Steinbeck oder Thornton Wilder, Bücher, die bald in Deutschland – nicht zuletzt
wegen der amerikanischen Aktionen zur *Reeducation* – eine breite Wirkung entfalten sollten. Werner Vordtriede, der eine Generation jüngere Schicksalsgenosse
Brochs im amerikanischen Exil, hat sich die Korrespondenz mit Burger und Speier
genauer angesehen (Vordtriede 1978, 83, 85). Er meinte – wenn auch mit einem
ironischen Unterton –, dass es durchaus sinnvoll gewesen wäre, Brochs Roman
in den unmittelbaren Nachkriegsjahren in Deutschland zu verbreiten, da ja seine
wichtigsten Themen „Gewissenserforschung" und „Erinnerung" gewesen seien.
Dann hätte der Roman eine Chance gehabt, bei den deutschen Lesern eine

„katharsisartige Betroffenheit" hervorzurufen. Damals war *Der Tod des Vergil* auf dem deutschen Buchmarkt noch nicht vorhanden, und so wäre das Werk zumindest durch die Besatzungsmacht verteilt worden. *Die Neue Zeitung* war offenbar über diese Situation informiert und versprach in einer Nachschrift zur Rezension von Gustav René Hocke, dass man Ausschnitte aus dem Roman in den nächsten Heften veröffentlichen werde – aber das passierte dann doch nicht.

Erwähnt werden sollte, dass Broch nicht Mitglied des Rats für ein demokratisches Deutschland (Council for a Democratic Germany) wurde, der im Mai 1944 in New York gegründet worden war. Vorsitzender des Council war der evangelische Theologe Paul Tillich, der seit seiner Flucht in die USA im Jahr 1933 am Union Theological Seminary in New York lehrte. Der Council wollte (anders als das im Juli 1943 in Moskau etablierte Nationalkomitee Freies Deutschland) sich nicht auf eine Parteilinie festlegen lassen, und so war ein breites Spektrum politischer Orientierungen für ihn bezeichnend. Ihm gehörten bürgerliche Demokraten, ehemalige Zentrumsmitglieder, Sozialdemokraten und Linkssozialisten an. Man musste vom Vorstand des Council berufen werden. So eine Berufung erfolgte an Thomas Mann, der allerdings ablehnte. Bei Broch wurde wegen einer Mitgliedschaft nicht angefragt. In einem Aufruf des Council nach dem 6. Juni 1944 (D-Day) wurden Konzepte für den Neuaufbau Deutschlands nach dem Krieg beraten und auch das Erziehungssystem diskutiert. Zu den Forderungen gehörte die Selbstbestimmung Deutschlands sowie dessen Kooperation mit den ehemaligen Kriegsgegnern Russland und den Westmächten. Die bedingungslose Kapitulation sowie der sich entwickelnde Kalte Krieg lagen quer zu diesen Erwartungen, und so hörte die versuchte Einflussnahme des Councils auf die Siegermächte bereits im Herbst 1945 auf (Krohn 1995).

Anfang 1946 verfasste Broch ein weiteres Memorandum zum Thema der Umerziehung, und diesmal beschränkte er sich auf die Situation in Deutschland. Ende 1945 hatte James Franck gemeinsam mit Kollegen an der University of Chicago einen Appell verbreitet (KW11, 448–450), in dem die Amerikaner gebeten wurden, der notleidenden Bevölkerung in Deutschland zu helfen. Franck war ein Wissenschaftler im amerikanischen Exil. 1925 hatte er als Professor in Göttingen den Nobelpreis für Physik zusammen mit Gustav Hertz erhalten. 1933 floh er in die Vereinigten Staaten. Albert Einstein war von Franck um Unterstützung des Appells gebeten worden, doch lehnte er ihn als Ausdruck einer „Tränenkampagne" (KW11, 433) ab. Einstein wurde zu einem Gegner des Appells und drohte, öffentlich dagegen zu protestieren (Lützeler 1985, 320 f.). Broch konnte ihn zwar davon abhalten, versuchte aber auch nicht, ihn zur Unterschrift zu bewegen. Er wollte zwischen den Gegnern und den Befürwortern vermitteln und schrieb seine detaillierten „Bemerkungen zu einem ,Appeal' zugunsten des Deutschen Volkes" (KW11, 428–452). Mit diesem Kompromiss-Text versuchte er die

Einseitigkeiten der beiden sich formierenden Gruppen zu vermeiden. Er schlug eine partielle Unterstützung statt einer allgemeinen Hilfe für alle Deutschen vor. In erster Linie sollten sich die Amerikaner um die überlebenden Männer und Frauen des Widerstands gegen Hitler kümmern und um solche Familien, die während der Diktatur aus rassistischen oder politischen Gründen verfolgt worden waren. Broch unterschied zwischen kriminellen Nationalsozialisten, Mitläufern und aktiven Hitler-Gegnern. Die Taten der Verbrecher dürften nicht ungeahndet bleiben und die „Gleichgültigkeit" der Mitläufer verstand er als Voraussetzung zu Hitlers Aufstieg (KW11, 435). Die Mitglieder des Widerstands beschrieb er als

> [...] deutsche Menschen [...], die sich durch nichts haben korrumpieren lassen, die den Verfolgten hilfreich beigestanden, ja für ihre humane Überzeugung ihr Leben märtyrerhaft geopfert haben: ihre mutvoll ertragenen Leiden sind größer als die, welche uns die Emigration auferlegt hat. [...] Sie sind das Deutschland, für das einzutreten unsere natürliche Pflicht ist; für sie verlangen wir Gerechtigkeit, und in ihre Hände wollen wir das Geschick der künftigen deutschen Demokratie gelegt wissen.   (KW11, 430, 435)

Broch war klar, dass nicht alle Mitglieder des Widerstands überzeugte Demokraten waren. Da sie aber ihre Gegnerschaft zu Hitler unter Beweis gestellt hatten, waren bei ihnen die Voraussetzungen gegeben, beim Aufbau eines neuen Staates zu helfen, den die West-Alliierten als Demokratie geplant hatten. Zumindest waren sie durch die Erfahrungen in der Weimarer Republik mit dem „demokratischen Geist" (KW11, 429) vertraut, den sie definitiv der nationalsozialistischen Ideologie den Vorzug gegeben hatten. Broch schrieb dazu:

> Männer wie Gördeler, Helmuth Moltke, Yorck-Wartenburg, Albrecht Haushofer, Hassell, etc. etc. sind die wahren Vertreter des Deutschtums; sie und mit ihnen jene Hunderttausende, die vorderhand noch nicht genannt sind, aber genannt werden sollen, haben sich wahrhaft für das deutsche Volk geopfert [...] Und einzig und allein in ihrem Namen [...] kann das Deutschtum mit seinen positiven Entwicklungs- und Zukunftsmöglichkeiten der außerdeutschen Welt wieder vorgestellt werden.   (KW11, 445)

Anfang 1946 schickte Broch Exemplare seiner „Bemerkungen" zum „Franck Appeal" an Volkmar von Zühlsdorff (HBZ) und Ruth Norden (HBN). Beide hatten seit den 1930er Jahren im amerikanischen Exil gelebt und beide kehrten 1946 nach Deutschland zurück. Zühlsdorff assistierte Hubertus Prinz zu Löwenstein in einer Reihe von humanitären und politischen Aktionen; Ruth Norden ging nach Berlin als amerikanische Staatsbürgerin. Gegen Ende des Zweiten Weltkriegs hatte sie für die Radiostation Voice of America gearbeitet, der das U.S. Office of War Information vorstand. Bald wurde sie in Berlin Chief of Station des neu gegründeteten RIAS, des Radios im amerikanischen Sektor (Fritscher-Fehr 2019). Mit beiden unterhielt Broch ausgedehnte Briefwechsel, die Brochs eminentes Interesse an einer Erziehung der Deutschen zur Demokratie belegen.[21] Sowohl Zühlsdorff wie Norden lehnten die Unterstützung von Brochs Position ab, wenn auch aus unterschiedlichen Gründen. Broch war entsetzt über jene Nachrichten, die rückkehrende Amerikaner aus Deutschland mitbrachten. Von ihnen erfuhr er, dass Bewunderer Hitlers und ehemalige NSDAP-Mitglieder wieder (oder noch immer) in „verantwortlichen Stellen" zu finden seien, wohingegen „displaced persons" (darunter viele Juden) erneut wie „Parias" (HBZ, 54) behandelt würden. Broch hielt gegenüber Zühlsdorff fest: „Wenn in Deutschland nicht humane Gerechtigkeit etabliert wird, wenn es keine Erziehung zur Gerechtigkeit bald geben wird, laufen wir in einen Weltfascismus hinein" (HBZ, 54). Zühlsdorff bat Broch mehrfach, selbst nach Deutschland zu kommen, um nicht auf Anekdoten oder amerikanische Zeitungsnachrichten angewiesen zu sein. Er hatte andere Vorstellungen über den Wiederaufbau Deutschlands als Broch und schrieb ihm: „Entnazifizierung, Bestrafung der Verbrechen" und „Entlassung der ungeeigneten Parteimitglieder" – all dies sei „selbstverständlich". Doch das vorrangigste Problem, das zu behandeln sei, sei die Bekämpfung des Hungers in der Bevölkerung. „Die Verteilung der Lebensmittel darf allein eine Frage des Bedürfnisses sein" (HBZ, 56), argumentierte Zühlsdorff, und sollte nicht auf politische Überzeugungen Rücksicht nehmen. Zühlsdorffs Ethik hatte christliche Wurzeln. Er schrieb an Broch: „Laßt uns die Toten begraben, die Verbrecher strafen und neu beginnen in einer großen Brüderlichkeit, in menschlicher Vergebung und mit der Bitte um die Gnade des Himmels" (HBZ, 57–58). Broch stimmte ihm aber keineswegs zu, denn er war sicher, dass internationale Hilfsorganisationen dabei waren, in Deutschland und jenen Ländern, die unter dem von Deutschland begonnenen Krieg gelitten hatten, die Not zu bekämpfen. So konterte er: „[...] die politische Heraushebung der demokratischen Elemente in Deutschland" sei „ungleich wichtiger" (HBZ, 60). Obgleich die beiden Korrespondenzpartner sich auf Prioritäten nicht einigen konnten, verlor auch Zühlsdorff die Demokratisierung des Landes nicht aus den Augen. Er formulierte ein langfristiges Ziel über die Rolle Deutschlands in Europa: „Nur ein starkes, demokratisches, vereintes Deutschland und ein vereintes Europa, das die Waage hält zwischen Ost und West, ist ein Fundament des Friedens" (HBZ, 64). Für ihn bestand der „Sinn des Exils" (HBZ, 66) darin, dieses Ziel zu erreichen.

Broch wiederholte seine Forderung, den deutschen Widerstand sichtbar, ihn der Welt bekannt zu machen. „Denn diese Menschen," so beschwor er seinen Freund, „haben nicht nur wie die des übrigen Europas gegen einen fremden Eroberer gekämpft, sondern für ihre humane Gesinnung: das ist weitaus

---

21 Vgl. Steinberg 1988; Eiden-Offe 2011, 19–93.

mehr!" (HBZ, 70). Broch fügte hinzu: „Worauf es ankommt ist der Perzentsatz derjenigen, welche wahrhaft gegen die Hitlerei revoltiert haben" (HBZ, 80). Er erinnerte auch daran, dass es Deutsche gegeben habe, die Juden „unter schwerster eigener Lebensgefahr" (HBZ, 80) geschützt hätten, und es seien diese Helden, die einem Hoffnung machen auf eine „Wiederbekehrung zur Humanität" (HBZ, 81). Zühlsdorff wich Antworten auf solche Fragen aus und erinnerte wiederholt an das Elend, den Hunger, die Erfrierungsgefahr im Winter 1946/1947. Er versuchte Broch die elementare Not der Deutschen in ihrem „zerrissenen Land", in den „grauenhaft verwüsteten großen Städten" (HBZ, 90) vor Augen zu führen. Und wenn Broch ihn fragte „wo sind die Nazi?" (HBZ, 87), replizierte er: „Die Gruppe von Menschen, die Verbrechen begangen haben, sind oder werden vor Gericht gestellt", und mehrere Millionen von „Parteimitgliedern" würden überprüft und entweder verurteilt oder freigesprochen durch die „Spruchkammern" (HBZ, 91). Broch wollte da aber Genaueres wissen und erwartete eine Antwort auf die Frage: „Wo ist der Nazi-Geist?" Er erwähnte, dass er kürzlich Eugen Kogons Buch *Der SS-Staat. Das System der deutschen Konzentrationslager*[22] (Kogon 1946) gelesen habe. „Und so etwas brennt sich nicht so leicht aus" fügte Broch hinzu (HBZ, 94).[23] Er traute dem Bild vom „liebevollen Deutschland" nicht, das Zühlsdorff zeichnete. Der Freund behauptete: „Der Nationalsozialismus ist ein toter Hund" (HBZ, 102) und war sicher, dass nur ein „liebevoller" Blick auf die Deutschen in dieser verzweifelten Situation helfen könne. Er fragte Broch: „Wie kann man anders helfen, als durch Liebe?" (HBZ, 103).

Brochs Korrespondenzpartnerin Ruth Norden war da anderer Meinung. Bei ihrer Kritik an den „Bemerkungen" zum „Franck Appeal" war sie emotional weniger engagiert als Zühlsdorff. Während Zühlsdorff die private Meinung eines patriotischen (aber keineswegs nationalistischen) deutschen Remigranten vertrat, hatte Ruth Norden als führende Mitarbeiterin der U.S. Information Control Division (ICD) deren offiziellen Standpunkt zu berücksichtigen. Die ICD war zunächst dem U.S. State Department untergeordnet und seit Januar 1947 dem Office of the Military Government for Germany (U.S.) (OMGUS) mit dem Hauptquartier in Berlin. Broch fragte an, ob sie bei der Verbreitung des „Franck Appeal" sowie seiner „Bemerkungen" behilflich sein könne. Dazu konnte sie sich nicht entschließen, denn alles, was mit dem „Franck Appeal" zusammenhing, hatte nichts mit Direktiven zu tun, die sie von ihren offiziellen amerikanischen Stellen erhielt. Zudem gehörte sie zum engeren Bekanntenkreis Albert Einsteins,

---

22 Das Buch erschien auf Englisch in der Übersetzung von Heinz Norden, dem Bruder von Ruth Norden (Norden 1950).

23 Zur neueren Forschung über die Arbeits- und Todeslager in der Endphase des ‚Dritten Reiches' vgl. Hördler 2014.

von dem sie Arbeiten aus dem Deutschen ins Englische übersetzt hatte. Einstein aber stand – wie erwähnt – in vehementer Opposition zum „Franck Appeal" (HBN, 152), und eine Entfremdung mit ihm wollte sie nicht riskieren. So informierte sie Broch nur über ihre persönliche Meinung. Auch sie befürchtete, dass die von James Franck mobilisierten Akademiker von der University of Chicago wohl keine realistischen Vorstellungen über das Deutschland im unmittelbaren Nachkriegsjahr hätten. Sie wiederholte – wozu schon Zühlsdorff geraten hatte – die Aufforderung an alle Beteiligten des „Franck Appeal" nach Deutschland zu kommen um sich umzusehen (HBN, 136). Sie bezweifelte, dass die Lebensbedingungen so schlecht seien, wie sie in dem Dokument geschildert wurden. Im Februar 1946 schrieb sie Broch auf Englisch über die deutsche Bevölkerung: „They do freeze, they do not starve. [...] I had the impression that in Paris the people are considerably less well fed than in Germany" (HBN, 143). Anders als Broch war sie nicht vom deutschen Widerstand beeindruckt und teilte ihm mit: „You must also realize that there isn't a person [...] among the intelligentsia, who doesn't now say that he participated in the July 44 putsch or worked in the underground" (HBN, 137). Sie fügte hinzu: „I doubt whether Gördeler et al. should be made martyrs" (HBN, 144). Diese Verallgemeinerung wollte Broch nicht gelten lassen. In einem Brief vom März 1946 bestand er (wie schon in der Korrespondenz mit Zühlsdorff) darauf, dass die Erinnerung an die durch Hitler hingerichteten Mitglieder des Widerstands und die Unterstützung der überlebenden Gegner des Nationalsozialismus im Mittelpunkt der Reeducation und der Besatzungspolitik allgemein stehen sollte. Dazu schrieb er, dass

(1) die demokratischen Elemente in Deutschland gefördert werden müssen, u. a. weil diese alten Hitler-Opponenten immerhin noch die intelligentesten und wachsten Köpfe sind,

(2) das deutsche Volk wieder ‚Leitgestalten' braucht, und daß man ihm diese hinstellen muß, aber auch hinstellen kann, weil sich unter den Hitler-Opfern unbedingt heldenhafte Märtyrer befunden haben [...], so ist sicherlich Moltke, den ich wirklich gut gekannt habe, einer gewesen [...].   (HBN 153)

Broch frequentierte in den späten 1920er und frühen 1930er Jahren den Salon der Pädagogin, Frauenrechtlerin und Sozialreformerin Eugenie (Genia) Schwarzwald im Wiener VIII. Bezirk (Josefstädter Straße 68). Zudem war er um 1930 öfters Gast in ihrer Villa Seeblick in Grundlsee, wo zur gleichen Zeit auch Helmuth James Graf von Moltke zuweilen verkehrte (Brakelmann 2007, 35 f. 65 f.). Dort hatte Broch Moltke kennengelernt, doch hat es eine Korrespondenz aller Wahrscheinlichkeit nach nicht gegeben. Broch war über Moltkes England-Kontakte informiert und erwähnt in seinen „Bemerkungen" zum „Appeal" von 1946, dass Moltke sich im September 1938 in London aufgehalten habe (KW11, 438).[24] Broch selbst war damals Gast bei Edwin und Willa Muir in St. Andrews/Schottland. Ruth Norden wollte oder konnte Broch bei der Einschätzung der Mitglieder des Widerstands gegen Hitler als Vorbilder für das künftige demokratische Deutschland nicht folgen. Als Chief of Station am RIAS setzte sie sich jedoch für den Autor Broch ein und nahm Lesungen aus dem *Tod des Vergil* in ihre Sendungen auf, für die sie selbst die Einleitungen schrieb (HBN, 174). Weil es außerhalb ihres Kompetenzbereichs lag, konnte sie sich nicht dafür einsetzen, dass der Roman auf die Liste jener Bücher aus den USA gelangte, die man in der amerikanischen Zone als Teil der Reeducation verteilte (HBN, 164 ff.). Ihr Einfluss war beschränkt auf die Gruppe von U.S.-Kontrolloffizieren in Berlin, zu denen Frederick N. Leonard als ihr Vorgesetzter und Kollegen wie Erik Reger (*Tagesspiegel*-Herausgeber) und Karlheinz Martin (Chefregisseur am Hebbel-Theater) gehörten (HBN, 142 ff.).

Am 5. März 1946 hielt Winston Churchill am Westminster College in Fulton, Missouri, in Anwesenheit des Präsidenten der Vereinigten Staaten Harry S. Truman seine Rede „The Sinews of Peace" (bekannt unter ihrem inoffiziellen Titel „The Iron Curtain Speech"). Die Rede benannte ein neues politisches Faktum: den Kalten Krieg. Sie machte deutlich, dass Europa und die ganze Welt in eine westliche und eine östliche Hälfte gespalten war. Im gleichen Jahr verfasste Broch eine weitere, detailliertere Version des Textes von 1944 zum Thema der „International University" (KW11, 414–425).[25] Er nannte sie „Philosophische Aufgaben einer Internationalen Akademie" mit dem Untertitel „Gründungsaufruf für eine Internationale Universität" (KW10/1, 67–112). Erneut handelte es sich um ein Memorandum aus dem Gebiet der Reeducation, das diesmal aber nicht speziell die deutsche Situation betraf, sondern wieder internationalen Zuschnitt hatte. Zu erwähnen ist, dass Broch mit den Sozialwissenschaftlern Emil Lederer, Hans Speier, Hans Staudinger und Adolph Lowe von der New School for Social Research in Kontakt war. Denen ging es um konkretere politologische, wirtschaftliche und juristische Studien zur Nachkriegsordnung in Europa (Krohn 1987).

---

24 Diese Information wird vom Biografen Moltkes bestätigt, der berichtet, dass er vom 15. August bis 7. Oktober 1938 in London gewesen sei (Brakelmann 2007, 92). Broch selbst hielt sich nach der Flucht aus Wien vom 24. Juli bis 2. August 1938 in London auf, um anschließend am 3. August zu seinen Übersetzern Edwin und Willa Muir nach St. Andrews zu fahren. Er war dann erneut vor seiner Abreise in die USA drei Tage lang in London: vom 29. September bis 1. Oktober 1938. Dass Broch bei der Gelegenheit Moltke getroffen hat, ist unwahrscheinlich aber möglich. Vielleicht hatten ihm andere Bekannte, die er in London traf, mitgeteilt, dass Moltke gerade in London sei.

25 Vgl. Essen 2005; Picht 2016; Winkler 1987. Vgl. ferner Fuessl 2017.

Die Arbeit unterschied sich von dem Text aus dem Jahr 1944 insofern, als hier die Gründung einer neuen Akademie vorgeschlagen wurde, die Teil einer Internationalen Universität sein sollte. Die Aufgabe der Akademie würde darin bestehen, philosophische „Grundlagenforschung" (KW10/1, 87–88) innerhalb der pädagogisch tätigen Universität zu leisten. Mit ihrer Akademie würde diese Internationale Universität in der amerikanischen Hochschullandschaft verankert sein. Es wäre die richtige Zeit dafür, meinte Broch, denn zum einen waren inzwischen die Vereinten Nationen mit Sitz in New York gegründet worden, und zum anderen trat gerade in den United Nations die politische und ideologische Spaltung zwischen den beiden westlichen und östlichen Machtgruppierungen immer mehr zutage. Broch wollte eine Hochschule gegründet sehen, die jungen Leuten aus der ganzen Welt das westliche „Gegenstück" (KW10/1, 82) zur Kommunistischen Akademie des Marx-Engels-Lenin-Instituts in Moskau bieten würde (KW10/1, 79). In seinen einleitenden Bemerkungen sprach er von den Humanitätsidealen, die er als philosophische Basis der neuen Universität betrachtete. Er erwähnte die Idee vom „vollkommen humanen Menschen", als er sich auf die „großen Humanitätsreligionen der Welt" bezog, die „dieses Idealbild vom Menschen aufgegriffen" hätten. Für Jahrhunderte sei im Christentum dieses Ideal zum „abendländischen Zentralwert" erhoben worden (KW10/1, 68). Die neue Akademie würde nicht auf einer bestimmten religiösen Werthaltung bestehen, sondern hätte eigenständig eine säkulare „Allgemeine Theorie der Humanität" (KW10, 71) für unsere Zeit zu entwickeln. Sie sei ohne den Respekt vor dem „Menschenrecht" (KW10/1, 93) und der „Menschenwürde" (KW10/1, 84) nicht denkbar. Sobald die Theorie der Humanität entwickelt sei, könne auch das Projekt einer „Allgemeinen Theorie des Friedens" (KW10/1, 71) angegangen werden. Die Akademie innerhalb der Universität würde aus zwei „Klassen" bestehen, die sich zum einen mit „Humanitätstheorie und Weltdemokratie" (KW10/1, 72), zum anderen mit „Methodologie und Wissenschaftsunifikation" (KW10/1, 99) beschäftigen würden. Ziel sei die „Wissenschaftsunifizierung" als interdisziplinärer „Zusammenschluß von philosophischer und empirischer Erkenntnis" (KW10/1, 92) ohne „Wissenschaftshierarchie" (KW10/1, 87). Die erste „Klasse" würde eine Theorie der Demokratie ohne „zentrales Dogma" erarbeiten, somit ein anderes Ziel anstreben als ihr „sozialistisches Gegenstück" in Moskau (KW10/1, 80). Die zweite „Klasse" möge eine neue Ethik im Bereich „Menschenrecht und Demokratie" (KW10/1, 93) entwickeln. Am Ende des Aufsatzes fügte Broch noch zwei Appendices hinzu. Das Thema des ersten Appendix ist der pädagogische Aspekt der *„Internationalen Lehranstalt"* (KW10/1, 100). Ihre Studierenden würden die künftigen Eliten der Länder stellen, aus denen sie geschickt worden seien (KW10/1, 106). Der zweite Appendix handelt von besonderen Forschungsaufgaben der Professoren. Im ersten Appendix verdeutlicht Broch, dass es die Aufgabe der Mitglieder der Akademie sei, ihre Ergebnisse in „Humanitätstheorie", „Theorie des Friedens", „Weltdemokratie" und „Wissenschaftsunifikation" an die Studentenschaft weiterzugeben. Studenten- und Professorenaustausche würden die Diskussionen intensivieren und dazu anregen, an den Universitäten der ausländischen Studenten über vergleichbare Themen zu forschen (KW10/1, 106–107). Der zweite Appendix sucht klarzumachen, dass Forschungsprojekte ins Curriculum aufgenommen werden sollten: *„Zivilisationskritik"* im Sinne des Studiums von „Kriegsverursachungen" (KW10/1, 108, 110) sowie *„Massenpsychologie"* um zu verhindern, dass „das Ökonomische" zum „gotthaften Gesetzgeber" (KW10/1, 110, 112) erklärt werde. Broch betont dabei auch den transatlantischen Aspekt des akademischen Austausches: Es sei wichtig für die europäische Jugend, die amerikanische Demokratie aus der Anschauung heraus kennenzulernen. Er fasst zusammen:

> Denn es ist für diese [Weltdemokratie] besonders wichtig, daß junge Leute aus den ehemals fascistischen oder heute noch mehr oder minder fascistischen Ländern wirklich mit [...] der Demokratie vertraut gemacht werden. Nicht nur, daß ein Aufenthalt in den USA ihnen die Funktion der Demokratie, die sie bloß vom Hörensagen kennen, lebendig vor Augen führen würde, es würde ihnen die „Internationale Universität" auch die hiezu nötige theoretische Ergänzung bieten. (KW10/1, 106)

Hannah Arendt war interessiert an Brochs Überlegungen zur internationalen Universität. Broch schrieb gerade diesen Text, als er sie 1946 persönlich kennenlernte. Arendt gab ihm ein Exemplar von Karl Jaspers Vortrag „Erneuerung der Universität" (Jaspers 1945/1946), den Arendts früherer Lehrer im Jahr zuvor an der Universität Heidelberg gehalten hatte. Inzwischen war er als Artikel in der *Wandlung* erschienen, einer einmal im Monat erscheinenden Kulturzeitschrift, die Jaspers nach dem Krieg mitbegründet hatte und von Dolf Sternberger herausgegeben wurde. Broch las sie regelmäßig und verstand sie als Zeichen eines neuen und vielversprechenden Anfangs im intellektuellen Leben des Nachkriegs-Deutschlands. In diesem speziellen Fall war Broch allerdings keineswegs begeistert. Er dankte Arendt für die Rede mit den Worten: „Jaspers ist wirklich wie einer, der nach langer Krankheit die ersten Gehversuche macht: die Beine wackeln noch, aber es wird bald wieder funktionieren." Und er fügte hinzu, dass er darin „nichts wesentlich Neues" (HAB, 19) gefunden habe. Vergleicht man die beiden Texte von Broch und Jaspers, erkennt man sofort, dass Jaspers die deutsche Universität wie sie vor 1933 bestanden hatte, restaurieren wollte, wohingegen Broch eine interdisziplinäre Lehr- und Forschungsinstitution entwarf für künftige Generationen, die im demokratischen Geist aufwachsen würden (Wohlleben 2018).

Das letzte Mal, dass Broch sich mit der Frage der deutschen Reeducation beschäftigte, war im Jahr 1949. Die beiden deutschen Staaten etablierten sich gerade, und als Ergebnis des Kalten Krieges waren die alten Konzepte der Reeducation bereits *ad acta* gelegt worden. Broch schrieb seinen Roman *Die Schuldlosen* mit dem Untertitel „Roman in elf Erzählungen" (KW 5). Die Geschichten beginnen 1913 und enden 1933. Die Hauptfigur (A.) ist im ethischen Sinne bereits schuldig noch bevor die Nationalsozialisten an die Macht gelangen. Broch hatte 1948 Hannah Arendts Essay „Organisierte Schuld" (Arendt 1948) und 1946 Karl Jaspers' Studie *Die Schuldfrage* (Jaspers 1946) gelesen. Beide Arbeiten beeinflussten ihn, als er den neuen Roman entwarf. Broch schuf Figuren von „schuldhafter Schuldlosigkeit" und „schuldloser Schuldhaftigkeit" (KW5, 325, 306).[26] Es sind Geschichten über Menschen, die Hannah Arendt als „verantwortungslos Verantwortliche" (Arendt 1948, 39) bezeichnet hatte. In seiner Analyse unterschied Jaspers zwischen vier Arten von Schuld: krimineller, politischer, moralischer und metaphysischer.[27] Broch zeigt keine politisch kriminellen Nationalsozialisten, besteht aber darauf, dass seine Protagonisten als „politisch Schuldlose" bereits den „Bereich ethischer Schuld" (KW5, 325) betreten haben. Man kann Brochs Roman mit zwei Kategorien von Jaspers verstehen: der moralischen und der metaphysischen Schuld. Der Autor erklärt, das „letzte Ziel" seiner „Romankunst" sei es, der Leserschaft das Problem der „Schuld" und der „Läuterung" in ihren „ethischen" und „metaphysischen" Dimensionen zu verdeutlichen (KW5, 314). Die Rezeption des Romans *Die Schuldlosen* lässt nicht erkennen, ob die Einsicht in eine ethische und metaphysische Schuld bei den zeitgenössischen Lesern eine Rolle gespielt hat. Das Buch erschien 1950, also zu einer Zeit als das sogenannte ‚Wirtschaftswunder' gerade begann und die Majorität der Deutschen nicht bereit war, sich im Sinne einer Selbstprüfung und Gewissenserforschung auf die Voraussetzungen von Hitlers Erfolg in Deutschland einzulassen.

---

26 Vgl. Herd 1964.
27 Vgl. Köhn 1987; Kum 1995; Ziolkowski 2003.

3 Dichterisches Werk

3.1 *Die Entsühnung* (1932): Neue Sachlichkeit religiös transzendiert

3.1.1 Kopernikanische Wende: Joyce in der Literatur

Kein Bild erfasst nach Broch den Beginn der Moderne so deutlich wie die in Bewegung geratene Erde in der Studie des Kopernikus „De revolutionibus orbium coelestium" von 1543 (Blumenberg 1965; Kuhn 1980). Oft kommt der Autor auf Kopernikus und die von ihm errechnete doppelte Mobilität der Erde zu sprechen (KW10/1, 40, 42, 86,160 f., 262; KW11, 376; KW12, 496, 503): auf die Rotation des Planeten um sich selbst und auf seine Umkreisung der Sonne. Die durch Aristoteles und Ptolemäus vertretene These von der statischen Erdkugel im Mittelpunkt des Kosmos war nun mathematisch widerlegt. Broch sieht keine Kausalbeziehungen zwischen der Theorie des Kopernikus und den übrigen signifikanten Ereignissen der frühen Neuzeit. Hingegen betont er, dass es „vielerlei Gründe" gegeben habe, „die zur Zersprengung des scholastischen Weltbildes" geführt hätten: Neben der „Notwendigkeit zur schärferen Naturbetrachtung" auch „die Entdeckung Amerikas, die Erfindung des Schießpulvers und des Buchdrucks, die Emanzipation der wirtschaftlich erstarkten Städte, die Wiederentdeckung der Antike" (KW10/1, 160). Broch montierte in den letzten Band der *Schlafwandler*-Trilogie die Essayfolge „Zerfall der Werte". Hier verdeutlicht er mit Hilfe einer Systemtheorie[1], dass die vielen Neuerungen in den Jahrzehnten um 1500 auf den Nenner der „Wendung vom zentralistisch ekklesiastischen Organon zur Vielfalt der [...] unendlich bewegten Welt" zu bringen sei (KW1, 536). Aus ihr resultiere der Zerfall des mittelalterlich-theologischen „Zentralwerts" (KW1, 496 f.) bzw. des „Zentralwertsystems" (KW12, 53 ff.) in eine Vielzahl von „Einzelwertgebiete" (KW1, 537) bzw. „Untersysteme" (KW12, 53 ff.). Broch unterscheidet zwischen einem System mit einem Zentralwert, das er „Totalsystem" (KW1, 699) nennt (siehe Mittelalter) und einem solchen, das sich in eine Reihe von „Partialsystemen" (KW1, 700) aufgelöst hat und immer weiter auflöst (siehe Moderne). Die Partialsysteme beanspruchen Autonomie und entwickeln eine „Eigenlogik" (KW11, 279; KW12, 385), die zuvor kennzeichnend für das Zentralsystem gewesen war. Die Desintegration in soziologische, religiöse, wirtschaftliche, politische und kulturelle Subsysteme ist Kennzeichen der europäischen Moderne und ist Brochs Lebensthema. Bezeichnend bleibt für die

---

[1] Zu Ähnlichkeiten und Unterschieden zwischen Broch und Luhmann (Luhmann 1984) vgl. Bernhard Fetz (Fetz 2003). Zur Werttheorie allgemein vgl. (Obermeier 1968, 1988).

https://doi.org/10.1515/9783110734683-006

endlosen Differenzierungsschübe in den Partialsystemen der Grundimpuls der Moderne: Zweifel, Opposition, Grenzüberschreitung, Nichtanerkennung von Kanon und Dogma, Infragestellung von Tradition.[2] Was die Situation in den Partialsystemen betrifft, herrsche beim Militär die „Logik des Soldaten", die darauf abziele, ganze „Völker auszurotten"; im Ökonomischen die „Logik des Wirtschaftsführers" mit ihrer „Vernichtung aller Konkurrenz" (KW1, 495) und im Politischen die „Logik des Revolutionärs", die auf die „absolute Diktatur" (KW1, 496) hinauslaufe. Die durch ihre jeweilige Eigenlogik geprägte Ideologie der Sub- bzw. Partialsysteme nennt Broch „sachgebundene Weltbilder" (KW9/2, 89). Die Frage ist, welche Rolle Wissenschaft und Kunst in diesem Wettstreit der Partialsysteme um Dominanz innerhalb des gesellschaftlichen Gesamtsystems zukommt. Um diese Frage zu klären, bemühte Broch erneut den Vergleich mit der kopernikanischen Wende.

Broch ist nämlich das Bild von der in Bewegung geratenen Erdkugel auch ein Exempel für das, was Thomas Kuhn später in seinem Werk *Die Struktur wissenschaftlicher Revolutionen* (Kuhn 1976) den szientifischen Paradigmenwechsel nannte. Broch behalf sich mit dem Ausdruck der „Kopernikanischen Wende" (oder „Wendung"), wenn er Beispiele dafür erwähnt, dass eine neue Sehweise mit anderen Voraussetzungen zu plausibleren Ergebnissen führt, wenn ein Erkenntnissystem einem anderen weichen muss. Als Beispiele aus Astronomie, Mathematik, Physik und Philosophie nannte er neben Kopernikus' Verdrängung des geozentrischen durch das heliozentrische System Descartes Nutzung der Imaginärzahl, den Übergang von der euklidischen zur nicht-euklidischen Geometrie bei Gauss und anderen Mathematikern (KW12, 210), Einsteins Relativitätstheorie (KW10/2, 138; KW12, 209) und Kants Transzendentalphilosophie (KW10/1, 263).[3]

Zur Kennzeichnung neuer Denkansätze entwickelte Broch seine „System"-Theorie weiter. Systeme sind ihm Mittel der „Bewältigung" (KW12, 206) der „Mannigfaltigkeit" der „Welt" (KW12, 194), geben Erklärungsmuster rationaler und irrationaler Art ab. Er unterscheidet zwischen „Erlebens"- und „Erkenntnis"-Systemen (KW12, 203, 212). *Erlebenssysteme* sind durch „Regeln, Konventionen, Traditionen, Wert- und Stilhaltungen" teils rationaler, teils irrationaler Art gekennzeichnet, mit denen sich der einzelne Mensch im Alltag der „jeweils vorhandenen Umwelt" (KW12, 208) zu orientieren versucht. *Erkenntnissysteme* sind die rationalen der Wissenschaft. Was Broch im Hinblick auf „Kopernikanische Wenden"

---

2 Vgl. Lützeler 2011, 110–123.

3 Kant selbst vergleicht in der „Vorrede zur zweiten Auflage" der *Kritik der reinen Vernunft* von 1787 die „Revolution der Denkart" in seiner Erkenntnistheorie mit den „Gedanken des Copernicus" bei der Entwicklung seines heliozentrischen Verständnisses der „Himmelsbewegungen" der „Sterne" (Kant 1904, 9, 12).

interessiert, sind die szientifischen Systeme. Die „unendliche Mannigfaltigkeit an Weltinhalten" könne durch kein noch so differenziertes rationales Wissenschaftssystem erfasst werden. Nur das „Erkenntnis-System eines Gottes" wäre zur Allwissenheit und zum Allverstehen prädisponiert. „Die Systeme", schreibt Broch, mit welchen der Mensch die Welt „bewältigt", seien „äußerst unvollkommene Gebilde". Das „Absolutsystem" eines Gottes stehe seinem Erkenntnisehrgeiz nicht zur Verfügung (KW12, 203). Nichtsdestoweniger habe er die Möglichkeit, seine jeweils gegebenen Erkenntnissysteme zu erweitern, ja zu revolutionieren. Er führt das Begriffspaar „Minus-Bekanntheit" und „Plus-Unbekanntheit" (KW10/2, 134 ff.) ein, um den Fall einer Erkenntnis-Revolution besser definieren zu können. Aufgrund der Mannigfaltigkeit der Welt werde es immer eine ins Unendliche reichende Zahl von „Plus-Unbekanntheiten" geben. Jede Umwandlung einer „Plus-Unbekannten" in ein Erkenntnisobjekt komme der Konstatierung einer „System-Lücke" gleich (KW10/2, 274), also einer „Minus-Bekannten". Die Umwandlung dieser „Minus-Bekannten" in eine Bekannte, d. h. die Schließung dieser „Lücke" (KW12, 209 ff.), sei als Erkenntnisfortschritt zu verbuchen. Die rational erfasste „Plus-Unbekanntheit" sei ein „Signal" an das System: ein Hinweis auf „das Vorhandensein einer Minus-Bekannten" (KW12, 209). Allerdings sei mit diesem Hinweis immer eine „Störung" (KW10/2, 134–139) des bestehenden wissenschaftlichen Systems verbunden. Diese Störung sei nur vorübergehend, wenn die neue Erkenntnis in das schon existierende System integriert werden könne. Das sei z. B. in der Astronomie der Fall, wenn ein neuer „Stern" entdeckt werde, bei dem das bestehende „Apperzeptionssystem" der Astronomie „intakt" bleibe, nachdem man den Stern – mit einem „Namen" versehen – „in den Sternkatalog aufgenommen" habe (KW12, 205). Solch eine „Einreihung der Plus-Unbekannten ins System" erfolge mittels „Improvisation" (KW12, 207). Die „Störung" durch das erwähnte Signal könne allerdings auch zu einer „Durchbrechung" des alten Denksystems führen (KW12, 209). Das sei in den oben genannten Fällen von Kopernikus, Descartes, Kant, Gauss und Einstein der Fall gewesen. Ein „Stück neuer [...] Realität" (KW12, 210) sei hier jeweils durch eine „Plus-Unbekannte" signalisiert worden. Es wurde also eine „Minus-Bekannte" entdeckt, die sich dem intellektuellen Zugriff des alten Systems entzogen habe. Bei dieser Störung sei mit den „bisher geübten Methoden und Normen" (K12, 210) kein Auslangen gewesen: das wissenschaftliche System habe revolutioniert werden müssen.

Um das Erkennen „neuer Realität" geht es nach Broch auch in Kunst und Literatur. Im Vortrag „Das Weltbild des Romans" von 1933 macht der Autor deutlich, dass der Roman der Moderne – das sei schon Goethe bewusst gewesen – „Spiegel aller übrigen Weltbilder" (KW9/2, 115) zu sein habe. Der „moderne Roman" sei „polyhistorisch" geworden, denn „die großen Weltbilder der Zeit" stellten seine „Realitätsvokabeln" (KW9/2, 115) dar. Kunst und Literatur seien nicht irgendwelche Partialsysteme, die sich von anderen abgrenzen, um ein Eigenleben zu führen. Ihre Werke müssten vielmehr „Totalitätskunstwerke" (KW9/1, 65) sein. Die Literatur, und vornehmlich der Roman, müsse jene „Plus-Unbekannten" im Kosmos der Weltbilder ausmachen, um auf eine „Minus-Bekannte" zu verweisen, auf dass sie als ein Stück bewusst gewordener neuer Realität erscheine. Auch hier gelte im Normalfall, dass eine Neuerung das bestehende Apperzeptionssystem nicht außer Kraft setze, sondern qua Improvisation gleichsam in den literarischen Sternekatalog aufgenommen werde. Aber dann gebe es auch jene seltenen Fälle, mit denen sich eine kopernikanische Wende, eine ästhetische Revolution, ergebe. In James Joyce sah Broch zwischen 1930 und 1932 den Autor, der im *Ulysses* jene Revolution zustande gebracht habe.[4] Deshalb bezeichnete er ihn als sein „schriftstellerisches Über-Ich" (KW13/1, 85). Er verglich den irischen Autor im Vortrag „James Joyce und die Gegenwart" von 1932 mit Albert Einstein, der mit der Relativitätstheorie die theoretische Physik umwälzend verändert hatte. Die ästhetische Wende, die sich im Roman von Joyce vollzogen habe, sei der Verzicht darauf, sich einer der zeitgenössischen partialen Kunstrichtungen (Naturalismus, Expressionismus, Futurismus, Dadaismus etc.) anzuschließen. Damit der Roman ein Spiegel der Weltbilder sein könne, müssten unterschiedliche Kunststile und wissenschaftliche Verfahrensweisen aus Vergangenheit und Gegenwart genutzt werden. Es ist, als ob Broch im Roman von Joyce das verwirklicht sehe, was 130 Jahre zuvor Friedrich Schlegel in seiner Ästhetik sich als Universalpoesie und romantische Ironie imaginiert hatte.[5] Joyce kenne und nutze viele Kunststile, und zwar „voller Ironie" (KW9/1, 71). Bei ihm würden die „althergebrachten Darstellungsformen, also die epische, die lyrische, die dramatische" zur „Einheit verschmolzen" und variiert. Darüber hinaus seien „Transformationen" in der Prosa von Joyce zu erkennen, „die vom wissenschaftlichen Ausdruck bis zum homerischen" (KW9/1, 70), also dichterisch-mythischen Ausdruck, reichten. „Jedes der zwölf *Ulysses*-Kapitel" sei in einem anderen Stil geschrieben" (KW9/1, 71), hielt Broch bewundernd fest. Hier liege ein „,schöpferischer' Eklektizismus" (KW9/1, 71) vor, mit dem Joyce im Gebiet der Kunst auf eine „Wirklichkeitstotalität" (KW9/1, 64) verweise. Die könne zwar durch keinen Dichter „real" erfasst werden, sei hier aber „symbolhaft" (KW9/2, 116) gestaltet worden.[6] In der Malerei entdeckt Broch bei Picasso eine vergleichbare Gerichtetheit auf „Universalität" hin. Was Joyce im

---

4 Vgl. Mitchell 1976, 151–174; Weninger 2012, 44–53.
5 Vgl. die vielen Hinweise auf die Romanästhetik Friedrich Schlegels (Wohlleben und Lützeler, 2014).
6 Vgl. Richard Brinkmanns Analyse von Brochs Symbolbegriff (Brinkmann 1988).

Roman erreiche, lasse sich an Picassos Bildern ablesen: eine „Beherrschung der bestehenden Techniken, eine ähnliche Theoretisierung und Verwissenschaftlichung" (KW9/1, 81). Und wie zuvor bei Kopernikus und Einstein[7], so wirkten auch die Neuheiten bei Joyce und Picasso sich als Störungen aus, welche internationale Kontroversen auslösten, die lange anhielten. Man braucht im Fall Joyce nur an die gegenteilige Bewertung des Autors bei Hermann Broch und Ernst Bloch zu denken. Bloch polemisierte gegen den *Ulysses* 1935 in *„Erbschaft dieser Zeit* als „taube Nuss", als „Beliebigkeit aus lauter zerknüllten Zetteln", als „Affengeschwätz" und „Fragmente aus Nichts" (Bloch 1935, 186).

Es ist leicht zu erkennen, dass die stilistische Eklektik, die Verwendung unterschiedlicher Gattungsformen (Epik, Lyrik, Dramatik, Essayistik) sowie diverser Diskursformen (erzählerische, philosophische, mythologisierende, soziologische und historische) in Brochs Romantrilogie *Die Schlafwandler* mit Inspirationen des *Ulysses* zu tun haben. Durch den Einbau der Essayfolge „Zerfall der Werte" ging Broch noch einen Schritt über sein Vorbild hinaus: hier reflektiert er die Weltbilder der dominierenden Partialsysteme im philosophisch-kritischen Diskurs.

Das genaue Gegenteil von dem, worum es Broch geht, beobachtete er in jener zeitgenössischen Literatur, die wir heute unter den Begriff ‚Neue Sachlichkeit' subsumieren. Deren „Weltanschauungsromane" sozialistischer oder patriotischer Provenienz und „Fachromane" (etwa „Sportromane") seien Beispiele dafür, wie die Weltanschauungen von Partialsystemen „dogmatisch in das Gebiet der Dichtung" eingedrungen seien (KW9/2, 98). Das literarische, auf Totalität gerichtete Erkenntnisziel werde hier verkürzt, ja in sein Gegenteil verkehrt. Den Begriff ‚Neue Sachlichkeit' verwendet Broch erstmals 1929 während der Arbeit an der *Schlafwandler*-Trilogie. Ihm fehlt an diesem Schreibstil das Eingehen auf den „lyrisch-psychologischen Rest des Irrationalen" (KW13/1, 78). Entsprechend distanziert er sich auch von der innerhalb der Neuen Sachlichkeit favorisierten Reportage. In seinem Vortrag „Das Weltbild des Romans" spricht er von der „lärmend-heroischen Welt voll verkitschter Sieghaftigkeit", der er allenthalben in der zeitgenössischen Reportage begegne. Mit „Sachlichkeit" im Sinne von Nüchternheit und Objektivität habe sie nichts zu tun. In seiner Rede „James Joyce und die Gegenwart" hatte Broch 1932 betont, wie zentral für Joyce wie für Einstein die reflektierte Rolle des „Beobachters" (KW9/1, 77 ff.) in Wahrnehmung und Darstellung sei. Das „Beobachtungsmedium", der „Akt des Sehens" selbst, müsse „in das Beobachtungsfeld" (KW9/1, 77) einbezogen werden. Nur dadurch werde – in der Physik bei Einstein, in der Literatur bei Joyce und in der

---

7 Zu Einstein vgl. Könneker 2001.

Malerei bei Picasso – eine „Einheit von Darstellungsgegenstand und Darstellungsmittel" (KW9/1, 78) erreicht. Gerade von dieser selbstreflexiven Kritik des beobachtenden Subjekts im Bezug auf das Objekt, sei in der Reportage nichts zu merken.[8]

Sicher wäre es reizvoll, Brochs Erstlingswerk auf expressionistische Nachwirkungen und auf Einflüsse seinerzeit aktueller, neusachlicher Schreibweisen[9] hin zu lesen. Aber damit wäre für die Interpretation der Trilogie nicht sonderlich viel gewonnen. Der Erzählstil in den drei Teilen richtet sich jeweils nach dem Hauptthema (also Romantik, Anarchie, Sachlichkeit). Broch hat sich nach eigener Aussage bei der Figur „Huguenau" im dritten Band „stilgemäß" auf „Sachlichkeit" (KW13/1, 186) festgelegt. Aber der dritte Trilogieteil enthält viele andere Parallelerzählungen: Man denke an die „Hanna Wendling"-Story, die „Geschichte des Heilsarmeemädchens in Berlin", die Passagen über den Maurer Gödicke oder die Essayfolge „Zerfall der Werte". Auch „Huguenau oder die Sachlichkeit" ist kein neu-sachlicher Roman. Sabine Becker hält fest: „[Es] lassen sich für das terminologische Feld der Kategorie ‚Sachlichkeit' poetologische Inhalte wie Antiexpressionismus, Antiästhetizismus, Nüchternheit, Präzision, Realismus, Naturalismus, Beobachtung, Berichtsform, Funktionalisierung und Materialisierung und Antiindividualismus aufzeigen" (Becker 2000, 38). Brochs Ästhetik lässt sich nicht auf diese Formel bringen. Sein „erweiterter Naturalismus" umgreift auch Elemente des Expressionismus (Arnold 1971), des Individualismus, der Anti-Funktionalisierung, des Psychologischen, des Traumhaften, des Mystischen und des Visionären. Ganz abgesehen davon ist für Broch der Begriff des „Sachlichen" ethisch negativ besetzt. Innerhalb seiner Systemtheorie bezeichnet er als „sachlich" – die Figur Huguenau zeigt es – jenen Typus des völlig zweckrationalen, nur auf seine eigenen Vorteile bedachten „wertfreien" (KW1, 724) Menschen, der rücksichtslos bis zum Mord seine Interessen in einem Partialsystem – hier dem des Kommerziellen – durchsetzt. Im Exil wird Broch den Terminus „Versachlichung" mit Versklavung gleichsetzen (KW11, 375).

---

8 Brochs Favoriten damals sind Joyce und Kafka, und so besteht er auf einer Ästhetik des „erweiterten Naturalismus" (KW9/2, 133), in dem sowohl Kafka wie Joyce ihren Platz finden. Broch hat Kafka weder als Autor des Expressionismus noch der Neuen Sachlichkeit verstanden. Er attestierte dem Prager Autor einen „Ur-Stil' des unmittelbaren Anfanges" (KW9/1, 131). Ein Parallelphänomen zu Franz Kafka sei in der Malerei Vincent van Gogh, der nicht im Impressionismus aufgegangen sei, sondern mit der „Ur-Symbolik" seiner Bilder „etwas völlig Neues" (KW9/1, 127) geschaffen habe.

9 Zur neuen Sachlichkeit vgl. Becker 2000; Holmes und Silverman 2009. In diesen Büchern kommt das Werk Brochs – anders als bei Mayer 2010 – nicht vor.

3.1.2 Ethik und Ästhetik: Abgrenzung von Piscator und Brecht

Es gibt ein Werk Brochs, das in der Sekundärliteratur als „neusachlich" bezeichnet worden ist: das Trauerspiel *Die Entsühnung* von 1932. Hier kann man am besten zeigen, wie Broch neusachliche Tendenzen aufgegriffen und variiert hat. Das sei durch den Vergleich seiner Absichten mit jenen von Piscator und Brecht erläutert. Broch setzte sich nicht nur von der Scheintendenzlosigkeit der Reportage der 1920er Jahre ab, sondern auch von jener neusachlichen Richtung, die sich offen in den Dienst politischer Ideologien gestellt hatte, und bei der jede Art von Tendenzlosigkeit als Verrat an gesellschaftlich-revolutionären Zielen gebrandmarkt wurde. Brochs im Sommer 1932 geschriebenes Drama *Die Entsühnung* (KW7, 133–234) schildert Lohnkämpfe zwischen Unternehmern und Arbeitern und feindliche Übernahme-Aktionen eines Konzerns im Jahr 1930 in einer südwestdeutschen Industriestadt. Das waren zur Zeit der Weltwirtschaftskrise symptomatische gesellschaftliche Konflikte. Broch schrieb die Tragödie im Hinblick auf Platzierungen an deutschen Theatern und dachte dabei vor allem an Berlin. Aber schon im Frühjahr 1932 kürzte der preußische Staat die Mittel zur Förderung der Theater, womit in der deutschen Hauptstadt wie anderswo das Theater- und Opernsterben einsetzte. Das waren Vorgänge, die Broch nicht verborgen blieben (KW13/1, 232).

Er besuchte in den späten 1920er Jahren bei seinen Reisen nach Berlin auch die Piscator-Bühne im Theater am Nollendorfplatz. Dort sah er im Februar 1928 (HBA, 151) die bearbeitete Fassung von Jaroslav Hašeks Roman *Die Abenteuer des braven Soldaten Schwejk* mit Max Pallenberg in der Titelrolle. Die Inszenierung muss Broch nachhaltig beeinflusst haben. Pallenberg, der dem Autor aus dessen Wiener Zeit als Schauspieler und Sänger ein Begriff war, spielte hier eine seiner Glanzrollen. Die Bühnenadaption des Romans stammte von Max Brod und Hans Reimann, doch wurde sie für diese Aufführung durch Piscator selbst in Zusammenarbeit mit Bertolt Brecht und Leo Lania verändert. Die Bühnenillustrationen – und hier zeigten sich Piscators Neuerungen am stärksten – wurden durch zwei Laufbänder permanent in Bewegung gesetzt, wobei dreihundert satirische Bilder von George Grosz an die Wände projiziert und Zeichentrickfilme sowie Fotos (u. a. von Prag) eingefügt wurden (Völker, 1991). Broch lernte hier Piscators Einsatz neuer audiovisueller Medien bei den Aufführungen kennen, und es ist offensichtlich, dass er durch Piscator zu den Film- und Ton-Introduktionen angeregt wurde, die fast jedem „Bild" in seinem eigenen Drama *Die Entsühnung* vorangehen (Doppler 1998, 249 ff.).[10] Es war Piscator

---

10 Bei Doppler (1998) werden die Bild- und Tonintroduktionen auch auf Walter Ruttmanns Film *Berlin, Sinfonie einer Großstadt* von 1927 zurückgeführt.

als Regisseur, der in den 1920er Jahren „entscheidende Anstöße für den Aufstieg des Zeitstücks" gegeben hatte, und man war sich im Umkreis seiner Bühne bewusst, dass „er für sein politisches Theater" auf „ein neues großes Drama" hoffte (Hermand und Trommler 1978, 248). Diese Erwartung muss man sich in Erinnerung rufen, wenn Broch von dem „großen Theater" spricht, zu dem er mit der *Entsühnung* einen Beitrag liefern wollte (KW9/2, 59). Broch wollte sowohl im Roman wie im Drama „Totalität" gestalten und mit ihr den „Zeitgeist" der Epoche (KW9/1, 65) erfassen. Auch Piscator war es um „die Perspektive der Totalen" zu tun, wobei der Blick „vom Einzelschicksal" auf „das Ganze" gelenkt werden sollte. Auffallend ist bei Piscator (und auch bei Broch) die Profilierung der Endszene: „Piscator spannte die Einzelszenen und -bilder auf die Endszene als den ideellen Höhepunkt der Aufführung hin" (Hermand und Trommler 1978, 249). Das war bei Broch mit seiner „Totenklage" am Ende der *Entsühnung* nicht anders. Für den Berliner Regisseur fordert die Endszene „aktives Handeln und Verändern", das auf die „Überwindung derjenigen gesellschaftlichen Zustände" abziele, die „Tragödien" hervorbringen (Hermand und Trommler 1978, S. 249). Piscator bewegt sich, was seine Weltanschauung betrifft, im Umkreis marxistischer Theorie, die auf Veränderung gesellschaftlicher Praxis zielt. Entsprechend wurden bei Piscator Zeitstücke (heute nennen wir sie neusachliche Dramen) eingereicht, die konkrete gesellschaftliche Fehlentwicklungen im Sinne der von Broch apostrophierten „Weltanschauungs"- und „Fachromane" benannten: Jugendkriminalität, Abtreibungsgesetzgebung, schwarze Pädagogik, Scheidungsprobleme, Kriegssituationen, Justizskandale, Rassismus, ökonomische Ausbeutung. Die damals viel diskutierten Dramatiker, die bei Piscator ihre Stücke aufführen konnten, waren (neben Brecht) unter anderem Ernst Toller, Alfred Döblin, Ferdinand Bruckner, und Erich Mühsam. Mit Leo Lanias *Konjunktur* von 1928 und Walter Mehrings *Der Kaufmann von Berlin* von 1929 wurden auch Stücke aus der kommerziellen Welt angenommen (Hermand und Trommler 1978, 250–252), aus jener Sphäre also, um die es in Brochs Drama geht.

Ernst Schürer wies als erster auf die Verbindung Brochs zum Theater der neuen Sachlichkeit hin.[11] Er hält die *Entsühnung* (sieht man von der „Totenklage" der Frauen am Schluss ab) für ein paradigmatisch neusachliches Stück aus der Zeit um 1930. Hätte Piscator Brochs Drama für seine Bühne akzeptieren können? Wohl kaum. Das ist nur ein Gedankenspiel, denn Piscator war bereits 1931 (ein Jahr bevor Broch sein Stück schrieb) in die Sowjetunion emigriert. Broch passte nicht in das Konzept der Piscator-Bühne. Aber er hätte sein Stück

---

11 Seit Ernst Schürers Aufsatz (Schürer 1980) wird Brochs Stück in den Kategorien des Dramentypus der Neuen Sachlichkeit diskutiert, zuletzt wieder bei Brechtje Beuker (2019).

an einem anderen Theater platzieren können, wenn sich das politisch-gesellschaftliche Klima inzwischen nicht radikal verändert hätte. Keine der Theateragenturen, auf die Broch gesetzt hatte, konnten Ende 1932 *Die Entsühnung* an eine deutsche Bühne vermitteln. Ende Juli 1932 bereits hatten die Nationalsozialisten bei den Reichstagswahlen ihren entscheidenden Sieg errungen. In der Sprache von Brochs Systemtheorie: das politische Partialsystem hatte es erreicht, die „absolute Diktatur" zu errichten und die Stelle des ehemaligen Zentralsystems einzunehmen.

Aber setzen wir das Gedankenspiel mit Brochs Stück an der Piscator-Bühne fort. Piscator hätte bestimmt darauf bestanden, dass der erste Teil des „Epilogs" (die Vorstandssitzung der Männer) anders auszufallen habe. Mit ihr wurde bei Broch der Sieg eines Konzernmagnaten im Wirtschaftskampf offenbar, d. h. die Überlegenheit innerhalb des kommerziellen Systems, dessen Grundsatz die „Vernichtung aller Konkurrenz" (KW1, 495) ist. Hier fehlte die hoffnungsvolle Lösung im Sinne Pisactors.

Um 1930 hatte Bertolt Brecht sich auf seine Art um eine Erneuerung des Theaters bemüht. Mit den damals geschriebenen „Lehrstücken" wie z. B. *Der Jasager/Der Neinsager*, *Die Maßnahme* und *Die Ausnahme und die Regel* wollte er das konventionelle bürgerliche Theater überwinden (Steinweg 1995). Für Broch ist das Lehrstück „schlechte Tendenzkunst" (KW9/2, 98). Er kann sich mit dieser Form des „abstrakten Problemtheaters" nicht befreunden, weil hier Kunst „auf die Dürftigkeit von Schlagwortthesen reduziert" (KW7, 404) werde.

Worin besteht die ästhetische Eigenart von Brochs Trauerspiel *Die Entsühnung*? Broch geht in seinem Essay „Erneuerung des Theaters" von einer „naturalistischen Basis" aus. Die sei in der *Entsühnung* ein „sozialer Querschnitt durch ein industrielles Deutschland von 1930", wobei das „Wirtschaftliche und Soziale" im Vordergrund stünden. Diese „naturalistische Basis" müsse aber den Blick auf die „sophokleische Schicht" freigeben (KW7, 405).[12] Die „sophokleische Schicht" wird nach Broch durch die Einführung des Chors erreicht. Bernhard Zimmermann[13] weist auf die antike Theorie des Chors hin. Aristoteles habe in seiner „Poetik" die Tragödien des Sophokles als traditionsbildend verstanden. Bei Sophokles ist der Chor eine Gruppe mit konturiertem Charakter: Er greift nicht in das Geschehen ein, kommentiert und reflektiert es aber. Als kollektive Persona ist er einerseits Teil der Handlung, transzendiert sie aber andererseits

---

12 Vgl. Reinhart 1972.

13 Vgl. Zimmermann 2000, 144–160. Zimmermann geht auch auf den Gebrauch des Chores von Schiller bis Brecht und Dürrenmatt ein. Broch im Kontext der Weiterentwicklung des Chors in der Moderne zu lokalisieren, wäre eine eigene Untersuchung wert.

qua Kommentar. Abgehoben erscheint der Chor vom übrigen Personal der Tragödie durch seinen liedhaften Vortrag und durch die stilisierte Sprache.

Broch entspricht mit seinem Frauen-Chor den Erwartungen des Aristoteles insofern, als er eine Gruppe einführt, die zum einen aufs Engste mit der Dramenhandlung verbunden ist, die aber andererseits sich erst formiert, als sie Distanz zur Handlung gewonnen hat. Brochs Frauen beginnen als Chor zu agieren als die Tragödie bereits beendet ist: Sie erheben ihre Klage in einem „Epilog". Hier entwickelt sich aus den einzelnen Frauenfiguren des Dramas der Chor. Seine Mitglieder verlieren immer mehr an Individualität und werden schließlich zu einer Gruppe, die an den griechischen Chor mit seinen kollektiven Aussagen erinnert. In der „Totenklage" werden zu Anfang noch alle Vor- oder Familiennamen der Frauen genannt, dann aber durch Abstrakta wie „die erste Mutter" ersetzt. Die chorhaften Aussagen der Frauen sind Klagen, die als Kommentare zum voraufgegangenen Geschehen gedacht sind, und sie bewegen sich auf der religiösen Ebene. Wie es bei Sophokles einen Chorführer gibt, so bei Broch eine Chorführerin. Diese Funktion übernimmt bei Broch die „alte Mutter". Die Klagehaltung wird aufgegeben, wenn der Chor der Frauen das Göttliche beschwört. Das erinnert an das fünfte Standlied in Sophokles' *Antigone*, wenn der Chor den Schutzgott von Theben, Dionysos, anruft und ihn bittet, in der geprüften Stadt zu erscheinen. Am Schluss der *Antigone* trägt der Chorführer eine moralische Lehre vor, wenn er über die Bezirke der Götter spricht, die nicht entweiht werden dürfen und die Besonnenheit als höchstes Glück preist. Die „alte Mutter" in Brochs Tragödie bringt Hoffnungsvokabeln in ihre Deutung der Frauenklage unter, wenn sie Bilder von „Morgenlicht" (KW7, 233) und „Zukunft" (KW7, 234) aufruft und die Geburt einer neuen „Welt" (KW7, 233) beschwört. Im „Epilog" wird eine metaphysische Ebene angesprochen, die im Drama der Neuen Sachlichkeit schwer vorstellbar ist, gerade weil sie Piscator zu sehr an die Rhetorik des Expressionismus erinnert hätte.

Brochs Tragödie übernimmt zwar partiell Formen des neusachlichen Theaters, ist aber kein neusachliches Stück. Es ist ein Irrtum anzunehmen, dass die „Totenklage" ein Anhängsel sei, das eigentlich nicht zu dem Stück als Ganzem passe. Wie wichtig Broch die „Totenklage" ist, erhellt aus der Tatsache, dass er dem Drama ursprünglich den Titel „Die Totenklage" geben wollte (KW7, 418).[14] Broch selbst wies in den „Vorbemerkungen zur Aufführung der ‚Entsühnung'" auf die Verbindung des Textganzen mit der „Totenklage" hin. Da heißt es:

---

14 Auf die Bedeutung der Totenklage der Frauen weist auch Françoise Derré hin (Derré 1989, 123).

Das Drama beginnt als naturalistisches Stück und endigt mit dem Epilog als strenges Stildrama. Inhaltlich und formal ist dieser Übergang zum abstrakten Theater in der Architektonik des Stückes mit fortschreitender Handlung vorbereitet (z. B. durch Monologe etc.). Die Regie muß auf diesen zunehmenden Abstraktismus [...] entsprechend Bedacht nehmen.

(KW7, 409–410)

Nicht nur das Stück als Ganzes, auch die Totenklage der Frauen speziell folgt der Entwicklungskurve vom Naturalistischen hin zum Abstrakten. Die ersten Einzelstimmen reden in Prosa. Erst als die Frauen sich chorhaft äußern, wird ein Versmaß gewählt. Die „Totenklage" besteht aus zwei Teilen: Im ersten agieren die Männer in einer Aufsichtsratssitzung, im zweiten die Frauen als griechisch inspirierter Chor. Man könnte sogar von einem „Chor" der Männer sprechen, der allerdings geisterhaft pantomimisch ist. Über die Form der Sitzung der Unternehmer und Arbeitervertreter heißt es in der Regieanweisung: „*Diese [...] Szene muß automatisch mit starren Bewegungen und hölzernen tonlosen Stimmen gespielt werden.*" (KW7, 226).

Die Äußerungen der Frauen in der „Totenklage" lassen sich nicht auf den Nenner einer bestimmten religiösen Moral bringen. Mit Bildern und Umschreibungen von Hoffnung und Liebe tangiert Broch Aspekte christlicher Ethik. Aber gleichzeitig wird durch die Wahl des Dramentitels *Die Entsühnung* deutlich, dass der Autor auch jüdische Vorstellungen in sein Drama hat einfließen lassen. „Entsühnung" und „Sühne" sind von zentraler Bedeutung am jüdischen „Versöhnungstag", Jom Kippur, also am „Tag der Sühne". An diesem wohl wichtigsten Tag im jüdisch-liturgischen Jahr zeigt die Gemeinde durch Sündenbekenntnis und Fasten Reue und Umkehr. Erst danach kann man sich vor Gott als von den Vergehen gereinigt empfinden. Am Versöhnungstag wird zudem in der Synagoge in den Klagegesängen auch der Verstorbenen gedacht, denn ihre Seelen können an Jom Kippur ebenfalls Vergebung erlangen (Herr und Sperling 2007).[15] Poetisch gebrochen erscheinen Aspekte der Klage, der Reue und der Umkehr bei Broch in der „Totenklage" (KW7, 231). Sie macht aus einem Stück, das der Form nach einem Drama der Neuen Sachlichkeit ähnelt, eine Tragödie, die in der Literaturgeschichte schwer verortbar ist. Es ist Brochs Verständis des *Ulysses* von Joyce, das sich auch hier bemerkbar macht: Wie im Roman will Broch auch im Drama ein Maximum an Stilformen und Gattungsmerkmalen aus Vergangenheit und Gegenwart unterbringen, um der Totalitätsforderung zu entsprechen. So entstand ein Werk, das zwar Brochs Anspruch an eine moderne Ästhetik entsprach wie er sie verstand, mit dem sich aber bis heute weder Theaterleute noch Zuschauer

---

15 Entsprechend wurde Brochs Drama mit dem Titel *The Atonement* ins Englische übersetzt (BHA).

haben befreunden können. In den beiden Aufführungen am Zürcher Schauspiel-
haus 1934 und – fünfzig Jahre später – 1994 wurde die „Totenklage" kurzerhand
gestrichen, und an den Städtischen Bühnen Osnabrück begnügte man sich 1984
mit einer Schwundstufe des Schlusses. Da siegten die neusachlichen Erwartungen über einen Text, der sich nicht einpassen wollte in einen der literarischen
Trends des Jahres 1932.

3.2 *Der Tod des Vergil* (1945): Anima naturaliter christiana

3.2.1 Theodor Haecker und das Anti-Versklavungs-Ethos

In den Jahren vor dem Ersten Weltkrieg publizierte der junge Broch erstmals Essays zu ethischen und ästhetischen Fragen im *Brenner*, der Innsbrucker Kulturzeitschrift (Lützeler und Ender 2020). Gleichzeitig machte dort der katholische Publizist Theodor Haecker mit Artikeln und Übersetzungen auf den dänischen Philosophen Søren Kierkegaard aufmerksam. Broch dürfte hier erstmals etwas über Kierkegaard gelesen haben (KW13/1, 28–29), der in der Haeckerschen Interpretation die Entwicklung seiner Auffassungen von Ethik, Ästhetik und Religion beeinflusste (Tullberg 2020). 1933 publizierte Haecker seine Studie *Was ist der Mensch?*, eine Arbeit (Haecker 1933), die Broch zustimmend gelesen hatte, sah er doch hier Parallelen zu der Essayfolge „Zerfall der Werte" in seiner *Schlafwandler*-Trilogie (KW1). Mit der Beschreibung eines seelenlos werdenden Maschinenzeitalters, mit der Analyse sich verselbständigender Teilbereiche sozialen Lebens, mit dem Versuch, eine im Absoluten verankerte ethische Basis zu finden, die individuelle Autonomie und individuelle Verantwortung miteinander verbindet: mit diesen Tendenzen des Buches konnte Broch sich identifizieren. Im Frühjahr 1934 schrieb er an seinen Verleger Daniel Brody: „Ich habe jetzt mit ganz besonderem Interesse den Haecker gelesen („Was ist der Mensch?) und empfehle Ihnen dringend, das Gleiche zu tun. Die Parallelität zu meiner eigenen Geschichtsphilosophie wird Ihnen in die Augen springen" (KW13/1, 281). Haecker definierte in *Was ist der Mensch?* die „Gerechtigkeit" als „das Wesen des Politischen" (Haecker 1933, 69) und wollte von einem „Freund-Feind-Verhältnis" (Haecker 1933, 71), wie Carl Schmitt (Schmitt 1927) es für die Politik bezeichnend fand, nichts wissen. Die „Idee echter Humanität" weise auf den Weg „zur Freundschaft und nicht zur Feindschaft", zum „Aufschließen der Seele" und nicht zum „einkerkernden Staate" (Haecker 1933, 22). Vergleichbar scharf wandte Haecker sich gegen die Sicht des Menschen als „Raubtier", in der Oswald Spengler seine rechtsradikale Leserschaft bestärken wollte (Spengler 1931). Haecker referierte Spengler:

> Ich bin als Raubtier die höchste Form des freibeweglichen Lebens. Es gibt mir als Typus Mensch einen hohen Rang, dass ich ein Raubtier bin. Ich mache Beute. Ich bin ein Mensch, also ein Raubtier, also offensiv, hart, grausam, zerstörend. Ich bin jedermanns Feind. [...] Der Hass ist das eigentliche Gefühl der Raubtiere.[1]   (Haecker 1933, 110–111)

---

[1] Haecker paraphrasiert hier. Bei Spengler (1931) selbst heißt es: „Das Raubtier ist die höchste Form des freibeweglichen Lebens. [...] Es gibt dem Typus Mensch einen hohen Rang, daß er

https://doi.org/10.1515/9783110734683-007

Anti- und unchristlicher ließ sich die Frage „Was ist der Mensch?" nicht beantworten, und Haecker meinte, dass Spengler weder das Wesen des Menschen noch des Raubtiers erfasst habe. Häufig erwähnte Eideshelfer sind bei Haecker Vergil (Haecker 1933, 149) als adventistisch verstandener proto-christlicher Autor und Thomas von Aquin als Vertreter der mittelalterlichen Scholastik (Haecker 1933, 113). Auf das Alte Testament (Genesis 1.26) berief sich Haecker, wenn er im Menschen „das Bild Gottes" (Haecker 1933, 119) erkannte, und mit Thomas von Aquin sah er darin die Verbindung des Menschen zum höchsten Geist, zum Absoluten. Die „Würde" des Menschen bestehe in der Bindung an Gott. Gleichzeitig hielt Haecker den Wunsch von Spengler, als Mensch „selbst Gott sein" zu wollen (Haecker 1933, 112) für absurd, da die Verstrickung des Menschen in die „Materie" (Haecker 1933, 113) unaufhebbar sei. In diesem Zusammenhang wandte sich Haecker gegen die Ideologie der Nationalsozialisten: Das „Leben des Blutes und der Erde über das des Geistes zu stellen" bedeute eine „niedere Ordnung" (Haecker 1933, 139) an die Stelle einer höheren zu setzen. Haecker wiederholte in seinem Buch oft die These: „Wir sind Hierarchisten" (Haecker 1933, 145), womit er meinte, dass man sehr genau zwischen Gott und Mensch und Tier zu unterscheiden habe und sich vor einer Auswechslung oder Verwischung der Begriffe hüten müsse. Wichtig war Broch vor allem, dass er in Haecker einen Intellektuellen erkannte, der wie er von der göttlichen Ebenbildlichkeit des Menschen ausgeht.

Obwohl Broch 1934 von Haeckers *Was ist der Mensch?* angetan gewesen war, konnte er sich 1936/1937 doch nicht entschließen, ihm seine „Völkerbund-Resolution" ins Ausland zu schicken. Das lag zum einen daran, dass Broch sein Manifest nicht auf dem Postweg nach Deutschland senden wollte, wo Haecker in München lebte. Er hätte den von der Gestapo überwachten Gelehrten damit in Gefahr gebracht. Zum anderen hatte Broch Anfang 1935 einen Vortrag von Haecker im Wiener Kulturbund zum Thema „Der Christ und die Geschichte" gehört. Er schrieb darüber im Januar 1935 an Frank Thiess:

> [...] ich hatte mir nach den Büchern Haeckers sehr viel davon versprochen, [...] und nun ist dieser Vortrag eigentlich eine scharfe Enttäuschung (für mich) geworden: es gab immer manches in Haeckers Büchern, was mir unklar und undurcharbeitet erschienen ist und das ich auf meine eigene Glaubensinsuffizienz zurückgeführt habe, im Vortrag aber zeigte es sich, daß Haecker im Konstruktiven wirklich vollkommen versagt und es über ein katholisches Kanzelgeplausche nicht hinausbrachte. Trotz des großen äußern Erfolges

---

ein Raubtier ist" (17). „Die Welt ist die Beute, und aus dieser Tatsache ist letzten Endes die menschliche Kultur erwachsen" (20). „Ein Raubtier ist jedermanns Feind" (21). „[Das] Raubtierschicksal [...] erhebt durch Macht und Sieg, durch Stolz und Haß" (22).

und der großen kirchlichen Aufmachung ging ich mit dem sichern Gefühl fort, daß damit nichts Lebendiges mobilisiert wurde und daß die nationalsozialistische Ideologie von dieser Seite [aus] nicht angegriffen zu werden vermag. (HBT, 349)

Zu erwähnen ist in diesem Zusammenhang, dass Theodor Haecker einer der Mentoren der Geschwister Scholl und ihres studentischen Widerstandskreises Die Weiße Rose wurde. Hans und Sophie Scholl, Alexander Schmorell und Willi Graf fanden sich mit anderen Freunden 1942/1943 zu privaten Vorlesungen bei Theodor Haecker ein (Sturms 2013, 159), der seit 1936 Rede- und Publikationsverbot hatte (Siefken 2003). Dort las er auch aus dem Buch *Der Christ und die Geschichte* (Haecker 1935) vor, von dem Broch so enttäuscht gewesen war. Hier zeigte sich in der Wirkung auf die jungen Leute, dass „die nationalsozialistische Ideologie von dieser Seite" her durchaus „angegriffen zu werden" vermochte. Haecker trug zudem im Kreis der Weißen Rose aus den *Tag- und Nachtbüchern* vor (Haecker 1947). Broch ließ sie sich 1948 nach der Erstpublikation in die USA schicken. Er teilte dem Verleger Willi Weismann mit, dass die dort festgehaltenen „außerordentlichen Äußerungen" (KW13/3, 195) Haeckers ein „erschütterndes Bild der deutschen Schreckensjahre" (KW 13/3, 225) vermittelten. Nach der Hinrichtung der Mitglieder der Weißen Rose verfiel Haecker in eine monatelang anhaltende Depression.

In Verbindung mit Haecker ist ein katholischer Theologe zu nennen, den Broch schätzte: Johannes Österreicher, der fast zwei Jahrzehnte jünger als Broch war. Österreicher entstammte einer jüdischen Familie, war als Zwanzigjähriger zum Katholizismus konvertiert, hatte katholische Theologie studiert und sich zum Priester weihen lassen. Zu den zeitgenössischen Publizisten, die ihn am stärksten geprägt hatten, gehörte Theodor Haecker. Österreicher gründete 1934 in Wien – im Auftrag des Pauluswerks – die Zweimonatsschrift *Die Erfüllung*. Sie erschien von Ende 1934 bis Anfang 1938. (Ein interessantes Detail: Broch und Österreicher waren im Wien der Jahre 1936 bis Anfang 1938 Nachbarn: Die Schriftleitung und Verwaltung der *Erfüllung* befand sich in der Peregringasse 2 im Neunten Bezirk Wiens. Broch hatte auch in den 1930er Jahren ein Zimmer in der Wohnung Ea von Alleschs in der Peregringasse 1.) Der Wiener Kardinal Theodor Innitzer hatte das Pauluswerk etabliert, und es wurde von Österreicher und dem Jesuiten Georg Bichlmair geleitet. Dem Pauluswerk wie der Zeitschrift *Die Erfüllung* ging es um die Missionierung der Juden, um die Versöhnung zwischen Juden und Christen und um den Schutz von zum Katholizismus konvertierten Juden vor der Verfolgung. Österreicher selbst entkam 1938 über die Schweiz und Frankreich in die USA, wo er an der katholischen Seton Hall University in South Orange, New Jersey ein Institute for Judeo-Christian Studies gründete und bis ins hohe Alter leitete. Er wurde einer der Wegbereiter des internationalen christlich-jüdischen Dialogs und hatte entscheidenden Einfluss auf die Neueinschätzung des Judentums in der Katholischen Kirche während des Zweiten Vatikanischen Konzils unter Papst Johannes XXIII. (Schneider 2010). Broch lobte Österreichers Zeitschrift in einem Brief an Ruth Norden vom November 1935 und nannte *Die Erfüllung* eine „ganz bemerkenswerte Publikation", weil sie sich – „scharf antinazisch" – der „Versöhnung zwischen Christen- und Judentum" verschrieben habe (KW13/1, 369). Von der katholischen Missionierung des Pauluswerks hielt der Autor allerdings entschieden weniger. Zu diesem Thema äußerte er sich Ende November 1937 in einem Brief an Ludwig von Ficker:

> Ich weiß nicht, welch praktische Missionserfolge vom Pauluswerk oder von der „Erfüllung" schon gezeitigt worden sind, doch benahe möchte ich behaupten, daß kaum die Möglichkeit besteht, den wirklich wertvollen Teil der Judenschaft damit zu erfassen. Der wahrhaft gläubige Jude wird die antisemitische Welle stets als Prüfung betrachten, ihm auferlegt, daß er an der ihm verliehenen Wahrheit festhalte, ihm auferlegt als Pflicht zum Ausharren, als Pflicht eines auserwählten Märtyrertums, ja, er wird gerade deshalb im gegenwärtigen Augenblick jede noch so gütige christliche Ansprache als eine zusätzliche Versuchung auffassen [...]. (KW13/1, 480)

Zu den prominentesten Beiträgern, die in der *Erfüllung* publizierten, gehörten Theodor Haecker, Jacques Maritain, Waldemar Gurian und Dietrich von Hildebrand. Letzterer wurde von der SS-Elite sicher um seinen doppelten Nibelungennamen beneidet, aber ausgerechnet er war der schärfste Hitler-Gegner unter den katholischen Philosophieprofessoren seiner Zeit. Wie Haecker und Maritain war auch von Hildebrand – Sohn des Bildhauers Adolf von Hildebrand – vom Protestantismus zum Katholizismus konvertiert. Und wie sie ist er im Umkreis des Personalismus zu verstehen, denn er war einer der profiliertesten Verfechter der persönlichen Würde des Menschen qua Gottes-Ebenbildlichkeit und entschiedener Gegner des nationalsozialistischen wie kommunistischen Kollektivismus. Von 1918 bis 1933 war von Hildebrand Professor für Philosophie an der Universität München. Nach Hitlers Regierungsantritt floh er über Italien nach Wien, wo er – vermittelt durch Engelbert Dollfuß – das anti-nationalsozialistische Wochenblatt *Der christliche Ständestaat* herausgab. 1938 floh er nach dem ,Anschluss' zunächst über die Schweiz nach Frankreich, dann von dort über Brasilien in die USA. Hier wurde er Hochschullehrer an der von Jesuiten geleiteten Fordham University in New York City. Er genoss aufgrund seiner Gelehrsamkeit bei den Päpsten, die er kommen und gehen sah, hohes Ansehen, ja mit Pius XII. war er befreundet. Auch Broch schätzte ihn, wie man dem Brief vom 3. November 1935 an Ruth Norden entnehmen kann (KW13/1, 369). 1933 hatte von Hildebrand das Buch *Sittliche Grundhaltungen* (Hildebrand 1933) publiziert, in der er seine katholische Ethik explizit darlegte, die auf keinen Fall mit dem nationalsozialistischen Menschenbild vereinbar war. Allerdings veröffentlichte er ein Jahr später (Hildebrand 1934) ein völlig unkritisches, hagiografisches Portrait über den austrofaschistischen Diktator mit dem Titel *Engelbert Dollfuß. Ein katholischer Staatsmann*. Das Buch muss unmittelbar nach der Ermordung von Dollfuß verfasst worden sein, denn das vorletzte Kapitel ist mit „Der Märtyrertod" überschrieben. Wahrscheinlich hatte die Freundschaft zu Dollfuß dem Philosophen den Blick getrübt für die Verfolgung der durch Otto Bauer repräsentierten österreichischen Sozialdemokraten im Februar 1934. Dass Dollfuß nicht in der Lage war, den Bürgerkrieg zu verhindern und ausgerechnet die führenden Sozialdemokraten ins Exil zwang, erwies sich als fatal, denn der sozialdemokratische Schutzbund war viel entschiedener gegen Hitler als die Vertreter der rechtsradikalen Heimwehr. Waldemar Gurian, der Mitte der 1930er Jahre Bücher sowohl gegen den Nationalsozialismus wie den Bolschewismus geschrieben hatte, lernte Broch im amerikanischen Exil kennen. Dort lehrte Gurian Politologie an der katholischen Notre Dame University im Staat Indiana. Zudem kamen Autor*innen wie Gertrud von Le Fort, Karl-Borromäus Heinrich und Ludwig von Ficker in der *Erfüllung* zu Wort. Wichtige Beiträge gegen das antisemitische Menschenbild des Nationalsozialismus publizierte hier auch die Theologin Olga Lau-Tugemann.[2] Fast alle Beiträger*innen waren katholische Gegner des Nationalsozialismus, aber zuweilen wurden auch Stellungnahmen gegen den Rassismus der Nationalsozialisten von protestantischen Theologen wie Karl Thieme und jüdischen Autoren wie Martin Buber abgedruckt; über das Schicksal von Franz Rosenzweig wurde berichtet, und Erich Kahlers Buch *Israel unter den Völkern* erhielt eine Besprechung. Nachdrücklich wurde auch auf die neuen Bücher von Nikolai Berdjajew hingewiesen. Aber auch scharfe innerkatholische Differenzen traten zutage – soweit es die Stellung zum Nationalsozialismus betraf. So findet man im November 1937 eine negative Besprechung von Johannes Österreicher über das Buch von Alois Hudal mit dem Titel *Die Grundlagen des Nationalsozialismus* (Hudal 1936). Hudal war ein aus Graz stammender katholischer Theologe, der damals als Titularbischof Rektor eines Priesterseminars war, des Collegio Teutonico di Santa Maria dell' Anima in Rom. Mit seinen „Grundlagen" hatte er sich den Ruf eines „Hoftheologen der Nazis" eingehandelt. Wegen seines Antibolschewismus glaubte er, eine Brücke zu Hitlers Nationalsozialismus bauen zu können. In seinem Buch schwärmte er von einer Symbiose von NS-Politik und katholischer Religion. Voraussetzung für die Kooperation wäre aber, dass sich Hitler auf die rein politische Sphäre beschränke und sich gegen das verbreitete Neuheidentum in seiner Gefolgschaft (Alfred Rosenberg, Heinrich Himmler etc.) wende und die Erziehung der Jugend

---

2 https://www.theologinnenkonvent.de/pdf/Sabine_Maurer_Die_Theologin-Olga%20Lau-Tu gemann_2016.pdf (19. September 2020).

der Kirche überlasse. Österreicher aber stellte klar, dass „kein Zweifel" darüber bestehen könne, dass „der Nationalsozialismus *in seinem Wesen*" der „Versuch sei", die „Herrschaft Christi zu stürzen" (Österreicher 1937, 202). Broch war der gleichen Meinung. Nach dem Krieg wurde Hudal zu einem der bekanntesten NS-Fluchthelfer. Was Broch wahrscheinlich am meisten beeindruckte, war die stärkere Politisierung der *Erfüllung* nach dem September 1935 als Hitler die Nürnberger Rassengesetze erlassen hatte. Johannes Österreicher selbst eröffnete die Attacke gegen diese Verkehrung jeden Rechts mit seinem Essay „Hominum non habeo" (Österreicher 1935). Mit dem Titel spielte er auf eine Stelle im Evangelium nach Johannes (5, 7) an, wo Jesus einen Kranken heilt, der „keinen Menschen habe", der ihm helfen würde. So ist der Beitrag von Österreicher als ein Aufruf zu verstehen, den nun noch extremer ausgegrenzten und verfolgten Juden zu helfen. Der Essay (sicher Österreichers wichtigster eigener Beitrag in der ganzen Zeitschrift) ist intellektuell und rhetorisch gut aufgebaut. Er protestiert in erster Linie und an erster Stelle gegen die Rassengesetze „Im Namen des Rechts" und dann „Im Namen des Geistes", „Im Namen des Evangeliums" und „Im Namen der Kirche". Im gleichen Heft wird auch über Protestveranstaltungen gegen die Nürnberger Gesetze mit Tausenden von Teilnehmern in Amsterdam und in Zürich berichtet. Auf dieses Thema der Rassengesetze kommt man nun immer wieder in den Heften der *Erfüllung* zu sprechen. Es ist die Zeit, in der Broch sich entschließt, die „Völkerbund-Resolution" als politische Schrift gegen die Menschenrechtsverstöße in den Diktaturen zu verfassen. Seine Lektüre der Beiträge in der *Erfüllung* dürften ihn in dem Plan bestärkt haben.

Sämtliche Bücher Theodor Haeckers aus den 1930er Jahren wurden in Johannes Österreichers Zweimonatsschrift *Die Erfüllung* positiv rezensiert. Es ist wahrscheinlich, dass Broch Haeckers Vergil-Studie bald nach der Lektüre von *Was ist der Mensch?* (Haecker 1933) im Jahr 1934 gelesen hat. Gleich zu Beginn dieses Buches weist Haecker auf sein Buch *Vergil, Vater des Abendlandes*[3] von 1931 hin, und er kommt wiederholt auf die Bedeutung des römischen Autors für die europäische Kulturgeschichte zu sprechen. Diese Studie dürfte die entscheidende Anregung zur literarischen Befassung Brochs mit dem Vergil-Thema gegeben haben. Zunächst gestaltete er es in einer kurzen Erzählung von 1937 mit dem Titel „Die Heimkehr des Vergil" (KW6, 248–259), um sie in den folgenden Jahren – vor allem in Amerika der Kriegszeit – zum Roman *Der Tod des Vergil* (KW4) auszuarbeiten. Hier ist die römische Religionskrise,[4] die bereits vor der

---

3 Vgl. Haecker 1948.
4 Vgl. Latte 1960; Molthagen 1975; Dahlheim 2010. Dahlheim zeigt, wie die Verehrung des Kaiser Augustus als Gott der Christianisierung Vorschub leistete. Zum einen habe man (im Gegensatz zu der Vielfalt der Götter in den verschiedenen Teilen des Imperiums) diesen einen Gott

Christianisierung offenbar wird, von zentraler Bedeutung. Broch war fasziniert von der bei Haecker entfalteten Idee, dass Vergil als „anima naturaliter christiana" zu verstehen sei. Der römische Autor habe Wertvorstellungen vertreten, mit denen er sich sukzessive von der durch Augustus restaurierten altrömischen Religion und ihren Kulten wie auch von der Selbstvergöttlichung des Kaisers entfernt habe. Das Bild der Mutter mit dem Kind in der vierten Ekloge Vergils wurde seit dem frühen Christentum als Hinweis auf den Erlöser interpretiert.[5] Vergil stehe bereits ein für ethische Positionen, die substantieller Bestandteil des Christentums geworden seien. Man denke an das wiederholt gestaltete Thema „amor vincit omnia". Kulturgeschichtlich gesehen ist das eine gewagte These (Lefèvre 2000), aber Haecker konnte sich auf alte Deutungstraditionen berufen. Er war auch ein Übersetzer von Werken Vergils, und Broch hielt in den Angaben zu den „Quellen", die er beim Schreiben seines Romans benutzt hatte, fest: „Für die Stellen aus den ‚Eklogen' konnte vielfach die ganz vorbildliche deutsche Ausgabe von Theodor Haecker (Hegner, Leipzig, 1932) benützt werden" (KW4, 501).

Broch hat in einem Brief an Aldous Huxley vom 10. Mai 1945 bekannt, die Sicht Haeckers auf Vergil im Grundsätzlichen für seinen Roman übernommen zu haben. Dort heißt es:

> Vergil war ein „Vor-Christenmensch". Das geht aus seinem ganzen Werk, nicht nur aus der Ekloge IV hervor (– Kennen Sie übrigens Haeckers Schrift, die dieses Thema behandelt? –), und in solcher Eigenschaft, die in ihrer geistigen Bedeutsamkeit sicherlich seine literarische übertrifft, ist er für Jahrhunderte, ja Jahrtausende zur legendenhaften Gestalt geworden, fast zu einem inoffiziellen Heiligen, mit dem sogar die Kirche sich abgefunden hat. – All das weist auf eine metaphysische Substanz dieses Geistes hin, die mich m. E. sehr wohl legitimiert hat, ihn zum Träger der „Erleuchtung" zu machen, freilich erst – und darauf kommt es an – nach vorhergegangener „Zerknirschung" und einer Selbstauslöschung, die sein ganzes Leben umfaßt, so daß er, im christlichen Sinn, der Gnade würdig werden kann, mag sie auch, infolge mangelnder Taufe, niemals erfahren haben. – Er war noch nicht der Prophet, der die neue Wahrheit ausspricht, aber er gehörte zu jenen, die notwendig sind, damit der Prophet komme; ohne Wegbereiter, ohne Vorarbeit gibt es keinen Propheten. Er war ein Vor-Prophet, und als solcher hat er sich wahrscheinlich selber empfunden. Und darum darf seine Einsamkeit angenommen werden. Mögen auch Augustus und seine andern Freunde das ganze Wissensgut ihrer Zeit besessen haben, [...] die prophetische oder vor-prophetische Ahnung war keinem von ihnen verliehen (und keiner von ihnen konnte zur Legendengestalt werden). Dies, scheint mir, ist mit einer der Gründe, der mich berechtigt, Vergil scharf von seiner Umgebung zu separieren und ihm ihr Unverständnis entgegenzusetzen. – Vorarbeit für das Kommende: das ist der

---

überall anerkannt, zum zweiten handelte es sich hier um einen Menschen als Gott wie es sich bei Jesus um Gott als Mensch handelte.

5 Vgl. Norden 1924; Hommel 1950. Vgl. auch MTV.

einzige Trost, den Vergil – der Vergil meines Buches – in seiner Verzweiflung über die Unzulänglichkeit und die menschliche Unwürdigkeit seines Dichterberufes zu finden vermag. Denn es wird ihm klar, daß der Kunst und nur der Kunst die Gabe verliehen ist, das Noch-Unaussprechbare und doch schon Vorhandene erahnen zu lassen. „Noch nicht und doch schon" sagt ihm der Knabe Lysanias. (KW13/2, 454–455)

Es verlohnt sich, an dieser Stelle die Ausführungen Haeckers über die „anima naturaliter christiana" in *Vergil, Vater des Abendlandes* in Erinnerung zu rufen. Haecker spricht wiederholt von der „adventistischen Humanität" Vergils (Haecker 1948, 95, 99). Er betont zwar, dass der römische Autor „kein Prophet wie Isaias" gewesen sei, der „die Geburt des Heilandes prophezeit" habe, aber aus der „Adventsstimmung des Heidentums" heraus sei „er in eminentem Sinne vor Christus die *anima naturaliter christiana*" (Haecker 1948, 130) gewesen. Haecker weist darauf hin, dass Tertullian (Freund 2003) den Begriff der „anima naturaliter christiana" geprägt habe (Haecker 1948, 133). Wie „kein anderer des Heidentums" sei Vergil „ein Auserwählter [...] *zu Christus hin*" gewesen. Die „anima naturaliter christiana" sei – „offen für die Zukunft" – erfüllt von „messianischen Hoffnungen und eschatologischen Erwartungen" (Haecker 1948, 130). Als Beleg führt – wie seit dem Mittelalter üblich – auch Haecker die vierte Ekloge an, die sogenannte „messianische" Ekloge. Dazu schreibt er erklärend als Theologe und Literarhistoriker:

> Sie galt dem christlichen Altertum und auch dem Mittelalter als wörtlich gemeinte Prophezeiung des Heilandes; das ist sie nun nicht; aber das christliche Altertum hatte doch wieder in einem höheren Sinne recht, denn was von dem kommenden Äon gesagt wird, geht weit über das Humane hinaus, weit auch über Augustus und sein Zeitalter. Es ist nicht römisch, es ist ein mythisches Ahnen göttlicher Heilsgeschichte, das in Neapel aus dem Orient zu ihm kam und sein nach Frieden und Vollendung sich sehnendes Herz ergriffen, seinen Genius zu prophetischen, einmaligen, aus seinem sonstigen Werke herausfallenden Versen hingerissen hatte. (Haecker 1948, 129)

Deutlich wird auch, dass die folgenden Zeilen über Vergil als „anima naturaliter christiana" Broch beeinflusst haben dürften. Haecker fährt fort:

> Keines anderen großen Dichters Seele ist so geliebt worden wie die Vergils, ist von Natur aus als *anima naturaliter christiana* so fähig, spontan, auf den ersten Blick Liebe zu erwecken und sie dauernd wachsend und bewahrt zu erhalten wie die Vergils, und eine jede *anima Vergiliana*, die im Laufe der langen Zeiten sich wiederfindet, hat diese auszeichnende, menschlich adeligste Eigenschaft, ja daran erkennt man sie sogar ganz vorzüglich. Denn lieben muß einer und nicht aufhören zu lieben die Seele des Angelico, die Seele Mozarts, Racines, Newmans, vergilische Seelen. [...] Wer aber einmal [...] Vergil zu lieben begonnen hat, der hat niemals wieder aufgehört ihn zu lieben [...] mit jener organisch wachsenden Liebe, von der er selber in der zehnten, reifsten Ekloge zu seinem Freunde Gallus singt:

Cuius amor tantum mihi crescit in horas
Quantum vere novo viridis se subicit alnus
Zu dem meine Liebe so wächst mit jeglicher Stunde,
Wie im Lenze empor sich reckt die grünende Erde. (Haecker 1948, 134, 135)

Und an dieser Stelle erklärt Haecker auch, warum er für den Titel seines Buches die Formulierung *Vergil – Vater des Abendlandes* gewählt hat. Vergil sei „princeps", ein „großer Dichter", ein „Unsterblicher" (Haecker 1948, 137). Er fährt fort:

> [...] das ist nicht nur unsere Erkenntnis, [...] sondern der *consensus* der weltlichen und geistlichen Väter des Abendlandes nun fast zweitausend Jahre lang. [...] Er wurde der Inbegriff Roms [...]. Die reichste Seele des christlichen Altertums [...], Augustinus, hat uns gestanden, daß er bis zu seiner Bekehrung täglich ein halbes Buch der Aeneis zu lesen pflegte. Der heilige Anselm empfiehlt die Lektüre Vergils; im 10. Jahrhundert hat Notker die Bucolica ins Deutsche übersetzt. Es ist unnötig, an die Rolle Vergils im Leben und im Werke Dantes zu erinnern; wer dessen Namen kennt, weiß auch von jenem. (Haecker 1948, 137–139)

Auch Dante begriff Vergils Dichtungen – und besonders die *Aeneis* – als Ausdruck einer „anima naturaliter christiana". In einem Selbstkommentar von 1942 zu seinem Roman hat Broch (im Sinne Haeckers) Dante als einen Dichter bezeichnet, der Vergil als den „ahnenden Künder des Christentums" (KW4, 467) verstanden habe. Die partielle Identifikation von Broch mit Dante hatte nicht zuletzt mit dem gemeinsamen Schicksal von Vertreibung und Exil zu tun. Das Motto aus dem *Inferno*, das Broch seinem Roman voranstellte, ist ein Hinweis auf den Subtext von Dantes *Commedia* (Lützeler 2013b). Es kann sein, dass auch dieses Motto auf einen Hinweis Haeckers zurückgeht. Der betont, dass am Schluss des *Infernos* vom verheißungsvollen Schauen zu den „Sternen" die Rede ist, und nicht vom Blick zurück auf die „Schatten" (Haecker 1948, 117). Diese Schlussverse, die Broch für das Motto im *Tod des Vergil* auswählte, lauten:

> Lo duca ed io per quel cammino ascoso
>   Entrammo a ritornar nel chiaro mondo;
>   E, senza cura aver d'alcun riposo,
> Salimmo su, ei primo ed io secondo,
>   Tanto ch'io vidi delle cose belle
>   Che porta il ciel, per un pertugio tondo;
> E quindi uscimmo a riveder le stelle.
> DANTE: DIVINA COMMEDIA, INFERNO XXXIV, 133–139[6]
>   (KW4, 10)

---

6 Der Text weicht an einigen Stellen ab von Dante (2010, 538), wo es heißt: „Lo duca e io per quel cammino ascoso/ intrammo a ritornar nel chiaro mondo;/ e sanza cura aver d'alcun riposo/ salimmo su, el primo e io secondo,/ tanto ch' i' vidi delle cose belle/ che porta 'l ciel, per un pertugio tondo;/ e quindi uscimmo a riveder le stelle."

Und ins Deutsche übersetzt:

> Diesem verborgenen Pfad folgend begaben der Führer
> und ich uns auf den Rückweg in die lichte Welt. Und ohne
> auch nur an ein wenig Ruhe zu denken,
> stiegen wir auf, er als erster, ich als zweiter, bis ich durch
> eine runde Öffnung einige von diesen schönen Dingen
> erblickte, die der Himmel trägt.
> Dann traten wir hinaus und sahen die Sterne wieder.
>
> (Dante 2010, 539)

Auch Haeckers Vorstellungen vom „fatum", vom Schicksal, die er in seinem Buch ausführlich ausbreitete, haben ihren Einfluss auf Broch nicht verfehlt. Haecker hält fest, dass das „Fatum bei Vergil über allen Göttern steht" (Haecker 1948,102), und bei Broch heißt es fast identisch „Schicksal, du gehst allen Göttern voran" (KW4, 191). Haecker betont aber auch, dass diese Behauptung nicht für Jupiter als „pater omnipotens" gelte, weil er „der Garant, der Verwirklicher des Fatums" (Haecker 1948,102) sei.

Haeckers Sicht von Vergil als „anima naturaliter christiana" hat Broch nicht einfach übernommen, sondern angereichert. Dabei ist es ihm besonders um die Individualisierung von Freiheit und Menschenwürde zu tun, woraus die Forderung nach Abschaffung der Sklaverei folgt[7]. Parallel zum Vergil-Roman hat Broch in den frühen 1940er Jahren an seiner *Massenwahntheorie* (KW12) gearbeitet. In ihr erkannte der Autor, dass in Hitlers Staat eine „neue Sklavenschicht" im Entstehen begriffen war (KW12, 40). Auch im *Tod des Vergil* steht das Thema der Versklavung im Vordergrund. Gleich zu Beginn seines Romans schildert Broch den Arbeitsalltag der Sklaven in der Hafenstadt Brundisium:

> [...] die [..] Sklaven [waren] in langer Schlangenreihe [...] wie Hunde paarweise mit Halsringen und Verbindungsketten aneinandergekoppelt [...]. [D]ie beaufsichtigenden Schiffsmeister [schwangen] [...] auf gut Glück die kurze Geißel über die vorbeiziehenden Leiber, ohne Wahl und einfach drauflos, hinschlagend mit der sinnlosen [...] Grausamkeit uneingeschränkter Macht, bar jedes eigentlichen Zweckes, da die Leute ohnehin hasteten, was ihre Lungen hergaben, kaum mehr wissend, wie ihnen geschah [...].   (KW4, 26)

In der Mitte von Brochs Roman kommt der Erzähler erneut auf das Elend der Sklaven zu sprechen, wenn Vergil eine „Menge" beobachtet, die „jubelnd vor Lust, ein Kreuz umdrängte, an das schmerzbrüllend, schmerzwimmernd, ein unbotmäßiger Sklave angenagelt" war, ein Anblick, der die apokalyptische Vision vom Ende des antiken Roms evoziert:

---

7 Vgl. Eiden-Offe 2011, 157–190.

[...] und er sah, wie der Kreuze mehr und mehr wurden, wie sie sich vervielfältigten, fackel-
umzüngelt, flammenumzüngelt, ansteigend die Flammen aus dem Geprassel des Holzes,
aus dem Geheul der Menge, ein Flammenmeer, das über die Stadt Rom zusammenschlug,
um abebbend nichts zurückzulassen als geschwärzte Ruinen, zerborstene Säulenstümpfe,
gestürzte Statuen und überwuchertes Land.   (KW4, 234)

Der erinnerten Realität der „Tragsklaven" (KW4, 34) und dem imaginierten Unter-
gang Roms stehen hoffnungsvolle Traumgesichte des sterbenden Vergil gegenüber. In ihnen bildet sich die „Stimme" eines Sklaven heraus. Der Sklave in den
Fieberphantasien des Brochschen Vergil ist keine im Kontext des Romans als real
vorzustellende Person wie etwa Augustus oder der Dichterfreund Plotius Tucca.
Der Sklave artikuliert neue ethische Vorstellungen, die sich im Bewusstsein des
sterbenden Autors formen. Es artikuliert sich eine innere Stimme der Hoffnung
auf eine Zeitenwende, in der sich die Wertmaßstäbe Roms verkehren. In seinen
politischen Schriften hält Broch fest, dass „das Christentum" anfänglich eine
„Sklavenreligion" war, „vielfach verbunden mit einer ausgesprochenen [...]
Non-Resistance-Bewegung" (KW12, 479). Dem Sklaven in Brochs Roman ist
die „Gnade" zu teil geworden, „den Bruder im Bruder zu wissen". „Held" sei
nicht, wer „mit klirrender Waffengewalt" auftrumpfe, sondern derjenige, „der die
Entwaffnung erträgt" (KW4, 252). Die Stimme des Sklaven weist Vergil die Position
zwischen den Epochen zu: „Du sahest den Anfang, Vergil, bist selber noch nicht
der Anfang, du hörtest die Stimme, Vergil, bist selber noch nicht die Stimme: [...]
noch nicht und doch schon, dein Los an jeder Wende der Zeit" (KW4, 253). Vergils
besondere kulturhistorische Stellung als „anima naturaliter christiana" zwischen
den Epochen wird durch die Formel „noch nicht und doch schon" unterstrichen,
wie Broch auch im Brief an Aldous Huxley betonte.

In seinen Fieberträumen hört Vergil das Gebet des Sklaven, das christliche
Erwartungen ausspricht und Bildsymbole der Evangelisten benutzt: „Unbekann-
tester, Unerschaubarster, Unaussprechlichster [...]. Löwe und Stier sind zu Dei-
nen Füßen gelagert, und der Adler schwebt auf zu Dir. [...] Du schickst den aus
zum Heile, der sich nicht auflehnt" (KW4, 253). Der Engel wird nicht eigens erwähnt, wenn die Bildsymbole der Evangelisten genannt werden, aber die Stimme
des Sklaven selbst steht für den Engel, der als „Mittler" zu dem bezeichnet wird,
„der den Ruf empfangen" (KW4, 399) soll. In den religiösen Kontext gehört auch
das Bekenntnis des Sklaven: „wir werden auferstehen im Geiste" (KW4, 346). Die
Sklavenstimme deutet nicht nur auf den neuen Glauben hin, der die kommende
Kulturepoche Roms bestimmen wird, sondern markiert auch einen revolutionären politischen Kurswechsel: Abgewertet wird die soziale Ordnung des
cäsaristischen Roms, wenn „der Staat" als „lächerlich und irdisch" (KW4, 342) bezeichnet wird gegenüber dem „Ewigen" des Glaubensreiches, das „ohne Tod" sei
(KW4, 344). In den Fiebervisionen erteilt der Sklave dem Cäsar Augustus „die Er-

laubnis zum Sprechen" (KW4, 389), und die Verkehrung der Rolle von Herr und Knecht ist evident, wenn der Cäsar als verelendeter Sklave geschildert wird. Da heißt es: „Nun erhob sich der Augustus von seinem Lumpenlager; er wankte unsicheren Schrittes daher, an seinem Halsring baumelte [...] ein Kettenende". Vergil sieht den „zwergig" gewordenen „Cäsar" ins „Nichts" schrumpfen (KW4, 397).

Das sind Fieberphantasien, und man könnte sie in einem Zusammenhang mit den Saturnalien im antiken Rom sehen, bei denen – mit Bachtin (Bachtin 1987) zu sprechen – „karnevalistisch" die Standesunterschiede aufgehoben und die Rollen von Herren und Knechten vertauscht werden. Augustus verweist während seines Gesprächs mit Vergil die „Freiheit" des Staatsbürgers auf den befristeten Zeitraum der „Saturnalien" (KW4, 342). Das sieht Vergil anders. Er formuliert sein Testament um, dessen Neuerung in der Freilassung seiner Sklaven besteht. Der Cäsar weiß die Geste seines Autors nicht zu würdigen, wenn er feststellt, dass zur „Wirklichkeit Roms" der Sklavenstand gehöre. Er habe zwar „das Los der Sklaven gebessert", aber „der Wohlstand des Reiches" benötige „Sklaven", die „sich in diese Wirklichkeit einzuordnen" hätten. Gegen jene, die „die Ordnung trotzig zu stören wagen", müsse „hart" vorgegangen werden (KW4, 346), wobei er an das Schicksal des Spartacus erinnert. Vergil bleibt aber bei seinem Vorsatz, den der Cäsar zwar missbilligt aber als Ausnahme genehmigt. So enthält denn das zweite Testament des Vergil, das es – wohlgemerkt – nur in Brochs Roman gibt,[8] die zusätzliche Klausel: „Der Erlaubnis des Augustus gemäß, bin ich befugt meine Sklaven freizulassen; dies soll sofort nach meinem Ableben geschehen, und jeder dieser Sklaven hat für jedes Jahr, das er in meinen Diensten verbracht hat, ein Legat von hundert Sesterzen ausbezahlt zu erhalten." Im *Tod des Vergil* ist von einem „ersten" und einem zweiten „Testament" die Rede, wobei man erfährt, dass das „erste [...] ungeschmälert in Kraft" bleibe (KW4, 410). Hier wird wahrscheinlich auf das alte und das neue Testament der christlichen Religion angespielt, nach der das „alte" ebenfalls Gültigkeit behält. Es kann aber auch sein, dass die beiden Testamente Vergils auf die alte heidnische Kultur und die neue christliche im Römischen Reich anspielt. Dass hier von einer Kultursymbiose die Rede ist, die auch Haecker thematisierte, ist offensichtlich. Zu der Fusion des alten Römischen und des Neuen Christlichen, heißt es in *Vergil, Vater des Abendlandes*:

> Wir sind alle noch Glieder des Imperium Romanum, ob wir es wahrhaben wollen oder nicht, ob wir es wissen oder nicht, des Imperium Romanum, das nach grausamen Irrungen das Christentum sua sponte, aus eigenem Willen, angenommen hatte und es nun nicht mehr aufgeben kann, ohne sich selber und den Humanismus auch aufzugeben.
>
> (Haecker 1948, 92)

---

8 Vgl. Goldschmidt 2019; Heizmann 1997; Agazzi 2016.

An dieser Stelle zeigen sich auch die geschichtsphilosophischen Unterschiede zwischen Broch und Haecker. Haecker verteidigt die römisch-christliche Kultur-symbiose aus der Sicht des vom Katholizismus überzeugten, an ihn glaubens-mäßig gebundenen Publizisten. Haeckers Stärke ist die christlich fundierte kompromisslose Gegnerschaft zum Neuheidentum der Nationalsozialisten. Es gibt eine partielle intellektuelle und moralische Deckungsgleichheit bei Broch und Haecker, und die besteht in der Verteidigung des Humanismus, der römische Kultur in seinen antiken wie christlichen Varianten beerbt hat. Broch ist kon-fessionell nicht gebunden. Er sieht lediglich eine historische Parallele zwischen der Religionskrise der Augusteischen Epoche und der Gegenwart. Wie zur Zeit der Cäsaren die altrömische durch die christliche Religion abgelöst worden sei, so werde das überlieferte Christentum einer neuen, noch unbekannten, abstrak-teren Religion weichen. Eine kosmopolitische Ethik sei im Entstehen, die – Erbe der Aufklärung – durch eine die bisherigen Religionen übergreifende Achtung vor Menschenrecht und Menschenwürde im Sinne eines „Ethos der Welt" (KW11, 202) bestimmt sei. Für seine Gegenwart sieht Broch sich nicht als Prophet, sondern als „Wegbereiter", der denkerische „Vorarbeit für das Kom-mende" (KW13/2, 455) leiste, womit er sich dem Vergil im Augusteischen Zeitalter verwandt empfindet. Die Leistung des Romans *Der Tod des Vergil* besteht für ihn darin, durch die Gestaltung der antiken Religionskrise jene der Gegenwart erkennbar werden zu lassen. Darauf weist der Autor auch im Brief an Aldous Huxley hin: „[...] das letzte vorchristliche Jahrhundert [hat] eine Fragekonstellation hervorgebracht, die der unseren in mehr als einer Beziehung nahesteht" (KW13/2, 454).

Man unterschätze nicht die zeitkritischen Implikationen von Brochs Roman *Der Tod des Vergil.* Die Philosophieprofessoren Bernhard Taureck und Burkhard Liebsch haben in den letzten Jahrzehnten Bücher zu Fragen der Ethik, der Ge-walt, des Krieges und des Todes veröffentlicht. Der Untertitel ihres neuen Buches *Drohung Krieg* lautet: „Sechs philosophische Dialoge zur Gewalt der Gegenwart". Sie diskutieren jene Themen, die Broch in seinen politischen Essays der 1940er Jahre in den Vordergrund rückte: UNO und internationales Recht, Machtpolitik und nukleare Konstellation, Siegesphantasma und der Begriff des Friedens. Auf der Rückseite des Umschlags schreiben sie:

> Alles sei „bedroht, alles unsicher geworden", sogar die Bedrohung selber, stellte Her-mann Broch in seinem Roman *Der Tod des Vergil* Ende der 1930er Jahre fest, weil „die Gefahr sich gewandelt hatte, übersetzt aus der Zone des Geschehens in die des Verhar-rens". Man könnte heute kaum treffender beschreiben, wie es sich gegenwärtig mit der Frage verhält, ob und wie Krieg droht. (Taureck und Liebsch 2020)

3.2.2 Vergils Unsterblichkeit: Dichterische Erkenntnis und Sklavenbefreiung

Im Kontext einer Diskussion über die „anima naturaliter christiana" muss auch der Aspekt der Unsterblichkeit zur Sprache kommen, auch wenn hier von keinem direkten Einfluss Theodor Haeckers ausgegangen werden kann. Schaut man Brochs Schriften zur Ästhetik und Philosophie durch, stößt man oft auf Stellen, die seine Beschäftigung mit den Themen von Tod, Ruhm und Unsterblichkeit belegen. „Jede Philosophie zielt auf den Unsterblichkeitsgedanken" (KW9/1, 353) heißt es da. Oder „Die Geschichte ist noch nicht die absolute Unsterblichkeit" (KW9/2, 155). Broch hielt viel von Sigmund Freuds Psychoanalyse, doch war er kein unkritischer Anhänger der Freudschen Theorien, und in der Auffassung vom Tod wich er von ihnen ab. Das hing mit einem unterschiedlichen Kulturverständnis zusammen. Kulturelle Aktivität ist bei Broch nicht primär als Triebsublimierung, sondern als etwas anthropologisch Grundsätzlicheres zu verstehen: „Denn die Natur des Menschen ist seine Kultur", schreibt Broch (KW9/2, 62).[9] Die Absolutheit der Natur sei dem Menschen durch das Begreifen seiner Endlichkeit, seines Todes, bewusst (KW9/2, 125). Kultur sei zu verstehen als „die Absolutheit des Lebenswertes, die der Absolutheit des Todes entgegengesetzt" werde (KW9/2, 126), d. h. die Auflehnung des Lebens gegen den Tod. „Das Antlitz des Todes ist der große Erwecker!" (KW9/2, 124) hielt Broch fest.[10] Die „religiösen Weltsysteme" (KW9/2, 130) der Menschheitskultur hätten „die absolute Befreiung vom Tode" (KW9/2, 125) angestrebt. Das „christlich-platonische Weltbild des Mittelalters" habe in diesem Sinne ein „unendliches Wertziel" (KW9/2, 145) gekannt. Der europäischen Moderne sei jedoch die Orientierung auf ein „unendliches Wertziel" hin abhanden gekommen, da jedes Partialsystem seine profanen Wertziele verabsolutiere.

In einem Selbstkommentar zum *Tod des Vergil* betonte Broch, dass „Unendlichkeits- und Todeserkenntnis" im „Mittelpunkt seines Werkes" stehen (Broch KW4, 494). In diesem Roman wird „Dichtung" mit „Todeserkenntnis" (KW4, 77) bzw. „Erkenntnis des Todes" (KW4, 301) gleichgesetzt. Der Rat, den die Stimme des Sklaven Vergil erteilt, lautet: „Begreife im Leben den Tod, auf daß dein Leben erhelle" (KW4, 251). Dem Roman liegt eine ethisch orientierte Ästhetik zugrunde, die auf die Ablehnung jener Kunst hinausläuft, die die Forderung nach „Todeserkenntnis" nicht erfüllt. Zu den falschen Zielen der Kunst gehöre

---

9 Vgl. die ähnlich lautenden Formulierungen in Brochs letztem Aufsatz „Hugo von Hofmannsthals Prosaschriften" (KW9/1, 286, 296, 315).
10 Vgl. dazu (Zeller 2013) und (Blamberger 2013). Der Essay von Blamberger geht zwar nicht auf Brochs Thesen ein, gelangt aber zu vergleichbaren Schlüssen.

der „Ruhm" als „irdische Unsterblichkeit" (KW4, 232). Die selbstkritischen Äußerungen Vergils über die *Aeneis* haben damit zu tun, dass er Konzessionen an
den Ruhm des Imperiums gemacht habe. Die untergehende Kulturepoche des
Augustus habe er fälschlich als zukunftsträchtig, ja als Beginn eines neuen Gol-
denen Zeitalters mit dem Kaiser als Heilsbringer gelobt. Vergils Abneigung gegen
sein Hauptwerk geht so weit, dass er dessen Vernichtung erwägt, es „verbrannt"
sehen möchte (KW4 167).[11] Die Freunde Vergils und vor allem Augustus sind in
Vorstellungen von Ruhm als irdischer Unsterblichkeit befangen. „Bloß die Lüge
ist Ruhm, nicht die Erkenntnis!" (KW4, 15) hält Vergil in strenger Entgegenset-
zung fest.[12] Unerträglich wird dem Autor das Gespräch mit Augustus, der die *Aeneis* zur Glorifikation seiner Taten gerettet und veröffentlicht sehen will. Da heißt
es: „Der Cäsar war ruhmsüchtig, immer wieder sprach er vom Ruhm" (KW4,
308). Wegen Vergils Absicht, die *Aeneis* zu verbrennen, kommt es zu einem Wut-
ausbruch Octavians.[13] Eingedenk der alten Verbundenheit, die bis in die gemeinsam verbrachten Kindheitstage zurückreicht, schenkt Vergil schließlich
das Manuskript der *Aeneis* dem Augustus. Das ist ein Zeichen der Freundschaft und der Versöhnung. Der Autor ist sich aber auch bewusst, dass die
Aeneis in jeder Hinsicht dem Augustus – als Repräsentanten einer überholten
Kultur – gehört. Eigentlich, so meint Vergil, hätte er das Werk zerstören, es als
„Opfer" (KW4, 361, 363) darbringen sollen, ein Opfer im Dienst einer neuen,
nur erahnten Religion. Im Gespräch mit Augustus hat Vergil die Grenzen von
Macht und Politik benannt, die ihren Einflüssen auf die religiöse Wiedergeburt
gezogen sind. Aber gleichzeitig hat er auch die Schranken bezeichnet, die für
„Kunst" und „Philosophie" (KW4, 323) gelten, wenn es um das Erkennen des
„Heilbringers" (KW4, 358) als des „Erlösers" (KW4, 360) geht: Die Funktion der
Religionsstiftung können sie nicht übernehmen.

Dichtung und Philosophie sollen aber einen Beitrag leisten, wenn es gilt,
zwischen Ruhm und Unsterblichkeit zu unterscheiden. Dabei geht es im *Tod des
Vergil* nicht lediglich um Projektionen eines Romanciers der klassischen Moderne,
sondern um Bestimmungsversuche eines *poeta doctus* (Ruprecht 1992/1993). Der
„Begriff des Menschen" ist nach Broch eine „platonische Idee", d. h. der Mensch
könne nicht auf die Zeitspanne „zwischen körperlicher Geburt und körperlichem
Tod" eingeschränkt werden, vielmehr sei „seine Würde" im „apriori Zeitlosen"
verankert. Die menschliche „Tragik" sei nicht „die des Sterbens", sondern „die

---

11 Vgl. Komar 1984; Enklaar 1987.
12 Vgl. Jenkins 2019.
13 Vgl. Pedersen 2006.

des Erkennens" (KW10/1, 34). Mit Platons Ideen- wie Seelenlehre und dessen Auffassung von der Unsterblichkeit war der Autor vertraut.[14] Letztere hatte der griechische Philosoph im Dialog *Phaidon* dem Sokrates in den Mund gelegt: Vor seinem Tod erläutert Sokrates den Schülern die Unsterblichkeit der Seele. Im dritten Beweis wird postuliert, dass die Seele den Körper beherrsche und in dieser Funktion dem Göttlichen, dem Unveränderlichen und Unsterblichen ähnlich sei. Davon wusste Homer noch nichts. Bei ihm ist von einer Ähnlichkeit der Existenzweise zwischen den sterblichen Menschen und den Göttern als den Todlosen keine Rede. Den unsterblichen Göttern ist der Olymp vorbehalten, von den Menschen jedoch verbleiben auf ewig nur Schatten im Hades (Kleinlogl 1981). Allerdings ist den Verstorbenen eine Surrogat-Unsterblichkeit als Nachruhm auf Erden möglich. (Hentsch 2004).

Mit der Unsterblichkeit der Seele zum einen und mit dem irdischen, profanen, innerweltlichen Nachruhm zum anderen sind bereits jene beiden Arten vom Weiterleben nach dem Tode benannt, wie sie die europäische Geistesgeschichte prägen, und wie sie in ihrer markanten Differenz auch in Brochs *Tod des Vergil* festgehalten werden. Die Dogmen der Kirchenlehrer von der Unsterblichkeit einer auf Erlösung ausgerichteten Seele des Einzelmenschen weicht von dem ab, was im vorchristlichen Abendland an Ideen zu diesem Komplex zirkulierte. Einflüsse von Platon und vor allem seines Wiederentdeckers Plotin auf christliche Mystiker sind nachgewiesen worden. Einer der von Broch geschätzten Philosophen war Plotin (KW12, 510; KW9/2, 146). Der vertrat die Idee einer göttlichen Weltseele, deren Emanationen sich in materialen Körperwelten finden, und die im Menschen eine Sehnsucht nach dem göttlichen Ursprung hinterlassen. Das sind Vorstellungen, deren Spuren man von Augustinus über Meister Eckhart bis Goethe verfolgen kann (Halfwassen 2004). Die Begriffe des Todes und der Unsterblichkeit bei Broch sind mystisch geprägt.[15] Zu erinnern ist an Brochs frühe Faszination durch Meister Eckhart, zum zweiten an seine Beschäftigung mit der chassidischen Mystik, die bereits in den frühen 1920er Jahren mit der Martin-Buber-Lektüre (BTA, 86) begann und mit dem Lesen von Gershom Scholems Mystikbuch (Scholem 1941) bis in die 1940er Jahre reichte (Scholem 1994, 21–22). Wie der Mensch teilhat am Ewigen, auf welche Weise die Seele zur Vereinigung mit Gott drängt, ist die Frage, die Meister Eckhart beschäftigt, und die auch Broch in seinem Roman stellt. Beide stimmen darin überein, dass es etwas im Menschen gibt, das ewiges Leben hat. Beide sind auch Platoniker in dem Sinne, dass sie in

---

14 Vgl. Roethke 1992.
15 Vgl. Blanchot 1962; Grabowski-Hotaminidis 1995.

der vergänglichen Kreatur die unvergänglichen Urbilder zu erkennen suchen, wobei das vollkommene Sein, das Göttliche, an sich nicht zu begreifen ist. Die These Eckharts, dass man Göttliches als „Fünklein im Seelengrunde" (KW1, 532, 715) schweigend erspüren könne, findet sich wiederholt im Werk Brochs.

In einem frühen Brief von 1925 formuliert Broch Gedanken zum Zusammenhang von Tod, Unsterblichkeit und Erkenntnis. Er unterscheidet nicht lediglich zwischen Körper und Seele, sondern kennt ein Körper-Ich und Denk-Ich. Während ersteres sterblich sei, könne man bei letzterem nicht im gleichen Sinne von einem Ende durch den „Tod" sprechen. Im „Ich-Bewusstsein" liege vielmehr – das erinnert an Platons *Phaidon* – „der logische Rückhalt eines jeden Unsterblichkeitsglaubens". Würde das Ich-Bewusstsein „vom Körperlichen losgelöst sein und faktisch die gesamte Wirklichkeit [...] erkennen können, so hätte es das Bewußtsein eines Gottes" und müsste als solches „unsterblich" sein. Das sei zwar unmöglich, doch nähere sich das Bewusstsein mit jedem Schritt „in der Erkenntnisarbeit" diesem „Ziel" an. Daher rühre „das unerhörte Glücksgefühl", wenn man eine „neue Erkenntnis" gefunden habe. „Ich bin fest überzeugt", schreibt Broch in diesem Brief von 1925, „daß ein stetes Arbeiten um die Erkenntnis der Welt am Schluss des Lebens nicht verloren geht, nicht nur, weil man der Welt eine neue Erkenntnis gebracht hat, die unverloren bleibt, sondern weil sich das Ich eine Annäherung an die Unsterblichkeit erkämpft hat." (KW13/1, 63)

Broch weicht hier offensichtlich von der Unsterblichkeitsvorstellung der christlichen Erlösungsreligion ab. Nicht gute Werke im Sinne der Parabeln und Gebote Christi oder der Gnadenakt Gottes vermitteln ein ewiges Leben der Einzelseele, sondern die Erkenntnisleistung des indivuellen Ich-Bewusstseins. Gott ist gleichsam die Totalerkenntnis, und menschlich-partielle Erkenntnisdurchbrüche bedeuten für den erkennenden Menschen eine Annäherung an Gott und seine Ewigkeit. Im *Tod des Vergil* hat Broch diese elitäre, den Mitgliedern von Wissenschaft und Kunst vorbehaltene Aufnahme in eine Art Erkenntnishimmel ergänzt durch einen christlichen Weg hin zur Unsterblichkeit. Da geht es um Nächstenliebe, um faktische Freiheitserweiterung für andere. Während der sterbende Vergil den Erkenntnisdurchbruch in der *Aeneis* bezweifelt, ist er sicher, dass er mit der Sklavenbefreiung den richtigen Schritt zur Entgrenzung der Ethik seiner Zeit getan hat.

Broch kannte auch die philosophischen und literarischen Unsterblichkeits-Deutungen der Renaissance, der Aufklärung und der Klassik. Er teilte seinen Vergil-Roman in vier Kapitel ein, die nach den Elementen „Wasser", „Feuer", „Erde" und „Äther" benannt sind. Es ist wahrscheinlich, dass er dabei durch Paracelsus und seine Elementenlehre beeinflusst war. Wie Paracelsus von einem „Elementarleib" des Menschen spricht, der aus Erde und Wasser besteht und ihn mit den anderen Naturwesen teilt, so kennt er einen „astralischen Leib" aus Luft und Feuer, der den Menschen mit dem All verbindet. Darüber hinaus gesteht Paracelsus dem Menschen als geistigem Wesen die „anima" zu (Benzenhöfer 2003). Wie später bei Broch ist es dem Menschen schon nach Paracelsus möglich, durch „Erkennen" die göttlichen Kräfte wahrzunehmen und sich dadurch Gott zu nähern. Die Voraussetzung dafür liege darin, dass Gott nicht außerhalb, sondern innerhalb der Schöpfung vorhanden sei. Auch Spuren der Mikro- und Makrokosmostheorien des Paracelsus mit den postulierten Entsprechungen sind in Brochs Roman zu entdecken. Im *Tod des Vergil* ist vom „großen Gleichgewicht zwischen dem Ich und dem All" (KW4, 133) auf die eine oder andere Weise oft die Rede.

Mit Spinoza hatte sich bereits der frühe Broch auseinandergesetzt, wie seinen „Philosophischen Schriften" (KW10/1, 150, 162, 199) zu entnehmen ist. Obwohl Spinozas Pantheismus von einer impersonalen Gottheit ausgeht und sich das menschliche Individuum durch den Tod ins Naturganze (natura naturans) auflöst, bestand Spinoza darauf, dass sich vom menschlichen Geist etwas erhalte, das ewig sei (Bennett 1984, 357–363). Das ist dem 23. Lehrsatz im 5. Teil seiner *Ethik* (*Ethica, ordine geometrico demonstrata*) von 1677 zu entnehmen. Broch besaß den ersten Band einer Spinoza-Werkausgabe, die auf Lateinisch 1843 bei Tauchnitz in Leipzig, herausgegeben von Carl Hermann Bruder, erschienen war. Dessen Titel lautete *Principia philosophiae, cogitata metaphysica, ethica* (Amann und Grote 1990).

Beeinflusst durch Paracelsus entwickelte Leibniz seine Vorstellung der Monade, die den Mikrokosmos des Universums spiegelt und die Verbindung zur göttlichen Zentralmonade garantiert. Für die Leibniz-Generation war die Unsterblichkeit der Seele eines der großen philosophischen Themen. Die menschliche Seele wird als unzerstörbare Monade verstanden, die zu Gott als „Urmonas" ein Verhältnis hat wie das Kind zum Vater und sich im Sinne der Vervollkommnung auf das göttliche Urbild hinentwickelt (Wilson 1989).[16] Broch steht in einer Tradition des Leibnizschen neuplatonischen Denkens über Unsterblichkeit, da hier philosophische Überlegungen die theologischen abgelöst haben, ohne die Idee der Perfektibilität der Einzelseele aufzugeben.

Moses Mendelssohn, noch unter dem Einfluss von Leibniz stehend, knüpfte an Platons Dialog *Phaidon* an, als er 1790 *Phädon oder über die Unsterblichkeit der Seele in drey Gesprächen* publizierte. Sokrates ist hier ein Philosoph, der gleichsam Mendelssohnsche Theorien über die Unsterblichkeit der Seele verbreitet. Auch Mendelssohn spricht vom Erkennen der Wahrheit, die der Seele auferlegt sei. Gelöst von den körperlichen Fesseln könne dieses Erkennen nach

---

16 Vgl. die zahlreichen Werke von und über Leibniz in Brochs eigener Bibliothek (Amann und Grote 1990).

dem Tod besser fortschreiten (Kinzel 2011). Auch bei Mendelssohn wird die er-
kenntnismäßige Vervollkommnung als Glückszustand, weil als Annäherung an
Gott verstanden (Feiner 2009). Brochs Überzeugung von der Annäherung an die
Unsterblichkeit qua Erkenntnisleistung teilte er mit Paracelsus, Spinoza und
Mendelssohn.

Die französischen Beiträge aus der Zeit des späten 17. Jahrhunderts zum
Thema Unsterblichkeit waren viel weniger durch ein theologisches Erkenntnisin-
teresse bestimmt. Fontenelle, dessen *Dialogues des morts* in ihrer Zeit viel Aufse-
hen erregten, war der Meinung, dass die Seele substanzlos und somit sterblich
sei. Solche Thesen hinterließen ihre Spuren bei den Vertretern der französischen
Aufklärung. Hier verliert bei der Intelligenz der christliche Glaube im 18. Jahrhundert an Boden, und es setzt sich die Auffassung einer rein innerweltlichen Unsterblichkeit durch, d. h. die Vorstellung vom Weiterleben der ‚großen Tat‘ des
Einzelmenschen in der Geschichte. Die Unsterblichkeit der Seele wird kaum noch
diskutiert, und wenn Diderot und Falconet sich in einer umfangreichen Korrespondenz über die Vorstellungen von Unsterblichkeit austauschen, geht es nur
noch um Ruhm, der entweder schon zu Lebzeiten einsetzt (dann aber nicht gesichert ist) oder erst im Lauf der Zeit sich festigt und den folgenden Geschlechtern
selbstverständlich erscheint (Papenheim 1988). Die Nachwelt, heißt es, ist das
Tribunal, auf dem über den Ruhm entschieden wird. Diesen Gedanken durchzieht auch das Gesamtwerk von Jean-Jacques Rousseau. Im Gespräch zwischen
Kaiser Augustus und Vergil in Brochs Roman geht es dem Autor um die Profilierung des Unterschieds zwischen der irdischen Unsterblichkeit, um die es dem
Cäsar zu tun ist, und Vergils Vorstellung von der metaphysischen Unsterblichkeit
qua Erkenntnisleistung oder Liebestat.

Die Einflüsse Spinozas und Mendelssohns auf Goethes Gedanken zum
Thema Unsterblichkeit sind bekannt. Goethe nimmt wohl ein persönliches
Fortleben nach dem Tod als gegeben an, wenn er auch nicht zu wissen vor-
gibt, wieviel an individueller Potenz bewahrt bleiben wird. Wie Leibniz war
er von der Vervollkommnung der Seele im Sinne eines ins Unendliche gehen-
den Progressus überzeugt. Beweisführungen in Sachen Unsterblichkeit hat
Goethe vermieden, vielmehr hat er sich auf die individuelle Überzeugung berufen (Keller 1993). Brochs Interesse an Goethe ist untersucht worden (Steinecke 1998). In Sachen Unsterblichkeit hatten beide Autoren mit Platon, Spinoza
und Leibniz gemeinsame Lehrmeister. Man darf annehmen, dass Broch, der ein
Verehrer von Goethes Werken war, dessen Vorstellungen von der Unsterblichkeit
zustimmend rezipiert hat.

Im *Tod des Vergil* werden Fragen von Schicksal und Selbstbestimmung, Exil
und Heimat, Gründungsmythen und Religionskrise, Kritik und Macht, Ethik und
Politik, Freundschaft und Liebe, Ruhm und Unsterblichkeit angeschnitten. Wie

in anderen Romanen Brochs – den *Schlafwandlern* von 1932, der *Verzauberung* von 1935 und den *Schuldlosen* von 1950 – geht es Broch auch im *Tod des Vergil* von 1945 nicht nur um die dichterische Gestaltung eines kulturellen Zerfalls, sondern auch darum, die Konturen einer neuen Ethik auszumachen, für die der Aspekt der Anti-Versklavung zentral ist.

3.3 *Die Verzauberung* (1935), *Die Schuldlosen* (1950): Aussteiger und Wanderer

3.3.1 Dialogik von jüdischem und christlichem Denken

Die jüdische Herkunft teilte Hermann Broch mit vielen anderen österreichischen Schriftsteller*innen, Intellektuellen und Künstler*innen der Zwischenkriegszeit. Die meisten von ihnen waren durch Säkularisierungsprozesse geprägt, gleichzeitig aber der Religion ihrer Vorfahren verbunden wie an der christlichen Mehrheitskultur interessiert. Nicht wenige von ihnen konvertierten zum Christentum, vor allem zum Katholizismus, und einige davon kehrten wieder zur Religion ihrer Vorfahren zurück (Silverman 2012). Hier sind Namen wie die von Gustav Mahler, Karl Kraus, Franz Werfel, Joseph Roth und eben Hermann Broch zu nennen. Fast alle aber ließen sich auf die religiösen und kulturellen Traditionen ihrer Umgebung ein, d. h. auf die multikulturellen Gegebenheiten in Wien. Bis 1933 beschäftigte sich Broch vor allem mit dem abnehmenden Einfluss des Christentums in Europa, wie man seinen Essays „Logik einer zerfallenden Welt" (KW10/2, 156–172) und „Zerfall der Werte" (KW1, 418 ff.) entnehmen kann.[1] Er verlagerte die Kritik seit 1933 stärker aufs Politische. Das zeigen sein Roman *Die Verzauberung* (KW3)[2] von 1935 und seine „Völkerbund-Resolution" (KW11, 195–232) von 1936/1937.

Der Begriff der „Assimilation" (Ben-Sasson 2007) umschreibt Brochs Situation in Wien unangemessen, denn er gab nicht eine bestimmte Identität zugunsten einer anderen preis. Die Zeiten von Aufklärung und Romantik, als man sich Emanzipation von kultureller Assimilation (in den unterschiedlichsten Abstufungen) versprach, waren vorbei (Schoor 2020). Man arbeitet im Fall des Inellektuellen Hermann Broch besser mit der Theorie dialogischer Kulturbeziehung, wie sie von Edgar Morin entwickelt wurde (Morin 1987). In seinem Buch *Europa denken* hat Morin – unter dem Einfluss von Michael Bachtin – die dialogische Relation der Hauptbestandteile der europäischen Kultur aufgezeigt: jene zwischen der griechischen und römischen wie der jüdischen und christlichen. Im Gegensatz zu Hegels Dialektik legt Morin in seiner Theorie der Dialogik dar, dass die vier Grundelemente der europäischen Kultur nie in Synthesen aufgingen, sondern dass in jeder ihrer Kombinationen die spezifische Natur ihrer Herkunft erhalten blieb. Die Beziehung zwischen den griechischen, römischen, jüdischen und christlichen Elementen kann potentiell antagonistisch oder

---

1 Vgl. Lützeler und Maillard 2008.
2 Vgl. Lützeler 2000; Mahlmann-Bauer 2016.

https://doi.org/10.1515/9783110734683-008

kooperativ sein. Mit jeder neuen Entwicklung in der europäischen bzw. westlichen Kultur kann die Kombination sich ändern. Broch besaß eine Affinität zur griechischen Philosophie (Platon), zur römischen Literatur (Vergil), zur christlichen Lehre (die Evangelien, die Rolle des Paulus, die Theologie des Augustinus) und zur jüdischen Religion und Mystik (Tora, Kabbala, Chassidismus). Was Broch in den *Schlafwandlern* den „Zerfall der Werte" nannte, bezeichnete die Krise der modernen europäischen Zivilisation nach dem Ende der Dominanz des Christentums. Die Krise begann in der Renaissance mit ihrer Entdeckung der griechischen und römischen kulturellen Grundlagen. Sie bedeutete eine Neubewertung und Reaktivierung antiker Bestandteile der abendländischen Zivilisation. Die seit der Renaissance sich steigernde Krise hat nach Broch noch nicht jenen Punkt erreicht, wo sich eine neue Balance und fruchtbare Kooperation zwischen den grundlegenden Komponenten der europäischen Kultur abzeichnet (Cohn 1966).

In den *Schlafwandlern* (KW1) bringt Broch im dritten Band *Huguenau oder die Sachlichkeit* Judentum und Christentum sowohl auf der erzählerischen wie der essayistisch-philosophischen Ebene in einen Zusammenhang. „Die Geschichte des Heilsarmeemädchens in Berlin" ist eine der Parallelerzählungen in diesem Trilogieteil. Sie berichtet von der Liebesgeschichte einer Heilsarmistin und eines jungen osteuropäischen Juden gegen Ende des Ersten Weltkriegs[3]. Zudem thematisiert der Autor im „Epilog" zum „Zerfall der Werte" (KW1, 689–716) am Schluss des Romans die Ähnlichkeiten und Unterschiede zwischen Christentum und Judentum. In beiden Fällen, so wird deutlich, betont Broch die dialogische, d. h. reibungsvolle, zum Teil antagonistische, zum Teil sich ergänzende Beziehung zwischen den beiden Religionen und ihren Grundtexten. Im dritten Band der *Schlafwandler* geht es um eine Zeitdiagnose für Brochs eigene Generation, wohingegen er die Krise der römischen Kultur unmittelbar vor Beginn der christlichen Ära in seinem Exilroman *Der Tod des Vergil* (KW4) zur Sprache bringt und den Dichter Vergil als *anima naturaliter christiana* sieht. Nach Abschluss der *Schlafwandler*-Trilogie schrieb Broch 1932 das Trauerspiel *Die Entsühnung* (KW 7). Durch die Wahl des Dramentitels „Die Entsühnung" verdeutlicht der Autor, dass er jüdische Vorstellungen in sein Drama hat einfließen lassen. „Entsühnung" und „Sühne" sind von zentraler Bedeutung am jüdischen „Versöhnungstag" Jom Kippur.

Innerhalb von Brochs Werk ist der Roman *Die Verzauberung* (KW3) den *Schlafwandlern* insofern verwandt, als er die sich verschärfende Krise der europäischen Kultur erneut zum Thema hat. Broch beschreibt in diesem Roman die Agitation eines faschistischen Protagonisten, der eine politische Ideologie als

---

3 Vgl. Pazi 2001.

Ersatzreligion anbietet und eine majoritäre Gefolgschaft zur Erreichung seiner Ziele findet. Was Zeit und Ort betrifft, so handelt es sich um ein österreichisches Alpendorf in den späten 1920er oder frühen 1930er Jahren. Eine der Figuren ist der Vertreter einer verfolgten Minorität, der zur Auswanderung gezwungen wird. Der Aspekt des jüdischen Exils ist ein Thema in Brochs letztem Roman *Die Schuldlosen*, wo der Erzähler sich auf die Tora bezieht. In den „Stimmen 1933" (KW5, 237–244), die ins Zentrum des Romans gerückt wurden, vergleicht er sich mit Moses auf der Suche nach dem gelobten Land. Dieser letzte Roman des Autors dokumentiert auch sein altes Interesse an der Chassidischen Mystik, wie der vorangestellten „Parabel von der Stimme" (KW5, 9–12) mit ihren Reflexionen über die Kategorie Zeit zu entnehmen ist.

Als einem exilierten Autor war Migration Teil von Brochs Erfahrung. In den USA nannte er sich einmal in einem Brief einen Schriftsteller, der sich sein Leben lang „ausschließlich diasporesk" (KW13/3, 143) gefühlt habe – auch schon vor dem Exil. Das Diasporeske hatte bei Broch eine säkularisierte Bedeutung. Dass er sich auf die neue kulturelle Umgebung in den USA mit ihrer demokratischen Tradition einließ, war für ihn selbstverständlich. Europäische und amerikanische kosmopolitische Strömungen versuchte er in ihren Oppositionen und Ähnlichkeiten zu verbinden. Das Exil in den USA gab Broch die Möglichkeit, divergierende Meinungen auf der Basis gegenseitiger Anerkennung zu erörtern. Das ist ein Aspekt, der auch von Charles Taylor – mit Rekurs auf Rousseau – (Taylor 1994) und Axel Honneth – unter Berufung auf Hegel – (Honneth 1994) als Voraussetzung jedes gesellschaftlichen Zusammenhalts betont wird. Broch war als Philosoph Eklektiker, doch hatte er durch sein Studium Kants und der Neukantianer einen ethischen Standpunkt gewonnen, der ihm half, sich zu entscheiden, welchen zeitgenössischen Kulturdiskursen er sich anschließen und von welchen er sich abgrenzen würde. Broch studierte jüdische und nicht-jüdische Autoren. Er las Friedrich Nietzsche[4] und Martin Buber; Søren Kierkegaard[5] und Hermann Cohen[6]; Jacques Maritain und Hannah Arendt. Er bewunderte James Joyce (KW9/1, 63–91) und Karl Kraus (KW9/1, 221–275), Thomas Mann und Franz Kafka. Als Schriftsteller fühlte er eine Nähe zu James Joyce, Thomas Mann (TMB) und Franz Kafka wegen ihrer Fähigkeiten, die mythischen Dimensionen der Literatur erkennbar zu machen: Thomas Mann war für ihn jemand, der sich durch alttestamentarische Figuren zu seinen *Josephs*-Romanen hatte inspirieren lassen. Kafka schätzte er, weil er ihn für den einzigen Autor hielt, der in der Lage war,

---

4 Vgl. Lützeler 2011, 103–110.
5 Vgl. Tullberg 2020.
6 Vgl. Brude-Firnau 1980; Steinecke 2003; Steinecke 2005.

literarisch einen „Gegen-Mythos" (KW9/1, 315) im dehumanisierten 20. Jahrhundert zu schaffen. 1932 war Broch fasziniert von James Joyce (KW9/1, 63–91), weil er neue Erzähltechniken gefunden hatte, die sich mit der Theorie des Beobachters in der Quantenmechanik vergleichen ließen (KW9/1, 77–78). Nach dem Zweiten Weltkrieg aber bewunderte er Karl Kraus. In seiner Studie *Hofmannsthal und seine Zeit* (KW9/1, 111–275) verstand Broch Kraus als Vertreter einer neuen Ethik in der Literatur, als Repräsentanten der „Absolut-Satire" (KW9/2, 271), als eine Stimme, die der eines biblischen Propheten gleiche. Aber dann ließ er sich auch durch katholische Philosophen und Zeitkritiker wie Theodor Haecker beeinflussen. Broch korrespondierte 1937 im Zusammenhang mit seiner „Völkerbund-Resolution" mit dem katholischen Denker Jacques Maritain (KW13/1, 450–462) über Fragen des Schutzes der Menschenwürde in Zeiten der totalitären Diktaturen, und seit 1946 führte er eine vergleichbare Diskussion über die Menschenrechte mit Hannah Arendt (HAB). Broch empfand eine geistige Nähe zu Maritain, der in den 1940er Jahren begann, den globalen Aspekt des Menschenrechtsschutzes zu betonen, was Hannah Arendt für schwer durchsetzbar hielt. Mit Broch dagegen stimmte sie weitgehend in der Einschätzung des Konzentrationslagers als bezeichnendstes Symptom des nationalsozialistischen Staates überein. Der junge Broch schlug sich auf die Seite von Søren Kierkegaards Verteidigung der Ethik in *Entweder-Oder*. Zur selben Zeit war er ein lernbegieriger Schüler von Hermann Cohens neukantianischer Ethik sowie von dessen Büchern über die Rolle des Judentums zu seiner Zeit. Broch akzeptierte Nietzsches Kritik des religiösen *status quo*, doch stimmte er mit Martin Bubers „Ich-Du"-Philosophie (Buber 1923) überein, wenn er gegen Nietzsches Glorifizierung des „großen Einzelnen" argumentierte. Broch korrespondierte mit jüdischen wie nicht-jüdischen Freund*innen wie Franz Blei (Mitterbauer 2008) und Abraham Sonne (HBS), Kurt Wolff und Daniel Brody (BBB), Frank Thiess (HBT) und Erich von Kahler (HBK), Hermann Weigand und Paul Federn (HBF), Volkmar von Zühlsdorff (HBZ) und Friedrich Torberg, Willa Muir und Annemarie Meier-Graefe (BMG), Ea von Allesch (BTA) und Ruth Norden (HBN), Fanny Rogers und Jean Starr Untermeyer. Während und nach dem Zweiten Weltkrieg diskutierte er das Exil und Auschwitz gleichermaßen intensiv mit seinen jüdischen und nicht-jüdischen Freunden, wie die Briefwechsel mit Paul Federn zum einen und mit Volkmar von Zühlsdorff zum anderen belegen. Bei seinen nicht-jüdischen Korrespondenzpartnern betonte er die Fragen des Umgangs mit der deutschen Schuld wie auch des Widerstands gegen Hitler. Brochs Werk ist undenkbar ohne die Einflüsse christlicher wie jüdischer Schriftsteller und Philosophen. Hineingestellt in eine Wiener, in eine österreichische, eine europäische und später eine amerikanische intellektuelle Umgebung, lebten seine Arbeiten aus immer neuen sich überlappenden Kulturkonstellationen. Broch war weder einseitig auf christliches noch bloß auf jüdisches Denken fixiert. Beiden Religionen mit ihren unterschiedlichen Denktraditionen und säkularisierten Entwicklungen verdankte er entscheidende Anstöße sowohl philosophischer wie dichterisch-bildlicher Art.

Broch war nie ein bekennender Katholik, aber er verstand sich auch nicht als konfessionell gebundenes Mitglied einer jüdischen Gemeinde. Nichtsdestoweniger sind seine Werke ohne die Akzeptanz jüdischer wie christlicher ethischer Grundvorstellungen nicht denkbar. Was ihn faszinierte war das Liebesgebot im Christentum mit seinen sozialen Konsequenzen, etwa der Opposition gegen Versklavung, war aber auch das Gesetzeswerk des Moses mit dem strikten Tötungsverbot. Das waren Bestandteile der europäischen Kultur-Dialogik, die er niemals preisgegeben hätte, die er gegen die Inhumanität der Diktaturen seiner Zeit ins Feld führte und in Resolutionen und Essays, in seinem Erzählwerk und in seinen Briefen verteidigte. Anti-Versklavung und die Abschaffung der Todesstrafe stehen im Mittelpunkt von Brochs Exilwerk, d. h. sie machen das ethische Zentrum der *Massenwahntheorie* und der beiden Romane *Der Tod des Vergil* und der *Schuldlosen* aus.

Broch hat das Exil als Teil seiner jüdischen Existenz begriffen. Wie für Edmond Jabes oder George Steiner – vgl. dazu Sidra DeKoven Ezrahi – gab es für Broch ein textzentriertes Verständnis von jüdischer Identität (Ezrahi 2000). Auch für ihn war die Heimat das Buch. Brochs Zuhause war das Wort, waren Dichtung und Philosophie. Judentum und Christentum verstand er als substantielle Bestandteile europäischer Kultur, aber er war – jedenfalls in den frühen 1930er Jahren – überzeugt, dass eine neue, abstraktere Religion die Gesetzes- bzw. Gnaden-Religion von Judentum und Christentum ablösen werde. Ab Mitte der 1930er Jahre verband sich sein Engagement für eine als „irdisch absolut" verstandene Menschenwürde als geistiges Fundament der Menschenrechte mit den Reflexionen zur Religionskrise. Angesichts seiner dichterisch-denkerischen Ziele war die Lokalität der Entstehung seiner Arbeiten von sekundärer Bedeutung. Nicht eine Stadt, sondern das Wort, nicht eine Region, sondern das Schreiben, nicht ein Land, sondern die Idee, nicht ein Kontinent, sondern die Imagination sind die Wurzeln der Schriftsteller-Existenz von Hermann Broch, wenn auch die Farbe, die Konkretheit und das ihm besonders wichtige Atmosphärische sich in seinen Dichtungen, Essays und Briefen den Städten, Ländern und Erdteilen verdankte, in denen er sich jeweils aufhielt. Das Nomadenhafte (Deleuze und Guattari 1987) und das Kosmopolitische (Albrecht 2005) seines Lebens hat er als emblematisch für seine kulturell zu verstehende jüdische Identität begriffen. Broch verstand sich als Schicksalsgenosse des jüdischen Volkes, aber das, was er als ethische Einsicht vermitteln wollte, war der Absicht nach nicht an Kategorien wie Ethnie, Nation und Kontinent gebunden. Das zeigte sich erneut, als er von 1933 an über seinen Verleger Daniel Brody Kontakt hatte zum Eranos-Kreis, der sich damals in Ascona bildete. In diesem Kreis kam man Brochs nicht-konfessionellem, sondern eher wissenschaftlich-anthropologischem Verständnis von Religion besonders nah.

Zwischen 1900 und 1920 hatten Ida Hofmann und Henri Oedenkoven versucht, auf dem Monte Verità in Ascona eine lebensreformerische Kommune zu gründen, die eine Attraktion ersten Ranges für Aussteiger aus ganz Europa bildete, auch für Hermann Hesse (Bollmann 2017; Michalzik 2018, Mahlmann-Bauer und Lützeler 2021). Nach ihrem Weggang, d. h. nach dem Aufgeben ihres Projekts, änderte sich viel in Ascona, und der Reformgeist schien für eine Weile erloschen zu sein. Doch nach gut einem Jahrzehnt belebte er erneut die Szene, wenn auch auf weniger abenteuerlich-spektakuläre Weise. Olga Fröbe-Kapteyn hatte holländische Eltern, verbrachte aber ihre Kindheit am Ende des 19. Jahrhunderts in London. Danach folgten Jahre in Zürich, Berlin und erneut in Zürich. 1919 nahm sie eine Kur auf dem Monte Verità. Schon ihre Mutter war von den lebensreformerischen Bewegungen angetan gewesen, und die Tochter selbst stand früh im Bannkreis von Helena Blavatsky und deren Schülerin Annie Besant aus England, einer Kennerin des Yoga und indischer Mythologien. Kurz nach ihrer Kur kaufte Olga Fröbe-Kapteyn die Casa Gabriella in Moscia, heute ein Ortsteil von Ascona. Seit 1927 trug sie sich mit dem Gedanken, die besten Geister der vergleichenden Religionswissenschaft zu Tagungen nach Ascona einzuladen. Die wollte sie nach dem altgriechischen Wort *Eranos* benennen, was soviel wie „Freundschaftsessen" bedeutet, eine Mahlzeit, zu der jeder Gast eine Speise beisteuert. In Ascona war weniger an einen kulinarischen als an einen wissenschaftlichen Beitrag gedacht. Olga Fröbe-Kapteyn war besonders darum zu tun, die Religionen des Westens und des Ostens auf multi- und interdisziplinäre Weise vergleichen zu lassen (Barone, Riedl, Tischel 2004). Das erste Eranos-Treffen fand 1933 in Moscia statt, doch danach traf man sich jährlich auf dem Monte Verità, den die Begründerin schon fünfzehn Jahre zuvor als Ort der Inspiration kennengelernt hatte. Das Archiv der Eranos-Tagungen befindet sich noch heute in der als Eranos-Stiftung organisierten Villa Gabriella in Moscia. Im Grunde waren auch die Eranos-Tagungen eine aussteigerische Initiative, denn zum einen war das multidisziplinäre wissenschaftliche Gespräch damals in den Geisteswissenschaften keine Sache des akademischen Alltags, und zum zweiten wurde in der Schweiz auch Hitlerflüchtlingen Gelegenheit gegeben, sich als Gelehrte Gehör zu verschaffen. Das Thema der ersten Eranos-Tagung war „Yoga und Meditation im Osten und Westen". Es ging bei ihr um Buddhismus, Taoismus und christliche Mystik, und die Vortragenden waren C. G. Jung, Heinrich Zimmer (Indologe), Caroline Rhys Davids (Buddhismus-Forscherin), Erwin Rousselle (Sinologe), Gustav Richard Heyer (Psychologe), Friedrich Heiler (Religionswissenschaftler) und Ernesto Buonaiuti (katholischer Theologe der modernistischen Richtung). Sie referierten auch bei der zweiten Tagung von

1934 zum Thema „Ostwestliche Symbolik und Seelenführung", wobei dann zusätzlich Martin Buber für einen Vortrag gewonnen worden war. Hier kurz die Jahreszahlen mit den Themen der Eranostagungen bis 1938: 1935 („Westöstliche Seelenführung"); 1936 („Gestaltung der Erlösungsidee in Ost und West"); 1937 (erneut das Erlösungsthema); 1938 („Gestalt und Kultur der ‚Großen Mutter'"). C.G. Jung war immer dabei und hielt meistens den Eröffnungsvortrag (Quaglino et al. 2007; Bernardini 2011). Herausgeberin des *Eranos*-Jahrbuchs, in dem die Beiträge jeweils publiziert wurden, war Olga Fröbe-Kapteyn selbst. Auf einen Hinweis von C.G. Jung hatte sie als Verleger Daniel Brody gewonnen, den Inhaber des Rhein-Verlags in München, der auch Brochs Werk verlegerisch betreute.

Broch selbst hat keine der Eranos-Tagungen besucht, doch war er mit C.G. Jung in Kontakt und befand sich mit seinem Verleger Daniel Brody in einem Dialog über die Treffen der Eranos-Gruppe. Er profitierte von den publizierten Vorträgen insofern, als sie mit Meditation, Mystik und Mythos Themen berührten, denen schon immer sein Interesse gegolten hatte und die er in seinen Romanen produktiv verarbeitete. Aniela Jaffé[7] und Monika Ritzer[8] haben gezeigt, dass Broch sich durch C.G. Jungs Entdeckung kollektiver archetypischer Symbole und durch seine Theorie der Individuation inspirieren ließ. Von 1933 bis zu seinem Tod im Jahr 1951 spielten die Eranos-Jahrbücher in der Korrespondenz zwischen Broch und seinem Verleger Daniel Brody eine Rolle. Man kann davon ausgehen, dass Brody im Kontakt mit der Herausgeberin des Jahrbuchs Themen vorschlug, die ihm aus Brochs Romanen bekannt und gegenwärtig waren. Eines der dominanten Themen der *Schlafwandler*-Trilogie ist das der religiösen Erlösung. Brody dürfte es bei seinen Gesprächen mit Olga Fröbe-Kapteyn und C.G. Jung im Hinblick auf die Eranos-Tagungen von 1936 und 1937, die der „Erlösungsidee" gewidmet waren, lanciert haben. 1935 schrieb Broch mit der *Verzauberung* einen Demeter- als Magna-Mater-Roman, den Brody 1936 publizieren wollte. 1938 war das *Eranos*-Thema sicher nicht von ungefähr „Gestalt und Kultur der ‚Großen Mutter'". Auch im Exil setzten Broch und sein Verleger brieflich die Gespräche über die Eranos-Tagungen fort. Wie zwischen 1933 und 1938 schickte ihm der Verleger die Exemplare des *Eranos-Jahrbuchs* in die USA bis zum Tod Brochs im Jahr 1951. Er hielt den Autor auf dem Laufenden und informierte ihn vorab über Tagungsreferate, von denen er annahm, dass sie Broch interessieren würden. Dadurch wurden auch kurze Briefwechsel Brochs mit Beiträgern zu den *Eranos*-Tagungen angeregt. So korrespondierte er mit Karl Kerényi – einem der

---

7 Vgl. Jaffé 1955; Vollhardt 2008.
8 Ritzer 2003.

eifrigsten *Eranos*-Beiträger – über dessen Aufsatz „Die Göttin Natur" im Band von 1946 (KW13/3, 162–165)[9] und mit dem Mathematiker Hermann Weyl über dessen Essay „Wissenschaft als symbolische Konstruktion des Menschen" im Jahrbuch von 1948 (KW13/3, 383–384). Olga Fröbe Kapteyn wollte Broch eigentlich 1948 für die *Eranos*-Tagung von 1949 („Der Mensch und die mythische Welt") einladen, da sie den *Tod des Vergil* schätzte und durch Brody über Brochs Essays „Die mythische Erbschaft der Dichtung" (KW9/2, 202–211) und „Mythos und Altersstil" (KW9/2, 212–232) informiert war. Das aber scheiterte an den teuren Reisekosten von Amerika in die Schweiz (BBB 502, 514, 546). An dem Eranos-Treffen von 1949 aber nahm Gershom Scholem teil, der Broch in jenem Jahr in New Haven besuchte und mit ihm über jüdische Mystik diskutierte. Es würde sich lohnen, einmal eine eigene Studie über Brochs literarische Arbeiten im Kontext der Eranos-Jahrbücher zu schreiben.

3.3.2 Stadtflüchtige: Versklavung und Anti-Versklavung

Was haben die Lebensreformer auf dem Monte Verità im frühen 20. Jahrhundert[10] mit Hermann Broch zu tun? Dass ihn das Aussteigertum etwas anging, zeigt schon seine Lebensgeschichte, die mit mehreren persönlichen Wenden verbunden war: mit zwei freiwilligen und einer erzwungenen. Da war erstens die religiöse Konversion vom Judentum zum katholischen Christentum, zweitens die berufliche Umorientierung vom Industriekaufmann zum Schriftsteller und drittens der Wechsel der Staatsangehörigkeit vom Österreicher zum U.S.-Bürger. In dem 1948 geschriebenen „Kapitel 4" der *Massenwahntheorie* schreibt Broch über den Zusammenhang von menschlichem Freiheitsstreben, Ausbruch und Ausstieg allgemein:

> Das Erwachen des Ich zur individuellen Freiheit, zu individueller Ungebundenheit ist daher ein schreckhaftes, fast möchte man sagen amokhaftes Erlebnis, da es strukturell einer Ausschließung aus dem Stamm gleichkommt und genau wie diese mit Furcht und Entsetzen quittiert wird; es ist das Erwachen zur Einsamkeit des Ich, und seine furchterfüllt amokhafte Ungebundenheit ist auch noch in der „zivilisierten" Gesellschaft, nämlich in der Entwicklung ihrer Jugendlichen sichtbar, freilich nur echogleich und nur selten zu wirklichen Ausbrüchen führend.   (KW12, 461)

Bei Broch selbst kam es zu diesen „wirklichen Ausbrüchen", die ihm die Augen öffneten sowohl für die Relativität kultureller Konstruktionen und Traditionen

---

9 Vgl. Komáromi 2008.
10 Vgl. Lützeler 2021.

wie auch für die Akzeptanz und Toleranz fremder zivilisatorischer Gegebenheiten. Der Stadt-Land-Gegensatz, der die Wandervögel wie die Lebensreformer umtrieb[11], ist dominant in Brochs *Pasenow* (dem ersten Band der *Schlafwandler*-Trilogie) und im Roman *Die Verzauberung*. Zivilisationsmüde Wanderer, irrlichternde Wanderprediger und mythische Wanderlehrer stehen im Mittelpunkt der Handlungen der *Verzauberung* und der *Schuldlosen*. Im *Pasenow* hat Broch aus der Perspektive des Protagonisten Stadt und Land dichotomisch gegeneinandergestellt (Lützeler 2011, 37–69). Der Erzähler schildert Erlebnisse des preußischen Leutnants Joachim v. Pasenow im Berlin des Jahres 1888 (Bruyn 2003). Er zeigt, wie das Denken dieses ostelbischen Adligen vom Stadt-Land-Gegensatz geprägt ist. ‚Stadt' wird verbunden mit Lärm, Dunkelheit, Falschheit, Gottlosigkeit, Schuld, Sterben, Angst, Fluchtwunsch, Moderne und Fremde; Land dagegen mit Stille, Helle, Unverfälschtem, Christentum, Unschuld, Leben, Treue, Tradition, Sehnsucht und Heimat. Der Stadt zugeordnet ist der fremde Freund Eduard v. Bertrand, der – nachdem er, gleich einem „Verräter" – den „Dienst" beim Militär „quittiert" hat, in einem „fremdartigen Leben verschwunden" ist, nämlich im „Dunkel der Großstadt" (KW1, 25). Broch thematisiert zwar den Stadt-Land-Gegensatz, aber er nimmt im ersten Band der *Schlafwandler* nicht einseitig Stellung für oder gegen das Leben in der Metropole oder auf dem Land. Eduard v. Bertrand geht auf in einer Karriere, die durch Großstadt und Internationalität ermöglicht wird. Joachim v. Pasenow dagegen zieht es zurück aus der Stadt auf die heimische Scholle.

Der Stadt-Land-Gegensatz dominiert auch in Brochs Roman *Die Verzauberung* von 1935. Die Abneigung gegen das Leben in der Stadt ist hier erneut ein Leitmotiv. Broch hat diesmal einen Erzähler gewählt, der in der ersten Person singular rückblickend über irritierende Ereignisse des Vorjahrs berichtet. Erzählzeit und erzählte Zeit umgreifen 15 Monate. Der Erzähler ist ein fünfzigjähriger Arzt, den es, wie er im „Vorwort" festhält, „aus der Stadt herausgetrieben" hat „in die Stille einer mäßigen Landpraxis" (KW3, 9). Es sind zwei Gründe, die der Arzt für die Stadtflucht anführt: Da ist zum einen die ethisch, zum anderen

---

11 Man kann diesen Gegensatz nicht als bloß ideologisch (was er zum Teil auch ist) bezeichnen. Andreas Meyer-Lindenberg hat in einer Reihe von Publikationen nachgewiesen, dass Krankheiten wie Depression und Schizophrenie bei der Stadtbevölkerung unverhältnismäßig öfter auftauchen als bei Dorfbewohnern, was er zum einen auf stärkere soziale Bindungen bei den Leuten auf dem Land und auf die größere Isolation bei Großstadtmenschen zurückführt, zum anderen aber auch auf die naturhaftere Umgebung der Dörfer und auf den Mangel an Grünflächen in den Metropolen. Vgl. https://www.umm.uni-heidelberg.de/forschung/for schungsschwerpunkte/translationale-neurowissenschaften/mitglieder/andreas-meyer-linden berg/ (19.9.2020). Vgl. ferner: https://www.welt.de/gesundheit/psychologie/plus172926660/ Depressionen-Angst-Schizophrenie (21.9.2020).

die erkenntnismäßig motivierte Hinwendung zum einfachen Leben. Was die ethische Seite betrifft: Die Landpraxis mit der Möglichkeit unmittelbarer „Hilfe" und dem Kennenlernen der „Vielfalt des Lebens" (KW3, 10) ist ihm lieber als die Arbeit im städtischen Krankenhaus mit seinem „wissenschaftlichen Betrieb" (KW3, 9), der zur „Maschinerie des Gesundpflegens" (KW3, 10) geführt habe. Eng verknüpft mit der ethischen ist die erkenntnismäßige Begründung, denn in beiden Fällen ist eine Kritik an den begrenzten Möglichkeiten der instrumentellen Vernunft impliziert. Der „Ekel vor der städtischen Ordnung" (KW3, 10), so erinnert sich der Landarzt, habe zu tun gehabt mit seiner irrationalen „Sehnsucht nach einem Wissen um die Ganzheit des Lebens" (KW3, 235).[12] Dieses doppelte Ressentiment gerät beim Landarzt jedoch ins Wanken. Seine „Verachtung für das, was man wissenschaftlichen Fortschritt nennt", sei doch „überheblich" und ein Zeichen von Ungeduld gewesen. Damit revidiert er auch seine anfängliche These, dass nur die Arbeit „des Arztes am Krankenbett" (KW3, 176) in der Medizin zähle. In dieser ethischen Argumentation ist die erkenntnismäßige bereits angelegt. Was das umfassende „Wissen um die Ganzheit des Lebens" betrifft, sieht er ein, dass es weder auf dem Land noch in der Stadt zugänglich sei. Nur „Gott" könne diese „Ganzheit" begreifen, aber kein Mensch vermöge „das Über-Unendliche [zu] denken" (KW3, 235). So fragt er sich, ob die „Ordnung" der Stadt „nicht gleichfalls ein Stück der großen Menschlichkeit" (KW3, 10) sei, die er bisher ausschließlich auf dem Land gesucht habe. Im erzählenden Rückblick auf die Vorfälle in der Dorfgemeinde Kuppron wird ihm klar, dass es den kulturellen Gegensatz von Stadt und Land als Antagonismus von Inhumanität versus Menschlichkeit sowie von limitiertem versus umfassendem Erkennen gar nicht gibt.

Die negative Hauptfigur in der *Verzauberung* ist Marius Ratti, der als Fremder in das Alpendorf Kuppron einwandert. Er ist ein „fahrender Geselle" (KW3, 14), ein „Wanderer" (KW3, 30), „Wanderprediger" (KW3, 80), „Weltverbesserer" (KW3, 64) und „Sektierer" (KW3, 377), „Verführer" (KW3, 174), „Zauberer" (KW3, 172), „Scharlatan" (KW3, 80) und „Großsprecher" (KW3, 208), der die Krise, in der sich die Gemeinde befindet rasch erspürt. Ulrich Kluge beschreibt die „strukturelle Agrarkrise" im österreichischen Ständestaat:

> Die Folgen einer verzögerten Modernisierung der Landwirtschaft trafen die überwiegend auf Familienbasis wirtschaftende Agrargesellschaft tief in ihrem traditionellen Selbstverständnis einer bevorzugten sozialen Geltung. Eine an alten Standesvorstellungen orientierte Haltung verführte zur gesellschaftlichen Abgrenzung gegenüber der städtischen

---

12 Vgl. Brude-Firnau 2019; BVM.

> Bevölkerung; weitgehend ungebrochene hierarchische Ordnungsmuster, latente Konflikt-
> bereitschaft gegenüber Großlandwirtschaft und Großindustrie, besetzt von antietatisti-
> schen und antikapitalistischen Elementen prägten die bäuerliche Landbevölkerung [...].
> (Kluge 1984, 45)

Brochs Bauern sind weltanschaulich in einer Krise: Die überlieferte christliche Religion verliert an Einfluss, die Geschlechter und die Generationen hadern miteinander, und im Dorf ist ein Kampf um die Macht im Gange, der den Zusammenbruch des herkömmlichen sozialen Gefüges offenbart. Ratti agitiert mit einer Mischung aus antistädtischer und maschinenfeindlicher Blut- und Bodenideologie samt Opfermystik und Hass-Predigt (KW3, 172) sowie mit phantastischen Versprechungen eines ökonomischen Aufschwungs: Es werden im Wortsinne goldene Berge versprochen (KW3, 173). Damit gelingt es dem Fremden, in der Gemeinde die Macht an sich zu reißen. Die Folge sind Unfälle, ein Ritualmord an einem jungen Mädchen sowie Verfolgung und Emigrationszwang für die städtische Minorität.[13] Ratti predigt: „Aus den Städten kommt es herausgekrochen, hassenswürdig und hassend, Maschinen bringt es mit und Radioapparate und Hypotheken [...] die Städte sind das Unglück der Welt." (KW3, 342). Als Ratti die „Städtereligion" als „Religion der Feigheit" diffamiert und mit antihumanen Thesen aufwartet wie „der Mensch soll sterben wollen, nicht gesund gepflegt werden" und „was gebrochen ist, soll zugrunde gehen", macht er sich nicht nur Städter wie Wetchy, sondern auch den Erzähler zum Gegner. Der notiert: „Welche Verzauberung! Welcher Irrweg", „Unrecht ist Vergewaltigung der Menschheit und des Göttlichen im Menschen" (KW3, 369). Bezeichnend ist, dass Broch in der *Verzauberung* die Stadtkritik der Reformbewegten aufgriff, dann aber durch eine gleichermaßen kritische Sicht des Landlebens neutralisierte. Damit befand er sich 1935 in Opposition zur agrarromantisch-völkischen Ideologie des österreichischen Ständestaates. Brochs Roman hat wenig gemein mit traditionellen Dorfgeschichten (Hein 1976). Gerade im österreichischen Ständestaat wurden nur zu oft Klischees bedient (Aspetsberger 1980; Amann und Berger 1985), wie sie schon von Wilhelm Heinrich Riehl gestanzt worden waren (Altenbockum 1994, 158–187). Da wurde der Landwirt – im Gegensatz zum entwurzelten Stadt-Proleten – als erhaltende Macht von Religion, Tradition, Recht und Ordnung gesehen. Man denke an österreichische Bergbauern-Romane der späten 1920er und 1930er Jahre, etwa an Josef Friedrich Perkonigs *Bergsegen* (1928) oder an Maria Grenggs *Der Weg zum grünen Herrgott* von 1930. Zuweilen kommen wie bei Broch unbekannte Stadtflüchtige ins Gebirge, um dort einen neuen Anfang zu machen. Da fällt einem Heinrich Waggerls Roman *Brot* (1931) ein, wo

---

13 Vgl. Lützeler 2000, 45–71; Pissarek 2005; Mahlmann-Bauer 2016.

die Hauptfigur ein Städter ist, der zum ganz auf sich gestellten agrarischen Siedler, zum Held der Scholle wird, der aber im Gegensatz zu Brochs Ratti keinerlei Ehrgeiz hat, sich die Dorfbevölkerung zu unterwerfen (Pfoser und Renner 1988, 239–240). Broch stand mit seinem Roman *Die Verzauberung* auch quer zu der Botschaft des 1934 in die Kinos kommenden Films *Der verlorene Sohn* von Luis Trenker mit der Geschichte von Toni und Barbl. Es ist wahrscheinlich, dass Broch Trenkers Film *Der verlorene Sohn* gesehen hat, da er häufig ins Kino ging. Zudem kam der Film im Oktober 1934 in die Lichtspielhäuser als Broch die Arbeit am *Filsmann*-Buchprojekt abbrach und den Roman *Die Verzauberung* konzipierte. Trenkers Streifen war ein Massenerfolg, und dort ist die Entwicklungskurve des Helden gegenteilig, nämlich vom Bergdorf weg zur beängstigend unmenschlichen Weltmetropole New York und wieder als reumütiger Heimkehrer zurück in die vertraut-ländliche Alpenwelt, wo sich ihm Herkunft und Zukunft versöhnen. Der verlorene Sohn Toni kehrt heim und heiratet seine Dorfschöne Barbl. Dem Glück im Winkel geht bei Trenker der positiv erlebte atavistische Mummenschanz voraus, während er bei Broch Mord und Massenwahn zur Folge hat. Im Gegensatz zu Broch arbeitet Trenker ohne Komplizierung und Variation mit den eingeschliffenen Stadt-Land-Dichotomien.

Eine der markantesten Erscheinungen auf dem Monte Verità war Gusto Gräser: Urbild des ‚peregrinus‘, des Wanderers, des Wanderpredigers, des Propheten einer neuen Glücksbotschaft. Die richtete sich gegen das Leistungsprinzip der Industriegesellschaft, gegen alle Formen (Kreuzer 1968), der Einschränkung individueller Freiheit durch Ausbeutung und Versklavung. Als Ziel benannte er ein irgendwie naturnäheres, einfacheres Leben, gegründet auf menschlicher Solidarität und Hilfsbereitschaft. Es war eine Botschaft, die dem franziskanischen Ideal mittelalterlicher Christlichkeit nicht fernstand, wenn auch alles Theologische im dogmatischen Sinne keine Rolle spielte. Der Typ Gusto Gräser hat auf die Gestaltung zweier ‚pellegrini‘ in Brochs Romanen Einfluss gehabt: mit literarisch-mythischen Attributen versehen auf den Imker Lebrecht Endeguth in den *Schuldlosen* und – im Sinn einer Negativ-Imitation[14] – auf den machtgierig-sektiererischen Aufwiegler Marius Ratti in der *Verzauberung*. Sowohl Lebrecht Endeguth – dessen Name etwas allzu deutlich ein ethisches Programm verkündet – wie auch Marius Ratti sind „*Wanderlehrer*" (KW5, 224) bzw. „Wanderprediger" (KW3, 208). Das haben sie mit Gusto Gräser gemein. Allerdings weichen die Aktivitäten wie auch die Botschaften der Brochschen Wanderer

---

14 Zur Imitation eines echten Wertsystems durch ein falsches mit seinen Kitscheffekten vgl. Brochs Essay „Das Böse im Wertsystem der Kunst" (KW9/2, 119–157), dort besonders den Abschnitt „Das radikal Böse im Imitationssystem" (KW9/2, 143–147).

von jenen Gräsers ab. Weder der Imker in den *Schuldlosen* noch der Aufwiegler in der *Verzauberung* sind Portraits des Monte-Verità-Aussteigers. Endeguth ist ein „Wanderlehrer, der den Leuten das Imkern" (KW5, 90) beibringt. Im späten 19. Jahrhundert war er „Reißzeugmechaniker" (KW5, 84), also Handwerker gewesen. Das Lob des Handwerks in Brochs Roman ist keineswegs romantisch im Sinne bloß nostalgischer Verklärung einer vorindustriellen Epoche. Richard Sennett hat ein vergleichbares Loblied auf die Tugenden des Handwerkers in seinem Buch *The Craftsman* angestimmt (Sennett 2008). Mit seiner Apotheose der Werkstatt weist er auf einen unentfremdeten Ort menschlich würdevoller Arbeit hin, wie er als Möglichkeit in der Zukunft wieder zurückgewonnen werden könne. In der „handwerksfeindlichen Zeit" (KW5, 85) des neuen Jahrhunderts sieht Brochs Endeguth sich gezwungen, „einen Posten als Maschinenarbeiter in einem feinmechanischen Großbetrieb" (KW5, 85) anzunehmen. Zur Zeit der Inflation, also in den frühen 1920er Jahren, wird er aus Altersgründen entlassen. Da die Inflation seine Ersparnisse wertlos gemacht hat, ist er verarmt und macht, um überleben zu können, sein ehemaliges Hobby, das Imkern, zum Hauptberuf. Seine Adoptivtochter Melitta verliebt sich 1923 in Andreas, einen ehemaligen holländischen Edelsteinhändler, der sie verführt. Sie wird Opfer der Intrige einer Rivalin und begeht Selbstmord, an dem ihr Verführer indirekt die Schuld trägt. Andreas hat sein Geld als Börsenspekulant mit Aktien aus südafrikanischen Diamantenminen gemacht und lebt nun in Deutschland von den Kapitalerträgen seiner Wertpapiere.[15] Just in den Tagen, als Hitler 1933 an die Macht kommt, taucht Leberecht Endeguth in mythisierter Gestalt auf. Vorher hat der Erzähler gezeigt, wie nahe der wandernde Imker den Auffassungen von einem naturgemäßen Leben steht, wie es von den Reformbewegten auf dem Monte Verità angestrebt wurde. „Wenn er durch die Felder dahinwanderte", so heißt es im Roman, wurde er „gottzugetaner", indem sein „Auge [...] immer offener und sehender für die gewaltige Schöpferwelt" wurde. Die Schüler des Wanderlehrers sind die „Bauern". Er vermittelt ihnen nicht nur seine Fachkenntnisse als Imker, sondern unterhält sie auch mit „Geschichten von Bienenabenteuern" und „der geheimnisvollen Bienensprache" (KW5, 90). Bald schon werden dem Imker Qualitäten zuerkannt, die ihn – vergleichbar den Reform-Propheten – in die Nähe eines Heilsbringers rücken. Der Imker wird als Verkörperung der „heilenden Natur" verstanden, und man traut ihm „Todesbezähmung" (KW5, 91) zu. Das wird im Neuen

---

15 Wie man um die Jahrhundertwende aus deutsch-kolonialer Perspektive auf Südafrika schaute, vermittelt Albrecht Wirth (1897). Der Akzent liegt auf der damaligen Gegenwart und neben den Kapiteln über die Niederländer, Engländer und Buren gibt es auch eines über deutsche wirtschaftliche Investitionen in Südafrika. Vergleichbar aufschlussreich ist in der Hinsicht Hugo Lustig (1909).

Testament als Ausweis von Göttlichkeit gewertet. Broch hat in all seinen Romanen Protagonisten aus dem Alltagsgeschehen assoziativ mit mythischen Figuren in Zusammenhang gebracht, um bestimmte Aspekte ihres Verhaltens zu typisieren oder in Kontexte des Wiederholbaren einzubetten. Man denke etwa an Brochs Bild des auferstandenen Christus von Grünewald als Motiv in den *Schlafwandlern*. Im Fall des Imkers verwandelte der Autor eine zunächst realistisch gezeichnete Figur in eine Person aus „heiliger Ferne" (KW5, 92), d. h. aus einem transzendenten Bereich. Hier erreicht der Interpret bei der Lektüre der *Schuldlosen* den Punkt, wo die Vergleiche zu den Sandalen-Propheten des Monte Verità nicht mehr möglich sind. Als „alter Mann" (KW5, 255) „hochbiblischen Alters" (KW5, 256), als „Ur-Ahne" (KW5, 273) taucht der Imker eines Tages bei Andreas auf, der am Selbstmord seiner Pflegetochter Melitta schuld ist. Andreas (jetzt nur noch „A." genannt) wird ein Schuldbekenntnis abverlangt.

A.s Schuld geht über das Verlassen der Geliebten hinaus, hat letztlich mit dem Verstoß gegen Brochs ethisches Grundprinzip der Anti-Versklavung zu tun. Die 1933 von Broch veröffentlichte Erzählung „Die Heimkehr" (KW6, 162–196) bildete die Vorlage zum Kapitel „Verlorener Sohn" (KW5, 50–83) in den *Schuldlosen*. Schon in dieser Vorlage stellt sich A. als „holländischer Staatsbürger" (KW6, 175) vor, als „Edelsteinhändler", der „zwei Jahre lang auf den Diamantenfeldern Südafrikas" verbracht habe, gerade „in Europa Geschäfte" erledige und bald „wieder nach Afrika zurück" (KW6, 174) wolle. In den *Schuldlosen* hat der Autor dann diesen kurzen Hinweis im antikolonialen Sinne ausgebaut. Andreas' Vorgeschichte in diesem Roman lässt sich so zusammenfassen: Als junger Holländer flieht er 1908 vor den Prüfungen der Schule mit siebzehn oder achtzehn Jahren nach Afrika. Er, der zwischenmenschliche Beziehungen auf ein absolutes Minimum reduziert, nennt sich nur „A.", was das Unpersönliche an ihm unterstreicht. Wir lernen ihn kennen, als er 1913, nach der Beerdigung seiner Mutter in Amsterdam, ein Café in Paris besucht. Dabei erfahren wir, dass sich „seine Einnahmen" in „Südafrika" ständig mehren (KW5, 21). Anfänglich hatte A. sich an der „Kongoküste" (damals eine französische Kolonie) mit Gelegenheitsarbeiten über Wasser gehalten. Dann verschlägt es ihn „nach Kapstadt" und nach „Kimberley" (KW5, 95), in Städte mit den seinerzeit größten Diamantenminen Südafrikas. Das Land war – wie die Historiker berichten – 1902 nach dem zweiten Burenkrieg, den die Engländer gegen die Buren gewonnen hatten, eine britische Kolonie geworden. Allerdings wurde von den neuen Herren der Gebrauch des Niederländischen als Amtssprache anerkannt, und zudem wurden den Buren jene diskriminierenden rassistischen Segregations-Regelungen zugestanden, die das Fundament zur Apartheid-Politik abgeben sollten (Fisch 1990). Als Holländer profitiert A. von dieser Gesetzgebung und kann gleichzeitig in das global-koloniale Geschäft des britischen Weltreichs einsteigen. Der von Cecil Rhodes im späten 19. Jahrhundert begründete (und noch heute bestehende) Konzern De Beers dominierte das Diamantengeschäft in Kapstadt und Kimberley. In Kimberley gelingt es A., in ein „Diamantensyndikat" einzusteigen, „dessen Teilhaber" (KW5, 95) er wird. A. ist kein Kapitalist, der mit faustischer Zielgerichtetheit und dämonischer Energie seine Geschäfte betreibt. Ja, man könnte ihn als Anti-Faust bezeichnen. Mit dem Goetheschen Helden hat er nur gemein, dass auch seine Geliebte den Freitod wählt. A. fehlt auch die sadistische Grausamkeit, die für den Kolonialherrn Kurtz in Joseph Conrads *The Heart of Darkness* von 1899 bezeichnend ist. Anders als Kurtz hat A. kein Interesse an einer direkten Konfrontation mit den versklavten Eingeborenen, sondern zieht sich in eine abstrakte Finanzwelt zurück, wenn er im globalen Diamantengeschäft aufgeht, bis er sich als Frühpensionär in einen ruhigen Winkel Europas zurückzieht. Seine Kennzeichen sind „betriebsame Trägheit", „wachsames Dahindämmern" und „Schicksalsgläubigkeit" (KW5, 95). Was seine weltweiten Geschäftsbeziehungen betrifft, erinnert er an Eduard v. Bertrand aus dem *Pasenow*-Roman, der gleichermaßen erfolgsverwöhnt ist und dessen Profite ebenfalls aus dem Kolonialgeschäft resultieren. Beide Protagonisten begehen Selbstmord, was die denkbar extremste Form des Aussteigens darstellt. Von „Kapland" aus (also der Kapkolonie der Buren), wo sein „Geldverdienen begonnen" hat, führt es A. – „ohne dass er viel dazu getan hätte" – von „Erdteil zu Erdteil, von Börse zu Börse" (KW5, 121). Zur Grunderfahrung im internationalen Kommerz gehört bei A., dass die fundamentale Differenz zwischen „echter Schwerarbeit" und leichtem Geldverdienen überall gleich ist, nur dass sie „in den Kolonien ein bißchen ärger" ausfalle als „in Europa und Amerika" (KW5, 262).

In dem Interview „Der Intellektuelle im Ost-West-Konflikt" vom Sommer 1950 hatte Broch im Kontext der Diskussion über die Menschenrechte auf die „farbigen Hungermassen" in Südafrika verwiesen, die „dort in den Diamantengruben sklaven" und deren „bisher unterlassene Befreiung" eine „Versündigung des Westens" darstelle (KW11, 483). Als Broch 1949 an jenen Teilen der *Schuldlosen* arbeitete, in denen er die Figur des A. profilierte, stellte Hannah Arendt ihr Buch *The Origins of Totalitarianism* fertig, das 1951 erschien. Im zweiten, „Imperialismus" überschriebenen Teil dieser Studie geht Arendt ausführlich auf die kolonialen Verhältnisse in Südafrika ein (Arendt 1993, 307–357). Broch und Arendt, die seit 1946 befreundet waren, schickten einander die Kapitel der entstehenden Bücher zu. Broch ging besonders auf die Aspekte der bei Arendt diskutierten Menschenrechte ein, und Hannah Arendt lobte die entstehenden Erzählungen, aus denen sich der Roman *Die Schuldlosen* zusammensetzt (HAB). Im Detail schildert und analysiert Arendt den südafrikanischen Rassismus mit der Versklavung der schwarzen Bevölkerung durch die Buren und rückt dabei die Ausbeutung der Bodenschätze (Gold und Diamanten) in der

Kapkolonie in den Vordergrund. Dabei kommt sie auf die Rolle der Briten (besonders die von Cecil Rhodes) ausführlich zu sprechen. Arendts kritische Informationen zur Kolonialgeschichte Südafrikas dürften Broch bei der Gestaltung der Figur des A. beeinflusst haben. Broch wie Arendt zeigen, wie der Kolonial-Imperialismus mit seinen politischen Legitimationsversuchen die Grundlagen für den Rassismus in den faschistischen Diktaturen schufen. 1923 hat A. als Edelsteinhändler und Börsenspekulant in Europa zu tun. Er kommt in einer mittelgroßen deutschen Stadt an und sucht ein Zimmer für einen kürzeren Aufenthalt. Er stellt sich der verarmten Baronin W. als „Edelsteinhändler" vor: er habe sich „jahrelang in den Diamantenfeldern Südafrikas aufgehalten" und wolle, sobald seine „Geschäfte in Europa erledigt" seien, wieder „nach Afrika zurück" (KW5, 62). Bald ändert er seinen Plan und richtet sich im Haus der Baronin W. ein. Als Privatier führt er ein träges, nur der Verwaltung seines Vermögens gewidmetes Leben. 1933 ist A. 42 oder 43 Jahre alt und wohnt immer noch bei der Baronin W. Der Autor hat in den *Schuldlosen* die drei Erzählgruppen mit den Jahreszahlen 1913, 1923 und 1933 versehen und mit Gedichten eingeleitet, die er „Stimmen" nannte. In den „Stimmen 1933" ist von jener „All-Versklavung" (KW5, 240) die Rede, die in den Kolonien besonders extrem ausgeprägt sei. A. ist Teil dieses Versklavungs-Syndroms. Sein Leben gleicht einem „Verdämmerungsspiel", bei dem die „Vergangenheit" aus „Furcht vor dem Erinnern" vergessen wird. A. weiß kaum noch, dass „er einstens die fünf Erdteile bereist hatte, daß er durch die Dschungel der Börsen und der internationalen Kurse, durch die Wildnisse der Finanz und der lauernden Spekulation sich [...] seinen Weg gebahnt" hat. Inzwischen ist er zu einer Person geworden, deren „Menschen-Ich" sich „verflüchtigt" hat, und der nichts geblieben ist als „das geschehenlose Jetzt": „fett und gewichtig" (KW5, 247), ein „Mitglied der leisure class" (KW5, 248). Seine einzige Tätigkeit besteht darin, „die Waren- und Wechselkurse Tag für Tag" zu „verfolgen". Auf das „Hochkommen politischer Narren vom Schlage Hitlers" hat er bereits reagiert, indem er „auf amerikanische Anlagewerte übergegangen" (KW5, 248) ist.

Dann aber wird an einem Winterabend zu Anfang 1933, in just jenem historischen Moment, als „Hitler doch zur Macht gelangt" ist, Verdrängtes aufgerührt. A., der mit einem Krieg in Europa rechnet, ist gerade dabei, „seinen Londoner und New Yorker Banken zu kabeln", dass er „die noch vorhandenen Pfundguthaben in Dollars zu konvertieren" (KW5, 252) gedenke. Da taucht geister- und traumhaft eine Figur auf, die an den „Urgefährten" (KW8, 66) aus einem Gedicht Brochs erinnert: Todesbote und Instanz des Gewissens in einem, umgeben von Kälte, Schnee und Eis (KW5, 251–252). Dieser Urgefährte ist hier ein „Steinerner Gast" (KW5, 245), dem es allerdings nicht (wie im Kontext der frühen Don-Juan-Literatur) um den Vollzug von Rache geht, sondern um die Vermittlung von Einsicht und Läuterung. Der „Steinerne Gast", in den sich der Imker verwandelt hat, verwickelt ihn in eine Zwiesprache, während der A. immer stärker in die Rolle des bekennenden Sünders gerät. Die „südafrikanischen Minen" fallen ihm wieder ein, die in den „Kolonien" beobachtete „Schwerarbeit" unter der „Hungerpeitsche". Die Erfahrung dort habe ihn den „Trick des leichten Geldes" gelehrt: das „vorsichtige Geschäftemachen" mit seinen „Täuschungsmanövern" (KW5, 262). Während seiner Selbstanklage bekennt er, dass ihn die kolonial-kommerziellen Praktiken immunisiert haben gegen Bedenken dem Prinzip Profit gegenüber. Er gesteht: „Der Krieg wütete in Europa, und ich machte Geld; die russische Revolution verwandelte die ehemalige Siegerklasse ihres Landes in eine von Besiegten oder richtiger in eine von Leichenbergen, und ich machte Geld; das politische Untier Hitler kam vor meinen Augen Schritt für Schritt zur Herrschaft, und ich machte Geld" (KW5, 264). A. gibt zu: „Ich war der Sieger; was die Besiegten trieben, ging mich nichts mehr an. Mochte die Hungerpeitsche des Lohndrucks über sie hinsausen, mochten sie in Elend verrecken, mochte ihr Blut fließen, ich brauchte nicht mehr hinzuschauen" (KW5, 263). Die Gewissensinstanz treibt A. hin zum Kern seiner Schuld, wenn er gesteht: „[...] ich [sehe] meine tiefste und ahndungswürdigste Schuld in einer durchgängigen Gleichgültigkeit [...] gegen das eigene Menschentum". Seine „Gleichgültigkeit vor dem Leid des Nebenmenschen" sei eine „Folge hiervon" (KW5, 265). Die „Frage nach dem erschlagenen Bruder", die Gott dem Kain gestellt habe, und die „an uns alle gerichtet" (KW5, 271) sei, habe er nie hören wollen. Die „Abkehr vom irdisch Bösen" (KW5, 270) habe er versäumt und dadurch sei er mitbeteiligt am „Abgleiten der Welt ins Verbrecherhafte und Tierhafte" (KW5, 271). Statt dem Gebot der „militanten Anständigkeitspflicht" (KW5, 270) zu folgen, sei er in die „Verantwortungslosigkeit" (KW5, 271) geflohen. Den Begriff der „militanten Anständigkeitspflicht" hat Broch wahrscheinlich in Anlehnung an den „*militanten* Humanismus" geprägt, eine Devise, die Thomas Mann 1935 im Kampf gegen die Totalitärstaaten ausgegeben hatte (Mann 1990b, 779). „Anständigkeit" ist ein zentraler Terminus in Brochs Ethik, und der Autor benutzt ihn in seinem Werk von den frühesten Essays aus der Zeit vor dem Ersten Weltkrieg bis zu den spätesten Studien und Briefen am Lebensende. A. erkennt seine Schuld im Beitrag zur Universalisierung der Versklavung, wenn er dialektisch formuliert: „die Welt mich, ich die Welt bedingend" (KW5, 270). Im Lauf des Geständnisses kommt A. zu der Einsicht, dass „keinerlei Gottesnähe je erreicht" werde, „solange wir in unserer Gleichgültigkeit" verharren. Damit ist A.s „Beichte beendet" (KW5, 271). Der Dialogpartner als Beichtvater, Richter und Todesbote konstatiert A.s „Läuterung" (KW5, 272). Eine Sühne wird ihm nicht auferlegt, doch nimmt er sie freiwillig auf sich, indem er sich erschießt. Der Suizid ist eine erneute moralische Verfehlung und geht weit über eine Selbstbestrafung als Sühneleistung hinaus, die im Kontext der Beichte gefordert wird. Brochs Behandlung des Beichtmotivs ist nicht leicht in Einklang zu bringen mit jener Kulturtradition, von der Peter Brooks spricht, der sich mit dem literarischen Motiv der Beichte beschäftigt hat. Brooks hält fest:

> Confessions play a crucial role in moral cleansing and also in moral discipline: it works both to console and to police. It offers articulation of hidden acts and thoughts in a form that reveals – perhaps in a sense creates – the inwardness of the person confessing, and allows the person's punishment, absolution, rehabilitation, reintegration. (Brooks 2000, 2)

Brochs negativer Held ist zwar in der Lage, seine moralischen Verfehlungen einzugestehen, doch hat er nicht die Kraft zur „reintegration", zum Neubeginn im Sinne einer „militanten Anständigkeitspflicht".

Festzuhalten ist, dass Broch mit A.s Konfession sich gegen jene Kolonialideologie ausspricht, die seit Rudyard Kiplings Gedicht „The White Man's Burden" von 1899 in den europäischen Ländern in Umlauf war und zur Legitimation kolonialer Herrschaft diente (Jordan 1974). Broch weist ohne Verbrämung auf die Nutznießer des Kolonialprojekts in den Finanzzentren der westlichen Welt hin. Es sind sehr Brochsche Gedanken, die A. beim Bekennen seiner Schuld[16] durch den Kopf gehen. In seiner *Massenwahntheorie* hatte der Autor dargelegt, dass ethisches Verhalten sich in der Gegenwart vor allem ex negativo, nämlich als Verhinderung von Versklavung äußern müsse. Das radikale Durchschauen des Unethischen ist ihm die Voraussetzung einer neuen Ethik, für die Verteidigung und Einklagbarkeit der Menschenrechte zentral sind. Broch verstand den Kampf um die Human Rights als Beitrag zur Überwindung der Gleichgültigkeit gegenüber dem Nebenmenschen. Der A. verhörende und anhörende „Greis", der Imker, mutiert zum „Steinernen Gast", d. h. bis zu einem gewissen Grad zum Komtur aus Mozarts *Don Giovanni*.[17] Er ist aber nicht mit dem Rächer aus Mozarts Oper gleichzusetzen, der Don Giovanni auf die Höllenfahrt schickt. Der Brochsche „Greis" erlässt die Sühne, da er Reue und Läuterung bei A. konstatiert. Der Steinerne Gast in den *Schuldlosen* ist eine von Broch erfundene Personifikation des Todes, die nur wenig gemein hat mit Todesboten oder Todesgöttern in der griechisch-römischen oder keltisch-germanischen Mythologie. Er richtet nach den Normen der christlichen Religon. Gleichzeitig gehen in ihn aber auch jüdisch-messianische Vorstellungen ein. Broch selbst nannte den mythisierten Imker den „geisthaften Träger einer neuen Welteinsicht", die „berufen sein mag, die terroristische Menschheitsepoche zu überwinden und an ihre Stelle wieder die der ewigen Absolutheit des moralischen Gebotes zu setzen". Er sei „der Prophet des

---

16 Vgl. Köhn 1987; Ziolkowski 2003.
17 Winkler 1986; Wohlleben 2016.

unbekannen Gottes, der von keinem Kult [...] erreichbar ist und trotzdem im Wissen des Menschen wohnt" (KW5, 315–316). Der „Wanderlehrer" aus den *Schuldlosen* ist in jeder Hinsicht das positive Gegenbild zu dem „Wanderprediger", den Broch fünfzehn Jahre zuvor zum negativen Protagonisten seines Romans *Die Verzauberung* gewählt hatte.

4 Briefwechsel im Exil (1938–1951)

4.1 Hannah Arendt: Diskussion über Human Rights

4.1.1 Divergenzen in Sachen „Recht auf Recht(e)"

Ende der 1940er Jahre korrespondierte Broch mit Arendt über eine mögliche ethische Neubegründung der Menschenrechte. Bevor darauf im einzelnen eingegangen wird, soll noch erläutert werden, was es mit dem „Irdisch-Absoluten" in diesem Zusammenhang auf sich hat. Das erklärt der Autor im vierten Kapitel des dritten Teils seiner *Massenwahntheorie* (KW12, 456–510), wo er auf die Konzentrationslager als Symbol nationalsozialistischer Tyrannis zu sprechen kommt:

> Das Konzentrationslager ist die letzte Steigerung dieser Versklavung, jeder Versklavung. Der Mensch wird seines letzten Ich-Bewußtseins entkleidet; statt seines Namens erhält er eine Nummer und soll sich auch nur mehr als Nummer fühlen. Er ist zur Leiche geworden, bevor er noch gestorben ist, und ob er nun verhungert oder erfriert, ob er ohne Hilfeleistung an seinen Wunden und Gebrechen zugrunde geht oder hingerichtet wird [...]: was einmal ein Mensch gewesen war, ist untertierisch geworden, kaum mehr vegetativ, eine Sach-Leiche, Kehricht, der noch stöhnt.   (KW12, 485)

Broch benutzt hier mit Absicht den Begriff des „Untertierischen" und nicht den des „Tierischen", denn er betont in diesem Zusammenhang, dass im Konzentrationslager „etwas geschieht, das nicht einmal gegen das Tier verübt werden darf" (KW12, 468). Mit der Versklavung des Menschen im Konzentrationslager ist auch die Aushebelung „jeglichen Rechtssystems" (KW12, 501) verbunden. Broch bezog in den Nachkriegsjahren die Kenntnisse über die nationalsozialistischen Konzentrations- und Todeslager nicht lediglich aus der Presse. Er las 1947 das im Jahr zuvor erschienene Werk Eugen Kogons *Der SS-Staat. Das System der deutschen Konzentrationslager* (Kogon 1946) sowie 1948 das Manuskript des Buches von H. G. Adler *Theresienstadt. Das Antlitz einer Zwangsgemeinschaft 1941–1945* (Adler 1955). Im Frühjahr 1949 verfasste er ein positives Verlagsgutachten über Adlers Werk (KW9/1, 404, 405). Adler war Häftling in Theresienstadt und Auschwitz gewesen, Kogon in Buchenwald. Die Korrespondenz zwischen Broch und Adler wurde veröffentlicht (AHB). Ein halbes Jahrhundert später erschien 1998 Giorgio Agambens Studie *Was von Auschwitz bleibt* (Agamben 2003). Broch nimmt die Charakterisierung des seiner Humanität beraubten KZ-Häftlings, des „Muselmanns", vorweg. Sowohl Broch wie Agamben rücken, um die Überschreitung der Grenze zwischen Menschlichem und Untertierischem im Konzentrationslager bewusst zu machen, den „Muselmann" in den Mittelpunkt ihrer ethischen Argumentation. Agamben zitiert am Anfang des Kapitels über den „Muselmann" aus den 1966 erstmals erschienenen Erinnerungen von Jean Améry, der Auschwitz überlebte. Dort heißt es:

https://doi.org/10.1515/9783110734683-009

> Der sogenannte ‚Muselmann', wie die Lagersprache den sich aufgebenden und von den Kameraden aufgegebenen Häftling nannte, hatte keinen Bewußtseinsraum mehr, in dem Gut oder Böse, Edel oder Gemein, Geistig oder Ungeistig sich gegenüberstehen konnten. Er war ein wankender Leichnam, ein Bündel physischer Funktionen in den letzten Zuckungen. (Améry 1977, 28–29; Agamben 2003, 60)

Nach Agamben beruht der Verlust der Ethik auf dem Grauenserlebnis der Insassen von Konzentrationslagern, auf der Erfahrung der Zerstörung von Würde und Freiheit des Menschen. Agamben schreibt:

> Auch deswegen bedeutet Auschwitz das Ende und den Zusammenbruch jeder Ethik der Würde und der Angleichung an eine Norm. Das nackte Leben, auf das der Mensch reduziert wurde, fordert nichts und gleicht sich an nichts an: es ist selbst die einzige Norm, ist absolut immanent. (Agamben 2003, 60)

Für Broch ist die das Menschenrecht schützende politische Organisationsform die Demokratie, da sie in der „Bekämpfung" der „Versklavung" ihren „Daseinsgrund" (KW11, 149) habe.[1] Sie kann, so sieht es der Autor, ihrem Selbstverständnis nach eigentlich nur Gesetze erlassen, die aus dem Versklavungsverbot ableitbar sind. Das ist die Theorie. Die faktische Demokratie kenne aber wie jede Staatsform Entwicklungen, die auf ihre Selbstauflösung zutreiben. Broch erwähnt in seinem Aufsatz „Die Demokratie im Zeitalter der Versklavung" von 1949 als Beispiel die von Joseph McCarthy initiierten „Hexenprozesse, die jetzt unter der Flagge der ‚Unamerican Activities' veranstaltet werden", wobei jedermann spüre, dass diese „Schauprozesse Fremdkörper im demokratischen Aufbau" (KW11, 170) seien. Solche antidemokratischen Tendenzen innerhalb der Demokratie sind es, die Broch in Schach halten will, wenn er empfiehlt, die „Bill of Rights" durch eine „Bill of Duties" (KW11, 167) zu ergänzen. Dafür plädiert er in seinem Aufsatz „Bemerkungen zur Utopie einer ‚International Bill of Rights and of Responsibilities'" von 1945 (KW11, 243–276). Im Zentrum der „Bill of Responsibilities" soll ein „Gesetz zum Schutz der Menschenwürde" (KW11, 262) stehen. Formulierungen wie die im „Artikel 1" finden sich auch heute noch viel zu selten in den Verfassungen von Nationalstaaten und übernationalen Assoziationen.[2] Der Artikel hat von seiner Aktualität und Notwendigkeit seit 1945 nichts eingebüßt:

> Wer in Wort oder Schrift oder tätlich oder sonstwie die moralische Gleichheit der Menschen (Bürger oder Nichtbürger) angreift, also den Versuch unternimmt, eine nicht durch strafgerichtliche, sondern bloß durch biologische oder religiöse oder sonstwie gesinnungsmäßige Kriterien definierte Gruppe von Personen, sei es kollektiv, sei es individuell verächtlich zu

---

1 Vgl. Greiter und Pelinka 1980.
2 Vgl. Picht 2016, 408–410.

machen [...] oder sonstwie dem Haß der Mitbürger auszusetzen, oder diese zu solchem Haß aufzufordern, der macht sich – gleichgültig ob ein derartiger Versuch glückt oder nicht – des *„Verbrechens gegen die Menschenwürde"* schuldig und soll [...] bestraft werden.

(KW11, 262)

Die von Broch zitierte Gefährdung der Ebenbildhaftigkeit (KW 12, 296) war bereits Thema seiner Essayfolge „Zerfall der Werte", die er in den dritten Band der Romantrilogie *Die Schlafwandler* (KW1, 418 ff.) von 1932 einbaute. Dort konstatierte der Autor das Vergessen der göttlichen Ebenbildhaftigkeit in der Moderne: Sie sei eingetauscht worden gegen eine transzendenzlose, rein innerweltliche Orientierung am Minimalethos eines Spezialberufs in der modernen Industriegesellschaft mit ihren zahllosen einander im Widerstreit liegenden Einzel- und Subsystemen:

Der Mensch [...], einst Gottes Ebenbild, Spiegel des Weltwerts, dessen Träger er war, er ist es nicht mehr [...], er wird ratlos bleiben im Getriebe der selbständig gewordenen Werte, und nichts bleibt ihm übrig als die Unterwerfung unter den Einzelwert, der zu seinem Berufe geworden ist, nichts bleibt ihm übrig, als zur Funktion dieses Wertes zu werden – ein Berufsmensch, aufgefressen von der radikalen Logizität des Wertes, in dessen Fänge er geraten ist.   (KW1, 498–499)

Broch erinnert im „Zerfall der Werte" aber gleichzeitig daran, dass der Mensch „unverloren und unverlierbar" (KW1, 624) das Ebenbild Gottes bleibe, auch wenn seine Freiheit es ihm ermögliche, seine Ebenbildhaftigkeit zu leugnen oder zu vergessen. Die „Ebenbildhaftigkeit" ist nach Broch ein „Gedanke der Religion", den in säkularisierter Form „die Demokratie [...] aufrechterhält und weiterträgt".[3]

Ruft man sich in Erinnerung, wie Broch am Ende der *Schlafwandler* das Thema der Religionskrise behandelt, wird deutlich, wie sich seit 1936/1937 seine Perspektive vom Europäischen hin ins Globale verschoben hat. Das hat nicht zuletzt damit zu tun, dass der Völkerbund, an den Broch sich damals mit einer Resolution wenden wollte, eine interkontinentale Vereinigung war. Es geht nun – anders als im „Zerfall der Werte" – nicht mehr um die Unterschiede zwischen Katholizismus und Protestantismus, um die Nähe zwischen Protestantismus und Judentum, auch nicht mehr um die Konturierung einer abstrakten neuen europäischen Religion, sondern um den Nachweis einer ethischen Grundhaltung, eines „Ethos der Welt" (KW11, 202), das in den Weltreligionen auszumachen sei. Das ist der Intention nach dem Herauskristallisieren eines „Weltethos" verwandt, wie es durch Hans Küng angestrebt wurde (Küng et al. 1993). Es ist ein Ansatz, der sich aus der Entwicklung europäischer Geistesgeschichte ergeben hat und seine europäischen Wurzeln nicht verleugnet. Aber diese intellektuelle Anstrengung fällt nicht unter das Verdikt des Eurozentrismus. Der liegt vor,

---

3 Barbara Picht (2016, 418).

wenn ideologisch von einer Überlegenheit europäischer Einstellungen gegenüber den Kulturen anderer Erdteile ausgegangen wird. Auch Broch bleibt jüdisch-christlichem Denken verhaftet, aber er knüpft dabei jeweils an die kosmopolitischen Traditionen europäischer Philosophie an – etwa an Kants Ethik –,[4] die offen sind für den Dialog mit Vertretern aus Religion, Philosophie und Politik anderer Kulturen wie Pauline Kleingeld in ihrer Studie *Kant and Cosmopolitanism* gezeigt hat (Kleingeld 2012). Sie arbeitete die moralischen, kulturellen, juristischen und politischen Aspekte des Kantschen kosmopolitischen Denkens seit Mitte der 1790er Jahre heraus und verglich den Philosophen in der Hinsicht mit anderen Autoren wie Christoph Martin Wieland, Johann Gottlieb Fichte, Georg Forster und Novalis. Kants Vorstellungen von einem kulturellen Pluralismus, von internationalen Staatengemeinschaften und von einem globalen Wirtschaftsrecht haben an Aktualität wenig eingebüßt.

Hannah Arendt schrieb 1946 eine Rezension über Brochs Roman *Der Tod des Vergil* für *The Nation* (HAB 169–174). Sie kannte den Autor nicht persönlich, schickte ihm aber am 29. Mai 1946 eine Kopie der Besprechung mit einem Begleitbrief zu. *Der Tod des Vergil* war im Juni 1945 auf deutsch und englisch in Kurt und Helene Wolffs Exil-Verlag Pantheon Books in New York erschienen. Das Buch fand in Intellektuellenkreisen der Ostküste sofort Beachtung, wie Besprechungen in Zeitungen und Journalen wie *New York Times*, *Time Magazine*, *New York Herald Tribune*, *New Yorker* und *Saturday Review of Literature* belegen. Wahrscheinlich hatte Hannah Arendt einige dieser Rezensionen gelesen, aber es ist auch möglich, dass erst der Verriss des Romans durch Günther Anders in der Exilzeitschrift *Austro-American Tribune* vom September 1945 (Anders 1945) sie auf das Buch aufmerksam gemacht hatte. Mit Anders war sie in erster Ehe verheiratet gewesen. Der Philosoph warf dem Dichter Thesenlosigkeit, Versäumnispanik, Joyce-Imitation, Spätromantik, Wagner-Abhängigkeit und Heidegger-Nähe vor. Arendt las den Roman mit anderen Augen. Im Begleitbrief an Broch heißt es mit der ihr eigenen Bestimmtheit: „Dies ist seit Kafkas Tod die größte dichterische Leistung", weil das Buch wie Kafkas Werk „jenseits alles Romanhaften im üblichen Sinne" geschrieben sei. Der „große Glücksfall" bestehe hier darin, „daß der spekulative und der dichterische Gehalt wirklich und gleichsam apriorisch identisch geworden" seien, was „eine Spannung" erzeuge, „in der Nachdenken und Spekulation selbst zur Handlung werden" (HAB 9). Hier fühlte Broch sich verstanden und als ein Autor bestätigt, der immer die herkömmlichen Formen der Romanproduktion hatte transzendieren wollen. Arendt situierte Broch in der Besprechung literaturgeschichtlich: Brochs Werk sei „das Bindeglied zwischen

---

4 Lützeler 1973, 33–43.

Proust und Kafka [...], d. h. zwischen einer Vergangenheit, die unwiderbringlich verloren, und einer Zukunft, die noch nicht eingetroffen" sei (HAB 170).

Beide arbeiteten unabhängig voneinander zwischen 1945 und 1949 an Studien zum Thema Menschenrecht. Broch lebte seit sieben Jahren im amerikanischen Exil als 1945 die UNO in San Francisco gegründet wurde. Im Januar 1947 wurde Eleanor Roosevelt zur Leiterin der Commission on Human Rights der UNO gewählt. Damit begann offiziell die Arbeit an der Formulierung der Universal Declaration of Human Rights. Das war im Sinne Brochs, hatte er es doch als fatales Manko des Völkerbunds beklagt, dass die menschenrechtliche Verankerung fehlte. Broch war selbstkritisch-skeptisch gegenüber der eigenen Resolution von 1936/37 gewesen, weil er vom Völkerbund nicht mehr als eine „Deklaration" erwarten konnte: Dieser Institution fehlte wegen der nationalen Souveränität der einzelnen Mitgliedstaaten jegliche strafrechtliche Handhabe gegen „legalisiertes Unrecht" (KW11, 200). Sollte sich das in der UNO wiederholen? Das ist das Hauptthema in Brochs Studie über die „International Bill of Rights" vom Spätsommer 1945 (KW11, 243–276), die er Hannah Arendt ein Jahr danach zuschickte (HAB 14). Broch lobte die Charta der Vereinten Nationen, die im Juni 1945 von den Gründungsmitgliedern unterzeichnet worden war (und dann im Oktober 1945 in Kraft trat). In ihrer Präambel heißt es, dass es ihr darum gehe „to reaffirm faith in fundamental human rights, in the dignity and worth of the human person, in the equal rights of men and women".[5] Broch pries die Charta wegen der Anerkennung von „Menschenfreiheit und Menschenwürde" als „oberstes Gut". Er erkennt hier einen Einfluss der 1940 von Roosevelt verkündeten „Four Freedoms", den „freedoms of speech and worship" sowie den „freedoms from want and fear" (KW11, 243). Er kommt gleich auf das Problem des „Nichteinmischungsprinzips" zu sprechen, das in der UNO gelte. Beim innenpolitischen Verstoß eines UNO-Mitgliedslandes gegen die Menschenrechte habe die Friedensorganisation immer „Humanitätspflicht und Souveränitätsanerkennung" (KW11, 244) gegeneinander abzuwägen. Grundsätzlich hat Broch Verständnis für das „Nichteinmischungsprinzip". Wenn eine Intervention auch bloß als „Polizeiaktion gedacht" sei, könne sie sich schnell zum „Krieg, ja sogar Weltkrieg" ausweiten (KW11, 244). Deswegen hält er die „Souveränitätsbedenken" der UNO durchaus für „legitim" (KW11, 245). Nur kann man nach Broch die Humanitätspflicht nicht einfach dem Souveränitätsprinzip opfern. Damit würde man aus „Kriegsfurcht" den Fehler der Appeasementpolitik der Demokratien gegenüber den „Fascismen" (KW11, 244) in den 1930er Jahren wiederholen. Broch bedauerte jedoch den reinen Deklarationscharakter, den die in der UNO propagierten Menschenrechte haben würden. Damit

---

5 https://www.un.org/en/sections/un-charter/preamble/ (6. Oktober 2020).

sagte er die Unverbindlichkeit der drei Jahre später erfolgten Allgemeinen Erklärung der Menschenrechte voraus. Dazu hält Ignatieff fest: „It was a declaration only, rather than a state treaty or a convention requiring national ratification" (Ignatieff 2001, 8). Statt aber gleich mit Interventionen zu reagieren, müsse – so Broch – ein internationaler Strafgerichtshof, der der UNO anzugliedern sei, etabliert werden. Bei ihm sollte Klage gegen Politiker erhoben werden, die sich des Verstoßes gegen Menschenrechte schuldig gemacht hatten. Damit diese Möglichkeit nicht dem Missbrauch ausgesetzt werde, sollte man bei der Arbeit an der „International Bill of Rights" (womit die „Universal Declaration of Human Rights" gemeint war) ein „Gesetz zum Schutz der Menschenwürde" vorsehen, das präzisiert, wann der begründete Fall zur Klage vorliege. Broch hatte seit 1939 wiederholt an der Formulierung eines solchen Gesetzes gefeilt, und in der hier behandelten Studie wird es erneut diskutiert. Den Mitgliedsländern sei klar zu machen, dass es nicht nur Rechte, sondern auch Pflichten, nicht nur eine internationale „Bill of Rights", sondern auch eine internationale „Bill of Duties" geben solle (KW11, 264). Zur möglichen juristischen Anbindung schreibt Broch:

> Daß das „Gesetz zum Schutz der Menschenwürde" in letzter Urteils-Instanz (nach verlängertem Appellationsweg) der Judikatur eines Internationalen Gerichtshofes unterstehen soll, also einer Instanz, deren Urteilssprüche und Vorschriften (wie etwa die eines Auslieferungsbegehrens) dem Enforcement durch das Nationen-Kollektiv zu überantworten sein werden, das entspricht in jeder Beziehung der internationalen Garantie, die der „Bill of Rights" und demzufolge eben auch ihrer Ergänzung, nämlich der „International Bill of Responsibilities" zukommt. (KW11, 264)

Statt Drohungen mit militärischen Interventionen also die Einrichtung eines Gerichtes. Die Frage allerdings, ob nicht ein „Auslieferungsbegehren" auch zu kriegerischen Auseinandersetzungen führen könne, hat Broch nicht diskutiert. Das Thema solcher Gerichtsverfahren gegen Politiker, die des Völkermords, der Kriegsverbrechen und der Verbrechen gegen die Menschlichkeit angeklagt werden, ist seit der Einrichtung des International Criminal Court, der im Jahr 2002 seine Arbeit begann, nicht abgerissen. Aber auch die UNO-Beschlüsse zu militärischen Interventionen, die Broch vermieden sehen wollte, beherrschen nach wie vor die Diskussion.

Die beiden menschenrechtlichen Essays von Broch und Arendt waren jeweils als Teile größerer Bücher geplant: bei Broch gingen sie ein in die *Massenwahntheorie* (KW12), bei Arendt in ihr Totalitarismusbuch von 1951 (Arendt 1955). Sie revanchierte sich im September 1946 mit ihrer Studie „Es gibt nur ein einziges Menschenrecht", die zweieinhalb Jahre später in der *Wandlung* erschien und überarbeitet unter dem Titel „Die Aporien der Menschenrechte" ins Totalitarismusbuch (Arendt 1955, 452–470) einging. In ihrer Notiz an Broch vom 9. September 1946 erwähnte sie, dass sie ihren Essay „halb um Ihres Artikels wegen" geschrieben habe (HAB 14). Ansonsten aber enthielt sie sich vorläufig jeden Kommentars zu Brochs Arbeit. Ihre Skepsis gegenüber den Menschenrechten war so grundsätzlich, dass sie auch Brochs konstruktive Auseinandersetzung mit dem Thema umgriff. Der Autor antwortete zehn Tage später. Broch hatte schon immer das bloß Deklamatorische an den Menschenrechten gestört, und so fand er es richtig, dass auch bei Arendt die übliche „Selbstbeschwindelung" auf dem Gebiet thematisiert wurde. Zustimmung fand auch die Tatsache, dass die Briefpartnerin auf die Verhinderung von „Sklaverei" zu sprechen kam, und er erwähnte, dass er in seiner eigenen Arbeit von der „Sklaverei" ausgehe, die zu unterbinden er als Grundaufgabe der Menschenrechte verstehe. Allerdings fehlte Broch in Arendts Studie die Dimension des „Metapolitischen" (HAB 18) im Sinne kritischer Begriffs- und Begründungsreflexion. Das ist der Einwand, der wiederholt in den neueren Studien zu Arendts Text „Es gibt nur ein einziges Menschenrecht" gemacht wird (Brunkhorst 1996, Benhabib 1996, Förster 2009). Gerade diese Tatsache aber fordert andere Arendt-Interpreten heraus, die Begründung, die implizite in der Arbeit angelegt sei oder die durch spätere Überlegungen deutlich werde, herauszuarbeiten (Isaac 1996, Cotter 2005, Birmingham 2006, Apitzsch 2006, Gosepath 2007, Parekh 2008, Menke 2008, Benhabib 2018, DeGooyer 2018, Höntzsch 2020). Da kommt man zu den unterschiedlichsten Ergebnissen, die an dieser Stelle weder referiert noch bewertet werden können, da hier lediglich an die Broch-Arendt-Diskussion zwischen 1946 und 1949 erinnert werden soll. Dass Arendts durchgestandene Drangsalierungen und Ausgrenzungen als Staatenlose nach der Flucht aus dem nationalsozialistischen Deutschland in dem Essay durchscheinen, ist nicht zu übersehen und wird in den meisten Studien zu ihrem Beitrag erwähnt. Broch meinte, dass Arendts Text vorzeitig ende. In den „positiven Konsequenzen, die aus der Analyse zu ziehen sind", hält Broch fest, „begnügt er sich mit Andeutungen, die man ausgeführt haben möchte" (HAB 18). Die „positiven Konsequenzen", nämlich die Forderung nach Praxisverankerung im Sinne der Einklagbarkeit von Menschenrechten war damals Brochs Ziel, wie er in seiner eigenen Studie betont hatte. Von diesem Positivum findet man bei Arendt in der Tat nur am Schluss einige kurze Hinweise. Auf Brochs Kritik ging sie nicht ein. Vielleicht lag der Grund darin, dass Broch auf das zentrale Thema ihrer Arbeit nicht zu sprechen gekommen war. Arendt stellte zu Anfang des Aufsatzes die Beschäftigung mit den Human Rights überhaupt in Frage:

> Staatenlosigkeit in Massendimensionen hat die Nationen der Welt faktisch vor die unausweichliche und höchst verwirrende Frage gestellt, ob es überhaupt unabdingbare „Menschenrechte" gibt, die unabhängig von jedem besonderen politischen Status sind und einzig der bloßen Tatsache des Menschseins entspringen. Wo immer Leute aufgetaucht sind, die nicht mehr Staatsbürger eines souveränen Staates waren, und ob das selbst in

einem Lande geschah, dessen Konstitution ausdrücklich auf die Menschenrechte gegründet ist, da haben sich die angeblich unabdingbaren und unverlierbaren Menschenrechte als undurchführbar und unerzwingbar erwiesen. (Arendt 1949, 756)

Die Staatenlosen als Vertriebene finden sich in „eine Lage kompletter Rechtlosigkeit" versetzt, denn es „existiert kein Gesetz, das die Nationen zwingen könnte" (Arendt 1949, 759), die Flüchtlinge im Namen der Menschenrechte aufzunehmen und als Bürger mit ihnen zustehenden Rechten auszustatten. „Ihre Rechtlosigkeit entspringt einzig der Tatsache, daß sie zu keiner irgendwie gearteten Gemeinschaft mehr gehören" (Arendt 1949, 759). Die Autorin zieht den Schluss, dass es nicht abstrakte Menschenrechte sind, die ein menschenwürdiges Leben garantieren, sondern das „*Recht, Rechte zu haben*", was heiße „in einem Beziehungssystem zu leben", das man als „politisch organisierte Gemeinschaft" versteht (Arendt 1949, 760), wobei es sich meistens um eine souveräne Nation handle. Christoph Menke ist sich nicht sicher, ob Hannah Arendt tatsächlich die Universal Declaration of Human Rights (UDHR)[6], die im Dezember 1948 von der UNO per Mehrheitsbeschluss akzeptiert wurde, gelesen hat (Menke 2008, 131). Das ist in der Tat fraglich. Artikel 15 der UDHR fordert bereits, was auch Arendt verlangt: „Everyone has the right to a nationality". Und dort heißt es weiter: „No one shall be arbitrarily deprived of his nationality or denied the right to change his nationality." Ist nicht das Verlangen nach einem „Recht auf Rechte" zu abstrakt, als dass man es zum „einzigen" Menschenrecht erklären könnte? Müsste dieses Recht – damit es der geforderten „Menschenwürde" entspricht – nicht durch andere Rechte ergänzt werden? Das geschieht nicht in dem Beitrag von Arendt, wohl aber in der UDHR. Dort gibt es den Artikel 19, wo festgestellt wird: „Every one has the right to freedom of opinion and expression." Oder man denke an den demokratische Verhältnisse voraussetzenden Artikel 21, der garantiert: „Everyone has the right to take part in the government of his country". Und Artikel 22 ergänzt: „Everyone has the right to work, to free choice of employment, to just and favourable conditions of work and to protection against unemployment." Unverständlich, warum Arendt gegen das Menschenrecht auf soziale Sicherung polemisiert. Sie schreibt dazu, dass dieses Recht „in den Kategorien des 18. Jahrhunderts" formuliert sei, was aber nicht zutrifft, denn im Naturrecht ist von Altersversorgung keine Rede. Dass aber auch hier das Aufklärungsdenken des 17. und 18. Jahrhunderts nachwirkte, war ein Gewinn. Arendt selbst beruft sich in der Polemik gegen die Menschenrechte vor allem auf Edmund Burke, einen Staatsmann und Philosophen, der das britische 18. Jahrhundert verkörperte wie wenige andere. Sie spricht von der „Konfusion", in die „die ganze Frage

---

6 https://www.un.org/en/universal-declaration-human-rights/index.html (7. Oktober 2020).

der Menschenrechte" heute geraten sei, eine Verwirrung, „aus der sich philosophisch so absurde und politisch so unrealisierbare Ansprüche ergeben wie der, daß jeder Mensch mit dem unverlierbaren Recht auf Arbeitslosenunterstützung und Altersversicherung geboren sei" (Arendt 1949, 766). Voraussetzung für den Artikel 22 in der UDHR war die Sozialphilosophie des 19. und 20. Jahrhunderts in Europa und den Vereinigten Staaten, wenn hier – zum Vorteil der Argumentation – auch die Aufklärungs-Ethik des 18. Jahrhunderts nachwirkte. Der Artikel 22 lautet: „Everyone, as a member of society, has the right to social security and is entitled to realization, through national effort and international co-operation and in accordance with the organization and resources of each State, of the economic, social and cultural rights indispensable for his dignity and the free development of his personality". Was ist daran „konfus", „philosophisch absurd" oder „politisch unrealisierbar"? Es gibt kaum ein demokratisch und sozial strukturiertes Land der Welt, das seinen Bürger*innen das Recht auf die genannten sozialen Sicherheiten abspricht. Nur polarisierende Kräfte in einigen Staaten, nicht zuletzt in den USA, propagieren seit geraumer Zeit den Abbau sozialstaatlicher Einrichtungen. Soziale Sicherheit ist faktisch ein Menschenrecht geworden, ja war es in Europa und den USA schon zur Zeit der Niederschrift des Aufsatzes. Oskar Negt hält in seinem Buch *Gesellschaftsentwurf Europa* zu Recht fest, „dass die sozialstaatliche Entwicklung in den europäischen Kernländern Verfassungsrang" habe (Negt 2012, 18). Und er ergänzt: Wer „Rechtsstaat und Demokratie bewahren will, muss mit besonderer Sorgfalt auf Erweiterung und Pflege der sozialstaatlichen Errungenschaften bedacht sein" (Negt 2012, 15). Broch selbst war ein Anhänger des „Rechts auf Arbeit" und anderer sozialer Rechte, weswegen er auf ihrer juristischen Sanktionierung bestand. Der Titel des Essays von Arendt „Es gibt nur ein einziges Menschenrecht" erklärt sich durch ihre These: „Denn der Mensch hat rein als Mensch nur ein einziges Recht, das über alle seine verschiedenartigen Rechte als Staatsbürger hinausgeht: das Recht, niemals seiner Staatsbürgerschaft beraubt zu werden, das Recht, niemals ausgeschlossen zu werden von den Rechten, die sein Gemeinwesen garantiert" (Arendt 1949, 768). An dieser Stelle, an der sie konzediert, dass es immerhin „ein" Menschenrecht gibt, ist es nur logisch, dass sie dem „Begriff der Menschenrechte" eine neue Chance gibt: Er könne, hält sie fest, „aufs neue sinnvoll werden, wenn er im Lichte gegenwärtiger Erfahrungen und Umstände formuliert wird" (Arendt 1949, 766). Aber genau das geschah in der UDHR, auf die sich Expert*innen aus den unterschiedlichsten Teilen der Welt geeinigt hatten. Die UDHR nennt eine Reihe weiterer fundamentaler Rechte in den Bereichen von Politik, Erziehung, Religion und Wirtschaft. Schon die Präambel spricht auch von der Gleichheit der Geschlechter vor dem Gesetz.

Broch und Arendt gehen beide von ihrem Schicksal als vertriebene und entrechtete jüdische Flüchtlinge aus. Broch sucht gerade wegen seines Exilschicksals den Menschenrechten zu einer internationalen Anerkennung sowie einzelstaatlichen Verankerung zu verhelfen. Arendt dagegen schüttet das Kind mit dem Bade aus, weil zu ihrer Lebenserfahrung gehört, dass man als Staatenlose durch kein internationales Menschenrecht geschützt wurde. Wenn Arendt auch nichts von global oder kontinental verkündeteten Human Rights hielt, wenn sie kaum etwas der Menschenrechtsdeklaration der UNO abgewinnen konnte, und wenn sie sich nicht für die Europäische Menschenrechtskonvention interessierte, hat sie später doch genauer bestimmt, in welcher Art von Nationalstaat sie sich den Schutz der Menschenrechte vorstellte. In einer Radiosendung von 1963 mit dem Titel „Nationalstaat und Demokratie" (Arendt 1963) hält sie fest, dass der „Souveränitätsbegriff des Nationalstaats, der ohnehin dem Absolutismus" entstamme, „unter heutigen Machtverhältnissen ein gefährlicher Größenwahn" sei. Das klingt, als gebe sie nachträglich Broch Recht, der in der Souveränität der Einzelstaaten deren Willkür im Umgang mit den Menschenrechten begründet sah. Das ist aber nicht der Fall. Arendt betont, dass sie hier einen „innenpolitischen" Aspekt des Nationalstaates anspreche. Was sie attackiert ist die „Machtzentralisierung des Nationalstaates": die müsse „gebrochen" werden. An „ihre Stelle" sei „die dem föderativen System eigene Diffusion der Macht in viele Machtzentren" zu treten. Mit anderen Worten: sie spricht sich indirekt gegen das französische „Machtmonopol eines zentral organisierten Staatsapparates" und für das „föderative System" aus, wie sie es mit den *checks and balances* aus den USA kennt. Arendt ewartete, was die Sicherung von Bürgerrechten betrifft, nichts von der UNO und ihrer Erklärung der Menschenrechte. Der UNO, der UNESCO, den internationalen Abkommen und Gerichten sowie zahlreichen NGOs[7] verdankt die Welt viel im Hinblick auf die Verbreitung der Human Rights. Zudem gibt es Staatenverbünde wie die Europäische Union, die mit ihrer Menschenrechtskonvention Vergleichbares erreicht hat oder noch erreichen will. Zum internationalen Einfluss der Menschenrechte hält K. Anthony Appiah fest: „These rights are encoded not only in the UN treaties, declarations, and conventions, but also in regional agreements, and in much recent constitution making around the world. That is, they have been imported into the legal system of many states" (Appiah 2001, 102).

Auch Brochs Menschenrechts-Studie lief auf die Formulierung des „Rechts auf Recht" (allerdings im Singular) hinaus, doch meinte er damit etwas anderes

---

[7] Zu den Verdiensten der NGOs, die im Namen der Verteidigung der Menschenrechte arbeiten, vgl. Ignatieff 2001, 8–10 und Assmann 2018, 58.

als Arendt. Sein Essay enthält im Kontext der Diskussion über das „Irdisch-Absolute" Reflexionen zu den Themen der „menschlichen Freiheit", des „Anarchischen", der „Versklavung", des „Menschen als Sache", des „KZ-Häftlings" und der „Pursuit of Happiness" – Aspekte, auf die im Lauf dieses Buches wiederholt eingegangen wird. Für Broch steht das „Recht auf Recht" (KW12, 509) im Zusammenhang mit einem ursprünglichen „Freiheits-Bewusstsein", das wiederum mit einem „Anspruch auf Gerechtigkeit" verbunden sei. Für ihn ist das „Recht auf Recht" ein „Meta-Recht", das hinter dem „Gottesrecht", hinter dem „Naturrecht" und auch hinter dem „Menschenrecht" (KW12, 509) seiner Gegenwart stehe und das qua Freiheitsstreben im Geschichtsverlauf nach immer neuen Ausdrucksformen in Religion, Philosophie und Politik verlange. Wenn für Broch ein „Meta-Recht" hinter diesen Rechtsverständnissen zu erkennen ist, bedeutet das keineswegs, dass es ihm um die Bagatellisierung der Differenzen ihrer unterschiedlichen historischen Denkformen und Wirkungsmöglichkeiten ging. Gerade in seinem Essay über das Irdisch-Absolute hat Broch eine Reihe sozialgeschichtlicher Exkurse eingebaut, um diese Unterschiede zu markieren.

4.1.2 Die Neubegründung der Menschenrechte als „irdisch absolut"

Zweieinhalb Jahre später, mit einem Brief vom 14. Februar 1949, schickte Broch an Arendt das Kapitel „Menschenrecht und Irdisch-Absolutes" aus der entstehenden *Massenwahntheorie* (KW12, 456–510). Jetzt ließ sich die Philosophin aus der Reserve locken. In ihrer Antwort mischen sich Lob und Skepsis. „Das ist ein großartiger Entwurf", schrieb sie, „im wesentlichen wegen der rechtsphilosophischen Entdeckungen" (HAB 94). Broch forderte nicht nur die internationale Einklagbarkeit der Menschenrechte, sondern versuchte auch, die Errungenschaften des mittelalterlichen Gottesrechtes („Ebenbildhaftigkeit") und des frühneuzeitlichen/aufklärerischen Naturrechtes (Recht als naturhaft gegeben) in Erinnerung zu bringen und die „Menschenrechte" für die Gegenwart neu zu plausibilisieren. Das fand aus zwei Gründen Arendts Zustimmung: Zum einen „weil an eine wirklich absolute Quelle des Gesetzes, sei es Natur- oder göttliches Recht, niemand mehr glaubt" (statistisch gesehen damals sicher eine Übertreibung, aber für die westliche Intelligenz traf die Feststellung cum grano salis zu); zum zweiten, weil Broch bei seinen Deliberationen die „Bedingungen einer Auflösung aller echten Gemeinschaften" berücksichtigt habe, unter denen „Gesetze" eben nicht mehr „das Abkommen aller darstellen" (HAB 94). Was sie auch beeindruckte, waren die rechtsphilosophischen Distinktionen zwischen „Gesetz" und „Strafe". Zusätzlich schlug sie vor, eine Unterscheidung zwischen „Gesetzen" und „Dekreten" vorzunehmen, weil bei Dekreten die Trennung zwischen „Gesetz" und „Strafe" eben nicht wegfalle. Sie gab zu bedenken, dass das „régime des décrets" ein „beliebter Trick von imperialistischen und anderen Zwangsherrschaften" sei, darauf angelegt „Gemeinwesen zu zerstören und das Bewußtsein von Gesetzen in Völkern zu ertöten", da nur „die Verordnung" das „Element der Einwilligung entbehren" könne (HAB 94, 95). Broch hatte beim neuen Begründungsversuch der Menschenrechte den Terminus des „irdisch Absoluten" (eine bewusste contradictio in adjecto) eingeführt, als er bestimmte, dass Versklavung und Tötungsabsicht aufs engste miteinander verbunden seien. Arendts Kommentar dazu: „Aber als Sie selbstverständlich annahmen, daß die Todesstrafe empirisch die äußerste Strafe ist, fiel mir ein, daß das Teuflische des modernen Terrors ja unter anderem darin besteht, daß er dies Äußerste übertrumpft hat, wohl wissend, daß Menschen vor Schmerzen mehr Angst haben können als vor dem Tode" (HAB 95). Broch antwortete postwendend. In seinem Brief vom 21. Februar 1949 ging er auf die Fragen ein und gab Arendt Recht, was die Differenz von Gesetz und Dekret betrifft, betonte jedoch, dass es sich hier um eine „Parallelerscheinung" (HAB 98) zu seinen Ausführungen zu Gesetz und Strafe handle. Bei der Diskusion der Todesstrafe hielt Broch an der These der „Nichtverschärfbarkeit" fest. Er gab zwar zu, dass sich „nur schwer feststellen" lasse, „was wirklich eine ‚Maximalstrafe'" sei, „doch welche Torturen man immer sich ausdenkt", wandte er ein, „sie enden mit dem Tod, und wenn der Körper sich gegen sie aufbäumt, so bäumt er sich gegen den Tod auf" (HAB 98). Wie sehr noch heute die Todesstrafe im Kontext der Menschenrechtsdiskussion die Gemüter bewegt, zeigt ein Beitrag von Amy Gutmann, die mit Nachdruck die Frage stellt: „But does the United States violate a human right [...] when its judicial system sentences people to death? [...] The example of capital punishment reveals that the sovereignty of a constitutional democratic regime is no guarantee against tyranny of the majority or minority." (Gutmann 2001, XIII, XIV).

An dieser Stelle hob Broch hervor, dass es sich bei seiner Konstruktion der „irdischen Absolutheit" – zu dem die Vorstellung von der Maximalstrafe gehöre – um ein „Modell" (HAB 99) handle, nicht lediglich um einen Bericht. In die *Massenwahntheorie* hat Broch ein eigenes Kapitel über „Modelle" eingebaut, um zu verdeutlichen, was die erkenntnistheoretischen Voraussetzungen und Implikationen seines wissenschaftlichen Vorgehens sind. Einige Stellen aus dem Abschnitt über Modelle seien zur Illustration in Erinnerung gebracht. Broch hält fest:

> Alle Erkenntnis vollzieht sich in Errichtung von Modellen, d. h. von (kognitiven) Symbolen, Symbolkombinationen, Symbolaggregaten, Symbolsystemen. [...] Der Bereich der Modelle präsentiert sich demnach als eine Art idealer Zwischenschicht, die der erkennende Mensch zwischen sich und allem, was er erfaßt, einschaltet oder, konkreter ausgedrückt, einzuschalten bemüßigt ist: einzig und allein auf dieser Zwischenschicht, einzig und al-

> lein an den auf ihr sich bewegenden [...] Symbolen wird ihm das Sein sichtbar, wird es
> ihm wirklichkeitsgetreuer, da die fortgesetzte Alimentierung durch neue Erfahrungsdata
> einerseits zu Symbolerweiterungen, andererseits zu Symbolkorrekturen und –verschär-
> fungen nötigt: auf der Modellschicht herrscht fortwährend Bewegung.   (KW12, 231)

Er betont, dass die Erkenntnis ermöglichenden Symbole und Symbolreihen ständig „durch neue Erfahrungsdata" (KW12, 231) erweitert und rektifiziert werden,
dass dadurch das Modell flexibel bleibt und vor Dogmatisierung bewahrt wird. Er
fährt fort:

> Ein „Wirklichkeitsmodell" ist eine Vorstellungkonstruktion, oder richtiger eine gedankli-
> che Bewegungs-Maschinerie: jedes „Modell" besteht aus „Elementen", nämlich aus einer
> kleineren oder größeren Anzahl gewisser Wirklichkeitsvorstellungen, welche aus der „Er-
> fahrung" stammen [...], d. h. es werden gewisse „logische Abläufe" vorstellungsgemäß
> konstituiert, welche ein Abbild enes größeren oder kleineren Wirklichkeitsauschnittes
> und seiner Kausalität geben sollen.   (KW12, 237)

Als Beispiele für Modelle aus den Wissenschaften nennt Broch u. a. das „Modell
des Lebewesens" (Biologie), „Modell des gesunden Menschen" (Medizin), „Modell des unbewußten Seelenlebens" (Psycholanlayse). „Alle diese Erkenntnisge-
biete" beziehen „ihre Geltung und Würde als Wissenschaft in erster Linie aus
der Reinheit ihrer Abstraktion, d. h. aus der scharfen Auslese der für ihren Mo-
dellbau nötigen Erfahrungstatsachen" (KW12, 238). Auf die Balance von Abstraktion und Erfahrung legt Broch Wert, und er unterstreicht wenig später, dass
es sich beim wissenschaftlichen Modell nicht um eine „utopische", sondern
eine „irdische" Idee handle, da sie sich „ausschließlich auf Erfahrungstatsachen" gründe (KW12, 238).

In seinem Antwortschreiben an Hannah Arendt erinnerte Broch daran, dass
er in seiner Studie mit zwei Modellen gearbeitet habe: mit dem vom „Recht an
sich" als einem „Formal-Modell" und mit dem des „Menschen-Rechts" als einem
„inhaltlichen Modell". Erst „beide zusammen" bilden, so schrieb er, „ein Modell
der ‚Gerechtigkeit'", und als solches könne es sich „im positiven Recht" konkreti-
sieren (HAB 99). Wahrscheinlich brachte er hier eigens diesen Hinweis unter,
weil er die für Modelle bezeichnende Zwischen- bzw. Meta-Ebene in ihrem Beitrag
„Es gibt nur ein einziges Menschenrecht" nicht profiliert fand.

1949 fasste Broch die Grundthesen seiner politischen Studien in einem Aufsatz zusammen, der Anfang 1950 in der *Neuen Rundschau* (KW11, 364–396) erschien. Er schickte Arendt das Manuskript dieses Essays mit dem Titel „Trotzdem:
Humane Politik" und holte im Begleitbrief vom 28. Mai 1949 ihre Meinung ein. Er
erkundigte sich: „Halten Sie die kopernikanische Wende zur Verankerung der
Menschenrechte im Irdischen (Sklaverei, Konzentrationslager etc.) für vertretbar
und berechtigt?" (HAB 114). Auf diese direkte Frage gab es am 3. Juni 1949 umge-

hend eine Antwort der Adressatin: „Das Irdisch-Absolute", schrieb Arendt, „ist eine wesentliche Entdeckung, weil es nämlich unumgänglich richtig und notwendig ist unter der Voraussetzung, die von der gesamten Tradition akzeptiert wird, daß die Menschenrechte ‚angeboren' und gleichsam ein Bestandteil der Menschen sind (HAB 118)." Das ist die Stelle, an der sich zeigt, dass Arendt Broch missverstanden hat. Broch hat zwar immer das Verdienst der biblischen „Ebenbildlichkeit" im Hinblick auf die Menschenwürde sowie die Leistung der Naturrechtler im Hinblick auf die Universalität der Menschenrechte gewürdigt, aber während der Exilzeit ist es ihm, wie er auch in der Kapitelüberschrift des *Neue-Rundschau*-Beitrags betont, um die „Neubegründung der Menschenrechte" (KW11, 373) zu tun. Dabei bemüht er nicht nur – wie bereits gezeigt – die historische Erfahrung des Zivilisationsbruchs durch die Konzentrations- als Todeslager, sondern insistiert auch auf der meta-juristischen Reflexion. Bei den Überlegungen die Meta-Ebene betreffend behält er jene „Gesetzgebungen" im Auge, die im 19. und 20. Jahrhundert jene Beispiele abgaben, die in den extremsten Gegensatz zu den Menschenrechten geraten waren. In der amerikanischen Rechtsgeschichte habe bis zum juristischen Verbot der Sklaverei im „Jahre 1863" im Grunde folgendes Gesetz gegolten: „Es ist verboten, mit einer schwarzen Haut geboren zu werden, und wer dagegen handelt, wird mit lebenslänglicher Zwangsarbeit bestraft" (KW11, 375). „Und nicht anders", fügt der Autor hinzu, „waren die ‚Gesetze' beschaffen, durch welche die deutschen Juden-Morde dekretiert worden sind." Um die Absurdität solcher Gesetze vor Augen zu führen, erfindet er selbst eines: „Es ist verboten, das fünfzigste Lebensjahr zu überschreiten, und wer dagegen handelt, wird mit dem Tode bestraft." Was Broch auf der Ebene der meta-juristischen Modellbildung mit der Anstrengung des formalen Rechtsbegriffs verdeutlicht, ist die Regel: „Gesetzesbestimmungen dürfen mit den für ihre Übertretung festgesetzten Strafen nie identisch sein." Und weitergedacht im Hinblick auf die Gesetzgebung, die für African Americans in den USA bis 1863 sowie für Juden und andere aus rassistischer Motivation Verfolgte im sog. „Dritten Reich" galt: „Gesetze dürfen dem Bürger keinen straf-ähnlichen Zustand auferlegen, das heißt ihn seiner spezifisch menschlichen Attribute der Freiheit, Gleichheit und des Rechts auf Streben nach Glück berauben, vielmehr ist eine solche Versachlichung des Menschen ausschließlich der Strafe bei Gesetzes*übertretungen* vorbehalten." Es sind solche juristisch-logischen Flurbereinigungen, die Broch für notwendig hält, wenn man neu bestimmen will, wie man ein Menschenrecht gegen „Tautologien" einsetzen kann, die „die formale Grundlage des Terrors" seien (KW11, 375).

Zudem wird gerade am Beispiel von Brochs Gedankenfigur des „irdisch Absoluten" deutlich, dass er nicht einfach Grundsätze des Naturrechts – oder des noch älteren Gottesrechts – übernimmt. Was er hier ausführt, ist völlig originell und im Kontext der Naturrechtsdiskussion nicht zu finden. Er spricht hier selbst von einer „kopernikanischen Wendung" (KW11, 376) bei der Begründung des Menschenrechts. Zudem betont er, dass die Menschenrechte nichts bereits Gegebenes sind, sondern eine „*moralische* Forderung", deren Ziel es sei „*politisch*" zu werden:

> Die Menschenrechte sind *moralische* Forderung, sind moralisches Gebot und sollen *politisches* werden, und wie hinter jedem möglichen Gebot steht auch hier die Form „Du sollst nicht." Das heißt, sie richten sich gegen das radikal Böse und als solches enthüllt sich die „Versklavung", die „Versachlichung" des Menschen. Das ist das „irdisch Absolute", an dem die Menschenrechte sich fundieren und definieren: es ist eine Wendung vom Über-Irdischen (der Ebenbildhaftigkeit) zum Irdischen (des Konzentrationslager-Grauens), eine Wendung von der bloß logischen Spekulation zum inhaltlichen, dennoch nicht minder absoluten Faktum, und die Notwendigkeit dieser Wendung hat sich aus der Erfahrung der totalitären Schrecknisse ergeben.   (KW11, 376)

Broch sichtet auch die politischen Staatsformen, in denen die Menschenrechte vom Zustand der moralischen Forderung in den Zustand politischer Realität überführt werden können. Da haben sich die faschistischen Systeme ohnehin disqualifiziert. In vielen Teilen der Welt aber existierten in Brochs Gegenwart marxistische Staaten, doch kommen sie ebenfalls nicht in Frage. Dazu heißt es:

> Der Marxismus, zumindest der sowjetische, hat die Verwirklichung der Menschenrechte [...] bis zur Vollsozialisierung der Welt verschoben, und da dies, dem Dogma gemäß, bloß revolutionär und ja nicht evolutionistisch, also ausschließlich durch Ausrottung ganzer Bevölkerungsschichten und überdies durch Krieg angestrebt werden darf, so hat sich die Menschheit vorderhand mit einer ständigen Zunahme ihrer Leiden abzufinden.
> (KW11, 377)

Was bleibt, ist die Hoffnung, dass die Menschenrechte in Demokratien ihre Geltung entfalten werden. Brochs These lautet, dass „Demokratie" sich „wie von Anfang an" auch heute noch durch eine „an den Menschenrechten orientierte Politik" (KW11, 377) auszeichne. Realistischerweise rechne man in ihr nicht mit einer „hundertprozentigen Verwirklichung" der „Menschenrechte", aber als Ziel sei „ein Maximum von pursuit of happiness ‚für alle'" vorgegeben, so dass „das Menschenleid auf ein Minimum reduziert" werden könne (KW11, 378). Den Zusammenhang von universellen Menschenrechten und den faktisch verbrieften demokratischen Bürgerrechten sieht man heute ganz ähnlich. Albrecht Wellmer schreibt dazu:

> Der *Zusammenhang* zwischen Menschen- und Bürgerrechten läßt sich bis zu einem gewissen Grade so verstehen, daß moralisch begründete Menschenrechte in juridisch einklagbare Bürgerrechte transformiert wurden und hierdurch zugleich zur Konstitution eines neuen, eines demokratischen Legitimitätstypus führten. [...] Dem Universalismus der Menschenrechte ent-

spricht somit ein Partikularismus der Bürgerrechte, obwohl die Bürgerrechte ihrer Substanz nach eigentlich nur die Überführung von Menschenrechten in eine genuine Rechtsform darstellen.[8]

(Wellmer 1998, 266)

Broch dämpft aber seinen Optimismus über die funktionierende Interrelation von Menschenrechten und demokratischen Staatsbürgerrechten, wenn er auf die „Wirtschafts-Mystiker" in den westlichen Ländern zu sprechen kommt:

> Die nächstverwandten Sekten sind stets die feindlichsten Widersacher, und ebenso verhält es sich mit Wirtschafts-Liberalismus und Marxismus, sie beide Kinder des ökonomischen Fatalismus, der bei jenem die gläubig-passive Form „Laß nur die Wirtschaft walten" angenommen hat, bei diesem hingegen unter der aktivistischen Devise „Was fallen soll, muß gestoßen werden", seinen Weg nimmt. (KW11, 380)

Eine an den Menschenrechten orientierte Demokratie müsse aber verhindern können, dass „das Abstrakt-Ökonomische zum einzigen Wert-Maßstab der Welt gemacht werde." Die Gefahr des „Wirtschafts-Totalitarismus, der im Kapitalismus versteckt" lauere, bestehe darin, dass er „stets fascistisch ausbruchsbereit unter der Oberfläche" schwele (KW11, 380).

Die Grundthese Arendts in „Es gibt nur ein einziges Menschenrecht", dass – als Menschenrecht – das „Recht auf Rechte" in den Verfassungen der souveränen Nationen sanktioniert sein müsste, wurde auch von Broch geteilt.[9] Sie war von solcher Überzeugungskraft, dass ihr schwerlich widersprochen werden konnte. Es lag ja in der Absicht der Menschenrechte, auf nationale Verfassungen einzuwirken. Sich aber nur auf dieses eine Menschenrecht zu beschränken, wäre Broch nicht in den Sinn gekommen. Für ihn waren die Human Rights ein Katalog von Rechten, die idealiter in die Konstitutionen der UNO-Mitgliedsstaaten eingehen sollten. Da die UDHR von 1948 auf dem Mehrheitsbeschluss der UNO-Mitgliedsstaaten basierte, sollten sie nicht einen völlig beliebigen Charakter haben, waren vielmehr auf Geltendmachung in der Zukunft hin angelegt.

---

8 Vergleichbar wird dieser Zusammenhang auch bei Ernst-Wolfgang Böckenförde gesehen (Böckenförde 1998). Auch er betont – was die „Erfahrung" (S. 242) zeige – die Nähe der moralisch ausgerichteten Menschenrechte zur demokratischen Staatsform, wenngleich die Respektierung von Menschenrechten auch in anderen Herrschaftsformen vorstellbar sei.
9 Zur Widersprüchlichkeit von Arendts Bestreitung der Existenz von Menschenrechten zum einen und der Behauptung des „einen" Menschenrechts (dem Recht auf Rechte) zum anderen vgl. Christoph Menkes Aufsatz (Menke 2008). Er erkennt bei Arendt eine Neubegründung der Menschenrechte qua Berufung auf „Menschenwürde". Vergleichbar verläuft zehn Jahre früher die Argumentationslinie bei Broch, wobei noch zu klären bliebe, was Broch und Arendt im einzelnen unter Menschenwürde verstehen. Es könnte sein, dass der Grundunterschied darin besteht, dass Arendt (wie Menke meint) sich auf Aristoteles (Mensch als politisches Wesen) beruft. Broch dagegen geht von Kant (Ethik als Richtschnur) aus.

Was nach der Deklaration von 1948 fehlte, war ihr Schutz durch ein internationales Gericht. Die Forderung danach war der erste Punkt in Brochs Deliberationen: Es sollte in Zukunft die Möglichkeit geschaffen werden, dass Bürger von Einzelstaaten bei diesem internationalen Strafgericht mit Aussicht auf Erfolg gegen Menschenrechtsverstöße in ihren Ländern klagen konnten. Damit wären auch Möglichkeiten gegeben, die Rechtlosigkeit der Staatenlosen zu beenden. Als Hannah Arendt ihren Aufsatz „Es gibt nur ein einziges Menschenrecht" publizierte, arbeitete man bei der UNO bereits an einem Abkommen, das unter dem Namen Genfer Flüchtlingskonvention Mitte 1951 beschlossen und 1967 erweitert wurde. Durch diese Konvention konnten Flüchtlinge und Staatenlose, die wegen ihrer Rasse, Religion, Nationalität oder politischen Überzeugung verfolgt wurden, in vielen Ländern der Welt Schutz oder Asyl finden (Mananashvili 2009). Brochs Verlangen nach einem strafrechtlichen Schutz der Menschenrechte durch ein internationales Gericht hatte aber auch noch einen anderen Grund, der von Arendt nicht bedacht wurde: Was passierte, wenn Arendts Nationalstaaten ihre Verfassungen plötzlich – demokratisch oder autokratisch – ändern und „das Recht auf Rechte" kassierten? Was Arendt wollte, ist der Versuch, das Bürgerrecht in einem Einzelstaat zu garantieren. Zu Brochs „Einwänden" gegen ihren Beitrag gehörte entsprechend, dass er ihren „Sprung zum ‚Sollen'" im Fall der Verankerung des „Rechts auf Rechte" in nationalen Verfassungen als „reinen Pragmatismus" bezeichnete und hier eine „Denklücke" bemängelte. Broch verwies auf „das Problem der Souveränität" in den Einzelstaaten. Im „Recht auf Rechte" in einer souveränen „staatlichen Sozialgemeinschaft" (HAB 126) die Garantie für ein menschenwürdiges Leben des Indivduums zu sehen, ist nach Broch so unbegründet wie auf den Schutz der Menschenrechte insgesamt in souveränen Staaten zu vertrauen. Souveräne Gemeinwesen sind bekanntlich nicht immer auf die Ethik der gegenseitigen multikulturellen Anerkennung einzuschwören, können Ausgrenzungen und Vertreibungen beschließen und sich aus bilateralen, kontinentalen oder globalen Verträgen und Konventionen ausklinken. Brochs Position war, für die Etablierung internationaler Gerichte gegen Menschenrechtsvergehen zu plädieren. Broch hatte keinen Grund, auf den Menschenrechtsschutz in einzelnen Nationen zu vertrauen und fragt deswegen: „Ist also die Gemeinschaft nicht doch die Menschheit schlechthin?" (HAB 126).

Arendt schickte Broch das Manuskript „Die Aporien der Menschenrechte" (Arendt 1955, 452–470). Er pries in seinem Brief vom 28. Juni 1949 die „prachtvolle Direktheit" ihrer Argumente, die „stark und scharfsinnig in einem" seien. Die Gegensätze zwischen Broch und Arendt traten aber offen in dieser Neufassung des *Wandlungs*-Aufsatzes zutage. Im Brief vom 3. Juni 1949 betont Arendt, dass sie ihren Essay über „Menschenrechte" für ihr Totalitarismusbuch „vollkommen umgeschrieben" (HAB 118) habe. Das „Recht auf Rechte" wird hier nicht mehr als „Menschenrecht" bezeichnet, ist vielmehr nur noch als Bestandteil der Verfassung einer „Nation" vorstellbar. Mit Edmund Burke, dem britischen Gegner der Französischen Revolution und ihrer „droits de l'homme" stimmt sie darin überein, dass bloß „aus der Nation" (Arendt 1955, 466) Rechte hervorgehen können. Noch deutlicher als zuvor lehnte sie die Vorstellung der Aufklärung ab, „daß Rechte unmittelbar der ‚Natur' des Menschen entspringen". Die Tatsache, dass man die „Menschenwürde" nur verlieren könne, wenn man aus „jeglicher politischen Gemeinschaft" entfernt sei, stütze ihre Ansicht, dass Rechte zum Schutz menschlicher Würde nur in historisch-konkreten, souveränen politischen Gemeinwesen – vor allem den „Nationen" – geltend gemacht werden können. Den universalen Menschenrechten aber fehle diese konkrete Geltungsbasis. Menschenrechte seien eine geschichtlich in einzelnen Staaten entstandene und tradierte „Erbschaft" (Arendt 1955, 464, 466). Was aber Burke (und in der Berufung auf ihn auch Arendt) vergessen, ist die Tatsache, dass die französische Nationalversammlung im August 1789 sowohl die allgemeinen (d. h. internationalen) Menschenrechte wie die spezifischen (nationalen) Bürgerrechte oder Grundrechte als Déclaration des Droits de l'Homme et du Citoyen verabschiedeten. Es geht Broch immer um diesen Zusammenhang: dass die universellen Menschenrechte Einfluss haben auf die konkreten republikanischen Bürgerrechte, und noch heute sollte man diese beiden Formen des Rechts in ihrer reibungsvollen Verflechtung sehen. Das erinnert an eines der letzten Interviews von Ágnes Heller, wo sie festhielt: dass es ihr in ihrem Werk darum gegangen sei, sowohl die Menschenrechte der Aufklärung zu beerben als auch den aufgeklärten Republikanismus, d. h. die Menschen- wie die Bürgerrechte, die beide in der Französischen Revolution verankert seien.[10] Arendt gibt im Briefwechsel mit Broch inzwischen (im Gegensatz zu früher) zu, dass er nicht der Natur-Ideologie des 18. Jahrhunderts mit ihrem Gegensatz von Natur und Zivilisation verhaftet sei, ja, vom Naturrecht sei er mit seinen Überlegungen zum „Irdisch-Absoluten" sogar „weiter [...] entfernt" als er selbst „wahrhaben wolle" (HAB 94). Brochs eigene Auffassung von der Beziehung Natur-Kultur sah in der Tat ganz anders aus als bei der Rousseau-Generation. Er hat sie

---

10 Ágnes Heller. „Wir alle meinten, mit unserem Denken die Welt erlösen zu können". Interview: Elisabeth von Thadden. ZEIT-ONLINE N 25 (13. Juni 2019): https://www.zeit.de/2019/25/agnes-heller-philosophie (17. Oktober 2020). Auf Englisch erschien das Interview unter dem Titel „We all believed our thoughts could save the world" in *Public Seminar* (October 29, 2019): https://publicseminar.org/essays/we-all-believed (17.10.2020). Diese These von Ágnes Heller wird klarer, wenn man den Abschnitt „The Concept of Dynamic Justice" in ihrem Buch *Beyond Justice* liest (Heller 1987, 116–152), wo es auf S. 129 heißt: „In the idea of justice, recourse has been had to the substantive values of freedom and life; in the American *Declaration of Independence*, or in the French *Declaration of the Rights of Man and Citizen*, to both."

in der verblüffend einfachen Wendung „die Natur des Menschen ist seine Kultur" (KW9/2, 62) zum Ausdruck gebracht. Insofern ist es für Broch selbstverständlich, dass alle Rechtsvorstellungen geschichtlich geprägt und kulturabhängig sind. Das schloss aber die Identifizierung von transkulturellen Elementarrechten nicht aus und wurde als Voraussetzung der Internationalisierung des Menschenrechts und seines Schutzes verstanden. Arendt schreibt direkt gegen Broch und seine Geistesverwandten an, wenn es bei ihr heißt:

> Denn entgegen allen noch so gutwilligen humanitären Versuchen, neue Erklärungen der Menschenrechte von internationalen Körperschaften zu erlangen, muß man begreifen, daß das internationale Recht mit diesem Gedanken seine gegenwärtige Sphäre überschreitet, nämlich die Sphäre zwischenstaatlicher Abkommen und Verträge, und eine Sphäre, die über den Nationen stünde, gibt es vorläufig nicht.   (Arendt 1955, 465)

Broch schaute über dieses „Vorläufige" hinaus: ihm war der Einwand zu gegenwartsbezogen; ihm fehlte hier die antizipierende Sicht auf die mögliche Veränderung internationaler Politik. „Positivistisch betrachtet", so gab er zu, seien die „Menschenrechte [...] nicht-existent" (HAB 121), doch ließ er sich dadurch von seiner Überzeugung nicht abbringen, dass alles getan werden sollte, den Menschenrechten eben zu jener übernationalen Verankerung und zur Wirkung auf die nationalen Konstitutionen zu verhelfen. Brochs Studien waren zukunftsgerichtet, Arendts Beiträge verwiesen auf die Realitäten ihrer Zeit und auf deren Abhängigkeit von früheren Geschichtsphasen. Beide Stellungnahmen sind nach wie vor bedenkenswert, weil sie ungelöste Fragen ansprechen.

Im Juni 1949 brach zwar keinswegs die Korrespondenz zwischen Broch und Arendt ab, wohl aber die Diskussion um eine neue Begründung und um eine neue Funktion der Menschenrechte. Zwei Jahre später verstarb Broch. Nach dem Tod des Autors schrieb Hannah Arendt im Juni 1951 ein Gedicht in Erinnerung an den Freund, das mit der Frage beginnt „Wie aber lebt man mit den Toten?" Ganz in das „Fortsein" des befreundeten Autors wollte Arendt sich nicht „schicken" (HAB 165), und so übernahm sie Mitte der 1950er Jahre die Herausgabe von zwei Broch-Essaybänden innerhalb einer Ausgabe der zehnbändigen Gesammelten Werke des Autors im Zürcher Rhein-Verlag (HBE). In der Einleitung dazu (HAB 185–223) ist der letzte Abschnitt mit „Das Irdisch-Absolute" überschrieben. So könnte man vermuten, dass die Herausgeberin hier im Detail auf Brochs Neubegründung der Menschenrechte eingeht, dass sie den 1949 geführten Briefdialog gleichsam monologisch fortführt. Das ist aber nicht der Fall, denn das, was Arendt hier zum „Irdisch-Absoluten" ausführt, ist derart allgemein, dass es für ein Verständnis von Brochs Human-Rights-Auffassung nichts hergibt, auch wenn gegen Ende einmal (völlig abstrakt) vom „Recht an sich" und ganz kursorisch vom „neu zu formulierenden Menschenrecht" (HAB 221) die

Rede ist. Allerdings zitiert sie abschließend (HAB 222) ein dichterisches Bild, das Broch in sein *Massenwahn*-Kapitel über das Irdisch-Absolute einbaute, und das in der Tat etwas vom Zusammenhang von Recht und Macht, wie Broch ihn verstand, offenbart:

> Die Windrose, der es anzuzeigen obliegt, aus welcher der vier Weltecken der Wind der Geschichte bläst, deutet mit der Aufschrift „Recht schafft Macht" ins Paradiesische, mit „Macht schafft Unrecht" ins Purgatorische, mit „Unrecht schafft Macht" ins Höllische, aber mit „Macht schafft Recht" ins alltäglich Irdische, und da es immer wieder der Teufelsturm ist, der über die Menschheit dahinzufegen droht, bescheidet sie sich zumeist gerne mit dem irdischen „Macht schafft Recht". (HAB 222 und KW12, 507)

Allerdings bricht Arendt das Zitieren zu früh ab, denn von Brochs politischer Ethik her gesehen wird er erst nach dem Windrose-Vergleich konkret: Der Autor leitet nämlich aus seinem irdisch-absolut begründeten Menschenrecht das Recht auf Widerstand und auf Revolution ab, wenn der Fall von „Macht schafft Unrecht" eingetreten ist. Er knüpft hier an alt-überlieferte politisch-ethische Prinzipien an, wenn er festhält: „'Wer dem Tyrannen widersteht, der dient Gott', so hat es von den Makkabäern bis zur amerikanischen Unabhängigkeitserklärung geheißen." Wichtig ist ihm, dass auch das von ihm im Sinne der Anti-Versklavung definierte Menschenrecht nahelegt, den Tyrannen als „Rechtsbrecher zur Strafverantwortung zu ziehen" (KW12, 508).

4.2 Erich von Kahler: Literarische Kooperation und politischer Diskurs

4.2.1 Vergil-Roman: Mit-Übersetzungen aus Freundschaft

Die Beziehung zu Erich von Kahler im amerikanischen Exil war die intensivste und anregendste Freundschaft, die Broch in seinem Leben zuteilwurde. Die „brüderliche Anteilnahme" (Kahler 1953, 26) war das, was Broch nach Kahler vor allem auszeichnete, ja er sah in ihm den „Prototypen des brüderlichen Menschen" (Kahler 1952, 243). So überrascht es nicht, wenn sie sich in iher Korrespondenz (Kahler an Broch) mit „Brubro" (Bruder Broch) bzw. (Broch an Kahler) mit „Libru" (Lieber Bruder) anredeten (HBK). Es war gleichzeitig eine ausgesprochen kollegiale Beziehung, bei der beiden Freunden bewusst war, wie sehr ihr Erfolg in den USA von ihrer gegenseitigen Unterstützung abhing (Lützeler 2011, 205–215). Beide wollten im Exil ein amerikanisches Lesepublikum erreichen. Die notwendige Umstellung auf das Englische fiel beiden nicht leicht. Ist man bereits jenseits der Fünfzig, ist der Schritt von einem schlechten umgangssprachlichen Schulenglisch zu einem Amerikanisch, mit dem man in einem renommierten New Yorker Verlag bestehen kann, alles andere als einfach. Kahler gelang der Übergang ins Englische leichter als Broch. Die Sprache der Wissenschaft ist eine andere als die des Romanciers. Philosophische Termini und Begriffe der Historiker sind, was ihren Bedeutungshorizont betrifft, meistens eindeutiger in andere Sprachen zu übersetzen als literarische Metaphern. Das gilt insbesondere für das Englische mit seinem großen Wortschatz, den es seiner germanischromanischen Doppelerbschaft verdankt (Eliot 1948). Broch sah bald ein, dass es ihm unmöglich sein werde, sich in kurzer Zeit eine angemessene amerikanische Literatursprache anzueignen, die jene Subtilität und Vielfalt aufweisen werde, die er in seiner muttersprachlichen Dichtung erreicht hatte. Dabei fürchtete er in jene Falle des Sprachverlusts und der Resonanzlosigkeit zu geraten, die jede Exilexistenz als ständige Gefahr begleitet (Stern 1981; Lamping 1995). Broch wollte mit seinem literarischen Werk *Der Tod des Vergil* (KW5)[1], das in so vieler Hinsicht ein Buch des Exils ist, als Amerikaner in den USA wie auch als ehemaliger Österreicher in Europa wahrgenommen werden. Aus der Not eine Tugend machend fand er einen Kompromiss: Er verlegte sich auf die Mitübersetzung, die *co-translation*.

---

[1] Der Roman *Der Tod des Vergil* und die Übersetzung *The Death of Virgil* erschienen zur gleichen Zeit Mitte 1945 bei Pantheon Books in New York, dem Exilverlag, den Kurt und Helene Wolff gegründet hatten.

https://doi.org/10.1515/9783110734683-010

Broch schrieb den *Tod des Vergil* doppelt: zum einen auf Deutsch, zum anderen parallel als Mitübersetzer unter dem Titel *The Death of Virgil* auf Englisch. Die englische Fassung erstellte er gemeinsam mit seiner Freundin, der jüdisch-amerikanischen Lyrikerin Jean Starr Untermeyer (Hargraves 2003), die eigentlich nur selten ausländische Literatur ins Englische übertrug. So entstand eine der eigenartigsten und bemerkenswertesten literarischen Übersetzungen des 20. Jahrhunderts. Es gibt keine Passage des Romans, die Broch nicht mündlich oder brieflich (meistens sowohl als auch) mit Untermeyer diskutiert und verändert hätte. Da die Übersetzung zeitgleich mit dem Original geschrieben wurde, mussten die Änderungen, die Broch im deutschen Original dauernd vornahm, auch permanent in der Übersetzung nachvollzogen werden. Für Broch waren solche Revisionen eine Sache der handwerklichen Routine, für die Übersetzerin aber bedeuteten sie eine fünfjährige Tortur, die sie nicht aus Berufsethos, sondern aus Freundschaft zum Autor ertrug.

Einerseits bedeutete die Kooperation mit Broch für Untermeyer eine starke Belastung, weil sie in dieser Zeit nur selten zum eigenen Dichten kam, doch empfand sie andererseits die Zusammenarbeit als literarisches Experiment und geistiges Abenteuer, wie man ihrer Autobiografie entnehmen kann (Untermeyer 1965). Bei dieser Art von *team translation* verband sich das englischsprachige Talent einer Lyrikerin, die nicht ganz sattelfest im Deutschen war, mit der deutschsprachigen Begabung eines Romanciers, der das Englische nur unvollkommen beherrschte. Bei *The Death of Virgil* handelt es sich also nicht um eine der vielen möglichen Übersetzungen, die im Laufe der Zeit durch neue abgelöst werden können. Zu sehr trägt das Buch die Handschrift des Autors Hermann Broch, als dass *The Death of Virgil* in Zukunft durch eine neue Übertragung einfach zu ersetzen sei. Das ist bei den auf Englisch erschienenen Exilromanen z. B. von Thomas Mann oder Lion Feuchtwanger anders. Gerade in dieser intimen Konstellation der Zusammenarbeit erfuhr Broch von Untermeyer viel über die Sprache des Partners. Das merkt man auch dem Vortrag „Einige Bemerkungen zur Philosophie und Technik des Übersetzens" (KW9/2, 61–86) an, bei dem Broch die Perspektive der Übersetzerin übernahm und Erkenntnisse vortrug, die ihnen bei der gemeinsamen Arbeit aufgegangen waren. In diesem Essay hat Broch seine Erfahrungen beim sprachlichen Grenzverkehr zwischen Deutsch und Englisch zu Papier gebracht. Er dachte über die Übersetzbarkeit von Sprachen nach und benutzte dabei den Begriff der „Meta-Syntax" (KW9/2, 63). Sie entspreche der „Grundstruktur des Menschengeistes" (KW9/2, 68) und verleihe unterschiedlichen „Symbolinhalten" der Sprachen eine „Symbolformung" (KW9/2, 63). Was die speziellen Unterschiede zwischen dem Deutschen und dem Englischen betrifft, meinte Broch, dass die deutschen Sätze „hierarchisch" gebaut seien: Es gebe den wichtigen „Hauptsatz" und „untergeordnete Nebensätze"

(KW9/2, 73). Im Englischen dagegen komme nur ein „Nebeneinander" von Sätzen vor und die „logische Konstruktion des Ausdrucks" sei der rezipierenden „Imagination" (KW9/2, 74) überlassen. Was für den Satz gelte, könne analog auch für das einzelne Wort festgehalten werden: Das Englische sei um „die Vokabel" zentriert, das Deutsche dagegen basiere „auf dem syntaktischen Zusammenhang der Vokabeln" (KW9/2, 75). So sei das Englische eine „Wortsprache", das Deutsche dagegen eine „Satzsprache": Das Deutsche könne als Sprache des „geformten Inhalts", das Englische dagegen als Sprache „inhaltlicher Formung" (KW9/2, 76) definiert werden. James Joyce habe „neue Worte bilden müssen, um ihnen vielsinnige Bedeutung zu geben". Im „Deutschen hingegen" – wobei Broch an den *Tod des Vergil* dachte – werde die „vielsinnige Bedeutung" von „der Syntax besorgt" (KW9/2, 77).

Aber auch Erich von Kahler half bei Brochs Vergil-Roman als Übersetzer aus. Brochs *Tod des Vergil* ist vor allem durch Vergils *Aeneis* und Dantes *Commedia* beeinflusst. Es sind dies zwei Meisterwerke der europäischen Literatur, die eng mit dem Thema Exil verbunden sind. Homers *Ilias* erzählt vom erzwungenen Exodus der überlebenden Trojaner am Ende seines Epos, und Vergil setzt in der *Aeneis* die Schilderung der Flucht fort. Auch Dante wurde aus seiner Heimatstadt Florenz vertrieben. Die *Commedia* schrieb er in anderen italienischen Stadtstaaten. Schon wegen des Exilthemas faszinierte Kahler Brochs Romanprojekt. Im Lateinischen und Früh-Italienischen war Broch nicht firm genug, um Vergil und Dante ohne große Mühe im Original lesen zu können. Kahler hatte, im Gegensatz zu Broch, ein humanistisches Gymnasium besucht und verfügte über ausgezeichnete Griechisch- und Lateinkenntnisse. Er und seine Mutter, Antoinette von Kahler, kannten viele Stellen aus den lateinischen und griechischen Klassikern in den Originalsprachen und benutzten sie gerne in ihrer Konversation. Besucher im Princetoner Haus der Kahlers bekamen zuweilen den Eindruck, als unterhielten sie sich abwechselnd auf Lateinisch oder Altgriechisch. Kahler konnte den Freund bei der Auswahl von Textstellen aus den Werken Vergils für Brochs Roman beraten, ihm Nuancen ihrer Bedeutungen erklären und auch das Versmaß bei Brochs Übertragungen ins Deutsche korrigieren. Broch hat dem Freund dafür in einem Gelegenheitsgedicht nach Erscheinen des Romans für die Mitarbeit an den Hexameterversen gedankt: „Sorgender Hand hast du mir Herden von Versen betreut" (KW8, 128). Kahler, der sich in der Gegenwartsliteratur seiner Zeit auskannte, hat Broch wohl auch deswegen unterstützt, weil er in der modernistischen Aktualisierung eines antiken Stoffes Broch auf der Höhe der Zeit sah. Man denke an dichterische Arbeiten altersgleicher amerikanischer und europäischer Autoren wie Thornton Wilder, Eugene O'Neill, James Joyce, Cesare Pavese, Paul Valéry, Jean Giraudoux und Jean Cocteau.

Erich Kahler beschritt einen anderen Weg bei seinen Versuchen, sich der amerikanischen Kultur und ihrer Sprache anzupassen. Eine New Yorker Freundin, mit der er hätte sym-philosophieren und ko-übersetzen können, hatte er nicht. Kahler bekleidete in den frühen 1940er Jahren eine Gastprofessur an der New School for Social Research in New York, der 1919 von Alvin Johnson begründeten Erwachsenenbildungsstätte. Durch Johnsons Engagement war es schon 1933 gelungen, eine Reihe von Sozialwissenschaftlern, die aus Deutschland und Italien geflohen waren, als Professoren an die New School zu bringen. Dabei half u. a. die Rockefeller Stiftung mit Stipendien aus (Johnson 1952; Rutkoff 1986; Krohn 1987). Diese University in Exile, die sogenannte Graduate School der New School, konnte nach dem ,Anschluss' Österreichs, dem Fall der Tschechoslowakei und besonders nach Hitlers Sieg im Frankreichfeldzug wegen der neuen Flüchtlingswellen stark erweitert werden. Wissenschaftler und Intellektuelle wie Max Ascoli, Adolph Lowe, Emil Lederer, Hans Speier, Arnold Brecht und Hans Staudinger unterrichteten dort, denn Wirtschafts-, Staats- und Rechtswissenschaften standen im Mittelpunkt der Lehre. Aber auch der Philosoph Leo Strauss fand hier ein Unterkommen, und später wurde Hannah Arendt Mitglied des Kollegiums an der New School.

Nach der Niederlage Frankreichs im Juni 1940 emigrierten viele französische Wissenschaftler aus Paris nach New York, und so gründeten der Theologe Jacques Maritain, der Mediävist Gustave Cohen und der Historiker Pierre Brodin in New York die „École Libre des Hautes Études". Die École Libre sei erwähnt, weil sie zwar mit der New School locker verbunden war, jedoch eine entgegengesetzte Sprachpolitik betrieb. An der New School musste wie an allen anderen amerikanischen Universitäten auf Englisch unterrichtet werden; die École Libre dagegen repräsentierte – durch Charles de Gaulle offiziell unterstützt – die intellektuelle Résistance (Loyer 2005). Sie war vor allem ein akademischer Treffpunkt der französischsprachigen Gemeinde von New York, und so wurde geradezu selbstverständlich auf Französisch unterrichtet. Bezeichnend ist auch, dass fast alle Dozenten der École Libre in den Jahren 1944/1945 in ihr Heimatland zurückkehrten, dass jedoch die meisten aus Deutschland stammenden Professoren der New School nach Kriegsende in den USA blieben.

Kahler war in Amerika auf ein Einkommen angewiesen und die Anstellung an der New School bedeutete seine Existenzsicherung. Er sprang als ein Nichtschwimmer in den kalten Strom der amerikanischen Wissenschaftssprache und nach dem Prinzip *learning by doing* entwickelte er sich allmählich zum Frei- und Fahrtenschwimmer. Wie Leo Strauss gehörte er zur winzigen Fraktion der Philosophiedozenten an der New School. Anfang der 1940er Jahre hielt er eine Vorlesungsreihe auf Englisch, die 1943 unter dem Titel *Man the Measure. A New Approach to History* (Kahler 1943) erschien. Er schrieb da ein Englisch, das man auch als „Emigranto" bezeichnen kann (Sinsheimer 1948), das, wie Robert Neumann einmal in einem anderen Zusammenhang sagte, „in einer Sprache" geschrieben sei, „die Nichtengländer für Englisch halten" (Koepke 1985, 3112). Das sprachliche Defizit in Kahlers *Man the Measure* fiel sogar seinem Freund Thomas Mann auf, der sich ebenfalls mit dem Englischen schwertat. Sein ironischer Rat an Kahler: Er möge doch von dem Buch „das Original" herstellen, „das heißt: es auf Deutsch noch einmal [...] schreiben" (Vaget 2012, 148). *Man the Measure* erschien im New Yorker Exilverlag Pantheon Books, den Kurt Wolff und Helene Wolff begründet hatten, wo Broch zwei Jahre später seinen Vergil-Roman publizierte. Weder das Verleger-Ehepaar noch ihre Lektoren, die ebenfalls Flüchtlinge aus Europa waren, konnten das Buch sprachlich korrigieren. Aber da es Kahlers erste Publikation in amerikanischem Englisch war, wurde sie für ihn zum Schlüssel in die Universitätswelt der USA.

Broch sagte selbst über den Roman *Der Tod des Vergil*, dass die „Unendlichkeits- und Todeserkenntnis" im „Mittelpunkt seines Werkes" (KW4, 494) stehe. Auch Kahler stellte sich im Exil Grundfragen menschlicher Existenz: Was ist das Besondere am Menschen innerhalb der Schöpfung? Was ist dasjenige, was ihn prinzipiell von anderen Lebewesen unterscheidet? Worin besteht die Zielsetzung der Menschheit als Spezies? Über die einzeldisziplinären theologischen, philosophischen und biologischen Ansätze hinausgehend wollte er das spezifisch Menschliche generell bestimmen. Das Besondere am Menschen ist nach Kahler der Geist. Der menschliche Geist weise dabei drei Eigenheiten auf: erstens die Existenz mit ihrer Selbstreflexivität, zweitens die Geschichte mit dem Bewusstsein von Zeit- und Raumdimensionen und drittens die Humanität als ein durch die Psyche bedingtes Verhalten. Kahler meint in *Man the Measure*, dass es einen faktischen Fortschritt in der Geschichte der Menschheit gebe, dass sie in ihrer Entwicklung zwar Rückschläge erleiden könne (wie etwa in der von ihm durchlebten Zeit des Totalitarismus), dass aber die Zukunft an sich wegen der eigentümlichen Konstitution des Menschen weitere Progression verspreche. Kahler geht auf die Veränderung des Menschen unter den Bedingungen moderner Technologie zum einen und seiner Kollektivierung im Zeitalter des Totalitärstaates zum anderen ein. Resümierend meint er, dass die Bewusstseins- und Charakterbildung des Menschen heute so stark von der Technik abhänge wie im Mittelalter von der Religion. *Man the Measure* erwies sich als Kahlers erfolgreichstes Buch. Die Amerikaner verziehen ihm offensichtlich sein unelegantes Englisch. Ins Deutsche ist es bis heute nicht übersetzt worden. Broch hat in einer ausführlichen Rezension dieses Werkes (KW10/1, 298–311) Kahlers anthropologischen Ansatz gewürdigt, hat sein Verdienst um das Erkennen der „Grundnatur" (KW10/1, 299) des Menschen herausgestellt, womit ihm auch eine „Entdogmatisierung der Geschichtsphilosophie" (KW10/1, 300) gelungen sei (Kohlenberger 2008).

Das war eine freundschaftliche Besprechung. Für Broch war *Man the Measure* durchaus eine intellektuelle Herausforderung. Zur gleichen Zeit arbeitete er an seiner *Massenwahntheorie* (KW12), die ein anderes Bild vom Menschen entwirft als das bei Kahler der Fall ist. Für Broch waren Nationalsozialismus und Stalinismus nicht lediglich historisch vorübergehende Rückfälle in die Barbarei, sondern Symptome einer Menschheit, in der die Trias von Existenz, Geschichte und Humanität eben nicht selbstevident und gesichert ist. Gegen ein Abgleiten ins Subhumane sei keine Gesellschaft zu irgendeinem Zeitpunkt gefeit. Eine kognitive Kategorie wie die des „menschlichen Dämmerzustands" (KW12, 177–230) in Brochs *Massenwahntheorie* kommt bei Kahler nicht vor. Broch ist sie eine anthropologisch vorgegebene Größe, die ein massenwahnartiges Verhalten ermöglicht. Einmal dem Massenwahn mit seinen Phänomenen der geistigen wie physischen Versklavung verfallen, bedürfe der Mensch der aktiven und gezielten „Bekehrung zur Humanität" (KW12, 510-563). Repräsentanten solch ethisch-erzieherischer Bekehrungsbemühung waren für Broch in früheren Menschheitsepochen die biblischen Propheten und die christlichen Kirchenväter. Im Zentrum edukatorischer Maßnahmen im Zeitalter des spezifisch totalitaristischen Massenwahns steht bei Broch das Versklavungsverbot als etwas in ethischer Hinsicht „Irdisch-Absolutes" (KW12, 456). Aufschlussreich ist, dass Kahler sich in seinem Buch *The Tower and the Abyss* (Kahler 1957) der Brochschen Position annähert. Dort konstatiert Kahler für die Gegenwart seiner Zeit die Gefahr, dass die Menschen ihre Humanität verlieren, weil der Einzelne durch „Vermassung" seines Individualismus verlustig gehe.

Warum schrieb Broch seine *Massenwahntheorie* (KW12) auf Deutsch und nicht auf Englisch? Wahrscheinlich, weil ihn – wegen mangelnder Sprachkompetenz – die Niederschrift auf Englisch unverhältnismäßig mehr Zeit gekostet hätte. Während der ersten Tage seines Aufenthalts im Kahlerhaus in Princeton schrieb Broch im Jahr 1942 seine *Psychische Selbstbiographie*. Darin heißt es: „Ich bin gierig, immer mehr in das spezifisch amerikanische Leben einzudringen, ich muß dies umsomehr tun, als ich für meine Arbeit mir einen politischen Widerhall schaffen muß, und all dies kann ich bloß durch intensive Selbstamerikanisierung erreichen" (BPS, 57). Tatsache ist, dass Broch in seiner Privatgelehrtenklause als Untermieter bei Erich Kahler der englischsprachige Umgang fehlte, denn in dessen Haus unterhielt man sich meistens auf Deutsch. Mitbewohner waren auch Kahlers Mutter Antoinette sowie die Geliebte und spätere zweite Ehefrau Alice Loewy. Die Mehrzahl von Brochs Freundinnen und Freunden, Verlegern und Lektoren in New York, wohin Broch regelmäßig Abstecher machte, stammten meistens aus Deutschland oder Österreich. Wann immer Broch Texte auf Englisch abliefern musste, halfen seine Freundinnen Ruth Norden oder Trude Lederer aus, die beide zweisprachig waren. Nach der Fertigstellung des Vergilromans sprang zeitweilig auch Jean Starr Untermeyer ein, doch war die Sprache der Wissenschaft ihre Sache nicht. Letztlich war Brochs Doppelberuf als Romancier und Wissenschaftler der Grund für sein Sprachdilemma. In der Dichtung traute er sich das Erreichen eines angemessenen englischen Sprachniveaus nicht zu, und da er über die Hälfte seiner Zeit mit Romanprojekten verbrachte, fehlte ihm auch die Gelegenheit, sich an ein Denken in der englischen Wissenschaftssprache zu gewöhnen. Der einzige Essay, den Broch auf Englisch schrieb, war „The Style of the Mythical Age" aus dem Jahr 1947, der in der Übersetzung ins Deutsche den Titel „Mythos und Altersstil" (KW9/2, 212–232) trägt.

Publikationsstrategisch war der in zwei Sprachen schreibende Erich von Kahler seinem Freund Hermann Broch zunächst überlegen. Kahler verfasste seine Bücher auf Englisch oder auf Deutsch, je nachdem für welche Lesergruppen sie bestimmt waren. Allerdings sind andere Exilwerke Brochs wie die Epochenanalyse *Hofmannsthal und seine Zeit* (KW9/1, 111–275)[2] und sein Roman *Die Schuldlosen* (KW5)[3] längst ins Englische (und in andere Sprachen) übertragen worden. Und Ähnliches gilt für Kahler: *Israel unter den Völkern* (Kahler 1936) ist inzwischen in stark überarbeiteter Fassung auf Englisch als *Jews among the Nations*[4] erschienen. Auch seine auf Deutsch geführte Korrespondenz mit Thomas Mann ist ins Englische übersetzt worden.[5] Kahlers Buch über *Die Philosophie von Hermann Broch* (Kahler 1962) und die kleine Studie über *Stefan George: Größe und Tragik* (Kahler 1964) schrieb Kahler in den 1960er Jahren auf Deutsch, denn er wusste, dass die Rezeption der beiden Autoren in den deutschsprachigen Ländern stärker war als in den Vereinigten Staaten.

Aus heutiger Perspektive ist es sowohl gut, dass Kahler die amerikanische Wissenschaftssprache zu beherrschen lernte, als auch, dass Broch seine Exilromane auf Deutsch schrieb, wenngleich es zu bedauern ist, dass Brochs politische und massenpsychologische Studien auf Englisch nicht zugänglich sind. Ein wissenschaftliches Nachkriegswerk Kahlers, das nicht durch die Schule des nüchternen amerikanischen Wissenschaftsidioms gegängen wäre, dem also der

---

2 Hermann Broch, *Hugo von Hofmannsthal and his Time.* Übersetzt von Michael P. Steinberg. Chicago: Chicago University Press, 1984.
3 Hermann Broch, *The Guiltless.* Übersetzt von Ralph Manheim. Boston, Toronto: Little, Brown & Company, 1974.
4 Erich Kahler, *Jews among the Nations*, New Brunswick: Transaction Books, 1989.
5 *An Exceptional Friendship: The Correspondence of Thomas Mann and Erich Kahler.* Translated from the German by Richard and Clara Winston, Ithaca, NY: Cornell University Press, 1975. Zur Beziehung Thomas Manns zu Erich von Kahler vgl. Hans Rudolf Vaget, „Deutschtum und Judentum: Zu Erich Kahlers Bedeutung für Thomas Mann". DVjs (Deutsche Vierteljahrsschrift für Literaturwissenschaft und Geistesgeschichte) 86.1 (2012): 145–164.

pathetische Ton des Georgekreises anhaften würde – wie etwa beim *Beruf der Wissenschaft* (Kahler 1920) –, hätte kaum Leser gefunden. Und umgekehrt wäre ein Roman Hermann Brochs, den er auf „Emigranto" geschrieben hätte, gleichermaßen ungenießbar gewesen. Brochs Modell der *co-translation* kann gerade in multikulturellen Zeiten Schule machen: Hier lösen sich die Unterschiede zwischen Autorarbeit und Übersetzungsleistung nicht symbiotisch auf, vielmehr halten sich Assimilation und Behauptung der Herkunft in einer dialogischen Balance, und Integration bedeutet nicht, Eigenes abzulegen. Diese Art der Mitübersetzung wiederholte sich auch im letzten Lebensjahr des Autors, als er die erste Fassung der französischen Übersetzung des *Tod des Vergil*[6] von Albert Kohn erhielt. Broch schrieb sie in großen Teilen um. Die Korrespondenz mit Albert Kohn, mit dem Verleger Gaston Gallimard und dem Lektor Raymond Queneau in dieser Sache wäre eine eigene Translationsstudie wert[7]. Dabei muss man wissen, dass Broch das Französische seit seiner Jugend vorzüglich sprach. Auch diese Übersetzung wurde durch Broch nicht einfach autorisiert, sondern mitgeschrieben und so kommt auch ihr innerhalb der fremdsprachigen Versionen von Brochs Romanen eine Sonderstellung zu. Vergleichbare Ko-Übersetzungen kennt man von James Joyce, Jorge Luis Borges, Milan Kundera und Joseph Brodsky.

4.2.2 Ein Demokratiebuch: Broch/Kahler vs. Horkheimer/Adorno

Nach den Atombombenabwürfen auf Hiroshima und Nagasaki planten Kahler und Broch in den ersten beiden Jahren nach dem Kriegsende von 1945 gemeinsam ein „Demokratie-Buch" mit dem Titel „Theorie der Demokratie" (HBK, 35–37) zu schreiben. Kahler, der die Gefahr des Atomkriegs behandeln wollte, hatte sich inzwischen aufs Englischschreiben verlegt, während Broch seine Kapitel auf Deutsch zu schreiben gedachte. Die Sprache wurde gleichsam ein Spaltpilz ihres Projektes. Andere Schwierigkeiten konzeptioneller wie terminlicher Art kamen hinzu. Broch verfasste zügig die (seinerzeit nicht publizierten) Beiträge zu diesem Buch[8] und dürfte sie Kahler gezeigt haben. Kahler schickte an Broch

---

6 Hermann Broch, *La Mort de Virgile.* Übersetzt von Albert Kohn, Paris: Gallimard, 1952.
7 Diese Korrespondenzen finden sich in YUL.
8 Hermann Broch, „Philosophische Aufgaben einer Internationalen Akademie" (KW10/1, 67–112); „Menschenrecht und Irdisch-Absolutes" (KW12, 456–510); „Bemerkungen zur Utopie einer ‚International Bill of Rights and of Responsibilities'" (KW11, 243–276); „Demokratie versus Totalitärstaat" (KW12, 510–563); „Strategischer Imperialismus" (KW11, 339–362) und „Die Zweiteilung der Welt" (KW11, 278–337).

nur zwei kleine (allerdings veröffentlichte) Arbeiten zu seinem Thema und dies erst 1950 als der richtige Zeitpunkt für das Gemeinschaftswerk bereits verstrichen war. Da war erstens Kahlers „Open Letter to Harald Urey" (Kahler 1950). In ihm nahm er scharf ablehnend Stellung zu einer Rede, die Urey (Entdecker des schweren Wasserstoffs und einer der Beteiligten am Manhattan-Projekt) beim Roosevelt Dinner of Americans for Democratic Action gehalten hatte. In seiner Rede warnte Urey vor einem atomaren Erstschlag Russlands und forderte höhere amerikanische Rüstungsausgaben. *Common Cause* war eine von Giuseppe Antonio Borgese von 1947 bis 1951 herausgegebene Monatsschrift, in der die „One World"-Idee mit einer gemeinsamen globalen Verfassung vertreten wurde. Und da war zweitens Kahlers Aufsatz „Foreign Policy Today" (Kahler 1950a), in dem Kahler sich leidenschaftlich gegen einen Atomkrieg aussprach und mitten im Kalten Krieg eine gezielte Friedenspolitik der Weltmächte forderte. Er suchte klarzumachen, dass die Zeit der Kolonialherrschaft vorbei sei und empfahl, dass sich so viele Länder wie möglich für eine neutrale Politik zwischen den Blöcken entscheiden sollten, wobei er Indien als positives Beispiel erwähnte. Das *Bulletin of the Atomic Scientists* wurde 1945 nach den Bombenabwürfen auf Hiroshima und Nagasaki von Wissenschaftlern des Manhattan-Projekts begründet und existiert als zweimal im Monat erscheinende wissenschaftliche Zeitschrift noch immer. Beiträger waren anfänglich Albert Einstein, Bertrand Russell, Paul Weiss und J. Robert Oppenheimer. Es ging zunächst darum, kritisch über die Nuklearpolitik der Weltmächte zu informieren. Heute wird allgemein auf die negativen Konsequenzen der Verwendung von Atomenenergie in Wirtschaft und Rüstung hingewiesen. Brochs Reaktion auf „Foreign Policy Today" war:

> Der Artikel ist ganz ausgezeichnet; es ist gut, daß Du ihn geschrieben hast, und es ist schad, daß es nur ein Artikel ist: was wir brauchen, ist ein großes team work zur Regeneration der Demokratie [...]; ein einzelner kann es nimmer leisten, selbst wenn er ein ganzes System wie Marx aufbaut. Hätten wir unser Demokratie-Buch gemacht, wir hätten vielleicht so etwas wie eine Akademie der Demokratie auf den Weg gebracht.   (HBK, 172; KW13/3, 521)

Vielleicht ließ Broch im Gespräch mit Kahler auch durchblicken, dass er den eigenen Anteil, bei dem es um die Verhinderung von Versklavung ging, für wichtiger hielt als den Aspekt der Atomtodgefahr. Den Eindruck bekommt man, wenn man folgende Stelle in seiner *Massenwahntheorie* liest:

> Das Phänomen der Versklavung ist weniger sensationell als das der Atombombe. Und im Gegensatz zu diesem regt jenes die Phantasie nicht an. Wer nicht selber versklavt ist, sieht die Versklavung des andern kaum, bemerkt sie höchstens als eine Art Belästigung, und am allerwenigsten kann er sich die Möglichkeit seiner eigenen Versklavung vorstellen; die Atombombe, von der man während der Bürostunden erschlagen und zu Nichts aufgelöst werden wird, ist eine so gruselige, so heroische und zudem so bequeme Vorstel-

lung, daß daneben jedwedes Versklavungs-Phänomen, sei es nun eines im eigenen Lande, sei es in den südafrikanischen Kupferminen und Diamentenfeldern, sei es in den Konzentrationslagern der fascistischen und totalitären Terror-Maschinen, chimärisch verschwindet. Und doch ist all das und noch vieles mehr in gräßlichster Weise bereits vorhanden.

(KW12, 466)

Nach gut zwei Jahren gaben Broch und Kahler ihr gemeinsames Projekt „Theorie der Demokratie" auf. Heute kann man durch die Lektüre von Brochs Beiträgen und von Kahlers (nach Brochs Tod entstandenem) Buch *The Tower and the Abyss* erkennen, dass das Preisgeben des Plans einen Verlust bedeutete. Kahlers *The Tower and the Abyss* ist eine Fortsetzung von *Man the Measure*, wobei die geschichtlichen Erfahrungen in der ersten Hälfte des 20. Jahrhunderts und ihre Einwirkung auf das Verständnis des menschlichen Individuums nun in den Vordergrund gerückt werden: Kollektivierung, Terror und die Bedrohung durch nukleare Vernichtung. Letzterer Aspekt wird im sechsten Kapitel mit dem Titel „Man Without Value" behandelt, eine Kapitelüberschrift, die an Brochs These vom „Zerfall der Werte" aus den *Schlafwandlern* (KW1) erinnert, wie Broch in dem Buch ja mehrfach zustimmend zitiert wird. Vielleicht hätten die beiden ein Werk vorgelegt, das heute als frühes Dokument über die Ächtung von Nuklearwaffen einerseits und über die Durchsetzungsmöglichkeiten der internationalen Menschenrechte andererseits anerkannt würde. Später veröffentlichten dann Robert Jungk (Jungk 1956) und Günther Anders (Anders 1972) – Schicksalsgenossen im Exil – ihre Bücher über die Bedrohung durch Atomenergie und –bombe, und es dauerte Jahrzehnte bevor Samantha Power (Power 2002) und Hans Jörg Sandkühler (Sandkühler 2007) ihre Studien zur Nichtbeachtung von Menschenrechten im 20. Jahrhundert vorlegten. Broch und Kahler hatten ursprünglich geplant, ihr Gemeinschaftswerk im Jahr 1947 zu publizieren. Das war zeitlich zu knapp geplant, was besonders für die Abschnitte, die Kahler schreiben wollte, gilt. Wenn sie den Termin hätten einhalten können, wäre ihnen mit ihrer *Theorie der Demokratie* ein maßgeblicher intellektueller Beitrag aus dem amerikanischen Exil zu den militärischen und sozialen Krisen ihrer Zeit gelungen.

Broch und Kahler sind in ihrer Idee zur Gemeinschaftsarbeit an dem „Demokratie-Buch" auch durch die Lektüre der wirkungsmächtigen Horkheimer/Adorno-Studie im Herbst 1945 bestärkt worden. Die beiden Vertreter der Frankfurter Schule hatten den Anteil aufklärerischen Denkens am Zustandekommen einer „instrumentellen Vernunft" nachgewiesen, deren Charakter auch in den unmenschlichen Zielen des Nationalsozialismus zum Ausdruck gekommen sei. Broch und Kahler ging es in ihren Arbeiten um die Fortführung, Reaktivierung und Aktualisierung einer humanen Rationalität wie sie etwa aus Kants *Kritik der praktischen Vernunft* von 1788 sprach. Man kann bei Kahler und Broch einen Plan erkennen, der – in bewusstem Gegenzug zur Kritik bei Horkheimer und Adorno – an ein Aufklärungsdenken anschloss, das man gegen den Rassismus, die Kriegs- und Siegesideologie, die Vernichtungs- und Versklavungspolitik der Nationalsozialisten mobilisieren konnte. Das ist einem Brief Brochs vom 2. Oktober 1945 zu entnehmen, den er nach der Lektüre des hektografierten Typoskripts der *Dialektik der Aufklärung* an Horkheimer schickte (HBH). Das Buch hatte damals noch den Titel *Philosophische Fragmente*, der dann als Untertitel bei der Erstpublikation im Jahre 1947 (Querido Verlag, Amsterdam) erhalten blieb (Horkheimer und Adorno 1969). Hier schreibt Broch im eigenen Namen wie im Namen Kahlers und erwähnt das Buch *Theorie der Demokratie*, das er und sein Freund „gemeinsam herausgeben wollen" (HBH, 655). Er nennt auch die beiden Hauptthemen des geplanten Werkes: Erstens Kahlers Analyse der „apokalyptischen Möglichkeiten der Atom-Energie" (HBH, 654) als „tiefstes Symbol einer sich selbstaufhebenden Zivilisation" (HBH, 653); zweitens Brochs Untersuchungen zum internationalen Menschenrecht, und er fügt dem Brief seine Studie „Bemerkungen zur Utopie einer ‚International Bill of Rights and of Responsibilities'" (KW11, 243–276) bei.

Wie beurteilt Broch *Die Dialektik der Aufklärung*? Einerseits konzediert er Horkheimer, den Finger auf den wunden Punkt aufklärerischer Ratio gelegt zu haben, andererseits kritisiert er das Fehlen konkreter Ziele. „Das pessimistische Mißtrauen gegen die Ratio" werde auch von ihm geteilt, schreibt Broch, ja er habe in seinen eigenen „massenpsychologischen Untersuchungen" (HBH, 653) eine vergleichbare Position vertreten, wobei er offenbar an die Kapitel zum „Dämmerungszustand" der Masse denkt (KW12, 111–176). Horkheimers „analytische Schilderung der Aufklärungs-Welt", die er als „meisterlich" lobt, bezeichnet Broch als „Apokalypse der Ratio" (HBH, 654). Ein Satz der Autoren wie dieser findet Brochs Zustimmung: „Die ‚tragische' Weltanschauung der Faschisten ist der ideologische Polterabend der realen Bluthochzeit" (HBH, 654)[9]. „In solchen Sätzen", lobt er, „hat sich das Dialektische Ihrer Betrachtungsweise zu apokalyptischer Prophezeiung gesteigert, und jede Seite des Buches enthält solch prägnant-geniale Tiefensicht" (HBH, 654). Horkheimers und Adornos *Philosophische Fragmente* zeugten, so meint Broch, „von den Selbstbesinnungs-Kräften der Ratio" (HBH, 654). Er versteht das Buch als eine Studie über „Ethik", als ein Werk, das „ohne seine moralische Indignation […] nicht denkbar" sei (HBH, 655). Damit ist aber schon jene Stelle bezeichnet, wo Broch beginnt, ein Manko zu konstatieren. „Moralische Indignation" reicht nicht, argumentiert er, vielmehr sei sie durch eine „moralische Zielsetzung" (HBH, 655) zu ergänzen, weil sich Ethik „im Sozialen auswirken" (HBH, 653–654) müsse. Hier betonte Broch ein Prinzip, das bei seinen gesellschaftskritischen Schriften ein

---

9 Das Originalzitat findet sich bei Horkheimer und Adorno 1969, 249.

Leitmotiv blieb. So heißt es in seinem Essay „Trotzdem: Humane Politik. Verwirklichung einer Utopie" von 1950: „Demokratische Metapolitik hat eine Präventivaufgabe, die Prävention der ‚Fehl-Situationen' im sozialen Leben" (KW11, 378). Die „Vielfalt der Welt", fährt Broch in seinem Brief an Horkheimer fort, zeige sich auch im „unerschöpflichen Möglichkeits-Fond" der „Ratio selber" (HBH, 654). Ihm gehe es darum, den „Versuch zur Setzung von Wegweisern in einer Welt" des „Wegewirrwarrs" mit rationalen Mitteln zu unternehmen. Und dieser Versuch sei die „Theorie der Demokratie", die er mit seinem Freund Kahler „so rasch als nur möglich fertigzustellen" gedenke, wobei sie sich mit einer „dialectic as usual" bescheiden würden (HBH, 655).

Kahlers *The Tower and the Abyss* erschien 1957. Vorarbeiten für das Buch „Theorie der Demokratie" gingen wohl im Lauf der Jahre in dieses Buch ein. Brochs geplante Beiträge liegen vor: Es sind die zwischen 1946 und 1948 entstandenen Schriften zur Internationalen Akademie, zu den irdisch-absoluten Menschenrechten, zu einer International Bill of Rights, zur Demokratie als Alternative zum Totalitärstaat, zum europäischen Gleichgewicht im Zeitalter des strategischen Imperialismus und zur Zweiteilung der Welt seit Yalta.[10] Brochs *Massenwahntheorie* (KW12), in die dann zwei dieser Studien eingingen[11], ist bis heute nicht auf Englisch veröffentlich worden. (Vor einigen Jahren ist aber eine vorzügliche französische Übersetzung der *Massenwahntheorie* erschienen.[12])

Kahler und Broch hatten zwar nicht vor zu remigrieren, aber ihre Aufmerksamkeit war auf die Entwicklungen sowohl in Amerika wie in Europa gerichtet. Sie wurden zu transatlantischen Autoren, bei denen Heim- und Fernweh sich in einem besonderen Verständnis des Diasporischen aufhoben. Was ihre Zugehörigkeit betraf, verstanden sie sich – auf unterschiedliche Weise – als jüdische Intellektuelle. Kahler fühlte sich dem Zionismus verbunden und hielt in Amerika häufig Vorträge über die kulturelle Rolle des Judentums.[13] Broch verstand seine Existenz als grundsätzlich diaspoerisk. 1947 bekannte er in einem Brief an eine Freundin im englischen Exil: „[M]erkwürdig, daß Dich [...] noch immer die sogenannte Heimatlosigkeit stört. Da bin ich viel isrealitischer, denn ich habe mich tatsächlich, bei aller Liebe zu manchen Landschaften, mein ganzes Leben lang ausschließlich diaspoerisk gefühlt" (KW13/3, 143).

---

10 Vgl. Fußnote 8.

11 „Menschenrecht und Irdisch-Absolutes" (KW12, 456–510) und „Demokratie versus Totalitärstaat" (KW12, 510–563).

12 Hermann Broch, *Théorie de la folie des masses*. Édition établie par Paul Michael Lützeler. Traduit de l'allemand par Pierre Rusch & Didier Renault, Paris und Tel-Aviv: Editions de l'éclat, 2008.

13 Vgl. dazu den Kahler-Nachlass im Leo Baeck Institute in New York, N.Y.

4.3 Abraham Sonne: Zentralgestirn für Broch und Canetti

4.3.1 Massenpsychologie: Kontakte zu Elias und Veza Canetti

1971 schrieb mir Elias Canetti einen freundlichen Brief. Ich verbrachte damals mit einem Dissertationsstipendium mein letztes Studienjahr in Europa. Dass er mir auf eine Anfrage antwortete, hatte wohl damit zu tun, dass ich ihm die Besprechung – meine erste Rezension überhaupt – seines Buches *Alle vergeudete Verehrung* geschickt hatte (Canetti 1970), die damals in der österreichischen Kulturzeitschrift *Literatur und Kritik* erschienen war (Lützeler 1971). So steht in seinem Brief der Hinweis: „Ihre Besprechung meines letzten Buches hat mir sehr gut gefallen." Ich hatte ihn gefragt, ob er mir Einsicht in seine Korrespondenz mit Hermann Broch geben könne, und er erklärte mir, warum das nicht gehe:

> Es sind private und sehr schmerzliche Dinge darunter; es wäre ungefähr so, als wenn ich schon jetzt zu meinen Lebzeiten Einblick in meine Tagebücher gewähren würde. – Vielleicht werde ich einmal, wenn ich dazu komme, meine Beziehung zu Broch selbst genau schildern und dann einiges aus den Briefen zitieren. (Canetti 2018, 398)

Vierzehn Jahre später lag mit dem dritten Band von Canettis Lebensgeschichte *Das Augenspiel* (Canetti 1985) diese Schilderung über Broch und andere Bekanntschaften aus den 1930er Jahren vor, aber aus seiner Korrespondenz mit Broch hat er dort nicht zitiert. Das hatte einen einfachen Grund. Der Briefwechsel zwischen Hermann Broch und Elias Canetti ist winzig. Sieht man von kurzen Mitteilungen ab, gibt es nur drei Briefe von Broch an Canetti und bloß zwei von Canetti an Broch. Es ist nicht so, dass es eine Korrespondenz im eigentlichen Sinne gegeben hätte, von dem Teile verloren gegangen wären. Broch hielt in einem Antwortschreiben an Canetti vom 30. Mai 1943 fest, dass Canettis Botschaft vom 12. Mai des gleichen Jahres der erste Brief sei, den er überhaupt jemals von ihm erhalten habe. Zusätzlich aber gibt es eine ganze Reihe von Mitteilungen und Briefen, die Veza Canetti[1] und Hermann Broch sich zuschickten, wobei –

---

1 Veza Canetti (1897–1963) war eine in Wien unter dem Namen Venetiana Taubner-Calderon geborene österreichische Schriftstellerin und Übersetzerin. Sie hatte einen ungarisch-jüdischen Vater und eine sephardische Mutter, arbeitete als Englischlehrerin und schrieb für die Wiener *Arbeiter-Zeitung*. Sie gehörte zum Kreis um Karl Kraus, in dem sie 1924 Elias Canetti kennenlernte, den sie zehn Jahre später heiratete. Im Herbst 1938 gelang ihr mit Elias Canetti die Flucht aus Wien nach London. Ihre Romane wurden erst nach ihrem Tod publiziert.

https://doi.org/10.1515/9783110734683-011

wenn auch selten – einige wenige Kurzinformationen Brochs an Veza und Elias Canetti gemeinsam adressiert waren. Die Briefe Veza Canettis an Broch sind zum großen Teil verloren gegangen, doch da sich die (durchweg kurzen) Antworten Brochs an sie erhalten haben, läßt sich erschließen, worum es ging. Elias Canetti war über den Inhalt der Korrespondenz immer informiert. Es war eine distanzierte Freundschaft, und man blieb bei den Anreden immer beim „Sie".[2]

Canetti schildert in *Das Augenspiel* wie er Broch kennenlernte (Eigler 1988, 169–175; Peiter 2008). Das war im Herbst 1932 bei der jüdischen Wiener Autorin Maria Lazar.[3] Der Autor las aus seinem im Frühjahr 1932 fertiggestellten Drama *Hochzeit*. Maria Lazar hatte, wie Canetti berichtet, „Broch erzählt, wie sehr" er „die ‚Schlafwandler' bewunderte", die er „während des Sommers dieses Jahres 1932 gelesen hatte" (Canetti 1985, 25–26, 28–29). Zur Lesung waren neben Veza Taubner-Calderon u. a. Broch und dessen Verleger Daniel Brody (vom Rhein-Verlag in Zürich) sowie Ernst Fischer und seine Frau Ruth Mayenburg erschienen (Hanuschek 2005, 203). Canetti erinnert sich:

> Meine Beziehung zu Hermann Broch war, mehr als es sonst üblich ist, von der Gelegenheit unserer ersten Begegnung bestimmt. [...] Broch [...] bekam mit voller Wucht und bevor er sonst irgendetwas von mir erfuhr, die ganze ‚Hochzeit' zu hören. Ich las dieses Stück mit Leidenschaft, die Figuren standen durch ihre akustischen Masken fest von einander abgegrenzt da [...]. Ohne ihn zu kennen, wußte ich, daß er erschüttert, daß er wirklich mitgenommen war. [...] Broch [...] erschien mir am Ende der ‚Hochzeit' als gebrechlich. (Canetti 1985, 25–28)

Anscheinend war Broch von der *Hochzeit* beeindruckt und stellte – wie einer Notiz an Canetti vom 10. Februar 1933 (JCZ) zu entnehmen ist – die Verbindung

---

2 Johanna Canetti, Zürich, war so freundlich, mir Abschriften des nur zum Teil erhalten gebliebenen Briefwechsels zwischen Elias bzw. Veza Canetti und Hermann Broch zuzuschicken, und zwar mit der Erlaubnis, daraus zu zitieren. In der Folge werden diese Briefe mit „(JCZ)" gekennzeichnet. Ferner zitiere ich aus Briefen Brochs und Elias sowie Veza Canettis, die sich zum einen in der Broch-Sammlung des Deutschen Literaturarchivs in Marbach (DLA) und zum anderen im Broch-Archiv an der Beinecke Rare Book Library der Yale University Library (YUL) befinden. Ich danke beiden Archiven für die Erlaubnis aus den entsprechenden Briefen Zitate auswählen zu dürfen.

3 Maria Lazar (1895–1948). Nach ihrem 1920 erschienenen, stark beachteten Erstlingsroman *Die Vergiftung* (Lazar 1920) hatte sie 1932 einen weiteren Roman mit dem Titel *Leben verboten!* fertiggestellt, für den sie in Wien keinen Verlag fand (Zsolnay hatte abgelehnt). Das Buch erschien zwei Jahre später auf Englisch unter dem Titel *No Right to Live* in London und ist erst 2020 auf Deutsch erschienen (Lazar 2020). Sie machte sich auch einen Namen als Übersetzerin. 1933 ging sie ins Exil nach Dänemark, kehrte nach dem Krieg aber nicht nach Wien zurück und nahm sich 1948 wegen einer unheilbaren Krankheit das Leben. Sie war mit Broch bekannt (man traf sich um 1930 zuweilen im Salon von Genia Schwarzwald).

zwischen ihm und Franz Horch her, der damals Leiter der Bühnenvertriebsabteilung im Paul Zsolnay Verlag in Wien war. Horch hatte bereits Brochs Drama *Die Entsühnung* (KW7) in sein Programm aufgenommen. Die erste Mitteilung von Broch an Canetti stammt vom 30. November 1932 (JCZ). Da informiert er den Autor, dessen Adresse Ferdinandstraße 29/5 im II. Bezirk Wiens war, kurz darüber, dass er „leider den Roman noch immer nicht zu Ende gelesen habe". Gemeint ist das Manuskript von Canettis *Die Blendung*, das damals noch den Titel „Kant fängt Feuer" trug. Gut sieben Wochen später, am 23. Januar 1933, stellte Broch Canetti, der damals 27 Jahre alt war, vor. Der Ort der Wiener Lesung aus der *Blendung* war die Volkshochschule Ottakring, Zweigstelle Leopoldstadt (Hanuschek 2005, 203). Broch charakterisiert treffend die Figuren in Canettis Werk wie er es bisher aus dem Drama *Hochzeit* und nun aus dem Roman *Die Blendung* kannte:

> Es ist eine besondere Intensität des Seelischen, die hier angestrebt und erreicht wird, ein Aufbau der Gestalt aus der Logik ihres Seins [...]. Diese scharfe Einstellung auf die innere Logik der Gestalten gibt der Canettischen Dichtung ein eigentümlich rationales Gepräge, und selbst dort, wo das Irrationale durchbricht, wo alle dunklen Gewalten des Menschen entfesselt werden, das Höllische der Seele sich auftut, da geschieht es in einer merkwürdig harten, logischen und kalten Weise. [...] Hart konturiert stehen die Figuren im Raum, oftmals – und dies entspringt eben der Methode Canettis – bis ins Karikaturistische gesteigert. (KW9/1, 60)

Diese Lesung wird von Canetti in seinem Erinnerungsbuch *Das Augenspiel* ebenfalls erwähnt:

> Wenige Wochen, nachdem wir uns kennengelernt hatten, fragte mich Broch, ob ich nicht Lust hätte, in der Volkshochschule Leopoldstadt vorzulesen. Er habe selbst schon einige Male dort gelesen und würde mich gerne einführen. Ich fühlte mich durch diesen Vorschlag sehr geehrt und nahm an. Die Vorlesung wurde von Dr. Schönwiese, dem Veranstalter, für den 23. Januar 1933 angesetzt. Noch im alten Jahr brachte ich Broch das Manuskript von ‚Kant fängt Feuer'. Einige Wochen später, es war schon im Januar, bat er mich um meinen Besuch in der Gonzagagasse, wo er wohnte. „Was wollen Sie damit sagen?" [...] Ich stotterte etwas Halbverständliches daher, viel Sinn mochte es nicht haben, aber etwas mußte ich doch schließlich antworten. Er entschuldigte sich und nahm seine Frage zurück. (Canetti 1985, 42, 43)

Es entwickelte sich, wie Canetti berichtet, dann doch ein außerordentlich langes Gespräch, eine Art Seminardiskussion zwischen Broch und Canetti über die Möglichkeiten des Erzählens im modernen Roman. Man fragt sich, wie der Autor diese Details der Unterhaltung über Jahrzehnte hin hat behalten können. In dieser Form kann sie schon deswegen kaum stattgefunden haben, weil Broch sich drei Jahre später in einem Brief von Ende 1935 daran erinnert, dass er ihm die Frage „Was wollen Sie damit sagen?" (HBC, 24) auch früher nicht beantwortet habe. Canetti meint im *Augenspiel*, dass – neben Gogol mit seinen grotesken Figuren – auch Brochs Huguenau, die zentrale Gestalt im letzten *Schlafwandler*-Band, ihn in seiner Zeichnung so „extremer Figuren" (Canetti 1985, 43) wie Kien bestärkt habe.

Am 23. Januar 1934, auf den Tag ein Jahr nach der Lesung der *Blendung*, hatte Broch ein Treffen bei „Frau v. Zsolnay", vereinbart, d. h. bei Anna Mahler, der Tochter von Alma und Gustav Mahler. Sie war Bildhauerin (Schülerin von Fritz Wotruba) und damals die Geliebte Hermann Brochs. Verheiratet war sie mit dem Verleger Paul v. Zsolnay, von dem sie sich bald scheiden ließ. Broch lud Canetti zu dem Treffen ein und gab den exakten Termin an: „um ½ 11 Vormittag" in der „Dorotheergasse 7" (JCZ) im I. Bezirk Wiens. Hier wurde die Lesung aus Canettis Stück *Komödie der Eitelkeit* vereinbart, die Ende des gleichen Monats stattfand, und zwar im Hause Zsolnay, im Palais Kaunitz, Maxingstraße 20 im XIII. Bezirk Wiens, also in Hietzing. Im Kapitel „Komödie in Hietzing" (Canetti 1985, 127–136) hat Canetti das Ereignis geschildert. Unter anderem kamen Anna Mahler, Hermann Broch, Franz Horch und Franz Werfel (der eigentliche Hausautor des Zsolnay Verlags). Niemand verstand die Komödie, die Canetti selbst für eine „legitime Entgegnung auf die Bücherverbrennung" (Canetti 1985, 127) der Nationalsozialisten vom Mai 1933 in Deutschland hielt. Werfel war unhöflich ablehnend und Broch – so schildert es Canetti – schien mehr in ein erotisches (titelgebendes) „Augenspiel" mit Anna Mahler vertieft zu sein als mit den Ohren beim Zuhören von Canettis Lesung (Hanuschek 2005, 257). Ausgerechnet Broch ließ sich diesmal nicht beeindrucken. Auf ihn hatte Canetti eigentlich gesetzt: Er sah ihn als „wichtigen Gast", als seinen „Freund", von dem er wusste, dass der von ihm „am meisten" als „Dramatiker erwartete" (Canetti 1985, 129). Niemand wurde – anders als im Fall der *Hochzeit* – durch den Vortrag gepackt. Diese Komödie ist wohl Canettis schwierigstes Stück, und es ist kein Zufall, dass es höchst selten aufgeführt wird. Der Autor zählte seine Lesung im Palais Kaunitz zu jenen „Niederlagen" eines „katastrophalen Ausmaßes, die einen Dichter am Leben erhalten" (Canetti 1985, 136). So kann man es auch sehen, aber vielleicht wären Erfolg und Durchbruch für den Dramatiker Canetti besser gewesen, denn danach hat er – und dies erst nach über zwanzig Jahren – nur noch einmal ein Drama (*Die Befristeten*) fertiggestellt.

Broch empfahl 1935 das Werk von Canetti mit größtem Nachdruck an Ruth Norden (HBN, 52, 59). Ohne sie persönlich zu kennen, korrespondierte er mit ihr seit einem Jahr. Sie war früher Lektorin im S.Fischer Verlag gewesen, dann aber 1933 ins New Yorker Exil gegangen. Sie arbeitete bei der Zeitschrift *The Living Age*, hatte aber auch bereits Kontakte zu New Yorker Verlagen wie The Viking Press und Alfred A. Knopf hergestellt und wollte von Broch Hinweise bekommen auf neue Gegenwartsautor*innen, die auf dem amerikanischen Markt eine Chance haben würden. Sie las die damals gerade erschienene *Blendung* und lehnte sie emphatisch ab. Eine Lektorin, deren Urteil Broch schätzte und die der gleichen Generation wie Canetti angehörte, konnte also mit dem Roman nichts anfangen. Brochs eigene Zweifel an dem Werk regten sich dadurch erneut und er gab – sicher allzu rasch – der Korrespondenzpartnerin Recht (HBN, 76). Zu der Zeit formulierte Broch seinen ersten längeren Brief an Canetti (HBC). Das war am 6. Dezember 1935 in Mösern/Tirol, wo er sich seit drei Monaten aufhielt, um das Roman-Typoskript *Die Verzauberung* fertigzustellen. Inzwischen war im gleichen Jahr Canettis Roman *Die Blendung* bei Reichner in Wien erschienen. Canetti hatte ihm das Buch mit „Widmung" geschickt, und Broch, der ihn mit „Lieber Freund Canetti" anredete, wiederholte die Frage, die er vor drei Jahren schon „nach der erstmaligen Lektüre des Manuskriptes" gestellt hatte: „Was wollen Sie eigentlich damit sagen? Nur einen Narren schildern?" Broch erinnert sich, dass Canetti ihm damals „keine richtige Antwort gegeben" (HBC, 24) habe, und so hakte er nach. Dass Broch mit dem Buch Schwierigkeiten hat, kann man nachvollziehen, denn zwischen seiner Romanästhetik und der des Nachwuchsautors sieht er keine Brücke. Es geht bei Broch immer um Haupt-, Neben- und Randfiguren, die alle dazu beitragen sollen, den „unendlich facettierten ‚Welt-Alltag der Epoche'" (KW9/1, 64) zu vergegenwärtigen. Broch hatte sich in den frühen 1930er Jahren – vor allem in der konstruktiven Auseinandersetzung mit James Joyce – die Romanästhetik eines „erweiterten Naturalismus" erarbeitet. Da ging es ihm um die Erfassung der äußeren wie der inneren Wirklichkeit: von der Darstellung der sozialen Realität bis zur „mystischen Irrationalität" (KW9/2, 133). Zudem fand er sowohl an Joyce wie an Thomas Mann überzeugend, wie sie in ihren Romanen die „Rückverwandlung eines chaotischen Seins in ein mythisches Organon" (KW9/1, 31) als Möglichkeit andeuteten (Hinderer 1988). Broch schrieb an den letzten Kapiteln seines „Bergromans" *Die Verzauberung* (KW3), und darin wollte er (im Sinne des „erweiterten Naturalismus") in großer Orchestrierung modellhaft schildern, wie ein auf Destruktion abzielender Blut- und-Boden-Wanderprediger in der Lage ist, die Macht an sich zu reißen und eine Gemeinschaft in der Krise in den Massenwahn zu treiben. „Das Zerstörerische" an der Figur Peter Kien, meinte Broch, bleibe dagegen im Kontext des Romanganzen gesellschaftlich „wirkungslos" (HBC, 24). Hinter diesem Urteil steht Brochs Vorstellung, dass „das Zerstörerische" eines Ratti in der *Verzauberung* in all seinen gesellschaftlichen, psychologischen und letztlich mythischen Wirkungen deutlich werde. Zudem, und das muss Canetti besonders verletzt haben, stellte Broch die Frage in den Raum, ob sein Briefadressat vielleicht die „subjektive", die „eigene Spaltung" seiner Psyche „objektiviert habe". „Das Kunstwerk", so suchte der ältere Dichter den jüngeren zu belehren, sei „nicht dazu da", die „psychischen Schwierigkeiten" des Autors auszutragen. Broch gibt allerdings zu, dass er möglicherweise in seinem fünfzigsten Lebensjahr „langsam das Organ für das

Neue" in der Romankunst verliere. Abschließend hofft er, dass Canetti, da er bekanntlich „ein guter Hasser" sei, ihn wegen der Offenheit der Kritik nicht mit seinem „Hass" verfolgen werde. Und er versichert dem Autor, dass „dieser Hass einseitig bleiben würde" (HBC, 25). Brochs selbstkritische Frage traf den wunden Punkt in seiner Argumentation besser als er selbst wissen konnte: In der Romanästhetik war Canetti seiner Zeit voraus, denn die monomanischen Einzelfiguren wie Kien machen erst in der Literatur der Nachkriegszeit Schule. Canettis *Blendung* wird in dem Moment von einem größeren Publikum rezipiert, als sich das Theater des Absurden von Eugène Ionesco und Samuel Beckett – sie gehören derselben Generation an wie Canetti – während der 1950er Jahre in der westlichen Welt durchsetzt. Dann haben auch Autoren Erfolg, die in ihren Erzählwerken von fixen Ideen besessene Figuren in den Mittelpunkt rücken; man denke an Peter Weiss, Heiner Müller, Thomas Bernhard, Elfriede Jelinek, Botho Strauß, Gerold Späth, Paul Nizon, und diese Reihe lässt sich bis zu Sten Nadolny und Daniel Kehlmann fortsetzen.

Canetti muss sich bewusst gewesen sein, dass eine ästhetische oder gar individual-psychologische Diskussion mit Broch unergiebig gewesen wäre. So schwieg er. Obwohl er zweimal zu Antworten ansetzte, brach er die Entwürfe ab (Hanuschek 2005, 245). Zum passionierten Broch-Hasser wurde er zwar nicht, aber nach diesem Brief war es mit der bisherigen Verehrung für den Autor der *Schlafwandler* vorbei. Das merkt man noch dem ein halbes Jahrhundert später erschienenen *Augenspiel* an, in dem er nur wenig Gutes über Broch zu berichten weiß. Diese Distanz scheint im Lauf der Jahrzehnte gewachsen zu sein, denn ein knappes Jahr nach Brochs Brief hielt Canetti in Wien (Volksheim Ottakring) eine Rede zu Brochs 50. Geburtstag. Das war am 1. November 1936 (einem Sonntag). Die Rede wurde erst ein Vierteljahrhundert später veröffentlicht (Canetti 1962). Broch selbst war dabei nicht anwesend, wohl aber einige seiner Freunde waren hingekommen, wie Rudolf Brunngraber und Abraham Sonne (Hanuschek 2005, 208–210). Canetti nahm die Rede (Canetti 1975) zum Anlass, etwas Prinzipielles zum Dichterberuf zu sagen. Er forderte darin drei Eigenschaften, von denen er meinte, dass sie für Broch bezeichnend seien: Erstens, dass der „repräsentative Dichter [...] unmittelbar mit seiner Umwelt" verbunden sein solle, dass er zweitens den „ernsten Willen zur Zusammenfassung seiner Zeit" aufbringen müsse, und dass er drittens „gegen seine Zeit" zu stehen habe (Canetti 1975, 12–14). Canetti kannte damals vor allem die *Schlafwandler*-Trilogie (KW1), ferner das Drama *Die Entsühnung* (KW6), Essays wie „Das Weltbild des Romans" (KW9/2, 89–117) und „James Joyce und die Gegenwart" (KW9/1, 63–91) sowie die Erzählung „Die Heimkehr" (KW6, 162–196). Als Canetti die Rede 1975 erneut publizierte, hielt er fest: „Über Hermann Broch nachdenkend, war ich zu dem gelangt, was zu den Ansprüchen an mein eigenes Leben werden sollte.

Seither gab es etwas, woran ich drohendes Versagen messen konnte" (Canetti 1975, 8). Zu dem, was Canetti an dem kritischen Freund bewunderte, gehörte Brochs „Atemgedächtnis" im Sinne des „Auffassens atmosphärischer Eindrücke" (Canetti 1975, 18). Zusammenfassend hält Canetti am Schluss der Rede die Fähigkeit des Autors fest, künftige Entwicklungen vorauszusehen:

> Hermann Brochs Werk steht zwischen Krieg und Krieg, Gaskrieg und Gaskrieg. Es könnte sein, daß er die giftigen Partikel des letzten Krieges noch jetzt irgendwo spürt. Doch das ist unwahrscheinlich. Sicher aber ist, daß er, der besser zu atmen versteht als wir, schon heute am Gas erstickt, das uns anderen, wer weiß wann erst, den Atem benehmen wird.
>
> (Canetti 1975, 22)

Als der Kontakt zu Elias Canetti selbst vorläufig abriss, begann Anfang 1938 eine sporadisch immer wieder auflebende kleine Korrespondenz mit Veza Canetti. Broch war von Anfang an sowohl mit Elias Canetti wie mit seiner Frau befreundet (Peiter 2009). Als Schriftstellerin publizierte sie in der Wiener *Arbeiter-Zeitung*, deren Erscheinen im Februar 1934 vom Ständestaat verboten wurde. Sie war – beeinflusst durch den Austromarxismus – Sozialistin und Feministin. Inzwischen ist ihr Werk wiederentdeckt worden (Preece 2007; Amsler 2017). Die erste Nachricht an Veza Canetti ist vom 1. Februar 1938. Damals wohnte Broch in Altaussee im steirischen Salzkammergut. Die Anrede lautet „Liebe Frau Veza". Es ist, als ob Broch spüre, dass er in kurzer Zeit ein Gefangener des Nazi-Regimes sein werde, was sechs Wochen später, beim ‚Anschluss', mit seiner Drei-Wochen-Haft auch tatsächlich der Fall sein wird. Über seine Depression schreibt er:

> Und wenn ich den Kopf hängen lasse, so liegt dies [...] an meinem verhinderten Rebellentum [...]. Aber meine Aktivität ist eben nicht auf die Kunst gerichtet, ich fühle mich durchaus nicht als Künstler, ich habe eigentlich auch keinerlei literarischen Ehrgeiz; der meine ist wesentlich radikaler, und das Schreiben ist für mich faute de mieux, zu dem mich eine täglich neu empfundene, täglich neu bekämpfte Ohnmacht zwingt. Also genug Grund zum Kopf hängen lassen; es ist ein Ersatz für Aufhängen.   (JCZ)

Mit dem „wesentlich radikaleren [...] Ehrgeiz" meint Broch wohl seine „Völkerbund-Resolution", von der er inzwischen weiß, dass sie ein gescheitertes Unternehmen ist, was zu seiner Niedergeschlagenheit beigetragen haben dürfte. Nach dem ‚Anschluss' bereiteten Broch und die Canettis ihre Flucht nach Großbritannien getrennt vor. Broch hielt sich in England und Schottland von Ende Juli bis Anfang Oktober 1938 auf und fuhr dann mit einem Schiff der Holland America Line von Southampton nach New York. Das Ehepaar Canetti kam erst im November 1938 in London an und blieb während des Krieges und in den Nachkriegsjahren in England. Von jetzt ab ergaben sich fast jedes Jahr bis zu Brochs Tod Briefkontakte zwischen Broch und Veza Canetti (nur zweimal zwischen Broch und Elias Canetti). Und fast immer – so etwa in einer längeren

Notiz von Anfang Juni 1939 – ging es dabei auch um Erkundigungen über gemeinsame Freund*innen, die ebenfalls 1938 von Österreich aus ins Exil geflohen waren: über den Judaisten und Pädagogen Abraham Sonne, die Bildhauerin Anna Mahler und den Maler Georg Merkel (JCZ). Alle Briefe in den Kriegsjahren werden sowohl von Broch wie von den Canettis in einem (schlichten) Englisch geschrieben.

Wie kam es zu der Freundschaft zwischen Elias Canetti und Abraham Sonne? Im *Augenspiel* berichtet Canetti, dass Broch und er in den frühen 1930er Jahren einmal versuchten, einen wirklich „guten Menschen" aus ihrem Bekanntenkreis zu benennen. Nachdem sie lange über den einen oder anderen als möglichen Kandidaten diskutiert hatten, habe Broch plötzlich gerufen: „Ich kenne einen! Ich kenne einen! Mein Freund Sonne! Das ist der gute Mensch! Der ist es!" (Canetti 1985, 140). Canetti wollte daraufhin Sonne treffen (Gelber 1996) und bald gehörte er zum Freundeskreis des Verehrten (Hanuschek 2005, 222–223, 624–625). Canetti fragte sich im Rückblick: „Was war es, was mich an Sonne so bestochen hat, daß ich ihn täglich sehen wollte, täglich aufsuchte, daß er zur heftigsten Sucht wurde, die ein geistiger Mensch je für mich war?" (Canetti 1985, 145). In immer neuen Erklärungsansätzen will der Autor seine Faszination vermitteln. Da heißt es einmal:

> Man mochte zwei Stunden mit ihm verbracht haben, in denen man unermeßlich viel gelernt hatte, und zwar so, daß man sich durch das Erfahrene immer überrascht fühlte. Wie hätte man angesichts dieser unantastbaren Überlegenheit sich selbst über andere setzen können? Demut war gewiß nicht ein Wort, das er gebraucht hätte, aber man verließ ihn in einer Verfassung, die nicht anders zu bezeichnen wäre: es war aber eine *wache* Demut und nicht die eines Schafes. (Canetti 1985, 150)

Ein Jahr später, am 28. Juni 1940, schickte Veza Canetti an Broch (DLA) einen längeren Brief (Absendeadresse: 19, South Hill Park Gardens NW3 London). Die Canettis wollten ins amerikanische Exil wechseln und baten Broch um die Besorgung von Affidavits, d. h. um Gutachten von Amerikanern, die garantieren, dass die beiden ihren eigenen Lebensunterhalt bestreiten könnten. Broch hatte seinem Sohn H.F. Broch de Rothermann sowie einer Reihe von Freunden und Bekannten aus Wien zu solchen Affidavits verholfen, und er versuchte es auch in diesem Fall. Mit dem Datum vom 30. Juni 1940 (was wohl ein Schreibfehler war und richtiger 30. Juli 1940 heißen sollte) schickte er die Antwort an Veza. (Damals war Brochs Adresse in Princeton für kurze Zeit: c/o Philip Jacob, 36 Edward Place, Princeton, N.J.) Er meinte zwar, dass im Augenblick die Einreise in die USA (wegen des Krieges in Europa) fast unmöglich sei, doch könne man eventuell etwas mit einem Umweg über die Dominikanische Republik oder über Mexiko erreichen (JCZ). Ein weiteres Jahr später schrieb Broch am 6. Mai 1941 aus New York an Veza Canetti in London. Er hoffte, bald bei der Visenbeschaffung behilflich sein zu können. Erneut erkundigte er sich nach Anna Mahler (JCZ). Erst anderthalb Jahre später schrieb Broch am 7. Dezember 1942 – inzwischen wohnte er bei Erich von Kahler in Princeton – wieder an Veza Canetti nach Chesham Bois in Buckinghamshire. Broch erwähnte, dass ein Teil der Korrespondenz offenbar verloren gegangen sei (JCZ). Seit dem Eintritt der USA in den Krieg im Dezember 1941 war in den Briefen von einer Emigration der Canettis in die USA keine Rede mehr. Broch fügte einen langen Brief mit dem gleichen Datum an den englischen Schriftsteller Sydney Schiff (Stephen Hudson) bei, der Broch vier Jahre zuvor bei der Flucht in die USA finanziell unterstützt hatte. Diesen Brief möchten doch (weil er von Brochs derzeitiger Arbeitssituation handelt) auch Veza und Elias Canetti lesen und dann an Sydney Schiff weiterleiten. Es ist in diesem Brief, dass Broch von der Arbeit an seiner *Massenwahntheorie* (KW12) berichtet (JCZ). Vier Monate später schickte er (am 6. März 1943) erneut eine Botschaft an Veza Canetti, in der es vor allem um Anna Mahler in England geht. Auch sie hat inzwischen ihre Reisepläne in die USA aufgegeben. Wieder wurde auch Abraham Sonne erwähnt, von dem Broch den Canettis mitteilen kann, dass er in Jerusalem lebt. Broch betonte: „he never writes a letter." Zudem wollte er von Veza und Elias Canetti wissen, woran sie derzeit arbeiten (JCZ). Nach über zwei Monaten antwortete Canetti am 12. Mai 1943 selbst – eine unerhörte Begebenheit in dieser Korrespondenz. Zunächst gibt Canetti seiner Freude Ausdruck, dass Broch den freundschaftlichen Kontakt aufrecht erhalten hat. Er schreibt dazu: „I wish I had a god whom I could thank for this." Und er fährt fort: „It is a late discovery in my life, the knowledge of what the individual means; but not too late." Das ist ein Kompliment an Broch, der bei seinen massenpsychologischen Studien sich immer primär für das Individuum interessiert hatte und nicht mit dem Konstrukt einer Massenseele arbeiten wollte. Das war anfänglich bei Canetti umgekehrt. Dann kommt er auf sein Lieblingthema Abraham Sonne zu sprechen. Canetti glaubt nicht so recht, dass Sonne in Jerusalem ist; er habe gehört, dass er am Hebrew Union College in Cincinnati lehre.[4] Auch Georg Merkel, der andere gemeinsame Freund, findet Erwähnung und Canetti fragt sich, ob er in Süd-Frankreich überleben könne.[5] Wie Broch distanziert sich auch Canetti von seinen literarischen Werken und schreibt: „With work I don't mean novels and drama, I hate the very idea of them, I mean my mass-psychology." Und dann fährt er fort über dieses Forschungsgebiet zu referieren und führt Beschwerde gegen Broch, der ihn ehemals in Wien von die-

---

4 Hier lag eine Verwechslung mit einem Vetter Sonnes vor.
5 Merkel gelang die Flucht ins Schweizer Exil.

sen Recherchen abgeraten habe, um nun selbst (wie dem Brief an Sydney Schiff zu entnehmen war) sich dem Thema zu widmen (Hanuschek 2005, 210). Da heißt es:

> When I first read, in January, that you were working on mass-movements I was very much surprised. I want to be quite honest: I was hurt, that you never told or wrote to me anything about it. Probably you never understood how very serious these things were with me. I may say that they were somehow my religious development, and *you* know what religion is.

Aber dann lenkt Canetti wieder ein und schlägt einen versöhnlichen Ton an: „But I soon got rid of that animosity against you, it never was really strong. It is impossible to remain aggressive in a time, when there is nothing but aggression in the world." Und schließlich will er diesen Ausnahmebrief auch „as a sign of my old love for you" gewertet wissen (JCZ). Gleichzeitig betont er aber auch, dass sie unabhängig von einander auf diesem Gebiet arbeiten sollten (Canetti 2018, 45–47).

Reflexionen über Massenpsychologie setzten bei Broch Ende 1918 während der Revolution in Wien ein, wie sein damaliger offener Brief an Franz Blei „Die Straße" (KW13/1, 30–34) zeigt. Bei Canetti begannen sie mit der Julirevolte von 1927 als der Wiener Justizpalast in Brand gesteckt wurde. Das ist seiner ausführlichen Schilderung des Geschehens in *Die Fackel im Ohr* zu entnehmen (Canetti 1980, 274–282). Es ist tatsächlich so, dass Broch und Canetti sporadisch über das Thema Massenpsychologie schon bald nach ihrer Bekanntschaft 1932/1933 gesprochen haben. Als Broch Canetti im Januar 1933 bei der Lesung aus der *Blendung* vorstellte, bezog er sich auf dieses Forschungsthema:

> Canetti [ist] daran, zu einer breit angelegten Philosophie der Masse den Grundstein zu legen. Damit charakterisiert sich aber auch Canettis Werk, denn seine Grundüberzeugung ist der Glaube an die große seelische Existenz der Masse, an das Überindividuelle, das ihm von größerer und konkreterer Wirklichkeit ist als das Leben des Einzelindividuums. Im Vorhandensein des Menschheitsganzen, im Vorhandensein der lebendigen Menschenmassen erblickt und fühlt er die höhere und, man möchte wohl sagen religiöse Einheit, aus der aller Sinn des Lebens erfließt, und zu dem aller Lebenssinn, damit er es sei, zurückfließen muß.
>
> (KW9/1, 59)

Erst während der Exilzeit arbeiteten die beiden Autoren an Studien zum Thema: Broch an seiner *Massenwahntheorie* (KW12), Canetti an „*Masse und Macht*" (Canetti 1960; Arnason und Roberts 2004). Broch, so hat man den Eindruck, schreibt direkt gegen die positive Einschätzung der Masse bei Canetti an. Die Brochsche Ablehnung der modernen Masse hat Canetti nie geteilt, wobei er von dem frühen, von Broch beschriebenen einseitig positiven Verständnis der Masse jedoch abrückte. In Canettis Phänomenologie gibt es sowohl die tödliche „Hetzmasse" wie die lebensbejahende „Festmasse", die Gefahren ausweichende „Fluchtmasse" wie die revolutionäre „Umkehrungsmasse"; es gibt die negative Bindung der Masse an den Machthaber qua Todesdrohung, und es gibt die positive Bindung qua Libido. Brochs Studie, die aus drei Teilen besteht, ist völlig anders angelegt. Sie beschäftigt sich in einem ersten Teil erkenntnistheoretisch und psychologisch mit dem „Dämmerzustand" des Menschen, aus dem heraus nur selten echte Erkenntnisvorstöße gelingen; zweitens mit den Prädispositionen des individuellen Dämmerzustandes für massenwahnhaftes Verhalten; drittens mit Theorie und Praxis einer „Bekehrung" der dem Massenwahn verfallenen Nationen hin zur Demokratie mit ausführlichen Kapiteln über Menschenrecht und Menschenwürde im Kontrast zur Versklavung in den Konzentrationslagern. Beide Autoren wollten auf ihre Weise Beiträge zur Verhinderung neuer Massenpsychosen leisten.[6] Einen Austausch von Manuskriptteilen zwischen Broch und Canetti hat es nicht gegeben, obgleich Broch daran interessiert gewesen wäre. Broch starb lange bevor Canetti sein Buch publizieren konnte, und da Brochs nie ganz abgeschlossene *Massenwahntheorie* erst 1979 aus dem Nachlass erschien, hat Canetti darauf in *Masse und Macht* nicht reagieren können.

Bereits nach gut zwei Wochen schickte Broch seine Antwort auf Canettis Brief vom 12. Mai 1943 aus Princeton nach Chasham Bois in Buckinghamshire. Diese Nachricht vom 30. Mai 1943 begann mit den Zeilen: „Dear Canetti, This is the first letter I have ever had from you and I am the more delighted with it for I never thought you would write letters". Noch bevor er auf Canettis Ärger einging, klärte er ihn über den Aufenthaltsort von Abraham Sonne auf: „Abraham is still in Palestine and his cousin Isaiah (with whom you have confused him, for it is he who is professor in Cincinnati) never answers when I write him for news of Abraham." Auf die Vorwürfe reagierte er mit einem konstruktiven Vorschlag:

> It is funny that you have been angry with me because we are both working in the same field. I would never have imagined from those few remarks that you made years ago about the collective that these would become the germ of a real work and I am absolutely enthusiastic that you have entered on it. I would be pleased to send you the outlines of my work and to get yours so that we could compare methods and results, but I don't dare send manuscript[s] over the ocean. How could we do it?   (JCZ)

Broch wartete bis in die letzte Juli-Woche auf eine Antwort. Dann schickte er am 23. Juli 1943 eine Kopie des Briefes vom 30. Mai 1943 an Canetti: „Dear friend, I send you this copy of my May-letter because I have no answer and the original

---

6 Vgl. Schmid-Bortenschlager 1985; Müller-Funk 2009.

(and perhaps also the answer) was lost. How are you? I have no news from England, also not from Sydney Schiff, whom I wrote three times" (JCZ). Die Antwort blieb aus.

Zum neuen Jahr 1944 sandte Broch wieder eine Notiz an Elias und Veza Canetti und fragte auch nach den Arbeiten zur Massenpsychologie (JCZ). Veza Canetti scheint geantwortet zu haben, doch sind ihre Zeilen verloren gegangen. Jedenfalls bezog sich Broch in einem Schreiben vom 12. Mai 1944 an Veza Canetti auf ihren Brief, den er wegen der abschließenden Arbeiten am *Tod des Vergil* nicht sofort habe beantworten können. Erneut ging es um Anna Mahler und Georg Merkel. Was Canettis massenpsychologische Studien betrifft, flicht Broch am Ende die Bemerkung ein: „Canetti, of course, never answers my questions about his work on *Mass Psychology*, but I hope I can send him very soon parts of my writing on this" (JCZ). Am 4. September 1944 schrieb er wieder an Veza Canetti. Da drückte er die Hoffnung auf ein baldiges Ende des Krieges aus. Als seinen eigenen Beitrag zum „war and peace effort" verstand er seine „Mass Psychology", an der er „in competition with that of Canetti" arbeite. Vor zwei Tagen habe er das Typoskript der deutschen Fassung des *Tod des Vergil* an den Verleger (Kurt Wolff von Pantheon Books in New York) geben können, und er hoffe, dass er die englischsprachige Version ebenfalls bald druckfertig haben werde. Wie fast immer fehlten auch hier nicht die Grüße an Anna Mahler (JCZ). Das war auch der Fall im Brief vom 2. März 1945 an Veza Canetti, worin er sich erneut für ein weiteres Schreiben von ihr bedankte, ihr die besten Gesundheitswünsche schickte (sie hatte über eine nicht näher bezeichnete Krankheit berichtet) und sich über die zeitraubenden Korrekturen an der englischsprachigen Version seines Vergil-Romans beklagte. (JCZ)

Ein gutes Jahr später, am 23. April 1946, also fast zwölf Monate nach Kriegsende, reagierte Broch erneut auf einen Brief Veza Canettis. Auch diesmal wurden die Grüße an Anna Mahler nicht vergessen. In der Nachkriegszeit schrieben die Briefpartner wieder auf Deutsch. Veza Canetti hatte wohl erwähnt, dass ihr Mann aus Zeitmangel nicht schreiben könne, und dafür drückte Broch sein Verständnis aus. Mehrfach hatte er in seiner Korrespondenz herausgestellt, dass ihm Canettis Abwendung von der Literatur und Hinwendung zur Wissenschaft sehr sympathisch sei (JCZ). Das ist auch der Grund, warum Broch ein Jahr später (am 28. März 1947) einen erneuten Versuch unternahm, den direkten Kontakt mit Elias Canetti wiederherzustellen. Anlass war die gerade in London bei Jonathan Cape erschienene Übersetzung der *Blendung* unter dem Titel *Auto-da-Fé*. Sie stammte von der Engländerin C.W. (Cecily Veronica) Wedgwood. (1947 wurde das Buch in der gleichen Übersetzung aber mit dem Titel *The Tower of Babel* bei Knopf in New York publiziert.) Broch gratulierte zum „so schönen Erfolg" und lobte „die ganz ausgezeichnete Übersetzung". Dann fragte er: „Wie steht es mit

Ihrer Massenpsychologie?" und fügte hinzu, dass es mit der seinen „überhaupt nicht vorwärts" gehe. Er fuhr fort: „Wie gut und nützlich es mir erschiene, einmal das alles richtig miteinander besprechen zu können, brauche ich Ihnen nicht eigens zu sagen." Und wie immer erkundigte er sich nach Anna Mahler (JCZ). Nicht Elias, der Broch keinen Einblick in seine massenpsychologischen Studien geben wollte, sondern Veza Canetti antwortete postwendend auf diese Nachricht, wie Brochs Gegenbrief an sie vom 20. Mai 1947 zu entnehmen ist. Wieder erwähnte Broch Anna Mahler, die gemeinsame Freundin. „Wie geht es denn mit ihren Skulpturen?", fragte er: „Hat sie Fortschritte gemacht? Mit dem Wotruba-Stil ginge es nämlich nicht weiter". Bei der Diskussion übers Altwerden meinte Broch: „Es will mir scheinen, dass das ein durchaus vorteilhafter Prozess ist. Nur dass die Zeit hinter einem länger und vor einem kürzer wird, ist grauslich" (JCZ). Broch meldete Skepsis an, als er auf die Verbreitung des *Tod des Vergil* und der *Blendung* zu sprechen kam:

> Dass Canetti ‚das Höchste' von mir erwartet, ist lieb von ihm, aber ich lasse ihm sagen, dass es in der Schreiberei in der heutigen Zeit kein Höchstes gibt. All das ist überholt. Und selbst dort wo es wirklich höchste Leistungen waren, wie bei Joyce oder Kafka oder selbst mit der ‚Blendung'! ist die Einordnung in die Welt nicht mehr die nämliche wie früher. Das Kunstwerk ist verblasst. Und ich habe immer das Gefühl, dass dort wo wir Erfolg haben, es nicht mehr lebendige Menschen sind, die ihn uns bereiten. (JCZ)

Wieder verstrich ein ganzes Jahr bis zum nächsten transatlantischen Briefaustausch. Das war im Frühjahr 1948. Es ging jetzt um ein besonders wichtiges Thema, um die Verlagssuche für das Theresienstadt-Buch von H.G. Adler. Diesmal schrieb Canetti (zum zweiten und letzten Mal) direkt an Broch. Veza Canetti war hier ebenfalls engagiert. Sie tippte den handschriftlichen Brief ihres Mannes mit der Schreibmaschine ab. Broch erhielt nicht das handschriftliche Original dieses Briefes, sondern die von Veza Canetti verfasste Kopie (allerdings mit der Unterschrift von Elias Canetti). Sie fügte diesem Brief ein eigenes Begleitschreiben mit dem Datum vom 6. Mai [1948] bei. Den Brief Canettis versah sie mit der Absendeinformation „Mrs. V. Canetti 14 Crawford Street London 1" und mit dem englisch geschriebenen Datum „May 6, 1948", obwohl der Brief selbst auf Deutsch verfasst worden war. Elias Canettis Originalbrief muss aber früher entstanden sein, denn Veza Canetti erwähnte, dass ihr Mann derzeit „in Frankreich bei seinem Bruder Georg" sei, der wegen Operationen sich in einem Sanatorium bei Grenoble aufhalte. Sie erläuterte die Situation: „Canettis Brief im Original behalt ich zurück, denn er schreibt so unleserlich, dass es dem Adler nur schaden würde." (YUL) Sie stellte sich vor, dass Broch diesen abgetippten Brief amerikanischen Verlegern zeigen würde. Elias Canetti begann seinen Brief mit einer Entschuldigung:

> Lieber Hermann Broch, ich habe Ihnen so lange nicht geschrieben, dass ich den Mut dazu kaum mehr aufgebracht hätte; aber es hat sich nun eine dringliche und würdige Gelegenheit dazu ergeben. Ich benütze sie mit Eifer und hoffe, Sie verübeln mir mein Schweigen nicht allzusehr.
> (Canetti 2018, 65)

Canetti setzte sich mit aller Beredsamkeit ein für das Werk von H. G. Adler, den Auschwitz-Überlebenden und Zeitzeugen der Arbeits- und Vernichtungslager. Er bat Broch für das Theresienstadt-Buch in Amerika eine Publikationsmöglichkeit zu erkunden. In England habe er das vergeblich versucht. Auch betonte er, dass Adler den Schriftsteller Broch sehr schätze, wenn er festhielt:

> Er hat „Die Schlafwandler" noch vor dem Kriege gelesen; Ihre Gedanken über den „Zerfall der Werte" haben ihm den tiefsten Eindruck gemacht. Er behauptet allen Ernstes, dass Sie es ihm ermöglicht haben, in allen Lagern Haltung zu bewahren und seine Peiniger nicht zu sehr zu hassen. Er ist zu scheu und vielleicht auch zu stolz, Ihnen selbst zu schreiben.
> (Canetti 2018, 66)

Broch nahm sich dieser ihm gestellten Aufgabe an, und er korrespondierte darüber angelegentlich direkt mit H.G. Adler (AHB) in London, aber auch mit Hannah Arendt (HAB), mit Autoren und Verlegern aus seinem Bekanntenkreis. Er verfasste im Frühjahr 1949 ein positives Verlagsgutachten, in dem es abschließend heißt:

> Für mich unterliegt es keinem Zweifel, daß Adlers Untersuchungen über das Konzentrationslager ein Standardwerk darstellen, das sowohl für die gegenwärtigen wie für künftige Generationen allergrößte Bedeutung besitzt, und dessen Drucklegung daher unbedingt erforderlich ist.
> (KW9/1, 405)

Das Problem waren nicht nur die Deutschsprachigkeit des Typoskripts und dessen ungewöhnlich großer Umfang, sondern auch die Tatsache, dass es in Amerika damals nur einen kleinen Leserkreis für Bücher über die Orte des Terrors im Europa der Kriegsjahre gab. Am Ende klappte es nicht, und erst nach sieben Jahren konnte das Werk 1955 in Deutschland erscheinen (Adler 1955). Die Publikation auf Englisch ließ sogar sieben Jahrzehnte auf sich warten.[7] In seiner kurzen Antwort an Elias und Veza Canetti vom 22. Juli 1948 stimmte er den beiden zu, dass in der Sache unbedingt etwas unternommen werden sollte. Allerdings lag Broch damals mit einem Hüftbruch im Princeton Hospital. Nichtsdestoweniger nahm er sich der Sache an und fügte seinem Schreiben auch einen Brief an H. G. Adler bei (JCZ). Brochs nächste Mitteilung an Veza Canetti folgte drei Wochen

---

7 H. G. Adler. *Theresienstadt, 1941–1945: The Face of a Coerced Community.* New York, NY; Published in association with the United States Holocaust Memorial Museum and Terezin Publishing Project, Cambridge University Press 2017.

später am 18. August 1948. Das war eine Antwort auf ihre Genesungswünsche. Er dankte dafür und hoffte, „noch weitere 20 Jahre auf dieser Welt" zu sein. Das sei aber wohl nicht zu erwarten, vielmehr habe er „das Gefühl", seinen „Nachlass vorbereiten zu müssen". Ansonsten wurden wieder Grüße an Anna Mahler ausgerichtet und ebenfalls an H. G. Adler, dessen „Brief und Manuskript" er erwarte (JCZ).

Ein neuer Kontakt zu Veza Canetti ergab sich erst wieder knapp zwei Jahre später am 6. Juli 1950. Das war eine kurze Nachricht, zum Teil auf Englisch, zum Teil auf Deutsch verfasst. Es ist – wie oft vorher – von zu viel Arbeit die Rede, aber vor allem bedauere er den Tod des gemeinsamen Freundes Abraham Sonne, den er eigentlich im folgenden Jahr auf seiner Europareise habe treffen wollen (HBS, 168–170). Sonne war am 28. Mai 1950 gestorben. Auch hier fehlte der Gruss „Love to Anna" [Mahler] nicht (JCZ). Ende Dezember 1950 erhielt er einen Brief mit Neujahrsgrüßen von Veza Canetti. Broch und die beiden Canettis teilten eine Verehrung für Mathias Grünewald (Canetti 1980, 260, 262; Lützeler 2001), besonders für dessen Isenheimer Altar, und sie fragte an, ob sie ihm „die Reproduktion eines Grünewald" schicken könne. Sie zögerte, weil sie fürchtete, dass ihn das Bild traurig stimmen könne. Die Canettis hatten gehört, dass der Österreichische P.E.N.-Club Broch für den Nobelpreis von 1950 vorgeschlagen hatte, und nun erkundigte sich Veza danach. Sie schrieb auch über Anna Mahler, die England gerade in Richtung Los Angeles verlassen habe. Veza Canetti gab dem Brief eine persönliche Note, als sie sich nach Brochs Reiseplänen erkundigte: „Und wann ich Sie sehen werde? Bitte sehen Sie sich aber nicht als meine unglückliche Liebe an, ich war immer ganz glücklich Ihre Augen zu sehen – so ergeht es allen und die Wirkung hält Jahre lang an" (DLA). Broch antwortete am 7. Februar 1951 auf die Frage nach dem Nobelpreis, und da klang schon die – vielleicht nicht sehr ernst gemeinte – Vermutung an, dass Canetti einmal diese Auszeichnung erhalten werde:

> Natürlich habe ich den Nobelpreis nicht bekommen; er ist zu Faulkner gegangen, der ihn vollauf verdient. Die zweite Hälfte ist zu Russell gegangen, der ihn vollauf nicht verdient. Ich selber gehöre zu dem Typus Gide etc., die erst, soweit sie es erleben – Valéry hat es nicht getan – mit 80 gekrönt werden. Ich hoffe, dass Canetti mehr zum Faulkner-Typus gehört. (JCZ)

Bekanntlich erhielt Canetti den Nobelpreis 1981 im Alter von 76 Jahren. In seiner Dankesrede erwähnte er, wieviel er anderen zeitgenössischen Autoren aus der alt-österreichischen Kultursphäre wie Karl Kraus, Franz Kafka, Robert Musil und Hermann Broch verdanke. Die Bemerkung zu Broch lautet:

> Mit Hermann Broch war ich befreundet. Ich glaube nicht, daß sein Werk mich beeinflußt hat, wohl aber erfuhr ich im Umgang mit ihm von jener Gabe, die ihn zu diesem Werk

> befähigt hat: diese Gabe war sein Atem-Gedächtnis. Ich habe seither über Atmen viel nachgedacht, und die Beschäftigung damit hat mich getragen. (Canetti 2005, 116)

Broch fügte dann dem Brief an Veza Canetti noch hinzu: „Nein, der Grünewald würde mich nicht traurig stimmen, aber Sonne traure ich nach. Ich will gelegentlich einen Abschiedsaufsatz über ihn schreiben." Dazu kam es nicht mehr. Am 9. Februar 1951 bedankte sich Veza Canetti für Brochs Roman *Die Schuldlosen*; da wären ihnen „Rubine und Topaze" aufgefallen, die sie „schon in Wien sehr bewundert" hätten. Ansonsten war es ein Brief, der dem Andenken an Abraham Sonne gewidmet war. Elias Canetti, so berichtete Veza, habe in London zwei Bekannte Sonnes getroffen: Robert Weltsch[8] und Leo Lauterbach[9]. Beide hätten ausführlich von dem verstorbenen Freund erzählt, „so dass Canetti ein ganzes Tagebuch voll über Sonne" aufgezeichnet habe. Lauterbach wusste zu berichten, dass Sonne einem anderen Freund „kapitelweise" aus dem *Tod des Vergil* vorgelesen habe. Veza Canetti wünschte sich, Broch im Sommer in London zu sehen: „bitte kommen Sie wirklich", schrieb sie und betonte: „Ich bin überaus mit Ihnen enthusiastisch", während sie sonst „mehr sarkastisch" sei (DLA). Broch antwortete am 12. Mai 1951 mit „Dank für die gute Einladung" und fragte: „doch werde ich von hier wegkommen?" Dann folgte ein Bulletin, das die Reisepläne durchkreuzen könnte:

> Zwecks rechtzeitiger Abreise habe ich ein Arbeitstempo vorgelegt, das mich mit einem Herzdefekt ins Spital – soeben hat man mich dort entlassen – gebracht hat, und da ich bei der mir vorgeschriebenen Tempoverlangsamung alle Reisehoffnungen aufgeben müsste, bin ich daran, die nächste Herzattacke vorzubereiten, was auch nicht das Richtige ist. Kurzum, vom Regen in die Skylla und von der Charybdis in die Traufe. (DLA)

In einem undatierten Brief von Veza Canetti (wahrscheinlich Ende Mai 1951 geschrieben) bat sie um eine mögliche Förderung des österreichischen Schriftstellers Theodor Sapper, den Broch früher beraten hatte. Zudem brachte sie ein

---

8 Robert Weltsch (1891–1982) war ein zionistischer Journalist und Zeitungsherausgeber. Er wuchs in Prag auf, war ein Vetter des Schriftstellers Felix Weltsch und mit Max Brod und Franz Kafka befreundet. Von 1919 bis 1938, dem Jahr, als er nach Palästina emigrierte, war er der Herausgeber der in Berlin erscheinenden *Jüdischen Rundschau*. In Jerusalem schrieb er für die israelische Tageszeitung *Haaretz*, deren London-Korrespondent er 1945 wurde. Dort lernte er Elias Canetti kennen. Weltsch unterstützte die Gründung des Leo Baeck Instituts und war Herausgeber des Jahrbuchs des Leo Baeck Instituts von 1956 bis 1978. Er war mit Abraham Sonne befreundet und publizierte seine Erinnerungen an ihn (Weltsch 1994).

9 Leo Lauterbach (1886–1968), Rechtsanwalt und Verbandsfunktionär. Seine Teilnachlässe (er korrespondierte mit führenden israelischen Politikern und Intellektuellen) finden sich im Leo Baeck Institute in New York und im Central Zionist Archive in Jerusalem. Er stammte aus Galizien. Als Nachlassverwalter von Abraham Sonne korrespondierte Lauterbach nach dem Tod Brochs mit YUL.

erneutes persönliches Kompliment über *Die Schuldlosen* an: „Wenn man Ihre Novellen liest, [...] fühlt man sich beruhigt und sanft gestreichelt. Und man ist dankbar und möcht es aussprechen" (DLA). Broch starb am 30. Mai 1950 durch einen Herzschlag. Dieser letzte Brief von Veza Canetti ist erst nach dem Tod des Autors in New Haven, Connecticut, eingetroffen. Das ist der Grund, warum sich Brochs Witwe Annemarie Meier-Graefe-Broch am 30. Juni 1951 bei Veza Canetti für diesen Brief bedankte (JCZ).

4.3.2 Sonne in Jerusalem: Auf der Suche nach dem integren Freund

Wie soll man über einen Autor schreiben, von dem Lea Goldberg[10], die ihn gut kannte, überliefert: „Er wollte nicht, daß von ihm in der Öffentlichkeit gesprochen wurde. Wenn sein Name im Druck erschien, kam Verstimmtheit und Abneigung in sein Gesicht und bedrückte jene, die ihn kannten. Jedes Schreiben über ihn stellte eine Verstimmtheit seiner Gefühle dar [...]" (Goldberg. 1994, 69). Während andere Autoren ein Leben lang archivbewusst alle Entwürfe ihrer Arbeiten, alle Korrespondenzen sammeln, um sie als Nachlass den Angehörigen oder als Vorlass einem Archiv übergeben zu können, wollte Sonne höchstens im Gedenken jener fortleben, mit denen er freundschaftlich verbunden gewesen war. Seine Briefwechsel, Gedichte, Kritiken und Notizen hat er nicht gesammelt, und es ist die Aufgabe der Literatur- und Kulturhistoriker, kaum noch erkennbare Spuren zu sichern. Den Grund für solche Erinnerungsarbeit haben Mitglieder aus Sonnes Freundeskreis wie Hermann Broch, Lea Goldberg und Elias Canetti be-

---

10 Lea Goldberg (1911–1970) war eine israelische Schriftstellerin und Übersetzerin. Geboren wurde sie als Tochter jüdisch-litauischer Eltern aus Kaunas im damals ostpreußischen Königsberg. Sie studierte semitische Sprachen an den Universitäten in Berlin und Bonn und schloss ihr Studium mit einem Doktorgrad ab. 1935 emigrierte sie nach Palästina und lebte in Tel Aviv, wo sie Mitglied der Gruppe Yachdav wurde, einer Vereinigung von zionistischen Autor*innen aus Ost-Europa. Sie siedelte nach Jerusalem über, unterrichtete als Lehrerin, schrieb für Zeitungen und arbeitete für einen Kinderbuch-Verlag. 1954 begann ihre Laufbahn als Hochschullehrerin an der Hebrew University in Jerusalem. 1963 wurde sie dort Leiterin der Abteilung für Vergleichende Literaturwissenschaft. Mit ihrer Kenntnis von sieben Sprachen war sie eine gefeierte Übersetzerin u. a. von deutscher Literatur (Rilke, Thomas Mann). Als ihr Meisterwerk gilt die Übertragung von Tolstoys *Krieg und Frieden* ins Neu-Hebräische. Sie zählt zu den anerkanntesten israelischen Schriftsteller*innen der Zeit zwischen 1948 und 1970. Sie lernte Abraham Sonne persönlich kennen, war mit ihm befreundet und hat sich für die Verbreitung seiner Gedichte eingesetzt (Gordinsky, 170, 174).

nannt. Ein Vierteljahr nach Sonnes Tod schrieb Broch aus New Haven an seine Freundin Ea von Allesch in Wien, die Sonne auch gekannt hatte:

> Sonne war ein Mensch, von dem ich immer nur lernen konnte. Nichts war an ihm banal, und seine Welteinsichten waren stets von überraschender, oftmals genialer Tiefe. Dabei hatte er eine menschliche Feinfühligkeit, die nicht ihresgleichen hatte; unsäglich scheu, war er auf der steten Flucht vor Menschen, und man konnte sagen, daß jeder, den er mit seinem Verkehr auszeichnete, ja, den er auch nur ertrug, Reinheitsqualitäten besaß; er war wie ein Prüfstein, und eben darum habe ich seine Liebe und Anhänglichkeit stets als Auszeichnung empfunden. (Lützeler 1985, 345–346)

Vergleichbar heißt es bei Lea Goldberg:

> Wer das Glück erfuhr, längere Zeit in seiner Nähe zu sein und von ihm selbst zu hören, was er sagte, seine Erzählungen, Anmerkungen und Gespräche, seine genaue und glänzende Art, etwas zu bestimmen, weiß, dass er von ihm einen Schatz erhielt, zu wertvoll, ihn im Privaten zu belassen. [...] Wieviel Weisheit des Menschen, Dichters und Denkers ging verloren. (Goldberg 1994, 69)

Am ausführlichsten hat Elias Canetti seine Erinnerungen an Sonne festgehalten. Er berichtet:

> Nichts, wovon Sonne sprach, wurde durch ihn abgeschafft und erledigt. Es war interessanter als zuvor, es war gegliedert und erleuchtet. Er legte ganze Länder in einem an, wo zuvor nur dunkle, aber fragende Punkte gewesen waren. Einen Menschen, der für das öffentliche Leben von Bedeutung war, konnte er so genau schildern wie ein Wissensgebiet. Er vermied es, von Leuten zu sprechen, die wir beide persönlich kannten, so war das, was Gespräch zu Klatsch machen kann, von seiner Darstellung ausgeschlossen. (Canetti 1985, 149–150)

Broch dürfte Abraham Sonne Mitte oder Ende der 1920er Jahre in Wien kennengelernt haben. Beide entstammten jüdisch-bürgerlichen Familien der Donaumonarchie. Sonne wurde 1883 in Przemysl in Ost-Galizien geboren, Broch 1886 in Wien. Während Sonne im Haus der Eltern und Großeltern eine traditionelle jüdische Erziehung erhielt, wuchs Broch in einer akkulturierten Familie auf, die nur noch an den hohen jüdischen Feiertagen die Synagoge besuchte. Beide studierten in Wien, ohne doch einen akademischen Abschluss zu machen. Broch war ein Wiener Autor, und Sonne wurde zu einem Wiener Gelehrten: Er begann sein Studium 1911 in Wien, verbrachte die Zeit des Ersten Weltkriegs dort und kehrte nach einem zweijährigen Aufenthalt in London 1921 nach Wien zurück. Beide flohen 1938 nach dem ‚Anschluss‘ aus Wien. Um 1930 gehörten zum Freundeskreis von Abraham Sonne neben Broch und Canetti auch Georg Merkel, Arnold Schönberg, Alban Berg, Richard Beer-Hofmann, Alma Mahler, Anna Mahler, Soma Morgenstern und Josef Popper-Lynkeus. Mit Martin Buber war er seit langem bekannt. Erwähnt wird Sonne zuweilen in der Korrespondenz aus den frühen

1930er Jahren zwischen Broch und seinem Verleger Daniel Brody, zum Beispiel im Brief Brochs vom 19. Juli 1932. Damals hatte eine der europäischen Agenturen der Hollywood-Firma Warner Brothers sich nach eventuellen Möglichkeiten einer Verfilmung von Brochs *Schlafwandlern* (KW1) erkundigt. Brody hatte noch nie mit Filmagenturen zu tun gehabt und war ratlos. Broch legte eine berechtigte Skepsis an den Tag und antwortete seinem Verleger: „Im übrigen schicke ich Ihre Karte an den schon oftmals genannten Dr. Sonne nach Wien. Er dürfte bei seinen kosmopolitischen geistigen Beziehungen vielleicht etwas über Warner Bros. und die Art ihres Begehrens aussagen können" (KW13/1, 202). Schon diese Notiz zeigt, dass man sich darauf verließ, dass Sonne einfach alles wusste. Sein Gedächtnis muss phänomenal gewesen sein. Er hatte es schon in Kindheit und Jugend trainiert, denn er kannte die Tora auswendig und konnte jede beliebige Stelle daraus zitieren. Brochs Freundinnen Anna Herzog und Jadwiga Judd, die ich Ende der 1960er und zu Beginn der 1970er Jahre im Hinblick auf eine spätere Broch-Biographie interviewte, bezeugten, welchen Respekt Sonne wegen seiner immensen Kenntnisse, scharfsinnigen Analysen und geradezu prophetischen Prognosen im Freundeskreis besaß. Sonne hatte zwar nie einen Doktortitel erworben, doch galt er als so gelehrt, dass er im Freundeskreis „Dr. Sonne" genannt wurde.

Es ist so gut wie sicher, dass Broch die wenigen frühen Gedichte aus der Zeit vor dem Ersten Weltkrieg nicht kannte, die Sonne auf Hebräisch unter dem Namen Avraham Ben Yitzhak (Abraham, Sohn des Isaak) in Zeitschriften veröffentlicht hatte, und die von Lea Goldberg als Beginn der modernen Literatur des Neu-Hebräischen betrachtet werden (Hever 2002, 69, 90). Broch konnte kein Hebräisch. Wenn Sonne 1913 auch vier dieser Gedichte auf Deutsch veröffentlichte, so dürfte er sie Broch nicht gezeigt haben. Sonne verstand sich, als er Broch kennenlernte, vor allem als Lehrer. Er wurde 1921 als Rektor an das Hebräische Pädagogium in Wien berufen, das auch Jüdisches Pädagogium oder Jüdisches Pädagogisches Institut genannt wurde. Es war eine Institution, an der jüdische Lehrer und Lehrerinnen ausgebildet wurden. Sonne dürfte seine Kreativität vor allem in die Vermittlung der hebräischen Sprache und der jüdischen Kultur investiert haben, zudem auch in die Arbeit der Leitung seines Instituts. Anders als Broch war Sonne Zionist: 1919 hatte er die Abteilung für die Ansiedlung in Palästina bei der Zionistischen Exekutive in London geleitet, und ein Jahr darauf war er ihr Generalsekretär geworden, eine Funktion, die er jedoch bald wegen der Konflikte im Leitungsgremium aufgeben musste. In dieser Zeit hatte Sonne sein Verständnis für politische Zusammenhänge und Konstellationen vertieft. 1913 war ihm an einem Lehrerseminar in Jerusalem eine Dozentenstelle für Hebräisch angeboten worden. Er wollte die Dozentur annehmen, doch verunglückte er bei der Ankunft in Palästina so schwer, dass er nach Wien zurückkehren musste. Im Freundeskreis der 1930er Jahre zeichnete er sich dadurch aus, dass er die jeweilige politische Lage nüchtern analysierte und die weiteren Entwicklungen korrekt voraussagte. Außerhalb des Lehrberufs investierte Sonne seine intellektuelle Kraft in die Aufnahme und Verarbeitung von Informationen, die er nicht zuletzt der internationalen Presse entnahm. Publizieren war ihm völlig fremd geworden, doch war er ein Meister des Gesprächs unter Intellektuellen und Künstlern, und von den Konversationen im Café Museum in Wien vermittelt Canetti ein lebhaftes Bild (Canetti 1985, 141–176). Weil er ganz auf die Kraft des Gesprächs vertraute, scheute Sonne sich, Korrespondenzen zu führen. So haben sich auch im Nachlass Hermann Brochs nur zwei briefliche Dokumente von Abraham Sonne erhalten.

Broch war ein Geistesverwandter von Sonne, jedenfalls was die intensive Auseinandersetzung mit den Problemen der Gegenwart betraf. Beide waren davon überzeugt, dass in Europa eine Kultur zu Ende ging, und dass in dieser fundamentalen Krise die Aufgabe des Intellektuellen in Analyse und Voraussage bestehe (Rübner 1994, 84). Für beide waren Denkkategorien des Gleichgewichts und der Harmonie zentral, und sie waren entschiedene Gegner von Terrorismus und der Verletzung von Menschenrechten. Auch bekannten sich beide zum Einfluss von Karl Kraus, was ihre ethisch-gesellschaftskritischen Positionen betraf. Zudem waren sie jüdische Intellektuelle, die enge Beziehungen zu nicht-jüdischen geistigen Kreisen unterhielten (Weltsch 1994, 98). Was aber ihr Verhältnis zu den Medien des Buches, der Zeitschriften und des Rundfunks anging, waren sie gegensätzlicher Ansicht. Broch war immer auf maximale Wirkung bedacht, wollte seine Romane und Essays von einem möglichst großen internationalen Publikum gelesen wissen, auch wenn dieses Ziel zu seinen Lebzeiten nur selten erreicht wurde. Zudem ist seine Korrespondenz gleichsam uferlos, von einer Breite, wie sie selten ist zu seiner Zeit und in seiner Generation. Wäre Sonne auf gleiche Weise ein so passionierter Briefschreiber wie Broch gewesen, könnte man heute ein ganzes Buch mit ihrer Korrespondenz publizieren. Sonne beantwortete Brochs Briefe nur höchst selten: nicht aus Antipathie, sondern aus Misstrauen gegen das geschriebene Wort, das jemanden auf eine ganz andere Weise festlegt als das gesprochene, und das, wenn es den Adressaten erreicht, eigentlich schon nicht mehr jene Antwort enthält, die man in diesem Augenblick mündlich gegeben hätte. Es wird öfters behauptet, dass Sonnes Prinzip das Schweigen geworden sei (Hever 2002, 67), aber das stimmt nicht ganz. Sonne schwieg nicht grundsätzlich, denn im Gespräch war er beherrschend, seine Stimme wurde vernommen und seine Meinung geschätzt. Nur glaubte er an das lebendige, gesprochene Wort, misstraute dagegen der verschrifteten, fixierten und damit festgelegten Aussage. Dieses Misstrauen Sonnes bezog sich auf sein eigenes Werk, das ein mündliches blieb, nicht aber allgemein oder gar prinzipiell auf Schriften anderer und schon gar nicht auf die Tora. Allerdings gibt es auch einen melancho-lisch-resignativen Grund für Sonnes Publizitätsscheu. Er nennt ihn – zehn Jahre vor seinem Tod – in dem Dokument „Letzte Wünsche" vom 3. Juli 1940. Wie sehr Sonne an Broch dachte und ihn in bester Erinnerung hielt, geht aus diesem Doku-ment hervor. Damals musste sich Sonne einer Blinddarmoperation unterziehen. Er fürchtete, dass er den medizinischen Eingriff nicht überleben werde. So diktierte er am Tag vor der Operation ein paar an Hermann Broch gerichtete Zeilen, die ihm durch Hans Kohn[11] übermittelt werden sollten:

> Unsere Freundschaft war fuer mich ein grosses Glueck, und er ist mir sehr gegenwaertig. Er moechte Elias Canetti und Anna Mahler bei Gelegenheit sagen, dass mir ihre Freundschaft immer ein Geschenk war, dass ich immer an sie denke, ohne schreiben zu koennen. Mir verging die Sprache vor den Dingen, die ich kommen sah. [...] Broch wird auch wissen, wen von mir zu gruessen, und wer mir gegenwaertig ist. Im Grunde genommen glaube ich, alles bekommen zu haben, was man auf dem Planeten bekommen kann.   (HBS, 137)

Die Tatsache, dass er diese imaginierten letzten Worte an Broch in der Überzeu-gung richtete, dass er die Abschiedszeilen den Mitgliedern des ehemaligen Wiener Freundeskreises zuschicken werde, verdeutlicht Hochschätzung und Vertrauen. Broch hat diese Zeilen aber nie erhalten, denn sie wären nur in dem Fall an ihn übermittelt worden, wenn Sonne die Operation nicht lebend überstanden hätte.

Broch lag viel daran, mit Sonne in Verbindung zu bleiben, weil er sich vom intellektuellen Austausch mit dem Freund Anregungen bei seinen literarischen und essayistischen Projekten versprach. So gehört Sonne zu den ersten Bekann-ten, von denen er nach seiner Flucht wissen wollte, wie er aus Wien im Früh-jahr 1938 entkommen war, nachdem Hitler-Deutschland Österreich annektiert hatte. Broch war die Flucht im Juli nach dreiwöchiger Haft und ständigem Un-tertauchen in Wien gelungen. Er kam nach London, wo er Anna Mahler traf, dann zu seinen Freunden Edwin und Willa Muir im schottischen St. Andrews.

---

11 Hans Kohn (1891–1971) war ein aus Prag stammender jüdischer Sozialphilosoph und Histo-riker. Er dürfte Sonne 1919/1920 in London kennengelernt haben, wo sie beide für zionistische Vereinigungen arbeiteten. Kohn war 1925 nach Palästina ausgewandert, wo er sich in der Gruppe Brit Schalom engagierte, die sich für die Verständigung zwischen Arabern und Juden einsetzte. 1934 ging er in die USA und lehrte 1940 am Smith College in Northampton, Massa-chusetts. Hans Kohn pendelte öfters zwischen New York und Jerusalem, und es könnte sein, dass er 1940 in Jerusalem zu Besuch war. 1939/1940 waren Hans Kohn und Broch Mitglieder im Redaktionskomitee, das *The City of Man* publizierte. Sonnes Botschaft sollte offenbar Hans Kohn übermittelt werden, der sie an Broch weitergeben würde. Broch wird in diesem Doku-ment nicht direkt angesprochen, vielmehr ist von ihm in der dritten Person die Rede.

Bei einem der ersten Ausflüge mit dem Ehepaar, das seine Romantrilogie *Die Schlafwandler* ins Englische übersetzt hatte, schickte Broch aus Fort William in Schottland eine Postkarte an Sonne, den er bei dessen Schwager, einem Dr. Sommer in Zürich, vermutete (HBS, 131). Da Broch nichts hörte, sandte er einen Monat später aus St. Andrews eine weitere Postkarte nach Zürich. Aber Sonne, dem Broch sagt, dass es „schoen waere [...] Dich naeher zu haben" (HBS, 133), meldete sich nicht.

Im Oktober 1938 kann Broch von England aus in die USA emigrieren. Zehn Monate später hat er mit Hilfe seiner Gönner und Förderer Thomas Mann und Henry Seidel Canby ein Sommerstipendium in der Künstlerkolonie Yaddo in Saratoga Springs in New York erhalten. Von dort schreibt Broch am 11. Juli 1939 (HBS, 133–135; KW13/2, 96–98) einen Brief an Sonne, in dem er erneut bedauert, dass er nichts von ihm hört, ohne ihm doch einen Vorwurf zu machen. Broch wusste, dass Sonne als Zionist nach Palästina ausgewandert war, und er konnte sich vorstellen, wie schwierig die Situation in der neuen Heimat war. Broch berichtet über seine eigene Arbeit und erläutert, dass er sich wieder verstärkt politischen Themen zuwendet, die an seine „Völkerbund-Resolution" (KW11, 195–231) anknüpfen. Dieser Appell muss Sonne also bekannt gewesen sei. Broch gehörte zu den Exilanten, die Amerika mit kritischen Augen sahen. Er hält fest, dass er „bereits nach 48 Stunden gewusst habe", sich „in einem Lande zu befinden, dessen Struktur dem vorhitlerischen Deutschland geradezu photographisch gleicht". Broch erläutert, dass er „an der Errichtung des Staudammes gegen das Grässliche mitarbeiten" wolle, womit er seine *Massenwahntheorie* (KW12) meint, die er damals zu projektieren begann. Was das Persönliche betrifft, so sorgt er sich um seine Mutter, die nicht ins Exil gehen wollte und nun weiterhin in Wien lebt, den Schikanen der Nationalsozialisten ausgesetzt. Erwähnt werden auch die Bekannten und Freunde aus der Wiener Zeit wie Anna Herzog[12], Dora Bak[13] und Elias Canetti. Bezeichnend für Broch ist, dass er dem Freund Sonne helfen will. Er kann sich ausmalen, dass Sonne in Jerusalem keine leitende Stellung finden

---

12 Anna (Anja) Herzog (1900–1980) war die aus Rumänien stammende jüdische Freundin und Sekretärin Hermann Brochs zwischen 1928 und 1932, also zu der Zeit als der Autor die Romantrilogie *Die Schlafwandler* (KW1) schrieb. Später lernte sie den spanischen Schriftsteller und Journalisten Ramón Sender (1901–1982) kennen, der im Spanischen Bürgerkrieg auf Seiten der Republikaner kämpfte. Sender ging ins Mexikanische Exil, wo er Anna Herzog wieder traf, die bald nach dem ‚Anschluss' nach Mexiko geflohen war.

13 Dora Bak (1914–2002) war die Tochter eines jüdisch-deutschen Geigers. Sie war Malerin, lebte bis zum ‚Anschluss' in Wien und floh von dort 1938 in die USA.

wird, wie er sie in Wien innehatte und erwähnt Arbeitsmöglichkeiten für ihn in den USA. Er fragt ihn in diesem Brief:

> Auf Grund Deiner Wiener Lehrtätigkeit könntest Du auf Professorenvisum hereinkommen, sofern hier eine Professur auf Dich wartet, und ich bin überzeugt, dass eine solche (für hebräische Literatur und Philosophie) ohne weiteres für Dich zu erlangen sein wird. Da habe ich schon viel schwierigere Fälle hier gesehen. Soll ich mich also dahinter machen?! Bitte schreibe mir tunlichst bald darüber [...].   (HBS, 134–135)

Um den Aspekt der künftigen Kooperation zu unterstreichen, betont Broch, dass er dem Freund einen Teil seiner Arbeiten schicken werde. Aber Broch hört nichts von Sonne.

Während der Kriegsjahre kommt es erst am 18. Dezember 1944 (HBS, 138–139) zu einem erneuten Kontakt. Broch schreibt aus Princeton und erwähnt die beiden Romane *Der Tod des Vergil* (KW4) und *Die Verzauberung* (KW3). Er spricht auch von seinem theoretischen Hauptwerk im Exil, der *Massenwahntheorie* (KW12). Wie in früheren Briefen werden Freunde und Freundinnen aus der Wiener Zeit erwähnt: Anna Herzog, Miriam und Naëmah Beer-Hofmann[14]. Der Krieg ist seit gut zwei Monaten zu Ende, als Broch erneut an Sonne schreibt. Er reagiert am 12. Juli 1945 (HBS, 142–143) in Princeton auf „eine direkte Nachricht" seines Freundes, die aber verlorengegangen ist. Darin hatte Sonne mitgeteilt, dass es ihm gesundheitlich nicht gut gehe, was Broch Sorgen macht. Auch diesmal wiederholt er seinen Wunsch nach einem Wiedersehen mit Sonne und schlägt erneut vor, der Freund solle sich um „eine Einreise nach Amerika" kümmern. Allerdings drängt Broch nicht mehr so stark auf eine Auswanderung wie sieben Jahre zuvor, da er bezweifelt, dass das Klima in den USA erträglicher sei als in Palästina. Broch kündigt dem Freund an, dass er ihm jetzt, nachdem *Der Tod des Vergil* erschienen ist, ein Exemplar des Romans schicken werde. Wieder werden Freundinnen aus der Wiener Zeit erwähnt: Veza Canetti, Anna Mahler und Anja Herzog. Zehn Tage später folgt am 22. Juli 1945 (HBS, 145) ein weiterer Brief an Sonne, wo die zufällige Begegnung mit einem gemeinsamen Bekannten erwähnt wird: mit dem abstrakten Maler Rudolf

---

14 Richard Beer-Hofmann (1866–1945), jüdisch-österreichischer Schriftsteller, der dem „jungen Wien" angehörte und mit Hugo von Hofmannsthal befreundet war. 1898 heiratete er Pauline Anna Lissy, die in der Familie „Paula" genannt wurde. Sie hatten zwei Töchter (Miriam und Naëmah) und einen Sohn (Gabriel). 1939 ging Beer-Hofmann ins Exil: zuerst in die Schweiz, wo seine Frau in Zürich verstarb, dann in die USA. Bis zu seinem Tod wohnte er in New York. Ein halbes Jahr vor diesem Brief, im Mai 1944, hatte Broch das Gedicht „Das Unauffindbare" (KW8, 58) geschrieben, das sich mit dem Thema des Glücks beschäftigt. Broch schrieb es, nachdem er das Manuskript von Beer-Hofmanns Buch *Paula. Ein Fragment* gelesen hatte (Beer-Hofmann 1949).

Rappaport[15], der sich jetzt Rudolf Ray nennt. Zudem legt Broch ein Exemplar seines 1944 in der *Saturday Review of Literature* erschienenen „Artikels" mit dem Titel „Adolf Hitler's Farewell Address" (KW6, 333–343) bei.

Drei Monate später, am 25. Oktober 1945, erhielt Broch wieder eine Nachricht von Sonne aus Jerusalem. Hier handelt es sich um eine der denkwürdigsten frühen Stellungnahmen zu Brochs Roman *Der Tod des Vergil*. Es heißt da:

> Habe allen Dank des Herzens für Deinen Vergil. Ich verharrte in bangem Raten bis ich das Buch bekam, und, als ich den ersten Abschnitt gelesen hatte fand ich mich hingeworfen, emporgeschleudert vom Feuerschlund der Unterwelt in die kalte Aussenhölle überstürzt von allem Erinnerungshaften das unter dem Gebot Deiner Stimme zum Vorwissen wurde. – Dass Du die Kraft hattest! Dass Du dieses Werk durchstehen konntest! – Ich musste tagelang aussetzen, dann las ich weiter, wahrhaftig, keuchend so oft ich das Buch schloss, und lese jetzt zum zweiten Male. – Das Werk und seine Geschichte die Du ja auch hineingeschrieben hast hineinschreiben musstest; den Mut, die Scham, die Selbstanfechtung den Auftrag und das Ausgesetztsein. Denn Du wirst nicht verstanden werden. Bewundert ja, wenn Du Schönheit herschimmern lässt fernher, abwesend in der Anwesenheit. Sie werdens nicht verstehen dass es im ‚Diesseits' nur ein Jenseits gibt und wieviel weggeschmolzen und ‚überspannt' werden musste nur [um] der Realität immer näher zu kommen. Aber da spreche ich ja bereits von Literaten und Recensenten, ohne übrigens zu wissen wie es damit dort bestellt ist. Wahrscheinlich wird es Dir mit den ‚Philosophen' ähnlich ergehen die in ihren Totenmasken erstorbener Begriffe den Abdruck der Welt sehen. Aber was ich Dir noch alles sagen möchte, kann ich jetzt nicht. Ach wenn ich Dich sprechen könnte!
>
> (HBS, 146)

Das sind zentrale Themen des Romans, die Sonne hier anspricht, besonders auch die Betonung der „Selbstanfechtung" des Dichters. Und wieder kommt der für Sonne typische Seufzer vor: „Ach wenn ich Dich sprechen könnte!" Broch wusste, dass Sonne im Gespräch ausführlicher und subtiler den Roman hätte analysieren können. Sonne ließ diesen Brief durch Benjamin Volcani (Sohn eines jüdischen Biochemikers in Palästina) persönlich an Broch übergeben. Volcani besuchte damals Princeton, und Sonne hoffte, dass Broch ihn Albert Einstein vorstellen würde. Ob das geschah, konnte nicht eruiert werden. Am Schluss seines Briefes verspricht Sonne, dass er bald, nämlich „Ende nächster Woche" (HBS, 147), ausführlicher schreiben werde, was aber nicht geschah.

---

15 Rudolf Ray Rappaport (1891–1984), ein jüdischer expressionistischer Maler. Er war in Lettland geboren und erhielt seine Ausbildung in Wien. 1942 floh er in die USA, wo er in New York lebte und sich seitdem Rudolf Ray nannte. Von 1958 bis 1960 lebte er in Almora/Indien, von 1960 bis 1974 in Mexiko. Ausstellungen seiner Werke wurden in Österreich, Frankreich, den USA, Indien und England arrangiert. Er starb in London. Broch schätzte den Maler.

Anfang Februar 1946 hatte Hermann J. Weigand[16], Germanist an der Yale University, Broch das Manuskript seines Aufsatzes über den *Tod des Vergil* zukommen lassen. Die Studie erschien anderthalb Jahre später (Weigand 1947). Darin entdeckte Weigand einen Subtext, der sich auf Dantes *Göttliche Komödie* bezog. In einem Brief an den Germanisten vom 12. Februar 1946 leugnete Broch eine absichtsvolle Dante-Referenz im Roman, gab aber zu, dass sich bei der langen Entstehungszeit des Buches der Florentiner quasi „durch eine Hintertür des dichterischen Geschehens – zufallsmäßig eingeschlichen haben mag" (KW13/3, 68). Allerdings hat Broch Dante mit einem Motto aus dem „Inferno" (KW4, 10) nicht durch die Hinter-, sondern die Vordertür Einlass gewährt, also der *Commedia* nicht „zufallsmäßig", sondern programmatisch eine intertextuelle Bedeutung bescheinigt. Einen der schönsten Briefe an Sonne schrieb Broch am 8. Oktober 1947 aus Princeton. Broch fing darin den ihm von Weigand zugeworfenen Ball auf und betonte, dass der Dante, um den es gehe, wohl ein sehr jüdischer Dichter sein müsse. In diesem Sinne schrieb er an Sonne:

> Im allgemeinen mache ich keine Gedichte und noch viel weniger zeige ich sie her. Aber neulich insinuierte mir ein Kritiker danteske Ambitionen mit dem Vergil, [...] und als ich das gelesen hatte, träumte ich in der darauffolgenden Nacht von Dante: er promenierte in der Wiener Textilei, sic Gonzagagasse, u.z. mit einem Spazierstöckchen als flotter Jud im Kaftan, und auf einer Firmentafel, neben all den andern Textilisten stand: „Er nahm nicht schwer was schwer von ihm sich wandte,/ und dass sich nichts in ihm zu ihm bekannte:/ so namenlos war er, und trotzdem hiess er Dante. (HBS, 148; KW13/3, 175)

Broch schrieb, durch diesen Traum angeregt, das Gedicht „Dantes Schatten" (KW8, 67). Er hat – anders als Canetti vermutet – bei der Niederschrift des Romans *Der Tod des Vergil* wohl keine direkte Beziehung zwischen dem Romanhelden Vergil und dem Freund Sonne gesehen.[17] Wie Dante in der *Commedia* sich zunächst der Führerschaft des Vergil anvertraut um schließlich aus dem Schatten des Vorbilds herauszutreten, wenn es um die Wanderung im spezifisch christlichen Bereich, dem Paradiso, geht, so sieht Broch sich als Autor im Schatten des Dante, bis er im vierten Teil des Romans („Äther – Die Heimkehr") die Todesannäherung Vergils schildert, die quasi-christliche Sphäre transzendiert und dadurch aus dem Schatten Dantes als Vorläufer heraustritt. Es ist aber

---

16 Hermann J. Weigand (1892–1985), amerikanischer Germanist. Er lehrte damals deutsche Literatur an der Yale University. Siehe Brochs Briefe an Weigand vom 12. Februar 1946 (KW13/3, 62–68) und vom 16. August 1947 (KW13/3, 155–156).

17 Vgl. Canetti (1972, 508), wo steht: „Broch hat aus Sonne seinen Vergil gemacht." Vgl. ferner Canetti (1992, 239), wo man liest: „Aus den Gesprächen, die er mit ihm [Abraham Sonne] hatte, hat Broch seinen Vergil geschöpft."

ein traumhafter, ein dichterisch imaginierter, ein jüdischer Dante aus dem Textilviertel in Wien. Und dieser Brochsche oder Sonnesche Dante tritt auch, was seine Auffassung vom Dichterberuf betrifft, aus dem Schatten des historischen Dante heraus. Es ist ein selbstkritischer, kein selbstsicherer Dichter, kein Dante als gekrönter poeta laureatus, sondern ein skeptischer moderner Schriftsteller, der die problematischen Aspekte alles Literarischen in seiner Dichtung benannt hat. So fährt Broch in dem erwähnten Brief vom Herbst 1947 an Sonne fort:

> Warum schreibe ich Dir dies? Einfach weil sich Dein Bild zu dem, das ich da entworfen habe, assoziiert hat, kurzum, die Himmelsangst, die Dich – vielleicht zu viel – zu schweigen gelehrt hat, und die auch mir, viel später als Dir, immer näher rückt: insbesondere alles Literarische, sogar das Dichterische wird mir mehr und mehr fremd; es hat keinen Platz mehr in dieser Welt, mag es auch einstens, in anderer Form, wieder aufleben. Vielleicht gelingt es mir mit der Massenpsychologie noch etwas Sinnvolles zustandezubringen. (HBS, 149)

Die *Massenwahntheorie*, die aus dem Ethos der Anti-Versklavung geschrieben wurde, war Broch damals subjektiv wichtiger als seine literarischen Arbeiten. Die Themen des Altwerdens und des nahenden Todes durchziehen fast alle Briefe Brochs an Sonne. Das wird besonders deutlich in der Nachricht vom 24. Mai 1949. Broch hatte gerade seine Krankenhauszeit im Princeton Hospital hinter sich und erholte sich nun als Fellow am Saybrook College der Yale University. Das war ein dreimonatiger Aufenthalt ohne Lehrverpflichtung, der ihm von Hermann J. Weigand vermittelt worden war. Da heißt es:

> Das Wissen um das Ende ist mir eigentlich erst während der zehnmonatigen Spitalszeit klar geworden: elf Jahre bin ich nun in diesem Land [...]. Ich erschrecke nicht darüber, aber es freut mich auch nicht. Denn das Altern hat sich bei mir, ohne dass sich das sonstige Lebensgefühl der letzten vierzig Jahre viel geändert hätte, als Gefühl einer ständig wachsenden Bereicherung eingestellt, und wenn ich diese Bereicherung definieren sollte, so müsste ich sie als wachsende Wachheit und (insbesondere seit der Gefängniszeit) als dankbare Wachheit definieren. (HBS, 150; KW13/3, 329)

Zum wiederholten Mal fragt Broch auch in diesem Brief, ob sie sich nicht „nächstes Frühjahr" (also 1950) treffen könnten. Er denkt daran, in Südfrankreich seine zweite Frau (Annemarie Meier-Grafe), die in St. Cyr-sur-Mer ein kleines Haus besitzt, zu besuchen. Auf jeden Fall sollten sie irgendwo zusammenkommen, wo das Klima verträglich und die Lebenshaltungskosten gering sind. Sonne antwortete darauf erst drei Monate später: am 29. August 1949. Er gibt zu, dass das Klima in Israel seiner Geundheit äußerst abträglich ist, ja „die Hölle" sei, und er drückt die Hoffnung aus, „für ein paar Monate in die Schweiz zu gehen einfach zur Erholung", da er „physisch sehr heruntergekommen" sei. Die „Möglichkeit" Broch zu treffen, bezeichnet Sonne als „heilsam", wobei er der Mitteilung da-

durch Nachdruck verleiht, dass er das Wort „heilsam" unterstreicht (HBS, 152).
Besonders bemerkenswert ist Sonnes Interpretation des Schlusses von Brochs
Tod des Vergil, wo das „Wort" des Dichters als „jenseits der Sprache" (KW4, 454)
bezeichnet wird. Sonne schreibt:

> Für mich waren diese Jahre sehr schwer und eine ständige Bemühung um das Gleichge-
> wicht unter einem Massiv von Erfahrung. Soll ich auch sagen Erkenntnis? Gut. Aber Er-
> kenntnis hat keinen Rand darum sei es in aller Scheu gesagt: Tod ist vielleicht nur
> Bestürzung vor der Erleuchtung. Meinst Du es so? Gebannt las ich und verstand so den
> Schluss Deines Vergil. (HBS, 152)

Broch antwortete schon bald am 23. September 1949, und er griff das Wiederse-
hensthema erneut auf, wenn er mitteilte:

> Dass das Zusammentreffen spätestens 1950 stattfinden muss, steht für mich fest, nicht zu-
> letzt, weil wir wirklich zwei sehr ältere Herren geworden sind, und man sich doch vor der
> großen Abreise wenigstens noch einmal die Hand geschüttelt haben soll. Ich kann nun
> mit ziemlicher Bestimmheit sagen, dass ich im Frühjahr in der Schweiz sein werde und
> möchte, dass Du womöglich um die gleiche Zeit dort eintriffst. (HBS, 154)

Nun entwickelt Broch, der in Sonne einen verständnisinnigen Interpreten seines
Vergil-Romans sieht, einen Plan, der den Freund aus seiner finanziell schwieri-
gen Lage befreien soll. Er träumt davon, dass Sonne den *Tod des Vergil* ins
Neu-Hebräische übersetzen werde. Das Honorar für diese Leistung sollte den
Aufenthalt Sonnes in einem Schweizer Erholungsort decken. Zudem würde
Broch ihm die Tantiemen schenken, die das übersetzte Buch abwerfen würde.
Aber weder Sonne selbst noch Brochs Verlag (Daniel Brodys Rhein-Verlag in
Zürich) nehmen sich des Projekts an. Wahrscheinlich ist Sonne bereits durch
seine Krankheit so sehr geschwächt, dass er sich nicht in der Lage sieht, das
schwierige Projekt in Angriff zu nehmen. Er hatte Broch ja geschildert, wie an-
strengend bereits die Lektüre des Buches für ihn gewesen war. Nach vier Mo-
naten, am 4. Februar 1950, meldet Broch sich erneut bei Sonne (HBS, 155–
157). Hier muss er mitteilen, dass aus seinem geplanten Europa-Aufenthalt im
Frühjahr 1950 nichts wird. Die Niederschrift seines Romans *Die Schuldlosen*
(KW5) – das letzte Buch, das Broch publizieren wird – verlangt seine ganze
Aufmerksamkeit, und zudem will er auch noch eine dritte Fassung des sogenannten „Bergromans", also der *Verzauberung* (KW3), vor Reiseantritt fertigstellen.
Der Autor wiederholt erneut, dass sie sich vor ihrem Ableben unbedingt noch einmal sehen sollten. „Mir wäre die Sterberei", schreibt Broch, „noch unangenehmer
als sie ohnehin schon ist, wenn ich Dir nicht vorher noch einmal die Hand ge-
drückt hätte." Knapp sechs Wochen später, am 14. März 1950 hakt Broch, der
schon wieder kein Lebenszeichen von Sonne erhalten hat, erneut nach. Sicherlich möchte er wissen, wie Sonne zum Plan der Übersetzung des Romans steht,

ist aber zu höflich, um direkt danach zu fragen. So baut er eine Anekdote in den Brief ein, die eine enge Verbindung zwischen Sonne und dem *Tod des Vergil* konstruiert. Diese Anekdote (HBS, 158) liest sich so:

> Sonderbarerweise hatte ich meinem Brief ein Gedicht beigelegt: es sind jetzt genau 20 Jahre her, dass ich Dir zum letzten Mal ein Gedicht geschickt habe [...]; es war eines der Schlafwandler-Gedichte, und Du hast es mit dem Vermerk „Lacrimae rerum" bestätigt, was vielleicht in mich den ersten Keim zum „Vergil" gelegt hat, denn ich habe daraufhin mir zum ersten Mal seit den Schultagen wieder die Aeneis vorgenommen.[18]

Broch hoffte auf diese Weise eine Stellungnahme zum Übersetzungsvorschlag an Sonne zu erhalten. Zudem wiederholt er die Idee eines Treffens in der Schweiz im Herbst 1950. Aber Sonne stirbt bereits am 28. Mai 1950 in Jerusalem an Tuberkulose, ein Jahr bevor der Tod (durch Herzschlag) Hermann Broch am 30. Mai 1951 in New Haven ereilt. Beide haben Europa nicht wieder gesehen. Brochs Roman der *Tod des Vergil* erschien erst mehr als drei Jahrzehnte später in Israel.[19] Broch hat ein großes literarisches und zeitkritisch-essayistisches Werk hinterlassen, mit dem man sich nach wie vor – besonders in der Germanistik – international auseinandersetzt. Sein Freund Sonne, der freiwillig auf schriftliche Fassungen seiner Einsichten und Analysen verzichtete, bleibt nicht durch ein Werk, sondern als Freund und Kritiker von Hermann Broch, Elias Canetti und Lea Goldberg im Gespräch.

Broch stand auch mit Werner Kraft[20] in Jerusalem in brieflicher Verbindung. Er wird öfters in den Briefen Brochs an Sonne genannt, weil Broch zuweilen Nachrichten an Sonne den Postsendungen für Kraft beilegte. Mit ihm korrespondierte

---

18 Im ersten Buch der *Aeneis*, Zeile 462, legt Vergil dem Aeneas die Worte „sunt lacrimae rerum" („es gibt die Tränen der Dinge") in den Mund.

19 1984 beim Verlag Sifriat Poalim/Hakibbutz Hameuchad in Bnei Brak bei Tel Aviv, übersetzt von Yaakov Gottsclak und Azriel Ukhmami. Vier Jahre später erschien auch die *Schlafwandler*-Trilogie bei Hakibbutz Hameuchad in der Übersetzung von Gabriel Zoran.

20 Werner Kraft (1896–1991) war ein israelischer Schriftsteller und Bibliothekar. Er wurde in Braunschweig als Kind jüdischer Eltern geboren und wuchs in Hannover auf. Nach dem Studium der Germanistik, Romanistik und Philosophie promovierte er 1925 an der Universität in Frankfurt am Main, arbeitete danach an der Deutschen Bibliothek in Leipzig und erhielt 1928 eine beamtete Stelle als Bibliothekar in Hannover. Dort wurde er als Jude 1933 entlassen. Er ging unmittelbar danach (über Stockholm und London) ins Exil nach Paris, wo er Kontakt zu Walter Benjamin hatte. 1934 emigrierte er nach Palästina, wo er in Jerusalem bis zu seiner Pensionierung im Jahr 1956 als Bibliothekar arbeitete. Gleichzeitig publizierte er Lyrikbände und schrieb als Literatur- und Kulturwissenschaftler Bücher über Goethe, Heine, George, Karl Kraus und Rudolf Borchardt. Er benutzte in seinem literarischen und wissenschaftlichen Werk immer nur die deutsche Sprache. In Jerusalem gehörten zu seinem Freundeskreis Gershom Scholem, Paul Engelmann, Else Lasker-Schüler, Martin Buber und Abraham Sonne. Er unterhielt vielfältige Kontakte zu Autoren, Kritikern, Germanisten und Verlegern in der Bundesrepublik Deutschland.

Broch über Kafka und Karl Kraus. Wäre Broch Ende Mai 1951 nicht beim Packen des Koffers für die Reise nach Europa gestorben, hätten sich die beiden vielleicht irgendwo in der Alten Welt getroffen. In Jerusalem gehörte Werner Kraft zum engeren Freundeskreis Sonnes. Tuvia Rübner[21] berichtet, dass Kraft annahm, Broch habe den „Urgefährten" in Brochs gleichnamigem Gedicht (KW8, 66) von 1946 mit Sonne identifiziert (Rübner 1994, 88). Das dürfte eine Fehlinterpretation sein, denn es wird in dem Gedicht deutlich, dass mit dem „Urgefährten" der Tod gemeint ist.

---

21 Tuvia (Tuvya) Ruebner (1924–2019) war ein israelischer Lyriker, Herausgeber, Übersetzer und Photograph. Er wurde in Bratislava als Kind einer deutschsprachigen jüdischen Familie geboren und erhielt den Namen Kurt Tobias Rübner. Er floh 1941 nach Palästina, wo er als Lehrer arbeitete und später Professor für Literatur an der Haifa University wurde. Er war mit Abraham Sonne, Lea Goldberg und Werner Kraft befreundet. Er schrieb seine Gedichte auf Hebräisch und auf Deutsch. In den 1990er Jahren traf er sich mehrfach in der Bundesrepublik mit deutschsprachigen Lyriker*innen. Er war Mitglied der Deutschen Akademie für Sprache und Dichtung in Darmstadt und der Akademie der Wissenschaften und der Literatur in Mainz. Vgl. Rübner 1994.

5 Anhang

5.1 Editorische Notiz

Zu einer Reihe von Abschnitten dieses Buches sind von mir Vorarbeiten publiziert worden, doch ist in keinem Fall das bereits Veröffentlichte einfach übernommen worden. Bereits erschienene Teilabschnitte wurden stark überarbeitet, zudem oft erweitert, in wenigen Fällen auch gekürzt. Forschungszeiten am FRIAS in Freiburg (bei Werner Frick) und am Morphomata Kolleg in Köln (bei Günter Blamberger) haben mir nicht nur mehr Zeit zum Recherchieren gelassen als das im akademischen Alltag möglich ist, sondern auch die Chance gegeben, vorläufige Fassungen von Kapiteln vorzutragen oder mit den dortigen Fellows zu diskutieren. Ein Forschungsaufenthalt im Deutschen Literaturarchiv in Marbach, wo ich die ausgezeichnete Broch-Sammlung nutzen konnte, wurde mir im Kontext des Forschungspreises der Alexander von Humboldt Stiftung ermöglicht. Bei den jährlichen Symposien des Internationalen Arbeitskreises Hermann Broch habe ich den einen oder anderen Abschnitt referiert und mit den Broch-Forscher*innen erörtern können. Für die gute Zusammenarbeit bei der Erstellung und Drucklegung dieses Buches danke ich Manuela Gerlof und Anja-Simone Michalski vom Verlag Walter de Gruyter. Der Alexander von Humboldt-Stiftung in Bonn-Bad Godesberg danke ich für einen Druckkostenzuschuss.

Brochs Arbeiten werden zitiert nach: Hermann Broch: *Kommentierte Werkausgabe*. Hg. Paul Michael Lützeler. Frankfurt am Main: Suhrkamp, 1974–1981. Die Ausgabe wird mit „KW" abgekürzt (gefolgt von Band- und Seitenzahl). Ansonsten zitierte Editionen, die Briefwechsel oder Arbeiten von Hermann Broch enthalten, sind im „Verzeichnis der Abkürzungen" gelistet. Zu sieben der insgesamt zwanzig hier versammelten Aufsätze existieren bereits Vorarbeiten. Freundlicherweise wurde mir von den Herausgeber*innen bzw. Verlagen, in deren Bänden Vorstudien erschienen sind, die Genehmigung erteilt, sie für die Überarbeitung in diesem Band zu nutzen. Zu nennen sind hier die Artikel: „‚Mir verging die Sprache vor den Dingen, die ich kommen sah' – Hermann Broch und Abraham Sonne in ihren Briefen (Kommentar)". *Naharaim*. 7.1/2 (2013): 160–170. – „Genese eines Exilprojekts: Hermann Brochs Entwürfe zur *Massenwahntheorie*". *Weimarer Beiträge* 60.2 (2014): 216–233. – „Literarische Kooperation und politisches Engagement. Broch und Kahler im Princetoner Exil". *Literatur und praktische Vernunft*. Hg. von Frieder von Ammon et al. Berlin und Boston: De Gruyter, 2016, 573–588. – „*Die Entsühnung* (1932):". *Hermann Broch Handbuch*. Hg. Michael Kessler und Paul Michael Lützeler. Berlin und Boston: De Gruyter, 2016, 217–232. – „‚anima naturaliter christiana': Theodor Haeckers *Vergil. Vater des Abendlandes* und Hermann Brochs *Der Tod des Vergil*". *Hermann Brochs Vergil-Roman*. Hg. Elena Agazzi et al.

https://doi.org/10.1515/9783110734683-012

Tübingen: Stauffenburg, 2016, 85–105. – „Zur Dialogik von jüdischem und christlichem Denken bei Hermann Broch". *Jahrbuch für europäisch-jüdische Literaturstudien* 4 (2017), 11–18. – „Hermann Broch und die politische Ökonomie". *Hermann Broch und die Ökonomie*. Hg. Jürgen Heizmann et al. Wuppertal: Arco, 2018, 91–112.

5.2 Verzeichnis der Abkürzungen von Broch-Publikationen und -Archiven

AHB   *H. G. Adler und Hermann Broch. Zwei Schriftsteller im Exil. Briefwechsel.* Hg. Ronald Speirs, John White. Göttingen: Wallstein, 2004.

BBB   *Hermann Broch – Daniel Brody. Briefwechsel 1930–1951.* Hg. Bertold Hack und Marietta Kleiß. Frankfurt am Main: Buchhändler-Vereinigung, 1971.

BHA   Hermann Broch. *The Atonement.* Translated by George E. Wellwarth and H.F. Broch de Rothermann. *German Drama Between the Wars. An Anthology of Plays.* Hg. George E. Wellwarth. New York, NY: Dutton, 1972, 19–106.

BMG   *Der Tod im Exil. Hermann Broch – Annemarie Meier-Graefe. Briefwechsel 1950/51.* Hg. Paul Michael Lützeler. Frankfurt am Main: Suhrkamp, 2001.

BPS   Hermann Broch. *Psychische Selbstbiographie.* Hg. v. Paul Michael Lützeler. Frankfurt am Main: Suhrkamp, 1999.

BTA   Hermann Broch. *Das Teesdorfer Tagebuch für Ea von Allesch.* Hg. Paul Michael Lützeler unter Mitarbeit von H.F. Broch de Rothermann. Frankfurt am Main: Suhrkamp, 1995.

BVB   *„Sich an den Tod heranpürschen …" Hermann Broch und Egon Vietta im Briefwechsel 1933–1951.* Hg. Silvio Vietta und Roberto Rizzo. Göttingen: Wallstein, 2012.

BVM   *Brochs Verzauberung [Materialien].* Hg. Paul Michael Lützeler. Frankfurt am Main: Suhrkamp 1983.

BVR   Hermann Broch. *Völkerbund-Resolution. Das vollständige politische Pamphlet von 1937 mit Kommentar, Entwurf und Korrespondenz.* Hg. Paul Michael Lützeler. Salzburg: Otto Müller, 1973.

DLA   Deutsches Literaturarchiv, Marbach am Neckar (Hermann-Broch-Sammlung).

HAB   Hannah Arendt – Hermann Broch. *Briefwechsel 1940 bis 1951.* Hg. Paul Michael Lützeler. Frankfurt am Main: Jüdischer Verlag im Suhrkamp Verlag, 1996.

HBA   *Verlorener Sohn? Hermann Brochs Briefwechsel mit Armand 1925–1928.* Hg. Paul Michael Lützeler. Frankfurt am Main: Suhrkamp, 2010.

HBC   Hermann Broch. „Brief an Elias Canetti vom 6. Dezember 1935". Paul Michael Lützeler, "Einleitung". Paul Michael Lützeler: *Hermann Broch und die Moderne.* München: Fink, 2010, 24–25.

HBE   Hermann Broch. *Essays Band I (Dichten und Erkennen) und Band II (Erkennen und Handeln).* Hg. Hannah Arendt. Zürich: Rhein-Verlag, 1955. Mit einer „Einleitung" der Herausgeberin, Band I, S. 5–42.

HBF   Hermann Broch. *'Frauengeschichten'. Die Briefe an Paul Federn 1939–1949.* Hg. Paul Michael Lützeler. Frankfurt am Main: Suhrkamp, 2007.

HBH   Hermann Broch. „Brief an Max Horkheimer vom 2. Oktober 1945". Max Horkheimer, *Gesammelte Schriften.* Band 17: *Briefwechsel 1941–1948.* Hg. Gunzelin Schmid Noerr. Frankfurt am Main: S.Fischer, 1996, 652–655.

HBK   Hermann Broch. *Briefe an Erich von Kahler (1940–1951).* Hg. Paul Michael Lützeler. Berlin: De Gruyter, 2010.

HBN   Hermann Broch und Ruth Norden. *Transatlantische Korrespondenz 1934–1938 und 1945–1948.* Hg. Paul Michael Lützeler. Frankfurt am Main: Suhrkamp, 2005.

https://doi.org/10.1515/9783110734683-013

HBS   „'Mir verging die Sprache vor den Dingen, die ich kommen sah' – Hermann Broch und Abraham Sonne in ihren Briefen". Hg. Paul Michael Lützeler. *Naharaim* 7.1–2 (2013): 131–159.

HBT   Hermann Broch und Frank Thiess. *Briefwechsel 1929–1938 und 1948–1951*. Hg. Paul Michael Lützeler. Göttingen: Wallstein, 2018.

HBV   „Briefwechsel 1939–1949: Eric Voegelin und Hermann Broch". Hg. Thomas Hollweck. *Sinn und Form* 2 (2008): 149–174.

HBZ   Hermann Broch. *Briefe über Deutschland 1945–1949. Die Korrespondenz mit Volkmar von Zühlsdorff*. Hg. Paul Michael Lützeler. Frankfurt am Main: Suhrkamp, 1986.

JCZ   Johanna Canetti, Zürich (Kopien der Korrespondenz Hermann Brochs mit Elias und Veza Canetti, Privatbesitz).

KW   Kommentierte Werkausgabe Hermann Broch, 13 Bände. Hg. Paul Michael Lützeler. Frankfurt am Main: Suhrkamp, 1974–1981.

KW1   *Die Schlafwandler. Eine Romantrilogie*

KW2   *Die Unbekannte Größe. Roman*

KW3   *Die Verzauberung. Roman*

KW4   *Der Tod des Vergil. Roman*

KW5   *Die Schuldlosen. Roman in elf Erzählungen*

KW6   *Novellen. Prosa. Fragmente*

KW7   *Dramen*

KW8   *Gedichte*

KW9/1   *Schriften zur Literatur 1: Kritik*

KW9/2   *Schriften zur Literatur 2: Theorie*

KW10/1   *Philosophische Schriften 1: Kritik*

KW10/2   *Philosophische Schriften 2: Theorie*

KW11   *Politische Schriften*

KW12   *Massenwahntheorie*

KW13/1   *Briefe 1 (1913–1938)*

KW13/2   *Briefe 2 (1938–1945)*

KW13/3   *Briefe 3 (1945–1951)*

MRD   Hermann Broch. *Menschenrecht und Demokratie. Politische Schriften*. Hg. Paul Michael Lützeler. Frankfurt am Main: Suhrkamp, 1978.

MTV   *Materialien zu Hermann Broch Der Tod des Vergil*. Hg. Paul Michael Lützeler. Frankfurt am Main: Suhrkamp, 1976.

TMB   *Freundschaft im Exil. Thomas Mann und Hermann Broch*. Hg. Paul Michael Lützeler. Frankfurt am Main: Klostermann, 2004, 96–115.

YUL   Yale University Library (Beinecke Rare Book Library: Hermann Broch Archive), New Haven, CT.

5.3 Literaturverzeichnis

Adelson, Leslie A. „From ‚Erfahrungshunger‘ to ‚Realitätshunger‘. Futurity, Migration, and Difference“. *Transatlantic German Studies: Testimonials to the Profession*. Hg. Paul Michael Lützeler und Peter Höyng. Rochester, NY: Camden House, 2018, 5–22.

Adler, H.G. *Theresienstadt. Das Antlitz einer Zwangsgemeinschaft 1941–1945*. Tübingen: Mohr, 1955.

Adler, Max. *Demokratie und Rätesystem*. Wien: Brand, 1919.

Adorno, Theodor W. *Probleme der Moralphilosophie*. Zweite Auflage. Frankfurt am Main: Suhrkamp, 1996).

Agamben, Giorgio. *Was von Auschwitz bleibt. Das Archiv und der Zeuge*. Frankfurt am Main: Suhrkamp, 2003.

Agamben, Giorgio. *Profanierungen*. Frankfurt am Main: Suhrkamp, 2005.

Agar, Herbert und Frank Aydelotte, Giuseppe A. Borgese, Hermann Broch, Van Wyck Brooks, Ada L. Comstock, William Yandell Elliott, Dorothy Canfield Fisher, Christian Gauss, Oscar Jászi, Alvin Johnson, Hans Kohn, Thomas Mann, Lewis Mumford, William Allan Neilson, Reinhold Niebuhr, Gaetano Salvemini. *The City of Man. A Declaration on World Democracy*. New York, NY: The Viking Press, 1940.

Agazzi, Elena. „Einleitung: Geschichte, Philosophie, Ästhetik Hermann Brochs“. *Hermann Brochs Vergil-Roman. Literarischer Intertext und kulturelle Konstellation*. Hg. Elena Agazzi, Guglielmo Gabbiadini und Paul Michael Lützeler. Tübingen: Stauffenburg, 2016, 7–17.

Albrecht, Andrea. *Kosmopolitismus*. Berlin und Boston, MA: De Gruyter, 2005.

Altenbockum, Jasper von. *Wilhelm Heinrich Riehl 1823–1897. Sozialwissenschaft zwischen Kulturgeschichte und Ethnographie*, Köln, Weimar, Wien: Böhlau, 1994.

Amann, Klaus. „Staatsfiktionen. Bilder eines künftigen Österreich in der Wiener Wochenschrift *Der Friede*“. Amann, Klaus. *Die Dichter und die Politik. Essays zur österreichischen Literatur nach 1918*. Wien: Deuticke, 1992, 15–30.

Amann, Klaus und Albert Berger (Hg.): *Österreichische Literatur der dreißiger Jahre*. Wien, Köln, Graz: Böhlau, 1985.

Amann, Klaus und Helmut Grote. *Die Wiener Bibliothek Hermann Brochs*. Wien, Köln: Böhlau, 1990.

Améry, Jean. *Jenseits von Schuld und Sühne. Bewältigungsversuche eines Überwältigten*. Stuttgart: Klett-Cotta, 1977.

Amsler, Vreni. *Veza Canetti im Kontext des Austromarxismus*. Würzburg: Königshausen & Neumann, 2017.

Anders, Günther. „Der Tod des Vergil … und die Diagnose seiner Krankheit“. *Austro-American Tribune* 4.2 (September 1945): 9, 12.

Anders, Günther. *Endzeit und Zeitenende. Gedanken über die atomare Situation*. München: Beck, 1972.

Anstey, Roger. *The Atlantic Slave Trade and British Abolition, 1760–1810*. London: Macmillan, 1975.

Apitzsch, Ursula. „Die Aporien der Menschenrechte und das ‚Denken der Anderen‘: Hannah Arendt und Julia Kristeva.“ *Polis* 47 (2006): 19–32.

Appel, Michael. *Werner Sombart. Historiker und Theoretiker des modernen Kapitalismus*. Marburg: Metropolis, 1992.

https://doi.org/10.1515/9783110734683-014

Appiah, K. Anthony. „Grounding Human Rights". Michael Ignatieff. *Human Rights as Politics and Idolatry*. Princeton und Oxford: Princeton University Press, 2001, 101–116.

Arendt, Hannah. „Organisierte Schuld". Hannah Arendt. *Sechs Essays*. Heidelberg: Lambert Schneider, 1948, 33–47.

Arendt, Hannah. „Es gibt nur ein einziges Menschenrecht". *Die Wandlung*. IV (1949): 754–770.

Arendt, Hannah. *Elemente und Ursprünge totaler Herrschaft*. München: Piper, 1993 (Die Erstpublikation dieser von Hannah Arendt selbst aus dem Englischen erstellten Übersetzung erschien im gleichen Verlag 1955.)

Arendt, Hannah. „Nationalstaat und Demokratie" 1963. *Hannaharendt.net*, Ausgabe 1, Band 2, September 2006, 1–6: http://www.hannaharendt.net/index.php/han/article/viewFile/94/153 (16. November 2020).

Armstrong, Karen. *Eine kurze Geschichte des Mythos*. München: dtv, 2007.

Arnason, Johann P. und David Roberts (Hg.). *Elias Canetti's Counter-Image of Society: Crowds, Power, Transformation*. Rochester, NY: Camden House, 2004.

Arnold, Armin. *Die Literatur des Expressionismus*. Stuttgart: Kohlhammer, 1971.

Aspetsberger, Friedbert. *Literarisches Leben im Austrofaschismus: Der Staatspreis*. Königstein/Taunus: Hain, 1980.

Assmann, Aleida. „4. Lehre: Die Wiederentdeckung der Menschenrechte". Aleida Assmann, *Der europäische Traum. Vier Lehren aus der Geschichte*. München: Beck, 2018, 56–74.

Bachtin, Michael. *Rabelais und seine Welt. Volkskultur und Gegenkultur*. Frankfurt am Main: Suhrkamp, 1987.

Balint, Juditha. „Einleitung I. Was ist literarische Ökonomik? Wesensbestimmung und Entwicklung einer Methode". *Literarische Ökonomik*. Hg. Juditha Balint und Sebastian Zilles. Paderborn: Fink, 2014, 9–16.

Barone, Elisabetta und Matthias Riedl, Alexandra Tischel (Hrsg.): *Pioniere, Poeten, Professoren. Eranos und der Monte Verità in der Zivilisationsgeschichte des 20. Jahrhunderts*. Würzburg: Königshausen & Neumann, 2004.

Bartram, Graham und Paul Michael Lützeler (Hg.). *Hermann Brochs Schlafwandler-Trilogie. Neue Interpretationen*. Das Lancaster-Symposium von 2009. Tübingen: Stauffenburg, 2012.

Bauer, Otto. *Der Weg zum Sozialismus*. Berlin: Freiheit, 1919.

Baumann, Stefanie. „Hermann Broch über die Figur des Siegers und die Frage der ‚demokratischen Propaganda'". *Germanica* 66 (2020): 149–166.

Bazzicalupo, Laura: „Hermann Broch. Psicologia delle masse e mito nella società totalitaria". *Istituto Universitario Orientale. Sezione Germanica. Annali* 30 (1987): 191–222.

Becker, Sabine. *Neue Sachlichkeit. Band 1: Die Ästhetik der neusachlichen Literatur (1920–1933)*. Köln, Weimar, Wien: Böhlau, 2000).

Beer-Hofmann, Richard. *Paula. Ein Fragment*. New York, NY: Johannes Presse, 1949.

Benhabib, Seyla. *The Reluctant Modernism of Hannah Arendt*. Thousand Oaks, CA: Sage, 1996.

Benhabib, Seyla. *Exile, Statelessness and Migration. Playing Chess with History from Hannah Arendt to Isaiah Berlin*. Princeton und Oxford: Princeton University Press, 2018.

Benjamin, Walter: „Kapitalismus als Religion". Walter Benjamin. Gesammelte Schriften. Hg. Rolf Tiedemann und Hermann Schweppenhäuser, Bd. 7. Frankfurt am Main: Suhrkamp, 1991, S. 100–102.

Bennett, Jonathan. *A Study of Spinoza's Ethics*. Indianapolis, IN: Hackett, 1984.

Ben-Sasson, Haim Hillel, „Assimilation". *Encyclopaedia Judaica*. Hg. Fred Skolnik und Michael Berenbaum, 2. Aufl., Band 2. Detroit: Macmillan Reference USA, 2007, 605–613.

Benzenhöfer, Udo. *Paracelsus*. Reinbek bei Hamburg: Rowohlt, 2003.

Berdjajew, Nikolai. *Der Mensch in dieser Zeit.* Luzern: Vita Nova, 1935.

Bernardini, Riccardo. *Jung a Eranos. Il progetto della psicologia complessa.* Mailand: Angeli, 2011.

Beuker, Brechtje: „Broch and the Theater: *Die Entsühnng* and *Aus der Luft gegriffen* as Tragic and Comic Dramatizations of the Economic Machine". *A Companion to the Works of Hermann Broch.* Hg. Graham Bartram, Sarah McGaughey, Galin Tihanov. Rochester, NY: Camden House, 91–107.

Bielefeldt, Heiner. *Philosophie der Menschenrechte. Grundlagen eines weltweiten Freiheitsethos.* Darmstadt: Wissenschaftliche Buchgesellschaft, 2005.

Birmingham, Peg. *Hannah Arendt & Human Rights: The Predicament of Common Responsibility.* Bloomington, IN: Indiana University Press, 2006.

Blamberger, Günter. *Figuring Death, Figuring Creativity: On the Power of Aesthetic Ideas,* Morphomata Lectures Cologne 5. München: Fink, 2013.

Blanchot, Maurice. „Der Tod des Vergil: Die Suche nach der Einheit". Maurice Blanchot. *Der Gesang der Sirenen. Essays zur modernen Literatur.* München: Hanser, 1962, 160–172.

Bloch, Ernst. *Erbschaft dieser Zeit.* Zürich: Oprecht & Helbing, 1935.

Blumenberg, Hans. *Die kopernikanische Wende.* Frankfurt am Main: Suhrkamp, 1965.

Böckenförde, Ernst-Wolfgang. „Ist Demokratie eine notwendige Forderung der Menschenrechte?" *Philosophie der Menschenrechte.* Hg. Stefan Gosepath und Georg Lohmann. Frankfurt am Main: Suhrkamp, 1998, 233–243.

Bollmann, Stefan. *Monte Verità 1900. Der Traum vom alternativen Leben beginnt.* München: Deutsche Verlags-Anstalt, 2017.

Borch, Christian. „Modern Mass Aberration. Hermann Broch and the Problem of Irrationality". *History of the Human Sciences* 21.2 (2008): 63–83.

Borgard, Thomas. „Planetarische Poetologie. Die symptomatische Bedeutung der Masse im amerikanischen Exilwerk Hermann Brochs". *Hermann Broch. Politik, Menschenrechte und Literatur?* Hg. Thomas Eicher, Paul Michael Lützeler und Hartmut Steinecke. Oberhausen: Athena, 2005, 205–229.

Brakelmann, Günter. *Helmuth James von Moltke 1907–1945. Eine Biographie.* München: Beck, 2007.

Brands, H.W. *The Zealot and the Emancipator. John Brown, Abraham Lincoln and the Struggle for American Freedom.* New York, NY: Doubleday, 2020.

Brecht, Bertolt. *Werke. Große kommentierte Berliner und Frankfurter Ausgabe (GBA),* Band 12. *Gedichte 2.* Bearbeitet von Jan Knopf. Berlin: Aufbau und Frankfurt am Main: Suhrkamp, 1988.

Breger, Claudia, Imke Meyer, Johannes von Moltke, Carl Niekerk (Hg.). With contributions by Susan Meld Shell, Robert Deam Tobin, Michelle Moyd, Paul Michael Lützeler, Hadji Bakara and Jana Schmidt, Samuel Moyn, Andreas Huyssen, Claudia Breger. „Human Rights and German Intellectual History in Transnational Perspective". *The German Quarterly* 93.3 (2020): 390–416.

Brinkmann, Richard. „Zu Brochs Symbolbegriff". *Brochs theoretisches Werk.* Hg. Paul Michael Lützeler und Michael Kessler. Frankfurt am Main: Suhrkamp, 1988, 35–48.

Brooks, Peter. *Troubling Confessions: Speaking Guilt in Law and Literature.* Chicago: University of Chicago Press, 2000.

Brude-Firnau, Gisela. „Der Einfluss jüdischen Denkens im Werk Hermann Brochs". *Jahrbuch für Internationale Germanistik.* Reihe A, Band 6 (1980): 108–121.

Brude-Firnau, Gisela: „Broch's *Die Verzauberung*: Ludwig Klages and the Bourgeois *Mitläufer*". *A Companion to the Works of Hermann Broch*. Hg. Graham Bartram, Sarah McGaughey und Galin Tihanov. Rochester, NY: Camden House, 2019, 123–142.

Brunkhorst, Hauke. „Sind Menschenrechte Aporien? Kritische Bemerkungen zu einer These Hannah Arendts." *Kritische Justiz*, 29.3 (1996): 335–343.

Bruyn, Günter de. „Königin Luise". *Deutsche Erinnerungsorte*, Bd. 2. Hg. Etienne François und Hagen Schulze. München: Beck, 2003, 286–298.

Buber, Martin. *Ich und Du*. Leipzig: Insel, 1923.

Butler, Judith. *Kritik der ethischen Gewalt*. Frankfurt am Main: Suhrkamp, 2007.

Canetti, Elias. *Masse und Macht*. München: Hanser, 1960.

Canetti, Elias. „Hermann Broch. Rede zum 50. Geburtstag". Elias Canetti. *Welt im Kopf*. Graz und Wien: Stiasny, 1962, 92–108.

Canetti, Elias. *Alle vergeudete Verehrung. Aufzeichnungen 1949–1960*. München: Hanser, 1970.

Canetti, Elias. *Aufzeichnungen 1942–1985*. München: Hanser 1972.

Canetti, Elias. „Hermann Broch. Rede zum 50. Geburtstag. Wien, November 1936". Elias Canetti. *Das Gewissen der Worte. Essays*. München: Hanser, 1975, 11–22.

Canetti, Elias. *Die Fackel im Ohr. Lebensgeschichte 1921–1931*. München: Hanser, 1980.

Canetti, Elias. *Das Augenspiel. Lebensgeschichte 1931–1937*. München: Hanser, 1985.

Canetti, Elias. *Aufzeichnungen 1954–1993*. München: Hanser, 1992.

Canetti, Elias. „Dank in Stockholm. Rede bei der Verleihung des Nobelpreises für Literatur am 10. Dezember 1981". Elias Canetti. *Aufsätze, Reden, Gespräche*. München: Hanser, 2005, 115–116.

Canetti, Elias. *Ich erwarte von Ihnen viel. Briefe 1932–1994*. Hg. Sven Hanuschek und Kristian Wachinger. München: Hanser, 2018.

Carey, Brycchan. *British Abolitionism and the Rhetoric of Sensibility. Writing, Sentiment, and Slavery, 1760–1807*. New York, NY: Palgrave Macmillan, 2005.

Carey, Brycchan. *From Peace to Freedom. Quaker Rhetoric and the Birth of American Antislavery, 1657–1761*. New Haven: Yale University Press, 2012.

Carter, Jr., William M. „The Abolition of Slavery in the United States: Historical Context and its Contemporary Application." *The Legal Understanding of Slavery*. (Hg.) Jean Allain. Oxford, UK: Oxford University Press, 2012, 177–196.

Cavalletti, Andrea. „Peut-on soigner la folie des masses? Hermann Broch: Théorie de la folie des masses". *Critique* 66.755 (2010): 331–343.

Cheneval, Francis. *Die Rezeption der Monarchia Dantes bis zur Editio Princeps im Jahre 1559. Metamorphosen eines philosophischen Werkes*. München: Fink, 1995.

Christou, Theodora A. und Juan Pablo Raymond. *European Court of Human Rights: Remedies and Execution of Judgements*. London: British Institute of International and Comparative Law, 2005.

Cohn, Dorrit C. *The Sleepwalkers. Elucidations of Hermann Broch's Trilogy*. Den Haag und Paris: Mouton, 1966.

Cotter, Bridget. „Hannah Arendt and 'the Right to have Rights.'" *Hannah Arendt and International Relations. Readings Across the Lines*. Hg. Anthony F. Lang Jr., John Williams. New York, NY: Palgrave Macmillan, 2005, 95–112.

Cynamon, Barry Z., Steven M. Fazzari, Mark Setterfield (Hg.). *After the Great Recession: The Struggle for Economic Recovery and Growth*. Cambridge, UK: Cambridge University Press, 2013.

Dahlheim, Werner. *Augustus. Aufrührer, Herrscher, Heiland. Eine Biographie.* München: Beck, 2010.

Dante Alighieri. *La Commedia, Die Göttliche Komödie.* I Inferno / Hölle, Italienisch / Deutsch. In Prosa übersetzt und kommentiert von Hartmut Köhler. Stuttgart: Reclam, 2010.

DeGooyer, Stephanie und Alastair Hunt, Lida Maxwell, Samuel Moyn, mit einem Nachwort von Astra Taylor. *The Right to have Rights.* London, UK and Brooklyn, NY: Verso, 2018.

Deinhammer, Robert. „Menschenrechte und Kulturrelativismus". *Archiv für Rechts- und Sozialphilosophie/ Archives for Philosophy of Law and Social Philosophy* 96.1 (2010): 51–63.

Deleuze, Gilles und Félix Guattari. *A Thousand Plateaus: Capitalism and Schizophrenia.* Minneapolis: University of Minnesota Press, 1987.

Derré, Françoise. „Quelques réflexions sur *Die Entsühnung*", Broch. *Actes des colloques de Paris et de Lyon* [Themenheft]. *Cahiers d'etudes germaniques*, 16. Hg. Jean-Charles Margotton: Aix-en-Provence: Université de Provence, Dép. D'Allemand, 1989, 115–128.

Diamond, James A. https://www.thetorah.com/article/the-treatment-of-non-Israelite-slaves-from-moses-moses (14. Juni 2020).

Doherty, Thomas. *Hollywood and Hitler, 1933–1939.* New York, NY: Columbia University Press, 2013.

Doppler, Bernhard. „*Die Entsühnung* als Zeitoper. Zur Aktualität von Brochs Trauerspiel 1996". *Hermann Broch: Perspektiven interdisziplinärer Forschung.* Hg. Árpád Bernáth, Michael Kessler und Endre Kiss. Tübingen: Stauffenburg, 1998, 243–256.

Downey, Kirstin. *The Woman Behind the New Deal. The Life of Frances Perkins, FDR's Secretary of Labor and His Moral Conscience.* New York, NY: Nan A. Talese/ Doubleday, 2009.

Dray, Philip. *At the Hands of Persons Unknown. The Lynching of Black America.* New York, NY et al.: Random House, 2002.

Drescher, Seymor. *From Slavery to Freedom. Comparative Studies in the Rise and Fall of Atlantic Slavery.* New York, NY: New York University Press, 1999.

Drescher, Seymor. *Abolition. A History of Slavery and Antislavery.* Cambridge, MA: Cambridge University Press, 2009.

Drescher, Seymor. „From Consensus to Consensus: Slavery in International Law." *The Legal Understanding of Slavery.* Hg. Jean Allain. Oxford, UK: Oxford University Press, 2012, 85–102.

Durkheim, Émile. *Les forms élémentaires de la vie religieuse.* Paris: Alcan, 1912.

Eiden-Offe, Patrick. *Das Reich der Demokratie. Hermann Brochs „Der Tod des Vergil".* München: Fink, 2011.

Eigler, Friederike. *Das autobiographische Werk von Elias Canetti. Verwandlung, Identität, Machtausübung.* Tübingen: Stauffenburg, 1988.

Eliot, T.S. „The Unity of European Culture". T.S. Eliot. *Notes Towards the Definition of Culture.* London: Faber & Faber, 1948, 110–124.

Enders, Christoph. *Die Menschenwürde in der Verfassungsordnung. Zur Dogmatik des Art. 1 GG.* Tübingen: Mohr Siebeck, 1997.

Enklaar, Jattie. „„Der Tod des Vergil' – Ein Gedicht über den Tod?", *Hermann Broch, 1886–1986.* Hg. Jattie Enklaar und Jen Aler. Amsterdam: Rodopi, 1987, 63–89.

Essen, Gesa von. „Hermann Brochs Ideen zur Reform der Universitäten". *Hermann Broch: Politik, Menschenrechte – und Literatur?* Hg. Thomas Eicher, Paul Michael Lützeler, Hartmut Steinecke. Oberhausen: Athena, 2005, 231–254.

Essner, Cornelia. *Die ,Nürnberger Gesetze' oder die Verwaltung des Rassenwahns 1933–1945.* Paderborn: Schöningh, 2002.

Ezrahi, Sidra DeKoven. *Booking Passage. Exile and Homecoming in the Modern Jewish Imagination*. Berkeley, Los Angeles, London: University of California Press, 2000.

Feiner, Shmuel. *Moses Mendelssohn. Ein jüdischer Denker in der Zeit der Aufklärung*. Göttingen: Vandenhoeck & Ruprecht, 2009.

Fetz, Bernhard. „Zum Gutsein verurteilt. Hermann Broch oder die Moral der Literatur". *Hermann Broch. Neue Studien*. Hg. Michael Kessler et al. Tübingen: Stauffenburg, 2003, 395–413.

Fink, Carole. *Defending the Rights of Others. The Great Powers, the Jews, and International Protection, 1878–1938*. Cambridge, UK und New York, NY: Cambridge University Press, 2004.

Fisch, Jörg. *Geschichte Südafrikas*. München: dtv, 1990.

Fleming, Victor [Regisseur]. *Gone with the Wind*. Metro-Goldwyn-Maier, 1939.

Flotow, Paschen von. *Geld, Wirtschaft und Gesellschaft. Georg Simmels Philosophie des Geldes*. Frankfurt am Main: Suhrkamp, 1995.

Förster, Jürgen. „Das Recht auf Rechte und das Engagement für eine gemeinsame Welt. Hannah Arendts Reflexionen über die Menschenrechte". *Zeitschrift für politisches Denken/ Journal for Political Thinking*. 5.1 (2009): www.hannaharendt.net/index.php/han/ article/view/146/258 (28. September 2020).

Foner, Eric. *The Fiery Trial: Abraham Lincoln and American Slavery*. New York, NY: Norton, 2010.

Freud, Sigmund. *Massenpsychologie und Ich-Analyse*. Leipzig: Internationaler Psychoanalytischer Verlag, 1921.

Freund, Stefan. *Vergil im frühen Christentum*. Paderborn: Schöningh, 2003.

Friedman, Milton. *Essays in Positive Economics*. Chicago: University of Chicago Press, 1953.

Fritscher-Fehr, Melanie. *Demokratie im Ohr. Das Radio als geschichtskultureller Akteur in Westdeutschland, 1945–1963*. Bielefeld: transcript, 2019.

Fuessl, Karl-H. „Die Geburt der Pädagogik aus dem Geist der Emigration: Jugend und soziale Arbeit zwischen Nationalsozialismus und demokratischem Neubeginn". *Yearbook of German-American Studies* 52 (2017): 129–150.

Galbraith, John K. *American Capitalism: The Concept of Countervailing Power*. Boston, MA: Houghton Mifflin, 1952.

Gansberg, Judith M. *Stalag: U.S.A.* Toronto: Fitzhenry & Whiteside, 1977.

Garnsey. Peter. *Ideas of Slavery from Aristotle to Augustine*. Cambridge: Cambridge University Press, 1996.

Geiringer, Ernst. „Acht Jahre Österreichischer Zolltarif". *Die Industrie* 12 (1933): 8.

Gelber, Mark. „Abraham Sonne und ‚Das Augenspiel'". *Canettis Aufstand gegen Macht und Tod*. Hg. John Pattillo-Hess und Mario R. Smole. Wien: Löcker, 1996, 69–79.

Gerund, Katharina und Heike Paul (Hg.). *Die amerikanische Reeducation-Politik nach 1945. Interdisziplinäre Perspektiven auf ‚America's Germany'*. Bielefeld: transcript, 2015.

Glendon, Mary Ann. *Rights Talk. The Impoverishment of Political Discourse*. New York, NY: The Free Press, 1991.

Glendon, Mary Ann. *A World Made New. Eleanor Roosevelt and the Universal Declaration of Human Rights*. New York, NY: Random House, 2001.

Glendon, Mary Ann et al. *Report of the Commission on Unalienable Rights* https://hu.usem bassy.gov/report-of-the-commission-on-unalienable-rights/ (7. Oktober 2020).

Goebbels, Joseph. *Die Tagebücher. Sämtliche Fragmente*. Hg. Elke Fröhlich. Vol. 1: *Aufzeichnungen 1924–1941*, Bd. 4: 1. 1. 1940–8.7.1941.München: Saur, 1987.

Gödde, Günter. *Traditionslinien des ‚Unbewussten': Schopenhauer – Nietzsche – Freud*. Tübingen: Edition Diskord, 1999.

Gołaszewski, Marcin und Magdalena Kardach, Leonore Krenzlin (Hg.). *Zwischen Innerer Emigration und Exil. Deutschsprachige Schriftsteller 1933–1945*. Berlin und Boston, MA: De Gruyter, 2016.

Goldberg, Lea „Begegnung mit einem Dichter". *Avraham Ben Yitzhak: „Es entfernen sich die Dinge". Gedichte und Fragmente*. Herausgegeben und aus dem Hebräischen übersetzt von Efrat Gal-Ed und Christoph Meckel. München: Hanser, 1994, 69–80.

Goldschmidt, Nora. „The Death of the Author: Hermann Broch's *Der Tod des Vergil*". Goldschmidt, Nora. *Afterlives of the Roman Poets. Biofiction and the Reception of Latin Poetry*. Cambridge: Cambridge University Press, 2019, 156–184.

Gonzales-Day, Ken. *Lynching in the West 1850–1935*. Durham, NC: Duke University Press, 2006.

Goodale, Mark (Hg). *Letters to the Contrary: A Curated History of the UNESCO Human Rights Survey*. [Mit einem Vorwort von Samuel Moyn]. Stanford, CA: Stanford University Press, 2018.

Gordinsky, Natasha. ,*Ein elend-schönes Land'. Gattung und Gedächtnis in Lea Goldbergs hebräischer Literatur*. Göttingen: Vandenhoeck & Ruprecht, 2019.

Gosepath, Stefan. „Hannah Arendts Kritik der Menschenrechte und ihr ,Recht, Rechte zu haben'". *Hannah Arendt: Verborgene Tradition – Unzeitgemäße Aktualität?* Hg. Heinrich Böll Stiftung. Berlin: Akademie Verlag, 2007, 279–288.

Grabowsky-Hotaminidis, Anja. *Zur Bedeutung mystischer Denktraditionen im Werk von Hermann Broch*. Tübingen: Niemeyer, 1995.

Graf, Wilfried und Werner Wintersteiner. „Ethik und Erkenntnis. Hermann Brochs Beitrag für die heutige Friedensforschung". *Jahrbuch Friedenskultur* 10 (2015): 78–93.

Greiter, Almud und Anton Pelinka. „Hermann Broch als Demokratietheoretiker". *Hermann Broch und seine Zeit*. Hg. Richard Thieberger. Bern et al.: Peter Lang, 1980, 24–36.

Günther, Michael. *Masse und Charisma. Soziale Ursachen des politischen und religiösen Fanatismus*. Frankfurt am Main: Peter Lang, 2005.

Gurvitch, Georges. *The Bill of Social Rights*. Madison, CT: International Universities Press, 1946.

Gutmann, Amy. „Introduction". Michael Ignatieff. *Human Rights as Politics and Idolatry*. Princeton und Oxford: Princeton University Press, 2001, VII–XXVII.

Haag, John. „*Gone with the Wind* in Nazi Germany". *The Georgia Historical Quarterly* 73.2 (1989): 278–304.

Habermas, Jürgen. „Das Konzept der Menschenwürde und die realistische Utopie der Menschenrechte". Jürgen Habermas. *Zur Verfassung Europas. Ein Essay*. Berlin: Suhrkamp, 2011, 13–38.

Hackel, Volker Marcus. *Kants Friedensschrift und das Völkerrecht*. Berlin: Duncker & Humblot, 2000.

Haecker, Theodor. *Was ist der Mensch?* Leipzig: Hegner, 1933.

Haecker, Theodor. *Der Christ und die Geschichte*. Leipzig: Hegner, 1935.

Haecker, Theodor. *Tag- und Nachtbücher. 1939–1945*. München: Kösel, 1947.

Haecker, Theodor. *Vergil, Vater des Abendlandes*. München: Kösel, 1948.

Halfwassen, Jens. *Plotin und der Neuplatonismus*. München: Beck, 2004.

Hannah-Jones, Nikole (Hg.). „The 1619 Project". *The New York Times Magazine* (14. August 2019).

Hanuschek, Sven. *Elias Canetti. Biographie*. München: Hanser, 2005.

Hardison, Jr., O.B. „Binding Proteus: An Essay on the Essay". *Essays on the Essay. Redefining the Genre*. Hg. Alexander J. Butrym. Athens, GA und London, UK: The University of Georgia Press, 1989, 11–28.

Hargraves, John. „‚Beyond Words': The Translation of Broch's *Der Tod des Vergil* by Jean Starr Untermeyer". *Hermann Broch, Visionary in Exile*. The 2001 Yale Symposium. Hg. Paul Michael Lützeler et al. Rochester, NY: Camden House, 2003, 217–229.

Havet, Jacques. *Kant et le problème du temps*. Paris: Gallimard, 1947.

Hayek, Friedrich A. *Geldtheorie und Konjunkturtheorie*. Wien und Leipzig: Hölder, Pichler, Tempsky, 1929.

Hayek, Friedrich A. *Preise und Produktion*. Wien: Springer, 1931.

Hein, Jürgen. *Dorfgeschichte*. Stuttgart: Metzler, 1976.

Heinemann, Manfred (Hg.). *Umerziehung und Wiederaufbau. Die Bildungspolitik der Besatzungsmächte in Deutschland und Österreich*. Stuttgart: Klett-Cotta, 1981.

Heizmann, Jürgen. *Antike und Moderne in Hermann Brochs ‚Tod des Vergil'. Über Dichtung und Wissenschaft, Utopie und Ideologie*. Tübingen: Narr, 1997.

Heller, Agnes. *Beyond Justice*. Oxford, UK und New York, NY: Basil Blackwell, 1987.

Heller, Ágnes. „Wir alle meinten, mit unserem Denken die Welt erlösen zu können". Interview: Elisabeth von Thadden. *ZEIT-ONLINE* 25 (13. Juni 2019): https://www.zeit.de/2019/25/agnes-heller-philosophie (17. Oktober 2020).

Henkin, Alice H. *Human Dignity: The Internationalization of Human Rights*. New York, NY: Aspen Institute of Humanistic Studies, 1979.

Hentsch, Thierry. *Truth or Death. The Quest for Immortality in the Western Narrative Tradition*. Vancouver: Talonbooks, 2004.

Herd, Eric. „The Guilt of the Hero in the Novels of Hermann Broch". *German Life and Letters* 18 (1964): 30–39.

Hermand, Jost und Frank Trommler: *Die Kultur der Weimarer Republik*. München: Nymphenburger Verlagshandlung, 1978.

Herr, Moshe David und S. David Sperling. „Day of Atonement". *Encyclopaedia Judaica*. Hg. Fred Skolnik und Michael Berenbaum. 2. Auflage. Band 5. Detroit, MI und New York, NY: Macmillan Reference USA, 2007, 488–493.

Hever, Hannan: „Afterword: The Halo of Refusal" und „Notes". Avraham Ben Yitzhak. *Collected Poems*. Edited with an Afterword by Hannan Hever. Translated by Peter Cole. Jerusalem: Ibis Editions, 2002, 67–87 und 89–121.

Hildebrand, Dietrich von. *Sittliche Grundhaltungen*. Mainz: Matthias Grünewald Verlag, 1933.

Hildebrand, Dietrich von. *Engelbert Dollfuß. Ein katholischer Staatsmann*. Salzburg: Pustet, 1934.

Hinderer, Walter. „Reflexionen über den Mythos". *Brochs theoretisches Werk*. Hg. Paul Michael Lützeler und Michael Kessler. Frankfurt am Main: Suhrkamp, 1988, 49–68.

Hirsh, Michael, „Paul Krugman admits being wrong on globalization", *Foreign Policy* (17. Juli 2020): https://www.educationviews.org/paul-krugman-admits-being-wrong-on-globalization (15. November 2020).

Hitler, Adolf. „Mein politisches Testament". *Hitlers Briefe und Notizen. Sein Weltbild in handschriftlichen Dokumenten*. Hg. Werner Maser. Düsseldorf: Econ, 1973, 356–375.

Hocke, Gustav René. „Der Wachtraum des Vergil". *Neue Zeitung* (15. Juli 1948) (Feuilleton- und Kunstbeilage).

Hocke, Gustav René. *Der tanzende Gott. Roman*. München: Nymphenburger Verlagshandlung, 1949.

Hocke, Gustav René. *Der Schatten des Leviathan. Lebenserinnerungen 1908–1984*. München und Berlin: Deutscher Kunstverlag, 2004.

Höntzsch, Frauke. „Der Mensch als Non-Person: Hannah Arendts anthropologische Kritik der Menschenrechte." *Non-Person. Grenzen des Humanen in Literatur, Kultur und Medien*. Hg. Stephanie Catani und Stephanie Waldow. Paderborn: Brill und Fink, 2020, 13–29.

Hördler, Stefan. „Rationalisierung des KZ-Systems 1943–1945. *Arbeitsfähigkeit* und *Arbeitsunfähigkeit* als ordnende Selektionskriterien". *Arbeit im Nationalsozialismus*. Hg. Marc Buggeln und Michael Wildt. München: De Gruyter Oldenbourg, 2014, 349–370.

Hörisch, Jochen. *Kopf oder Zahl. Die Poesie des Geldes*. Frankfurt am Main: Suhrkamp, 1996.

Holmes, Deborah und Lisa Silverman (Hg.). *Interwar Vienna. Culture Between Tradition and Modernity*. Rochester, NY: Camden House, 2009.

Hommel, Hildebrecht. „Vergils ‚messianisches' Gedicht". *Theologia Viatorum* 2 (1950): 182–212.

Honneth, Axel. *Kampf um Anerkennung. Zur moralischen Grammatik sozialer Konflikte*. Frankfurt am Main: Suhrkamp, 1994.

Horkheimer, Max und Theodor W. Adorno. *Dialektik der Aufklärung. Philosophische Fragmente*. Frankfurt am Main: S. Fischer, 1969.

Hudal, Alois. *Die Grundlagen des Nationalsozialismus*. Leipzig und Wien: Johannes Günther Verlag, 1936.

Hunt, Lynn. *Inventing Human Rights. A History*. New York, NY: Norton, 2007.

Huxley, Julian. *UNESCO: Its Purpose and Its Philosophy*. [Washington D.C.]: Public Affairs Press, [1947].

Ignatieff, Michael. *Human Rights as Politics and Idolatry*. Princeton und Oxford: Princeton University Press, 2001. (Mit Beiträgen von Amy Gutmann, K. Anthony Appiah, David A. Hollinger, Thomas W. Laqueur und Diane F. Orentlicher.)

Ingendaay, Paul. „Wir selbst sind Teil des Populismus". *Frankfurter Allgemeine Zeitung*, Feuilleton (12. April 2018), S. 11.

Isaac, Jeffrey C. „A New Guarantee on Earth: Hannah Arendt on Human Dignity and the Politics of Human Rights." *The American Political Science Review*, 90.1 (1996): 61–73.

Jaffé, Aniela. „Broch: Der Tod des Vergil". *Studien zur analytischen Psychologie C. G. Jungs. Festschrift zum 80. Geburtstag von C.G. Jung*. Hg. Gerhard Adler und Ludwig Binswanger. Zürich: Rascher, 1955, 288–343.

James, William. *Pragmatism*. New York, NY: Longmans, Green, and Co., 1907.

James, William. *The Meaning of Truth*. New York, NY: Longmans, Green, and Co., 1909.

James, William. *A Pluralistic Universe*. New York, NY: Longmans, Green, and Co., 1909a.

Jaspers, Karl, „Erneuerung der Universität". *Die Wandlung* 1 (1945/1946): 3–6.

Jaspers, Karl. *Die Schuldfrage*. Heidelberg: Lambert Schneider, 1946.

Jellinek, Georg. *Die Erklärung der Menschen- und Bürgerrechte. Ein Beitrag zur modernen Verfassungsgeschichte*. Dritte Auflage. München und Leipzig: Duncker & Humblot, 1919.

Jenkins, Jennifer. „Broch's *Der Tod des Vergil*: Art and Power, Language and the Ineffable". *A Companion to the Works of Hermann Broch*. Hg. Graham Bartram, Sarah McGaughey, Galin Tihanov. Rochester, NY: Camden House, 189–206.

Joas, Hans. *The Sacredness of the Person. A New Genealogy of Human Rights*. Washington D.C.: Georgetown University Press, 2013. (Erstmals erschienen unter demTitel *Die Sakralität der Person. Eine neue Genealogie der Menschenrechte*. Berlin: Suhrkamp, 2011.)

Joas, Hans und Samuel Moyn. „The Sacredness of the Person or The Last Utopia: A Conversation about the History of Human Rights". *Imagining Human Rights*. Hg. Susanne Kaul und David Kim. Berlin und Boston, MA: De Gruyter, 2015, 9–32.

Johnson, Alvin. *Pioneer's Progress. An Autobiography*. New York, NY: Viking Press, 1952.

Johnson, Gaynor. *Lord Robert Cecil. Politician and Internationalist*. Farnham: Ashgate, 2013.

Jordan, Winthrop D. *The White Man's Burden: Historical Origins of Racism in the United States*. New York, NY: Oxford University Press, 1974.

Jürgs, Michael. *Sklavenmarkt Europa. Das Milliardengeschäft mit der Ware Mensch*. München: Bertelsmann/Random House, 2014.

Jungk, Robert. *Heller als tausend Sonnen. Das Schicksal der Atomforscher*. Stuttgart: Scherz, 1956.

Kahler, Erich von. *Der Beruf der Wissenschaft*. Berlin: Bondi, 1920.

Kahler, Erich von. *Israel unter den Völkern*. Zürich: Humanitas, 1936.

Kahler, Erich. *Man the Measure. A New Approach to History*. New York, NY: Pantheon Books, 1943.

Kahler, Erich. „Open Letter to Harald Urey". *Common Cause* 3.8 (1950): 396–400.

Kahler, Erich. „Foreign Policy Today". *Bulletin of the Atomic Scientists* 6.2 (1950a): 356–362.

Kahler, Erich. „Rede über Hermann Broch". *Neue Rundschau* 63.2 (1952): 232–243.

Kahler, Erich. „Einleitung". Hermann Broch. *Gedichte*. Hg. Erich Kahler. Gesammelte Werke. Zürich: Rhein-Verlag, 1953, 7–60.

Erich Kahler, *The Tower and the Abyss. An Inquiry into the Transformation of the Individual*. New York, NY: Braziller, 1957.

Kahler, Erich. *Die Philosophie von Hermann Broch*, Tübingen: Mohr, 1962.

Kahler, Erich. *Stefan George: Größe und Tragik*. Pfullingen: Neske, 1964.

Kant, Immanuel. *Grundlegung zur Metaphysik der Sitten*. Gesammelte Schriften. Band IV. Hg. Königliche Preußische Akademie der Wissenschaften. Berlin: Reimer, 1903, 387–463.

Kant, Immanuel. *Kritik der reinen Vernunft*. „Vorrede zur zweiten Auflage" [1787]. Gesammelte Schriften. Band III. Hg. Königlich Preußische Akademie der Wissenschaften, Berlin: Reimer, 1904, 7–26.

Kant, Immanuel. *Kritik der praktischen Vernunft*. Gesammelte Schriften. Band V. Hg. Königliche Preußische Akademie der Wissenschaften. Berlin: Reimer, 1908, 1–163.

Kant, Immanuel. *Zum ewigen Frieden. Ein philosophischer Entwurf*. Gesammelte Schriften. Band VIII. Hg. Königlich Preußische Akademie der Wissenschaften. Berlin: Reimer, 1912, 341–386.

Kaul, Susanne und David Kim (Hg.). *Imagining Human Rights*. Berlin und Boston, MA: De Gruyter, 2015.

Kautsky, Karl. *Terrorismus und Kommunismus. Ein Beitrag zur Naturgeschichte der Revolution*. Berlin: Neues Vaterland, 1919.

Keller, Werner. „Nachwort". Peter Meuer. *Abschied und Übergang. Goethes Gedanken über Tod und Unsterblichkeit*. München und Zürich: Artemis & Winkler, 1993, 129–153.

Kershaw, Ian. *Hitler. A Biography*. New York, NY: Norton, 2008.

Kessler, Michael unter Mitarbeit von Marianne Gruber, Barbara Mahlmann-Bauer, Christine Mondon und Friedrich Vollhardt (Hg.). *Hermann Broch. Neue Studien*. Festschrift für Paul Michael Lützeler zum 60. Geburtstag. Tübingen: Stauffenburg, 2003.

Kessler, Michael. „Hermann Broch und Volkmar von Zühlsdorff: Hoffnung und Humanismus". *Hermann Brochs literarische Freundschaften*. Hg. Endre Kiss, Paul Michael Lützeler, Gabriella Rácz. Tübingen: Stauffenburg, 2008, 199–215.

Kessler, Michael und Paul Michael Lützeler (Hg.). *Hermann-Broch-Handbuch*. Berlin und Boston, MA: De Gruyter, 2016.

Keynes, John Maynard. *The General Theory of Employment, Interest, and Money*. New York, NY: Harcourt, Brace, 1936.

Kiener, Julius. „Gespräch mit Ludwig von Ficker über Hermann Broch." *Seefeld-Tirol. Kur- und Reisezeitung* 18 (1960): 4.

Kinzel, Till. „Jüdischer Platonismus: Unsterblichkeit und Moderne. Variationen über Moses Mendelssohn und Leo Strauss". *Text und Kritik* 5 (2011): 180–193.

Kiss, Endre. „Der Dämmerzustand in philosophischer, psychologischer und romanästhetischer Beleuchtung. *Austriaca* 27.55 (2003): 155–172.

Kleingeld, Pauline. *Kant and Cosmopolitanism: The Philosophical Ideal of World Citizenship*. Cambridge und New York, NY: Cambridge University Press, 2012.

Kleinlogl, Alexander. „Götterblut und Unsterblichkeit. Homerische Sprachreflexion und die Probleme epischer Forschungsparadigmata". *Poetica* 13.3–4 (1981): 252–279.

Klinger, Monika: *Hermann Broch und die Demokratie*. Berlin: Duncker & Humblot, 1994.

Kluge, Ulrich. *Der österreichische Ständestaat 1934–1938. Entstehung und Scheitern*. München: Oldenbourg, 1984.

Kluger, Rivkah Schärf. *Satan in the Old Testament*. Evanston, IL: Northwestern University Press, 1967.

Kobusch, Theo. *Die Entdeckung der Person. Metaphysik der Freiheit und modernes Menschenbild*. Freiburg i. Br.: Herder, 1993.

Koebner, Thomas. „Das Dritte Reich – Reich der Dämonen? Vorläufige Überlegungen zur Funktion der Bilder und Vergleiche in den Charakteristiken des Dritten Reichs aus der Sicht der Exilliteratur". *Deutschsprachige Exilliteratur. Studien zu ihrer Bestimmung im Kontext der Epoche 1930 bis 1960*. Hg. Wulf Koepke und Michael Winkler. Bonn: Bouvier, 1984, 56–74.

Koebner, Thomas. „Der unerreichbare Gott". *Brochs theoretisches Werk*. Hg. Paul Michael Lützeler und Michael Kessler. Frankfurt am Main: Suhrkamp, 1988, 159–191.

Köhn, Lothar. „‚Leises Murmeln'. Zum Begriff der Schuld in Hermann Brochs *Die Schuldlosen*". *Hermann Broch: Das dichterische Werk. Neue Interpretationen*. Hg. Michael Kessler und Paul Michael Lützeler. Tübingen: Stauffenburg, 1987, 55–65.

König, Matthias. *Menschenrechte bei Durkheim und Weber. Normative Dimensionen des soziologischen Diskurses der Moderne*. Frankfurt am Main und New York, NY: Campus, 2002.

Könneker, Carsten. *„Auflösung der Natur, Auflösung der Geschichte": Moderner Roman und NS-„Weltanschauung" im Zeichen der theoretischen Physik*. Stuttgart: Metzler, 2001.

Koepke, Wulf. „Das Sprachproblem der Exilliteratur in der Sprachgeschichte", *Sprachgeschichte. Ein Handbuch zur Geschichte der deutschen Sprache und ihrer Erforschung*. Teilband 4, hg. v. Werner Besch, Oskar Reichmann und Stefan Sonderegger. Berlin und New York, NY: De Gruyter, 1985, S. 3110–3116.

Kogon, Eugen. *Der SS-Staat. Das System der deutschen Konzentrationslager*. München: Alber, 1946.

Kohlenberger, Helmut. „Hermann Broch und Erich von Kahler: Vordenker der Aporie". *Hermann Brochs literarische Freundschaften*. Hg. Endre Kiss, Paul Michael Lützeler und Gabriella Rács. Tübingen: Stauffenburg, 2008, 245–260.

Komar, Kathleen L. „The Death of Virgil: Broch's Reading of Virgil's ‚Aeneid'", *Comparative Literature Studies* 21.3 (1984): 255–269.

Komáromi, Sándor. „Hermann Broch und Karl Kerényi: Roman und Mythos". *Hermann Brochs literarische Freundschaften*. Hg. Endre Kiss, Paul Michael Lützeler, Gabriella Rácz. Tübingen: Stauffenburg, 2008, 277–291.

Krammer, Arnold. *Nazi Prisoners of War in America*. New York, NY: Stein and Day, 1979.

Kreuzer, Helmut: *Die Boheme: Beiträge zu ihrer Beschreibung*, Stuttgart: Metzler, 1968.

Krill, Hans-Heinz. „Die Gründung der UNESCO". *Vierteljahrshefte für Zeitgeschichte* 16.3 (1968): 247–279.

Krohn, Claus-Dieter. „'Let us be prepared to win the peace'. Nachkriegsplanungen emigrierter deutscher Sozialwissenschaftler an der New School for Social Research in New York". *Deutschland nach Hitler. Zukunftspläne im Exil und aus der Besatzungszeit 1939–1949*. Hg. Thomas Koebner, Gert Sautermeister, Sigrid Schneider. Opladen: Westdeutscher Verlag, 1987, 123–135.

Krohn, Claus-Dieter. *Wissenschaft im Exil. Deutsche Sozial- und Wirtschaftswissenschaftler in den USA und die New School for Social Research*. Frankfurt am Main: Campus, 1987a.

Krohn, Claus-Dieter. „Der Council for a Democratic Germany". *Was soll aus Deutschland werden? Der Council for a Democratic Germany in New York 1944–1945*. Hg. Ursula Langkau-Alex und Thomas M. Ruprecht. Franfurt am Main: Campus, 1995, 47–65.

Krugman, Paul. *Arguing with Zombies: Economics, Politics, and the Fight for a Better Future*. New York, NY: Norton, 2020.

Kühnhardt, Ludger. *Die Universalität der Menschenrechte. Studie zur ideengeschichtlichen Bestimmung eines politischen Schlüsselbegriffs*. München: Olzog, 1987.

Küng, Hans. *Global Responsibility. In Search of a New World Ethic*. New York, NY: Crossroad, 1990. (Das Original des Buches erschien unter dem Titel *Projekt Weltethos* im gleichen Jahr bei Piper in München.)

Küng, Hans und Josef van Ess, Heinrich von Stietencron, Heinz Bechert *Christianity and World Religions. Paths of Dialogue with Islam, Hinduism, and Buddhism*. Maryknoll, NY: Orbis Books, 1993.

Küng, Hans (Hg.). *Ja zum Weltethos. Perspektiven für die Suche nach Orientierung*. München: Piper, 1995.

Kuhn, Thomas S. *Die Struktur wissenschaftlicher Revolutionen*. Frankfurt am Main: Suhrkamp, 1976.

Kuhn, Thomas S. *Die kopernikanische Revolution*. Braunschweig und Wiesbaden: Vieweg, 1980.

Kum, Kijeong, „Die Schuldlosen von Hermann Broch". Kijeong Kum. *Das Schuldproblem des Menschen in der deutschen Literatur des 20. Jahrhunderts*. Würzburg: Königshausen & Neumann, 1995, 162–214.

Lampe, Peter. „Der Brief an Philemon". Walter, Nikolaus und Eckart Reinmuth, Peter Lampe, *Die Briefe an die Philipper, Thessalonicher und an Philemon*. Göttingen: Vandenhoeck & Ruprecht, 1998, 203–232.

Lamping, Dieter. „'Linguistische Metamorphosen'. Aspekte des Sprachwechsels in der Exilliteratur". *Germanistik und Komparatistik. DFG-Symposion 1993*. Hg. Hendrik Birus. Stuttgart und Weimar: Metzler, 1995, 528–540.

Latte, Kurt. *Römische Religionsgeschichte*. München: Beck, 1960.

Lazar, Maria. *Die Vergiftung*. Leipzig und Wien: E. P. Tal & Co., 1920.

Lazar, Maria. *Leben verboten!* Wien: Das vergessene Buch, 2020.

Lebech, Mette. *On the Problem of Human Dignity: A Hermeneutical and Phenomenological Investigation*. Würzburg: Königshausen & Neumann, 2009.

Lebech, Mette (Hg.). *European Sources of Human Dignity: A Commented Anthology*. Oxford: Peter Lang, 2019.

Le Bon, Gustave. *Psychologie des foules*. Paris: Félix Alcan, 1895.

Lefèvre, Eckard. „Catulls Parzenlied und Vergils vierte Ekloge". *Philologus* 144 (2000): 63–80.

Lee, Roy S. (Hg.). *The International Criminal Court: The Making of the Rome Statute*. The Hague: Kluwer Law International, 1999.

Lentz, Sarah. *„Wer helfen kann, der helfe!" Deutsche SklavereigegnerInnen und die atlantische Abolitionsbewegung 1760–1860*. Göttingen: Vandenhoeck & Ruprecht, 2020.

Lentz, Thierry. *1815. Der Wiener Kongress und die Neugründung Europas*. München: Siedler, 2014.

Leser, Norbert. *Zwischen Reformismus und Bolschewismus. Der Austromarxismus als Theorie und Praxis*. Wien: Europa Verlag, 1968.

Leuchtenburg, William E. *Franklin D. Roosevelt and the New Deal 1932–1940*. New York, NY: Harper & Row, 1963.

Limbeck-Lilienau, Christoph und Friedrich Stadler (Hg.). *Der Wiener Kreis. Texte und Bilder zum Logischen Empirismus*. Berlin: LIT Verlag, 2015.

Logan, Rayford W. *The Betrayal of the Negro from Rutherford B. Hayes to Woodrow Wilson*. Boston, MA: Da Capo Press, 1997.

Loyer, Emmanuelle. *Paris à New York. Intellectuels et artistes français en exil, 1940–1947*. Paris: Grasset, 2005.

Lütterfelds. Wilhelm und Thomas Mohrs. *Eine Welt – Eine Moral? Eine kontroverse Debatte*. Darmstadt: Wissenschaftliche Buchgesellschaft, 1997.

Lützeler, Paul Michael. „Elias Canetti. Alle vergeudete Verehrung". *Literatur und Kritik* 54–55 (1971): 297–299.

Lützeler, Paul Michael. *Hermann Broch – Ethik und Politik. Studien zum Frühwerk und zur Romantrilogie „Die Schlafwandler"*. München: Winkler, 1973.

Lützeler, Paul Michael. *Hermann Broch. Eine Biographie*. Frankfurt am Main: Suhrkamp, 1985.

Lützeler, Paul Michael (Hg.). *Hermann Broch* [Materialien]. Frankfurt am Main: Suhrkamp, 1986.

Lützeler, Paul Michael. „Zur Avantgarde-Diskussion der dreißiger Jahre: Lukács, Broch und Joyce". *Zeitgeschichte in Geschichten* der Zeit. *Deutschsprachige Romane im 20. Jahrhundert*. Bonn: Bouvier, 1986a, 109–140.

Lützeler, Paul Michael. „Bürgerkrieg und Legitimität: Zum romantischen Geschichtsroman". Paul Michael Lützeler. *Klio oder Kalliope? Literatur und Geschichte*. Berlin: Erich Schmidt, 1997, 21–50.

Lützeler, Paul Michael Lützeler. *Die Entropie des Menschen. Studien zum Werk Hermann Brochs*. Würzburg: Königshausen & Neumann, 2000.

Lützeler, Paul Michael. *Kulturbruch und Glaubenskrise. Brochs „Schlafwandler" und Grünewalds „Isenheimer Altar"*. Tübingen: Francke, 2001.

Lützeler, Paul Michael in cooperation with Matthias Konzett, Willy Riemer, and Christa Sammons (Hg.). *Hermann Broch, Visionary in Exile*. The 2001 Yale Symposium. Rochester, NY: Camden House, 2003.

Lützeler, Paul Michael und Christine Maillard (Hg.). *Hermann Broch – Religion, Mythos, Utopie: Zur ethischen Perspektive seines Werks*. [Themenheft] *Recherches Germaniques* 5 (2008).

Lützeler, Paul Michael. *Bürgerkrieg global. Menschenrechtsethos und deutschsprachiger Gegenwartsroman*. München: Fink, 2009.

Lützeler, Paul Michael. *Hermann Broch und die Moderne. Roman, Menschenrecht, Biografie.* München: Fink, 2011.

Lützeler, Paul Michael. *„The City of Man*: Thomas Mann's Initiative in American Exile". *Transatlantische Germanistik. Kontakt, Transfer, Dialogik.* Berlin und Boston, MA: De Gruyter, 2013a, 142–156.

Lützeler, Paul Michael. „Migration und Exil in Geschichte, Mythos und Literatur". *Handbuch der deutschsprachigen Exilliteratur. Von Heinrich Heine bis Herta Müller.* Hg. Bettina Bannasch und Gerhild Rochus. Berlin und Boston, MA: De Gruyter, 2013b, S. 3–25.

Lützeler, Paul Michael. „Dramen". *Hermann-Broch-Handbuch.* Hg. Michael Kessler und Paul Michael Lützeler. Berlin und Boston, MA: De Gruyter, 2016, 217–249.

Lützeler, Paul Michael und Markus Ender (Hg.). *Hermann Broch und „Der Brenner".* Innsbruck und Wien: StudienVerlag, 2020.

Lützeler, Paul Michael. „Brochs ‚Aussteiger' im Kontext der Lebensreformer auf dem Monte Verità". *Aussteigen um 1900. Imaginationen in der Literatur der Moderne.* Hg. Barbara Mahlmann-Bauer und Paul Michael Lützeler. Göttingen: Wallstein, 2021, 25–49.

Luhmann, Niklas. *Soziale Systeme. Grundriss einer allgemeinen Theorie.* Frankfurt am Main: Suhrkamp, 1984.

Lupack, Barbara Tepa. *Literary Adaptations in Black American Cinema – From Oscar Micheaux to Toni Morrison.* Rochester: Rochester University Press, 2002.

Lustig, Hugo. *Südafrikanische Minenwerte. Handbuch für Bankiers und Kapitalisten.* Berlin: Minenverlag, 1909.

Mahlmann-Bauer, Barbara. *„Die Verzauberung".* Hermann-Broch-Handbuch. Hg. Michael Kessler und Paul Michael Lützeler. Berlin und Boston, MA: De Gruyter, 2016, 127–165.

Mahlmann-Bauer, Barbara und Paul Michael Lützeler (Hg.). *Aussteigen um 1900. Imaginationen in der Literatur der Moderne.* Göttingen: Wallstein, 2021.

Mahrdt, Helga: „Hannah Arendt und Hermann Broch". *Hermann Broch. Neue Studien.* Hg. Michael Kessler et al. Tübingen: Stauffenburg, 2003, S. 203–220.

Maier, Pauline. *American Scripture: Making the Declaration of Independence.* New York, NY: Knopf, 1997.

Mananashvili, Sergo. *Möglichkeiten und Grenzen zur völker- und europarechtlichen Durchsetzung der Genfer Flüchtlingskonvention.* Baden-Baden: Nomos, 2009.

Mann, Thomas. „Die Entstehung des Doktor Faustus (1949)". Thomas Mann. *Reden und Aufsätze 3,* Gesammelte Werke, Band XI. Frankfurt am Main: Fischer Taschenbuch, 1990, 145–301.

Mann, Thomas. „Bruder Hitler (1939)". Thomas Mann. *Reden und Aufsätze 4,* Gesammelte Werke, Band XII. Frankfurt am Main: Fischer Taschenbuch, 1990a, 845–852.

Mann, Thomas. „Achtung, Europa! (1935)". Thomas Mann. *Reden und Aufsätze 4.* Gesammelte Werke, Band XII. Frankfurt am Main: Fischer Taschenbuch, 1990b, 766–779.

Mann, Thomas, Frank Thiess, Walter von Molo. *Ein Streitgespräch über die äußere und die innere Emigration.* Dortmund: Druckschriften Vertriebsdienst, 1946.

Maritain, Jacques. *Gesellschaftsordnung und Freiheit.* Luzern: Vita Nova, 1936.

Maritain, Jacques. *Die Zukunft der Christenheit.* Einsiedeln und Köln: Benziger, 1938.

Maritain, Jacques. *Education at the Crossroads.* New Haven, CT: Yale University Press, 1943.

Maritain, Jacques. „Einführung". *Um die Erklärung der Menschenrechte. Ein Symposium.* Hg. UNESCO. Zürich, Wien, Konstanz: Europa, 1951, 11–23.

Maurer, Sabine. https://www.theologinnenkonvent.de/pdf/Sabine_Maurer_Die_Theologin-Olga%20Lau-Tugemann_2016.pdf (19. September 2020).

Mayer, Mathias. „Hermann Broch – Literatur als Richtunggebung". Mathias Mayer. *Der Erste Weltkrieg und die literarische Ethik. Historische und systematische Perspektiven*. München: Fink, 2010, 219–236.

Meier, Helmut. *Thomas Clarkson: ‚Moral Steam Engine' or False Prophet? A Critical Approach to Three of his Antislavery Essays*. Stuttgart: Ibidem, 2007.

Menke, Christoph und Arnd Pollmann. *Philosophie der Menschenrechte zur Einführung*. Hamburg: Junius, 2007.

Menke, Christoph. „Die ‚Aporien der Menschenrechte' und das ‚einzige Menschenrecht'. Zur Einheit von Hannah Arendts Argumentation". *Hannah Arendt und Giorgio Agamben. Parallelen, Perspektiven, Kontroversen*. Hg. Eva Geulen, Kai Kauffmann, Georg Mein. München: Fink, 2008, 131–147.

Meyer-Ladewig, Jens. *Europäische Menschenrechtskonvention. Handkommentar*, 2. Auflage. Baden-Baden: Nomos, 2006.

Michalzik, Peter. *1900. Vegetarier, Künstler und Visionäre suchen nach dem neuen Paradies*. Köln: DuMont, 2018.

Miers, Suzanne. *Britain and the Ending of the Slave Trade*. New York, NY: African Publishing, 1975.

Miers, Suzanne. *Slavery in the Twentieth Century. The Evolution of a Global Problem*. Walnut Creek, CA et al.: AltaMira Press, 2003.

Mieth, Dietmar. „Ethik und Religion". *Brochs theoretisches Werk*. Hg. Paul Michael Lützeler und Michael Kessler. Frankfurt am Main: Suhrkamp, 1988, 137–149.

Mises, Ludwig von. *Die Gemeinwirtschaft. Untersuchungen über den Sozialismus*. Jena: Fischer, 1922.

Mises, Ludwig von. *Theorie des Geldes und der Umlaufsmittel*. Zweite neubearbeitete Auflage. München und Leipzig: Duncker & Humblot, 1924.

Mitchell, Breon. *James Joyce and the German Novel 1922–1933*. Athens, OH: Ohio University Press, 1976.

Mitterbauer, Helga. „Zwischen Utopie und Skepsis. Die Menschenrechtsdebatte bei Hannah Arendt und Hermann Broch". *Hermann Broch – ein Engagierter zwischen Literatur und Politik*. Hg. Österreichische Liga für Menschenrechte. Innsbruck, Wien, Bozen: Studien Verlag, 2004, S. 17–31.

Mitterbauer, Helga. „Hermann Broch und Franz Blei: Untergehende Kultur, zerfallende Werte". *Hermann Brochs literarische Freundschaften*. Hg. Endre Kiss, Paul Michael Lützeler und Gabriella Rácz. Tübingen: Stauffenburg, 2008, S. 37–50.

Moh, Mari. „Individuum in der Masse. Zur Massentheorie Hermann Brochs". *Neue Beiträge zur Germanistik* 5.2 (2006): 140–151.

Molthagen, Joachim. *Der römische Staat und die Christen im zweiten und dritten Jahrhundert*. 2. Auflage. Göttingen: Vandenhoeck & Ruprecht, 1975.

Moltke, Johannes von. „Hollywood, Hitler, and Historiography: Film History as Cultural Critique". *Cultural Critique* 91 (Fall 2015): 167–189.

Morin, Edgar. *Penser l'Europe*. Paris: Gallimard, 1987.

Morsink, Johannes. *The Universal Declaration of Human Rights. Origins, Drafting, and Intent*. Philadelphia, PA: University of Pennsylvania Press, 1999.

Mounier, Emmanuel. *Manifest au service du personnalisme*. Paris: Montaigne, 1936.

Moyn, Samuel. *The Last Utopia: Human Rights in History*. Cambridge, MA: Harvard University Press, 2010.

Moyn, Samuel. *Christian Human Rights*. Philadelphia, PA: University of Pennsylvania Press, 2015.

Moyn, Samuel. *Not Enough: Human Rights in an Unequal World*. Cambridge, MA: Harvard University Press, 2018.

Müller, Herta. „Das Exil ist eine Leerstelle". Interview mit Marc Reichwein. Literarische Welt (15. August 2020), 25, 27.

Müller-Funk, Wolfgang. „Fear in Culture. Broch's ‚Massenwahntheorie'. *Hermann Broch. Visionary in Exile*. The 2001 Yale Symposium, Hg. Paul Michael Lützeler et al. Rochester, NY: Camden House, 2003, 89–104.

Müller-Funk, Wolfgang. „Die Angst (vor) der Masse bei Broch und Canetti". *Elias Canetti und Hermann Broch*. Hg. Penka Angelova, Marianne Gruber und Paul Michael Lützeler. St. Ingbert: Röhrig, 2009, 179–200.

Mutua, Makau. *Human Rights. A Political and Cultural Critique*. Philadelphia, PA: University of Pennsylvania Press, 2002.

Nansen, Fridtjof. „Peace". Fridtjof Nansen. *Adventure And Other Papers*. Freeport, NY: Books for Libraries Press, 1967, 63–82.

Negt, Oskar. *Gesellschaftsentwurf Europa. Plädoyer für ein gerechtes Gemeinwesen*. Göttingen: Steidl/ifa, 2012.

Neier, Aryeh. *The International Human Rights Movement. A History*. Princeton, NJ und Oxford, UK: Princeton University Press, 2012.

Neunzig, Hans A. (Hg.). *Der Ruf – Unabhängige Blätter für die junge Generation. Eine Auswahl*. Vorwort von Hans Werner Richter. München: Nymphenburger Verlagsanstalt, 1976.

Noel-Baker, Philip. *Nansen's Place in History*. Oslo: Universitetsforlaget, 1962.

Norden, Eduard. *Die Geburt des Kindes. Geschichte einer religiösen Idee*. Leipzig und Berlin: Teubner, 1924.

Northedge, F.S. *The League of Nations. Its Life and Times 1920–1946*. New York, NY: Holmes & Meier, 1986.

Nowak, Jürgen. *Homo Transnationalis: Menschenhandel, Menschenrechte und Soziale Arbeit*. Leverkusen: Budrich, 2014.

Obermeier, Otto-Peter. „Hermann Brochs Wertthorie". *Hermann Broch* [Materialien]. Hg. Paul Michael Lützeler. Frankfurt am Main: Suhrkamp, 1986, 227–245.

Obermeier, Otto-Peter. „Das Konstruktionsprinzip in der Wertphilosophie". *Brochs theoretisches Werk*. Hg. Paul Michael Lützeler und Michael Kessler. Frankfurt am Main: Suhrkamp, 1988, 98–108.

Oesterreicher, Johannes. „Hominem non habeo … ". *Die Erfüllung* 6 (1935): 3–13.

Oesterreicher, Johannes. „Bücher: Bischof Dr. Alois Hudal: Die Grundlagen des Nationalsozialismus". *Die Erfüllung* 2.4 (November 1936): 200–203.

Osterhammel, Jürgen. *The Transformation of the World. A Global History of the Nineteenth Century*. Princeton, NJ und Oxford, UK: Princeton University Press, 2014.

Pabel, Katharina. „Der EGMR als Verwaltungsgericht". Verwaltungsgerichtsbarkeit in der EU. Hg. Ralf-Peter Schenke, Joachim Suerbaum. Baden-Baden 2016, 121–144.

Papenheim, Martin. „Dialektik der Unsterblichkeit im Frankreich des 18. Jahrhunderts", *Lili* 18 (1988): 29–43.

Parekh, Serena. *Hannah Arendt and the Challenge of Modernity: A Phenomenology of Human Rights*. London und New York, NY: Routledge, 2008.

Parker, Richard. *John Kenneth Galbraith. His Life, His Politics, His Economics*. New York, NY: Farrar, Straus and Giroux, 2005.

Patterson, Orlando. „Trafficking, Gender and Slavery: Past and Present." *The Legal Understanding of Slavery*. Hg. Jean Allain. Oxford, UK: Oxford University Press, 2012, 322–359.

Pazi, Margarita. „Ethnische Bewusstseinsverschiebungen im Werk Hermann Brochs. Am Beispiel der Episoden der Geschichte vom Heilsarmeemädchen in Berlin aus *Die Schlafwandler*". Margarita Pazi: *Staub und Sterne. Aufsätze zur deutsch-jüdischen Literatur*. Hg. Sigrid Bauschinger und Paul Michael Lützeler. Göttingen: Wallstein, 2001, 141–151.

Pedersen, Frode Helmich. „‚Und wie du mich hassest!'. Das Gespräch zwischen Vergil und Augustus in Hermann Brochs Roman *Der Tod des Vergil* im Lichte des platonischen Dialogs". *Text & Kontext* 28.2 (2006): 35–55.

Peiter, Anne D. „Hermann Broch und Elias Canetti – Wer war Lehrer, wer war Schüler?" *Hermann Brochs literarische Freundschaften*. Hg. Endre Kiss, Paul Michael Lützeler, Gebriella Rácz. Tübingen: Stauffenburg, 2008, 139–149.

Peiter, Anne D. „L'amitié entre Hermann Broch, Elias Canetti et Veza Calderon-Canetti". *Au nom de Goethe. Homage à Gerald Stieg*. Textes réunis par Marc Lacheny. Paris: L'Harmattan, 2009, 35–44.

Pfoser, Alfred und Gerhard Renner. „‚Ein Toter führt uns an!" Anmerkungen zur kulturellen Situation im Austrofaschismus". *„Austrofaschismus". Beiträge über Politik, Ökonomie und Kultur 1934–1938*. Hg. Emmerich Tálos und Wolfgang Neugebauer. Wien: Verlag für Gesellschaftskritik, 4. Erweiterte Auflage 1988, 223–245.

Picht, Barbara. *Erzwungener Ausweg. Hermann Broch, Erwin Panofsky und Ernst Kantorowicz im Princetoner Exil*. Darmstadt: Wissenschaftliche Buchgesellschaft, 2008.

Picht, Barbara. „Volkmar von Zühlsdorff und Hermann Broch: Briefwechsel und Begegnung". *Hermann Brochs literarische Freundschaften*. Hg. Endre Kiss, Paul Michael Lützeler, Gabriella Rácz. Tübingen: Stauffenburg, 2008a, 217–227.

Picht, Barbara. „Politische Schriften". *Hermann-Broch-Handbuch*. Hg. Michael Kessler und Paul Michael Lützeler. Berlin und Boston, MA: De Gruyter, 2016, 401–432.

Piketty, Thomas. *Das Kapital im 21. Jahrhundert*. München: Beck, 2014.

Pissarek, Markus. „Hermann Brochs *Verzauberung*. Decouvrierung nationalsozialistischer Ideologie". *Hermann Broch – Politik, Menschenrechte – und Literatur*? Hg. Thomas Eicher, Paul Michael Lützeler, Hartmut Steinecke. Oberhausen: Athena, 2005, 153–183.

Pogge, Thomas. „The Progressive Potential of Human Rights". *Imagining Human Rights*. Hg. Susanne Kaul und David Kim. Berlin und Boston, MA: De Gruyter, 2015, 35–54.

Pollock, John. *Wilberforce*. New York, NY: St. Martin's Press, 1977.

Popper, Karl. *The Open Society and Its Enemies*. 2 vol. London: Routledge, 1945.

Popper, Karl. *Die Logik der Forschung*. Hg. Herbert Kreuth. Berlin: Akademie Verlag, 2013.

Power, Samantha und Graham Allison (Hg.). *Realizing Human Rights. Moving from Inspiration to Impact*. New York, NY: St. Martin's Press, 2000.

Power, Samantha. *„A Problem from Hell". America and the Age of Genocide*. New York, NY: Basic Books, 2002.

Preece, Julian. The *Rediscovered Writings of Veza Canetti: Out of the Shadows of a Husband*. Rochester, NY: Camden House, 2007.

Pross, Harry. „Demokratie und ‚Dritter Weg'". *Brochs theoretisches Werk*. Hg. Paul Michael Lützeler und Michael Kessler. Frankfurt am Main: Suhrkamp, 1988, 221–233.

Quaglino, Gian Piero, Augusto Romano und Riccardo Bernardini. *Carl Gustav Jung a Eranos 1933–1952*. Torino: Antigone, 2007.

Reidy, Julian. „Der unzuverlässige Erzähler im Bergwerk. Zu zwei Aspekten der Faschismusanalyse in Hermann Brochs *Verzauberung"*. *Journal of Austrian Studies* 45 (2012): 1–29.

Reinhart, Hartmut. *Erweiterter Naturalismus. Untersuchungen zum Konstruktionsverfahren in Hermann Brochs Romantrilogie „Die Schlafwandler"*. Köln: Böhlau, 1972.

Reynolds, David. *America, Empire of Liberty: A New History*. London: Penguin, 2009, 241–242.

Riemen, Rob. *The Fight Against this Age. On Fascism and Humanism*. New York, NY: Norton, 2018.

Ritzenhoff, Ursula. *Hermann Brochs „Pasenow"-Roman. Eine Re-Orientierung*. Bern: Peter Lang, 1977.

Ritzer, Monika. *Hermann Broch und die Kulturkrise im frühen 20. Jahrhundert*. Stuttgart: Metzler, 1988.

Ritzer, Monika: „Experimente mit der Psyche: Hermann Broch und C.G. Jung". *Hermann Broch. Neue Studien*. Hg. Michael Kessler et al. Tübingen 2003, 524–552.

Ritzer, Monika. „Massenwahntheorie". *Hermann-Broch-Handbuch*. Hg. Michael Kessler und Paul Michael Lützeler. Berlin und Boston, MA: De Gruyter, 2016, 433–457.

Robinson, Mary (Hg.), *Altogether Elsewhere. Writers on Exile*, Boston, MA and London: Faber & Faber, 1994.

Robinson, Mary. „Kein menschlicher Fortschritt ohne ein Weltethos". *Ja zum Weltethos. Perspektiven für die Suche nach Orientierung*. Hg. Hans Küng. München: Piper, 1995, 63–65.

Rössler, Roman. *Das Weltbild Nikolai Berdjajews. Existenz und Objektivation*. Göttingen: Vandenhoeck & Ruprecht, 1956.

Roethke, Gisela. *Zur Symbolik in Hermann Brochs Werken. Platons Höhlengleichnis als Subtext*. Tübingen: Francke, 1992.

Roosevelt, Franklin D. (1940). https://en.wikipedia.org/wiki/Four_Freedoms (16. Juni 2020)

Roosevelt, Franklin D. (1944). https://www.ushistory.org/documents//economic_bill_of_rights.htm (15. Juni 2020).

Rübner, Tuvia: „Der unbekannte Freund Abraham Sonne". Avraham Ben Yitzhak. *„Es entfernen sich die Dinge". Gedichte und Fragmente*. Herausgegeben und aus dem Hebräischen übersetzt von Efrat Gal-Ed und Christoph Meckel. München: Hanser, 1994, 81–95.

Ruprecht, Erich und Annemarie Ruprecht (Hg.). *Tod und Unsterblichkeit. Texte aus Philosophie, Theologie und Dichtung vom Mittelalter bis zur Gegenwart*, 3 Bände. Stuttgart: Urachhaus, 1992/1993.

Rutkoff, Peter M. und William B. Scott. *New School. A History of the New School for Social Research*. New York, NY: Free Press, 1986.

Ryan, Judith. „Hermann Broch's *Massenwahnprojekt* and Its Relevance for our Times". *A Companion to the Works of Hermann Broch*. Hg. Graham Bartram, Sarah McGaughey, Galin Tihanov. Rochester, NY: Camden House, 2019, 143–158.

Sachs, Jeffrey. Gespräch mit Benjamin Bidder, *Spiegel*-Interview vom 10. November 2020 („Starökonom über die US-Wahl"): https://www.spiegel.de/wirtschaft/soziales/jeffrey-sachs-ueber-die-us-wahl-unser-politisches-system-ist-sehr-korrupt-a-23fa1174-905b-4173-8ccd-e786775c49ed (11. November 2020).

Sachs, Jeffrey. *The Age of Sustainable Development*. New York, NY: Columbia University Press 2015.

Sachs, Jeffrey. *Building the New American Economy: Smart, Fair, & Sustainable*. New York, NY: Columbia University Press, 2017.

Sachs, Jeffrey. *A New Foreign Policy: Beyond American Exceptionalism*. New York, NY: Columbia University Press, 2018.

Sadat, Leila Nadya. *The International Criminal Court and the Transformation of International Law: Justice for the New Millennium*. Ardsley, NY: Transnational Publishers, 2002.

Saletta, Ester. „Hermann Broch und Antonio Giuseppe Borgese: Dichtung und Engagement". *Hermann Brochs literarische Freundschaften*. Hg. Endre Kiss, Paul Michael Lützeler, Gabriella Rácz. Tübingen: Stauffenburg, 2008, 229–244.

Sandberg, Glenn Robert. *The Genealogy of the Massenführer: Hermann Broch's „Die Verzauberung" as a Religious Novel*. Heidelberg: Winter, 1997.

Sandel, Michael J., *The Tyranny of Merit. What's Become of the Common Good?*. New York, NY: Farrar, Straus and Giroux, 2020.

Sandkühler, Hans Jörg. *Demokratie des Wissens. Aufklärung, Rationalität, Menschenrechte und die Notwendigkeit des Möglichen*. Hamburg: VSA-Verlag, 1991.

Sandkühler, Hans Jörg. „Menschenwürde und die Transformation moralischer Rechte in positives Recht". *Menschenwürde. Philosophische, theologische und juristische Analysen*. Hg. Hans Jörg Sandkühler. Frankfurt am Main et al.: Peter Lang, 2007, 57–80.

Sauerland, Karol. „Hermann Broch und Hannah Arendt. Massenwahn und Menschenrecht". *Hermann Brochs literarische Freundschaften*. Hg. Endre Kiss, Paul Michael Lützeler und Gabriella Rácz. Tübingen: Stauffenburg, 2008, 319–331.

Schäfer, Annette: *Die Kraft der schöpferischen Zerstörung. Joseph A. Schumpeter – die Biografie*. Frankfurt am Main und New York, NY: Campus, 2008.

Scheler, Max. *Die Stellung des Menschen im Kosmos*. Darmstadt: Reichl, 1928.

Scheuermann, Martin. *Minderheitenschutz contra Konfliktverhütung? Die Minderheitenpolitik des Völkerbundes in den zwanziger Jahren*. Marburg: Herder Institut, 2000.

Schivelbusch, Wolfgang. *Entfernte Verwandtschaft: Faschismus, Nationalsozialismus, New Deal 1933–1939*. München: Hanser, 2005.

Schmid, Sigrid. *Hermann Broch, éthique et esthétique*. Paris: Presses Universitaires de France, 2001.

Schmid-Bortenschlager, Sigrid. „Der Einzelne und seine Masse. Massentheorie und Literaturkonzeption bei Elias Canetti und Hermann Broch". *Elias Canetti: Experte der Macht*. Hg. Kurt Bartsch und Gerhard Melzer. Graz: Droschl, 1985, 116–132.

Schmitt, Carl. „Der Begriff des Politischen". *Archiv für Sozialwissenschaften und Sozialpolitik* 58 (1927): 1–33.

Schneider, Valentin. „Wendemarke Nostra Aetate. Prälat Johannes Oesterreicher und die Wiederentdeckung des Judentums". *Vergegenwärtigung der Vergangenheit. Zur Notwendigkeit einer am Judentum orientierten christlichen Erinnerungskultur*. Hg. Angelika Strothmann, Regine Oberle, Dominik Bertrand-Pfaff. Frankfurt am Main et al.: Peter Lang, 2010, S. 143–163.

Schneller, Martin. *Zwischen Romantik und Faschismus. Der Beitrag Othmar Spanns zum Konservativismus in der Weimarer Republik*. Stuttgart: Klett, 1970.

Schoeller, Wilfried (Hg.). *Diese merkwürdige Zeit. Leben nach der Stunde Null. Ein Textbuch aus der „Neuen Zeitung"*. Frankfurt am Main: Büchergilde Gutenberg, 2005.

Scholem, Gershom. *Major Trends in Jewish Mysticism*. Jerusalem: Schocken, 1941.

Scholem, Gershom. *Briefe III 1971–1982*. Hg. Itta Shedletzky. München: Beck, 1994.

Schoor, Kerstin. „The Crisis of Enlightenment: Cultural and Literary Discourses on Traditions of German Culture within Jewish Cultural Circles in National Socialist Germany". *Leo Baeck Institute Year Book* (2020): 1–20.

Schopenhauer, Arthur. *Die Welt als Wille und Vorstellung*. München: Georg Müller, 1913.

Schrecker, Paul. *Für ein Ständehaus. Vorschlag zu friedlicher Aufhebung der Klassengegensätze*. Wien: Manz, 1919.

Schürer, Ernst. *„Die Entsühnung* und das Drama der Neuen Sachlichkeit", *Modern Austrian Literature* 13.4 (1980): 77–98.

Schuhmann, Rolf. *Die Massenwahntheorie im Spiegel der Autorenkrise. Gewalt, Anarchie und die Kunst der Sublimierung im Werk Hermann Brochs*. Frankfurt am Main et al.: Peter Lang, 2000.

Schumpeter, Joseph Alois: *Theorie der wirtschaftlichen Entwicklung*. Berlin: Duncker & Humblot, 1911.

Schumpeter, Joseph A. *Capitalism, Socialism, and Democracy*. New York, NY: Harper & Brothers, 1942.

Sennett, Richard. *The Craftsman*. New Haven, CT: Yale University Press, 2008.

Sensen, Oliver. *Kant on Human Dignity*. Berlin und Boston, MA: De Gruyter, 2011.

Siefken, Hinrich. *Theodor Haecker 1879–1945*. Mit einer Haecker-Bibliographie von Eva Dambacher. Marbach am Neckar: Deutsches Literaturarchiv, Marbacher Magazin 19/1989.

Siefken, Hinrich. „Totalitäre Erfahrungen aus der Sicht eines christlichen Essayisten: Theodor Haecker im Dritten Reich". *Die totalitäre Erfahrung. Deutsche Literatur und Drittes Reich*. Hg. Frank-Lothar Kroll. Berlin: Duncker & Humblot, 2003, 117–151.

Silverman, Lisa. *Becoming Austrians. Jews and Culture Between the World Wars*. Oxford: Oxford University Press, 2012.

Simmel, Georg. *Philosophie des Geldes*. Leipzig: Duncker & Humblot, 1900.

Sinsheimer, Hermann. „Emigranto". *Deutsche Rundschau* 71.4 (1948): 34–37.

Sombart, Werner. *Der moderne Kapitalismus*. Leipzig: Duncker & Humblot, 1902.

Spann, Othmar. *Der wahre Staat. Vorlesungen über Abbruch und Neubau der Gesellschaft*. Leipzig: Quelle & Meyer, 1921.

Spengler, Oswald. *Der Mensch und die Technik. Beitrag zu einer Philosophie des Lebens*. München: Beck, 1931.

Spieker, Markus. *Hollywood unterm Hakenkreuz. Der amerikanische Spielfilm im Dritten Reich*. Trier: Wissenschaftlicher Verlag, 1999.

Staškova, Alice. „Das Werk als Opfer. Zur Ethik der Ästhetik in der Romantrilogie *Die Schlafwandler*". *Hermann Broch – Politik, Menschenrechte – und Literatur?* Hg. Thomas Eicher, Paul Michael Lützeler, Hartmut Steinecke. Oberhausen: Athena, 2005, 125–151.

Steinberg, Michael P. „Totalität und Rationalität". *Brochs theoetisches Werk*. Hg. Paul Michael Lützeler und Michael Kessler. Frankfurt am Main: Suhrkamp, 1988, 210–220.

Steinecke, Hartmut. *Hermann Broch und der polyhistorische Roman*. Bonn: Bouvier, 1968.

Steinecke, Hartmut. „Broch und Goethe". *Jahrbuch des Wiener Goethe-Vereins* 102–103 (1998): 145–155.

Steinecke, Hartmut. „,Unpersönlich bin ich ein Opfer'. Jüdische Spuren im Spätwerk Hermann Brochs". *Hermann Broch. Neue Studien*. Hg. Michael Kessler et al. Tübingen: Stauffenburg, 2003, 379–394.

Steinecke, Hartmut. „Menschenrecht und Judentum bei Hermann Broch vor und nach der Shoah". *Hermann Broch: Politik, Menschenrecht – und Literatur?* Hg. Thomas Eicher, Paul Michael Lützeler und Hartmut Steinecke. Oberhausen: Athena, 2005, 51–63.

Steinweg, Reiner. *Lehrstück und episches Theater. Brechts Theorie und die theaterpädagogische Praxis*. Frankfurt am Main: Brandes & Apsel, 1995.

Stern, Guy. „Ob und wie sie sich anpassten". *Leben im Exil. Probleme der Integration deutscher Flüchtlinge im Ausland 1933–1945*. Hg. Wolfgang Frühwald und Wolfgang Schieder. Hamburg: Hoffmann und Campe: 1981, 68–76.

Stifter, Christian H. „‚Sehnsucht nach Erkenntnis und nach Geistigkeit'. Hermann Broch und die wissenschaftszentrierte Volksbildung in Wien". *Hermann Broch – ein Engagierter zwischen Literatur und Politik*. Hg. Österreichische Liga für Menschenrechte. Innsbruck, Wien, Bozen: StudienVerlag, 2004, 83–104.

Strelka, Joseph. „Politics and the Human Condition. Broch's Model of a Mass Psychology. *Hermann Broch: Literature, Philosophy, Politics*, Hg. Stephen D. Dowden. Columbia, SC: Camden House, 1988, 76–86.

Sturms, Frank. *Die Weiße Rose. Die Geschwister Scholl und der Studentische Widerstand*. Wiesbaden: Marixverlag, 2013.

Sunstein, Cass R. *The Second Bill of Rights. FDR's Unfinished Revolution and Why We Need it More than Ever*. New York, NY: Basic Books, 2004.

Surprenant, Céline. *Freud's Mass Psychology: Questions of Scale*. New York, NY: Palgrave, 2003.

Tálos, Emmerich und Wolfgang Neugebauer (Hg.). *Austrofaschismus. Politik – Ökonomie – Kultur 1933–1938*. Wien: Verlag für Gesellschaftskritik, 4. Auflage 1988.

Taureck, Bernhard H. F. und Burkhard Liebsch. *Drohung Krieg. Sechs philosophische Dialoge zur Gewalt der Gegenwart*. Wien: Tauria + Kant, 2020.

Taylor, Charles. *Multiculturalism. Examining the Politics of Recognition*. Princeton: Princeton University Press, 1994.

Telesko, Werner. *Erlösermythen in Kunst und Politik*. Wien: Böhlau, 2003.

Thornberry, Patrick. „The Protection of Minorities by the League of Nations". Patrick Thornberry. *International Law and the Rights of Minorities*. Oxford, UK: Clarendon Press, 1991, 38–52.

Tönnies, Sibylle. *Der westliche Universalismus. Die Denkwelt der Menschenrechte*. Wiesbaden: Westdeutscher Verlag, 2001.

Tullberg, Steen. „The Pathos of Experience. On the Presence of Kierkegaard in Hermann Broch's Authorship – with a View to Theodor Haecker and *Der Brenner*". *Hermann Broch und "Der Brenner"*. Hg. Paul Michael Lützeler und Markus Ender. Innsbruck und Wien: StudienVerlag, 2020, 87–99.

Untermeyer, Jean Starr. „Midwife to a Masterpiece". Jean Starr Untermeyer. *Private Collection*. New York, NY: Knopf, 1965, S. 218–277.

Urwand, Ben. *The Collaboration: Hollywood's Pact with Hitler*. Cambridge, MA: Harvard University Press, 2013.

Vaget, Hans Rudolf. *Thomas Mann, der Amerikaner*. Frankfurt am Main: S.Fischer, 2011.

Vaget, Hans Rudolf. „Deutschtum und Judentum. Zu Erich Kahlers Bedeutung für Thomas Mann". *Deutsche Vierteljahrsschrift für Literaturwissenschaft und Geistesgeschichte* 1 (2012): 146–164.

Vergil. *Hirtengedichte*. Deutsch von Theodor Haecker. Leipzig: Hegner, 1932.

Vitzthum, Wolfgang Graf. „Brochs demokratie- und völkerbundtheoretische Schriften". *Hermann Broch* [Materialien]. Hg. Paul Michael Lützeler. Frankfurt am Main: Suhrkamp, 1986, 289–307.

Vitzthum, Wolfgang Graf. „Hermann Broch und Carl Schmitt". *Wege der Zeitgeschichte. Festschrift zum 65. Geburtstag von Gerhard Schulz*. Hg. Jürgen Heideking. Berlin und New York, NY: De Gruyter, 1989, 69–100.

Voegelin, Erich. *Die politischen Religionen*. Stockholm: Bermann-Fischer, 1939.

Völker, Klaus. „Hašeks ‚Schwejk'-Roman auf der Bühne – Die Piscator-Inszenierung von 1928: Von Brod zu Brecht und die Folgen". *Berlin und der Prager Kreis*. Hg. Margarita Pazi und Hans Dieter Zimmermann. Würzburg: Königshausen & Neumann: 1991, 225–241.

Vogl, Joseph. *Das Gespenst des Kapitals*. Zürich: diaphanes, 2010.

Vollhardt, Friedrich. *Hermann Brochs geschichtliche Stellung. Studien zum philosophischen Frühwerk und zur Romantrilogie „Die Schlafwandler" (1914–1932)*. Tübingen: Niemeyer, 1986.

Vollhardt, Friedrich. „Philosophische Moderne". *Brochs theoretisches Werk*. Hg. Paul Michael Lützeler und Michael Kessler. Frankfurt am Main: Suhrkamp, 1988, 85–97.

Vollhardt, Friedrich. „Hermann Broch und der religiöse Diskurs in den Kulturzeitschriften seiner Zeit (Summa, Hochland, Eranos)". *Hermann Broch – Religion, Mythos, Utopie: Zur ethischen Perspektive seines Werks*. Hg. Paul Michael Lützeler und Christine Maillard. [Themenheft] *Recherches Germaniques* 5 (2008): 37–52.

Vordtriede, Werner. „Hermann Broch als Volkserzieher". *Broch heute*. Hg. Joseph Strelka. Bern und München: Francke, 1978, 77–88.

Walters, F[rancis] P[aul]. *A History of the League of Nations*. London, UK: Oxford University Press, 1960.

Weber, Max. *Die protestantische Ethik und der Geist des Kapitalismus*. 8. Auflage. Tübingen: Mohr, 1988.

Weber, Max. *Wissenschaft als Beruf. Politik als Beruf*. Tübingen: Mohr, 1992.

Weber, Max. *Wirtschaft und Gesellschaft – Die Wirtschaft und die gesellschaftlichen Ordnungen und Mächte*. Nachlass. Teilband 4: *Herrschaft*. Tübingen: Mohr, 2005.

Wehdeking, Volker Christian. *Der Nullpunkt. Über die Konstituierung der deutschen Nachkriegsliteratur (1945–1948) in den amerikanischen Kriegsgefangenenlagern*. Stuttgart: Metzler, 1971.

Weidemann, Victoria. „Politische Zeichenordnungen. Demokratie. Macht, Gewalt". Victoria Weidemann. *„Der fürchterliche Lärm der Stummheit" – Zur Politik des Hörbaren bei Hermann Broch*. Würzburg: Königshausen & Neumann, 2017, 23–115.

Weidner, Daniel. „‚Fröhliche Apokalypse', Massenwahn und parabolisches Erzählen: Hermann Brochs Rückblick auf Europa". *Abschied von Europa. Jüdisches Schreiben zwischen 1930 und 1950*. Hg. Alfred Bodenheimer und Barbara Breysach. München: edition text + kritik, 2011, 172–193.

Weidner, Daniel. „‚Without knowing America, you cannot say anything valid about democratic politics.' Hermann Broch and the Ethics of Exile". *„Escape to Life". German Intellectuals in New York: A Compendium on Exile after 1933*. Hg. Eckart Goebel und Sigrid Weigel. Berlin und Boston, MA: De Gruyter, 2012, 162–181.

Weigand, Hermann J. „Broch's Death of Virgil. Program Notes". *PMLA (Publications of the Modern Language Association)* 62.2. (1947): 525–554.

Weigel, Robert G. *Zur geistigen Einheit von Hermann Brochs Werk. Massenpsychologie, Politologie, Romane*. Tübingen: Francke, 1994.

Weinke, Annette. *Die Nürnberger Prozesse*. München: Beck, 2006.

Weisbrot, Robert. *Freedom Bound. A History of America's Civil Rights Movement*. New York und London: Norton, 1990.

Wellmer, Albrecht. „Menschenrecht und Demokratie". Albrecht Wellmer: *Philosophie der Menschenrechte*. Frankfurt am Main: Suhrkamp, 1998, 265–291.

Weltsch, Robert. „Abraham Sonne zum Gedenken". Avraham Ben Yitzhak. *„Es entfernen sich die Dinge". Gedichte und Fragmente*. Herausgegeben und aus dem Hebräischen übersetzt von Efrat Gal-Ed und Christoph Meckel. München: Hanser, 1994, 96–99.

Weninger, Robert K. *The German Joyce*. Gainesville, FL et al.: University Press of Florida, 2012.

Wergin, Ulrich. „*Verzauberung*. Hermann Brochs literarische Konzeption des Massenwahns im Spannungsfeld zwischen Canetti und Heidegger". *Interkulturalität und Intertextualität. Elias Canetti und Zeitgenossen*. Hg. Maja Razbojnikova-Frateva und Hans-Gerd Winter. Dresden: Thelem, 2007, 265–275.

Willke, Gerhard: *John Maynard Keynes*. Frankfurt am Main und New York, NY: Campus, 2002.

Wilson, Catherine. *Leibniz's Metaphysics. A Historical and Comparative Study*. Manchester: Manchester University Press, 1989.

Winkler, Michael. „Brochs Roman in elf Erzählungen *Die Schuldlosen*". *Hermann Broch [Materialien]*. Hg. Paul Michael Lützeler. Frankfurt am Main: Suhrkamp, 1986, 183–198.

Winkler, Michael. „Die civitas hominum als Wolkenkuckucksheim? Ideen zu einer besseren Nachkriegswelt im New Yorker Freundeskreis Erich Kahler, Hermann Broch und Hannah Arendt". *Deutschland nach Hitler. Zukunftspläne im Exil und aus der Besatzungszeit 1939–1949*. Hg. Thomas Koebner, Gert Sautermeister, Sigrid Schneider. Opladen: Westdeutscher Verlag, 1987, 88–103.

Wirth, Albrecht. *Geschichte Südafrikas*. Bonn: Georgi, 1897.

Wogenstein, Sebastian. „Human Rights and the Intellectual's Ethical Duty. Broch's Political Writings". *A Companion to the Works of Hermann Broch*. Hg. Graham Bartram, Sarah McGaughey, and Galin Tihanov. Rochester, NY: Camden House, 2019, 159–188.

Wohlleben, Doren und Paul Michael Lützeler (Hg.). *Hermann Broch und die Romantik*. Berlin und Boston, MA: De Gruyter, 2014.

Wohlleben, Doren. „Die Schuldlosen". *Hermann-Broch-Handbuch*. Hg. Michael Kessler und Paul Michael Lützeler. Berlin und Boston, MA: De Gruyter, 2016, 199–216.

Wohlleben, Doren. „Geist und Geld: Ideen einer Krisen- und Reformpolitik in den Universitätsschriften von Karl Jaspers und Hermann Broch". *Hermann Broch und die Ökonomie*. Hg. v. Jürgen Heizmann, Bernhard Fetz, Paul Michael Lützeler. Wuppertal: Arco, 2018, 169–186.

Zeller, Christoph. „Annäherung an die Unsterblichkeit. Ökonomie und Religion in Hermann Brochs *Die Schlafwandler*". *IASL (Internationales Archiv für Sozialgeschichte der deutschen Literatur)* 38.1 (2013): 31–63.

Zeuske, Michael. *Handbuch Geschichte der Sklaverei. Eine Globalgeschichte von den Anfängen bis zur Gegenwart*. Zweite Auflage. Berlin und Boston, MA: De Gruyter, 2019.

Zima, Peter V. *Essay/Essayismus. Zum theoretischen Potential des Essays. Von Montaigne bis zur Postmoderne*. Würzburg: Königshausen & Neumann, 2012.

Zimmermann, Bernhard. *Europa und die griechische Tragödie. Vom kultischen Spiel zum Theater der Gegenwart*. Frankfurt am Main: Fischer Taschenbuch, 2000.

Ziolkowski, Theodore. „Between Guilt and Fall: Broch's *Die Schuldlosen*". *Hermann Broch – Visionary in Exile*. The 2001 Yale Symposium. Hg. Paul Michael Lützeler et al. Rochester, NY: Camden House, 2003, 231–244.

Zühlsdorff, Volkmar von. „Hermann Broch". *Hermann Broch. Neue Studien*. Hg. Michael Kessler et al. Tübingen: Stauffenburg, 2003, S. 36–44.

Zühlsdorff, Volkmar, *Hitler's Exiles: The German Cultural Resistance in America and Europe*. London and New York, NY: Continuum, 2004.

Namenregister

https://doi.org/10.1515/9783110734683-015

www.ingramcontent.com/pod-product-compliance
Lightning Source LLC
Chambersburg PA
CBHW030312100426
42812CB00002B/678